聂 聂卫平围棋 道场系列

聂卫平围棋习题精解
死活专项训练
（从3段到5段）

聂卫平 ◎ 主编

唐嘉隆 ◎ 编

人民邮电出版社

北京

图书在版编目（CIP）数据

聂卫平围棋习题精解. 死活专项训练. 从3段到5段 / 聂卫平主编 ；唐嘉隆编. -- 北京 ：人民邮电出版社，2021.3
（聂卫平围棋道场系列）
ISBN 978-7-115-55827-5

Ⅰ. ①聂… Ⅱ. ①聂… ②唐… Ⅲ. ①死活棋（围棋）
－题解 Ⅳ. ①G891.3-44

中国版本图书馆CIP数据核字(2020)第268113号

免责声明

内 容 提 要

本书是我国围棋职业运动员聂卫平同聂卫平围棋道场的明星教师团队联合编写的适合少儿的零基础围棋启蒙读物——"聂卫平围棋道场系列"丛书中的一本。

书中提供了600道精选的死活专项练习题，全部围绕业余3段到业余5段的死活知识点设置，且每个知识点都配有经典例题的讲解。无论例题还是练习题，本书都提供了正解图、失败图和变化图，帮助读者领会正确的下法，避免常见的围棋死活失误，最终发散思维，获得举一反三的学习效果。

◆ 主　　编　聂卫平
　　编　　　唐嘉隆
　　责任编辑　裴　倩
　　责任印制　周昇亮
◆ 人民邮电出版社出版发行　　北京市丰台区成寿寺路 11 号
　　邮编　100164　　电子邮件　315@ptpress.com.cn
　　网址　https://www.ptpress.com.cn
　　涿州市般润文化传播有限公司印刷
◆ 开本：700×1000　1/16
　　印张：22.5　　　　　　　　　2021 年 3 月第 1 版
　　字数：345 千字　　　　　　　2025 年 8 月河北第 11 次印刷

定价：98.00 元（全 2 册）

读者服务热线：(010)81055296　印装质量热线：(010)81055316
反盗版热线：(010)81055315

序·一

围棋是中国传统文化中的瑰宝，古人留下的智慧结晶。围棋蕴含的文化底蕴丰富而深远。对于中国人来说，围棋不仅是一种休闲活动，更是对人类智慧的无止境探索。

20世纪90年代，我致力于创建一个围棋训练场所，让更多的人有机会了解、学习围棋，使围棋爱好者能够专心研习棋艺，成长为更优秀的职业棋手，抱着这样的初衷便有了聂卫平围棋道场。道场不仅是棋手们的家，更是他们之间相互交流学习的平台。道场成立以来，培养了许多位世界冠军和职业棋手，也实现了我当年的愿景。

围棋是我一生的至爱，我曾不止一次说过，对围棋有利的事情，我就会去做。作为国内第一家围棋道场，聂卫平围棋道场不光为职业棋手提供训练、对弈的场所，同时也为小朋友们打开了围棋世界的大门。围棋之法与人生开悟相辅相成，我经常对道场的老师说，既然是围棋学校，首先教做人，再教下棋。围棋的魅力也不仅在于棋局本身，还在于传递一种快乐。

围棋是一项竞技智力的运动，这两年随着人工智能的发展以及阿尔法围棋的横空出世，围棋再次引起了社会各界的关注。很多家长也非常认同围棋在少儿智力开发方面的作用，我也坚信围棋应该进入学校，成为校本课程，惠及更多的孩子。基于这些考虑，为了在围棋普及方面多做些贡献，传承我国优秀的传统文化，聂卫平围棋道场教研组为读者打造了从围棋零基础入门到围棋业余5段这一完整的围棋学习体系。该体系以道场老师们多年的成功经验和教学心得为基础，同时结合少儿的智力发展规律得以完成。希望"聂卫平围棋道场系列"图书能带领更多的孩子走进围棋的世界，启迪智慧，茁壮成长。

聂卫平

序 二

小朋友们，大家好！我是柯洁哥哥。

你们喜欢下围棋吗？围棋是中国的国粹。我在6岁时便开始学习下围棋了，7岁来到聂卫平围棋道场接受专业的训练。记得刚来道场的时候我经常输棋，后来经过道场老师的悉心指导，进步很快。我11岁时成为职业棋手，不到20岁便拿下了4个世界冠军。

我是一个在围棋上追求尽善尽美的人，从事围棋运动我从来不后悔，因为它总是能带给我快乐。每当下棋下累了的时候，我就坚定地告诉镜子里的自己："我一定能行。"我认为最幸福的事情，莫过于挑战最强大的对手，在对手面前，我从不言败。

2017年我代表人类和阿尔法围棋大战三局，让我更加惊叹围棋的无穷变化。人机大战让更多的小朋友了解了围棋、爱上了围棋。为了让小朋友们像当年的我一样喜欢围棋运动，聂卫平围棋道场的老师们精心编写了"聂卫平围棋道场系列"图书。这套书覆盖了从围棋零基础入门到业余5段的学习内容，循序渐进、系统性强，既有进阶教程，又有专项训练练习册，是聂卫平围棋道场的老师们多年教学经验的总结。

希望"聂卫平围棋道场系列"图书的出版，可以帮助更多的小朋友学习并爱上围棋，了解围棋的魅力。

柯洁

目 录

上 篇（从3段到4段）

第一章
做活做眼

1.1 扩大眼位

在对局中，我们经常会碰到自身的眼无法直接做活的棋形，这时需要扩大自身的眼位来达到做活的目的。

例1

图1 问题图

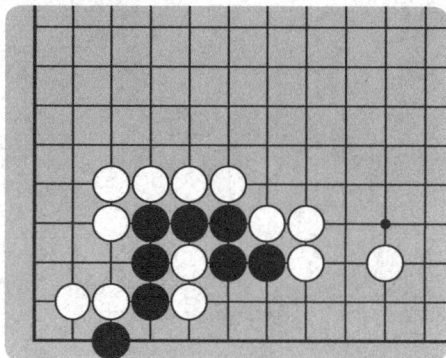

黑先，要如何扩大自己的眼位呢

图2 正解图

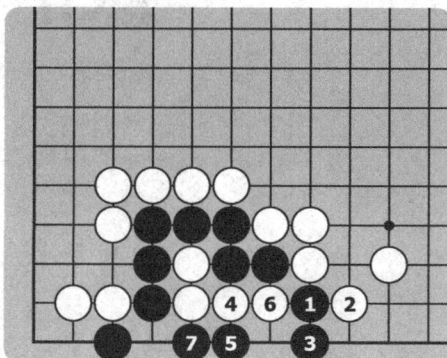

黑1、黑3扳再立是扩大眼位的好手，白4拐，黑5夹，至黑7，黑净活

图3 变化图

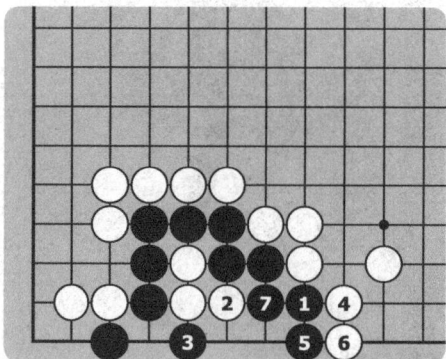

白2如果拐，黑3扳，白4挡，至黑7，也是活棋

图4 失败图

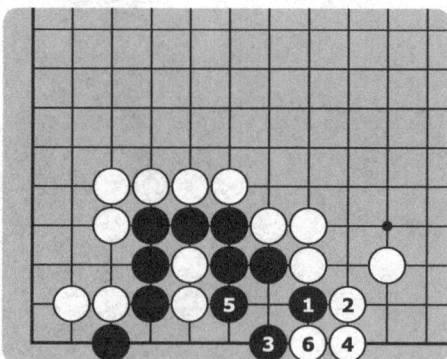

黑3虎不好，白4立是好手，至白6，形成劫活，黑失败

例2

图1 问题图

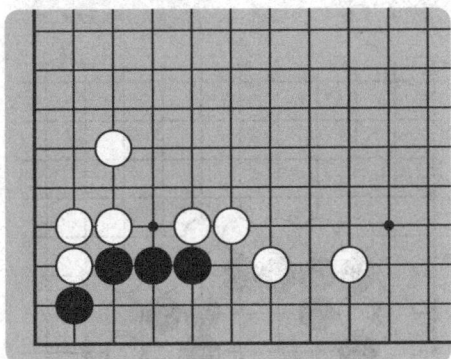

黑先，要如何扩大自己的眼位呢

图2 正解图

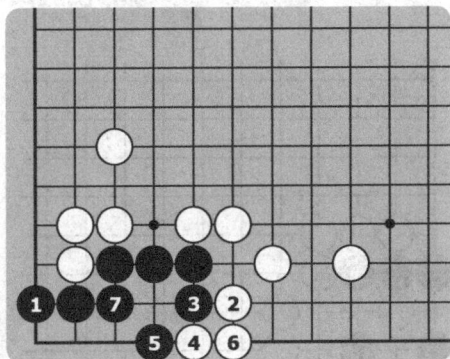

黑1立是扩大眼位的好手，白2小尖，
黑3挡，至黑7，黑净活

图3 变化图

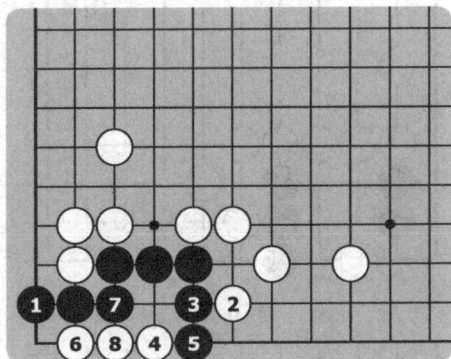

白4如果点，黑5挡，白6夹，至白8，
形成双活

图4 失败图

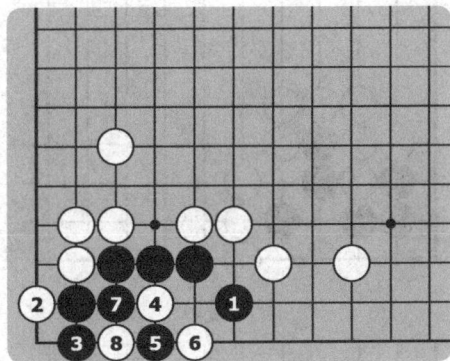

黑1小尖方向错误，白2扳，黑3立，白
4靠是要点，至白8，成劫活，黑失败

扩大眼位（一）

黑先，扩大眼位做活。

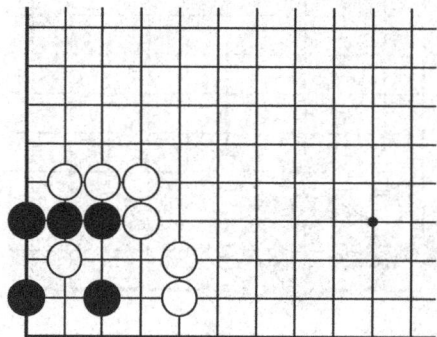

第 1 题

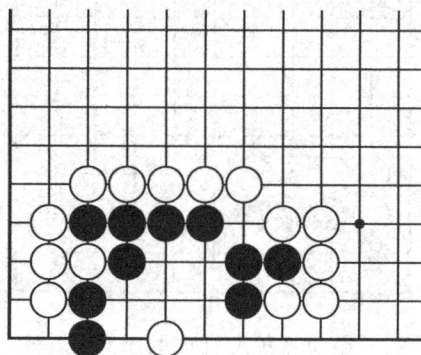

第 2 题

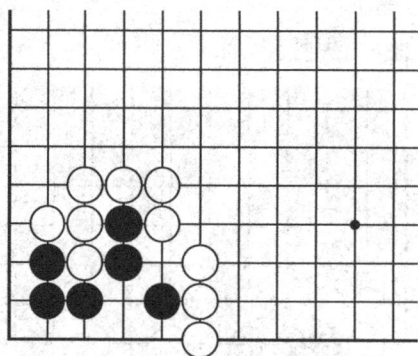

第 3 题

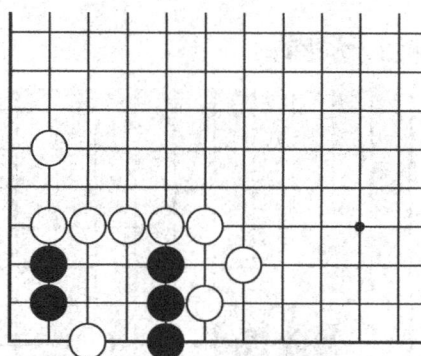

第 4 题

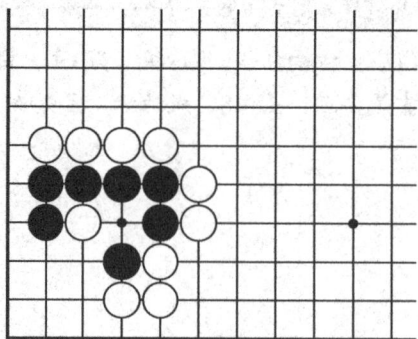

第 5 题

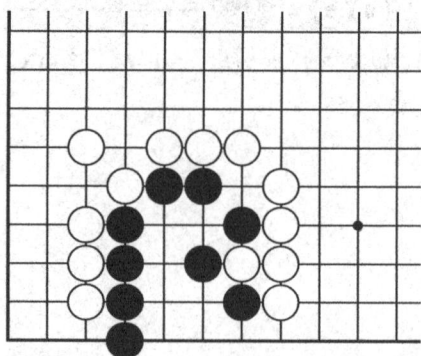

第 6 题

扩大眼位（二）

黑先，扩大眼位做活。

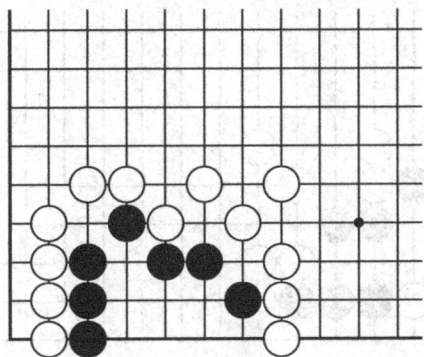

第 7 题

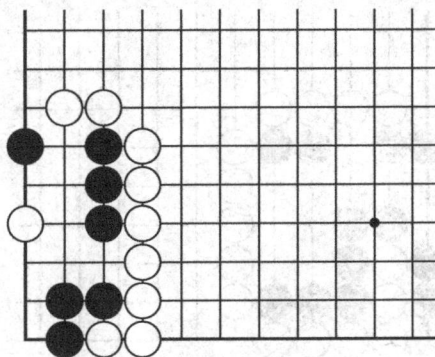

第 8 题

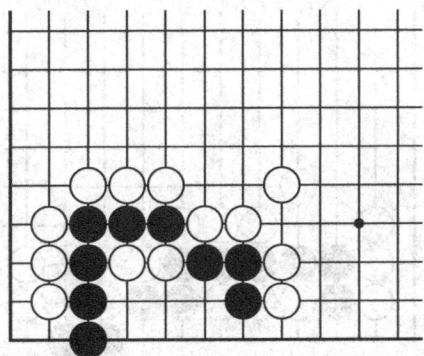

第 9 题

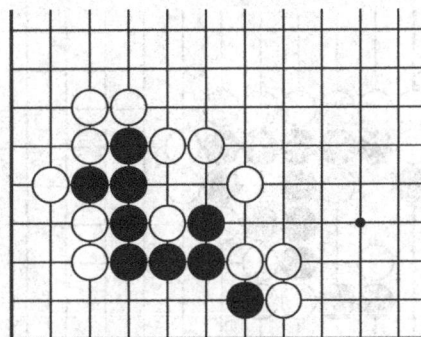

第 10 题

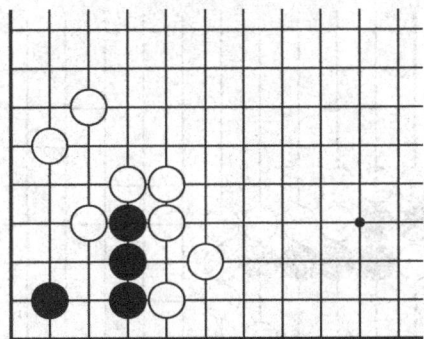

第 11 题

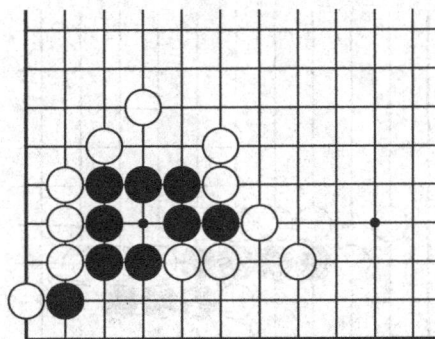

第 12 题

扩大眼位（三）

黑先，扩大眼位做活。

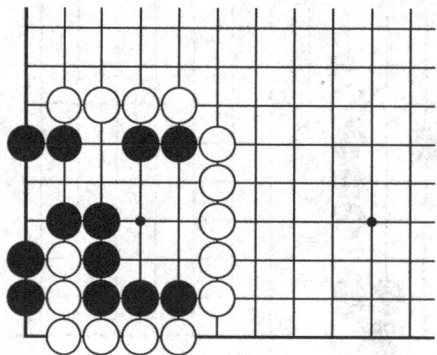

第 13 题

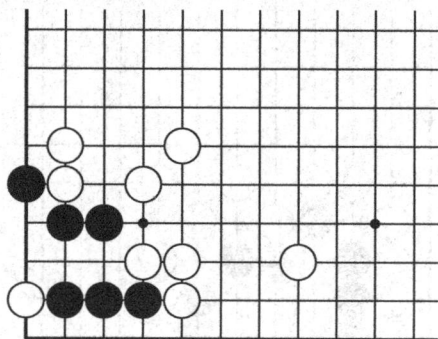

第 14 题

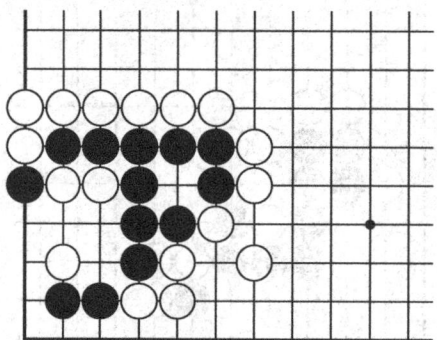

第 15 题

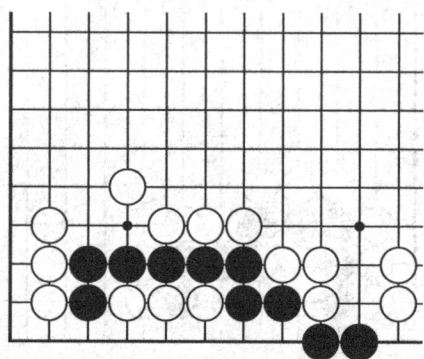

第 16 题

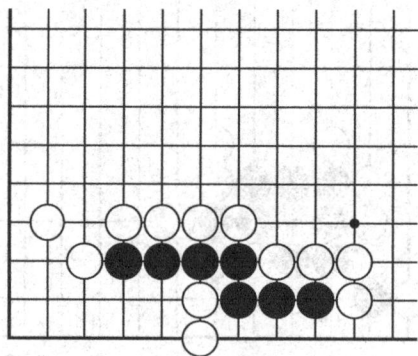

第 17 题

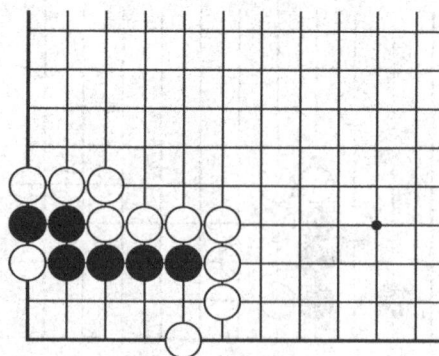

第 18 题

扩大眼位（四）

黑先，扩大眼位做活。

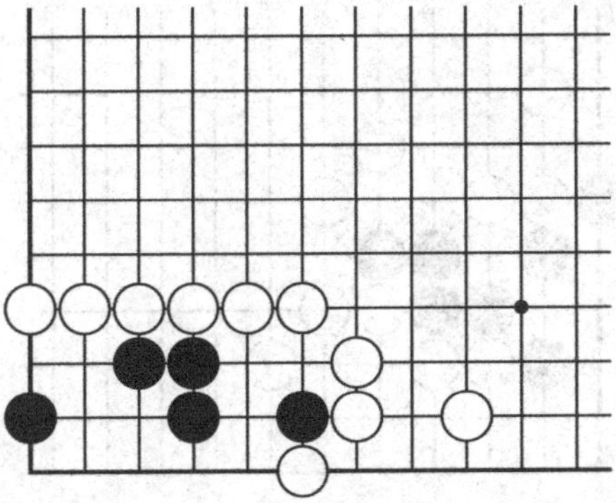

第 19 题

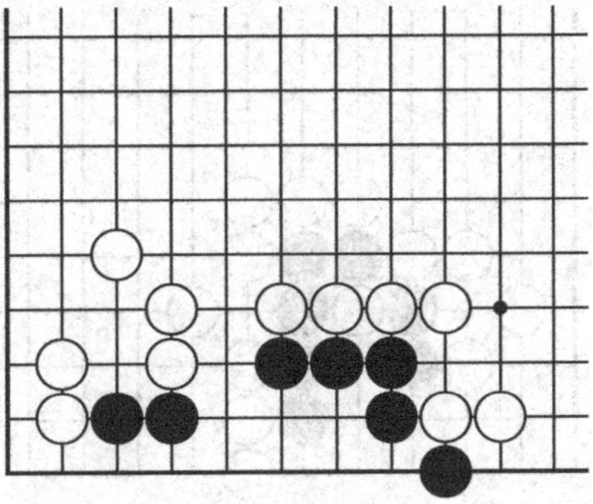

第 20 题

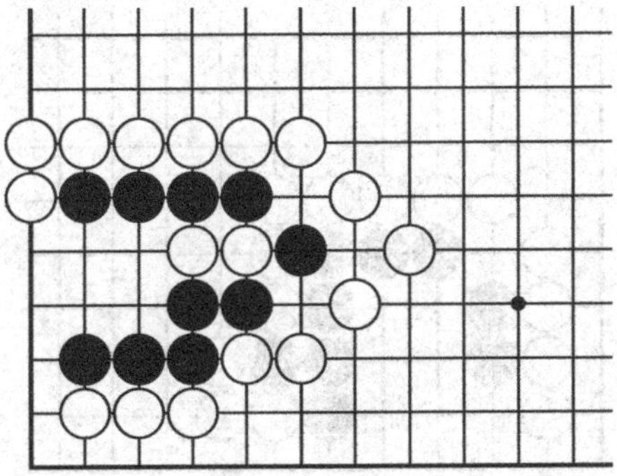

第 21 题

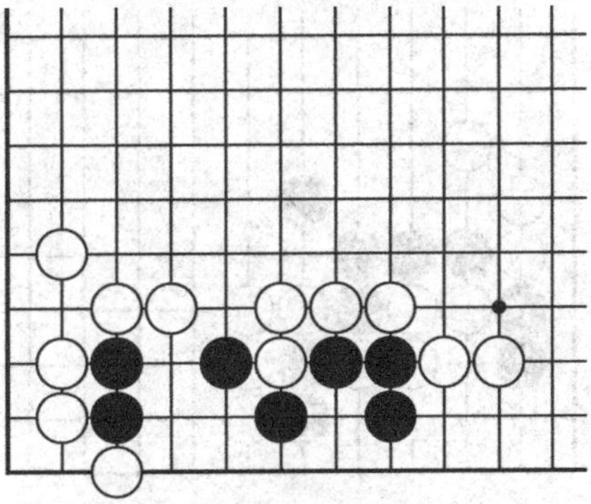

第 22 题

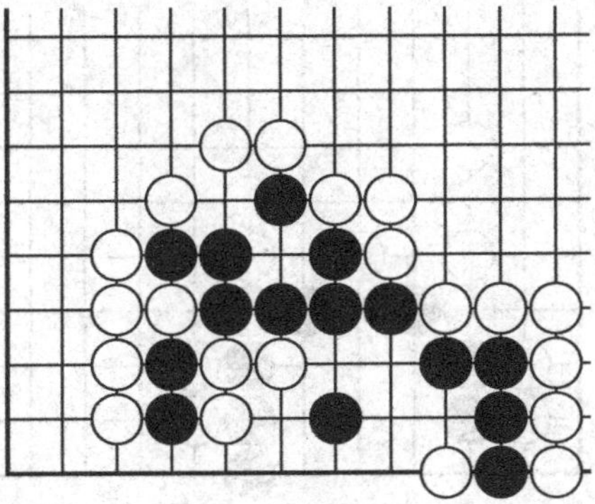

第 23 题

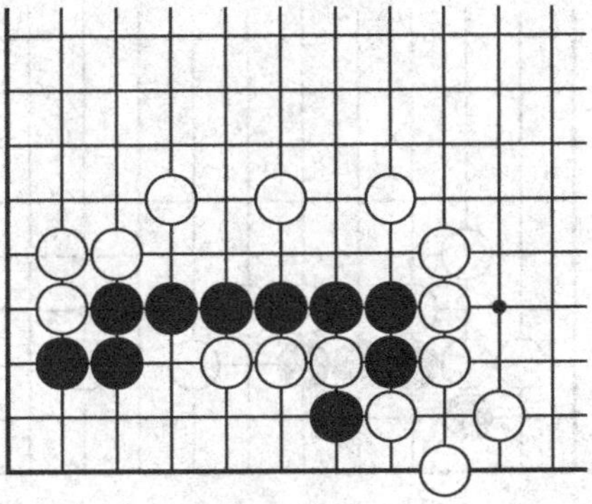

第 24 题

扩大眼位（五）

黑先，扩大眼位做活。

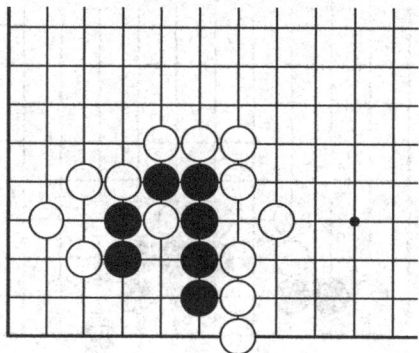

第 25 题

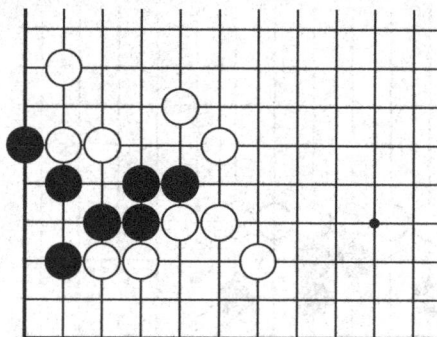

第 26 题

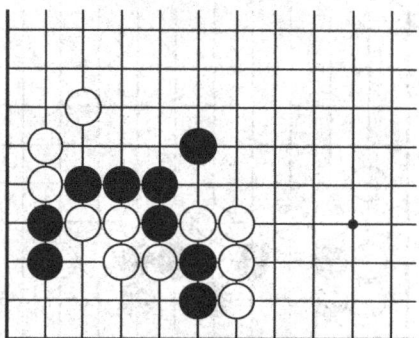

第 27 题

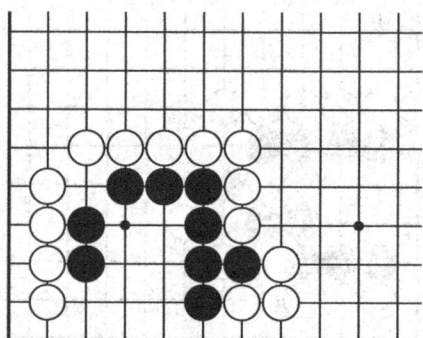

第 28 题

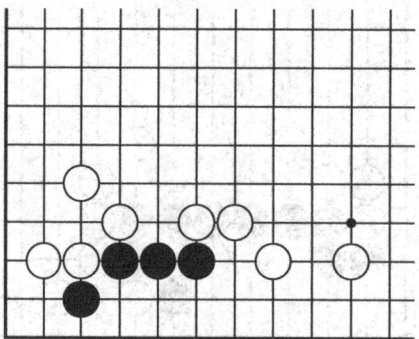

第 29 题

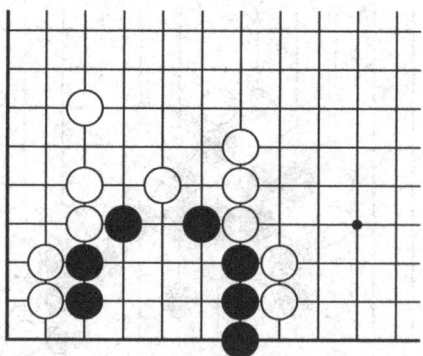

第 30 题

1.2 占据要点

　　占据要点通常指占据双方必争之点，正所谓"敌之要点即我之要点"。在做活时可以换位思考，想想如果是对方来杀你，下在哪最容易吃掉你的棋，那么那个点可能就是你做活的要点。

例1

图1 问题图

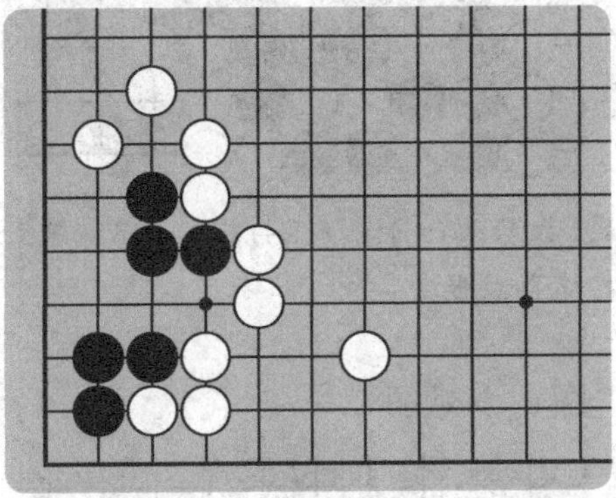

黑先，要如何利用占据要点做活呢

图2 正解图

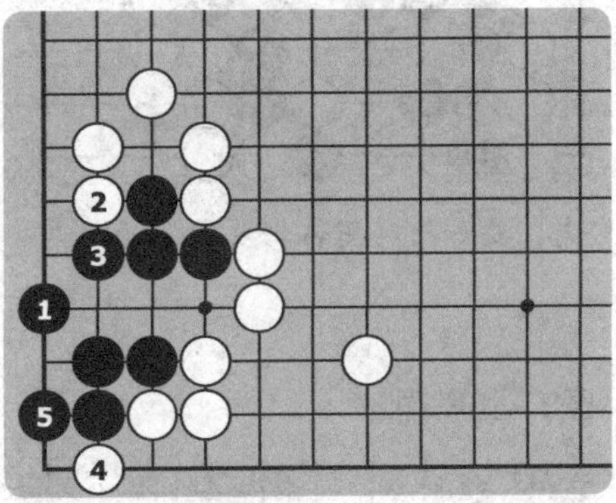

黑1小尖是要点，白2爬，黑3挡，至黑5，黑净活

图3 变化图

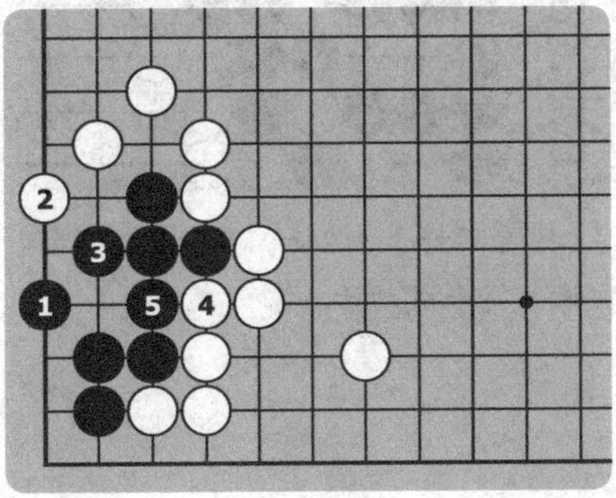

白2如果小尖，黑3做眼，至黑5，也是活棋

图4 失败图

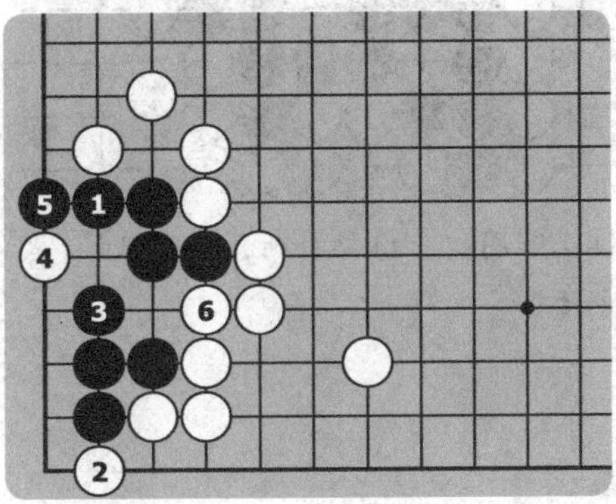

黑1挡不好，白2扳缩小眼位，黑3做眼，至白6，黑净死

例2

图1　问题图

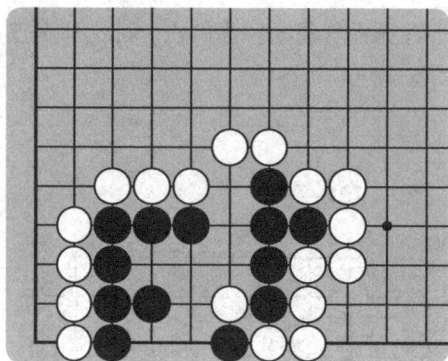

黑先，要如何利用占据要点做活呢

图2　正解图1

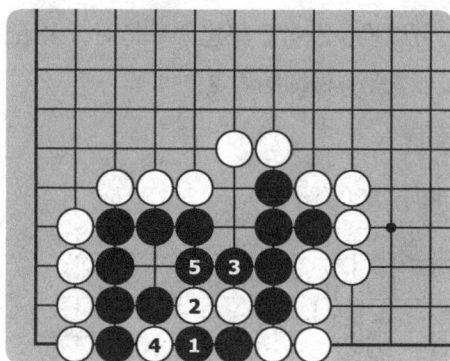

黑1长只此一手，白2打吃，黑3、黑5
打吃再做眼

图3　正解图2

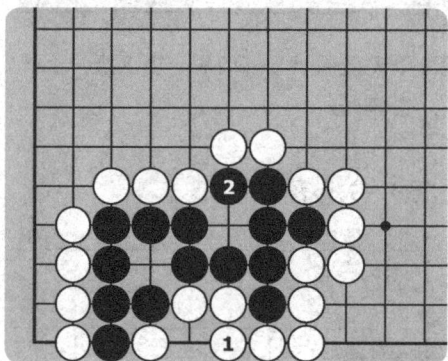

接正解图1，白1粘补断，黑2做眼，黑
净活

图4　失败图

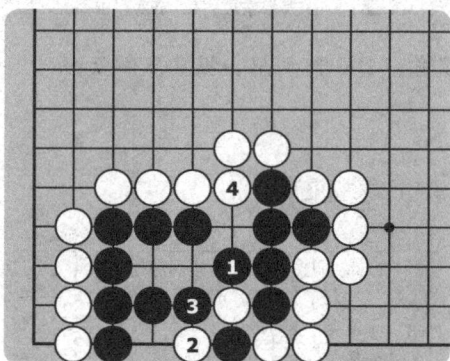

黑1打吃不好，白2提，黑3打吃，白4
破眼，将来成劫活

黑先，利用占据要点做活。

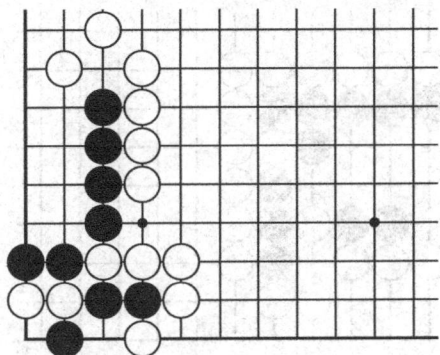

第31题

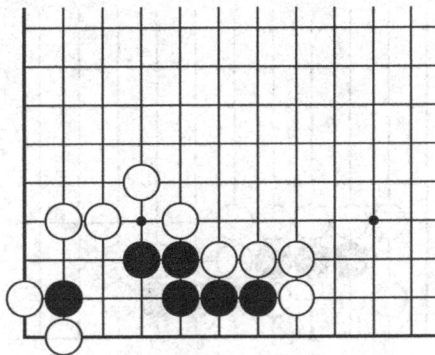

第32题

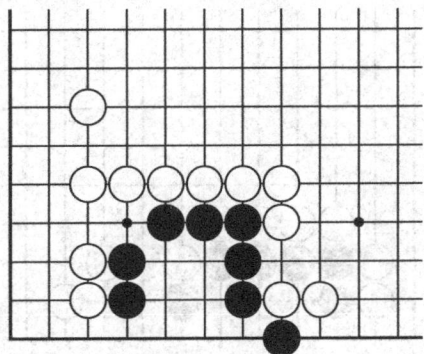

第33题

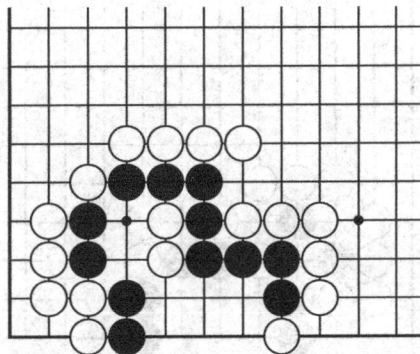

第34题

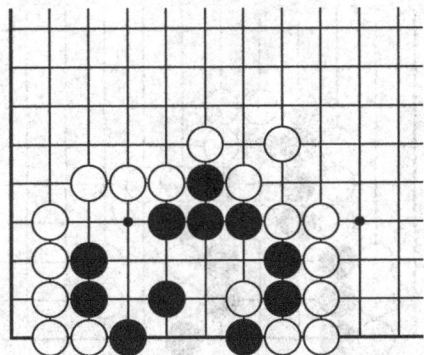

第35题

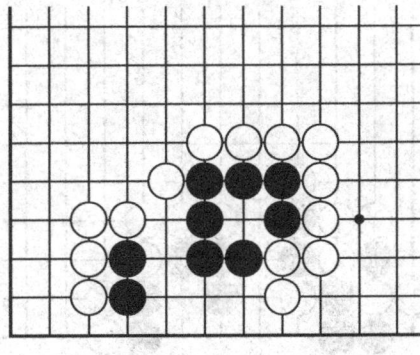

第36题

占据要点（二）

黑先，利用占据要点做活。

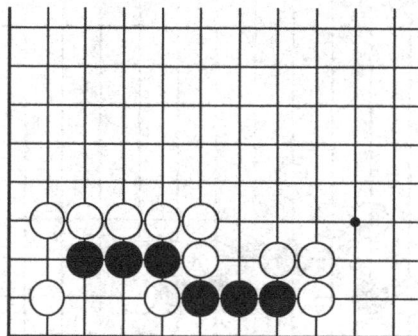

第 37 题

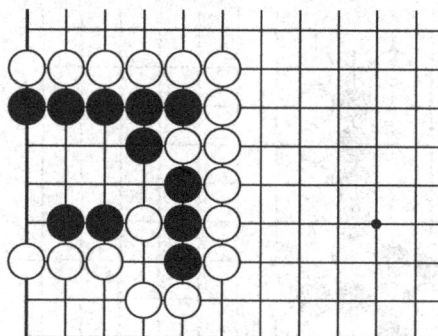

第 38 题

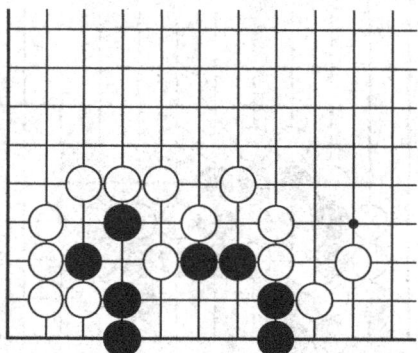

第 39 题

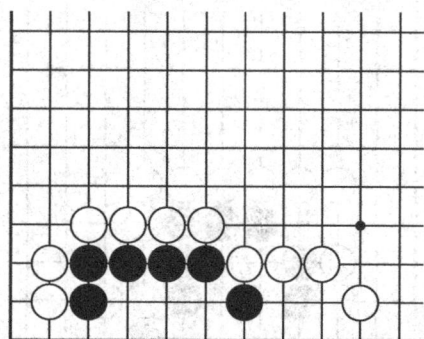

第 40 题

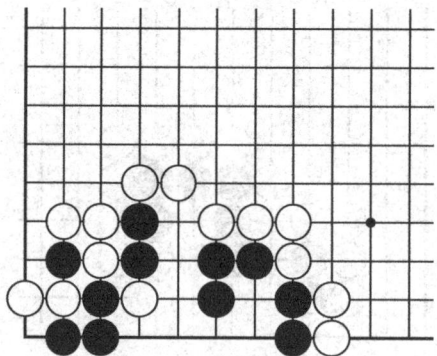

第 41 题

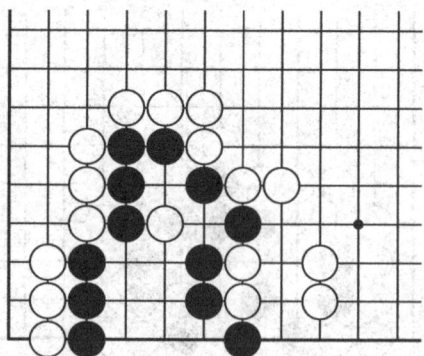

第 42 题

占据要点（三）

黑先，利用占据要点做活。

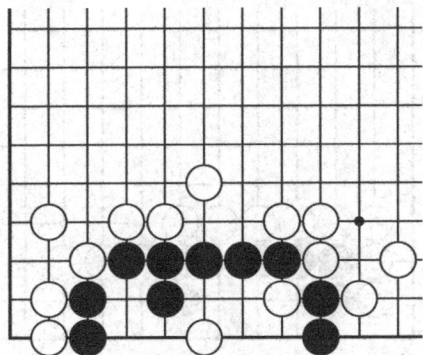

第 43 题

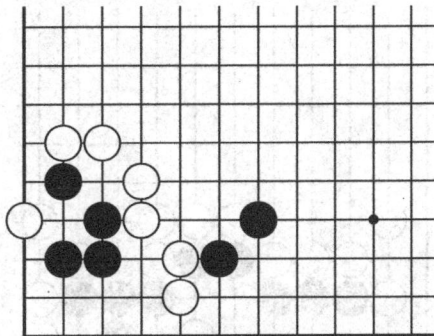

第 44 题

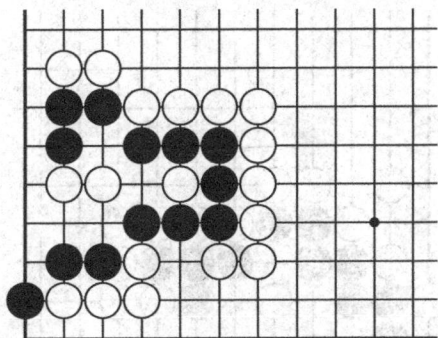

第 45 题

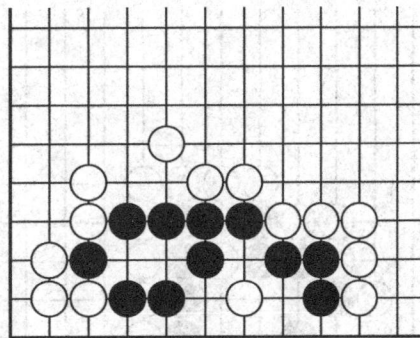

第 46 题

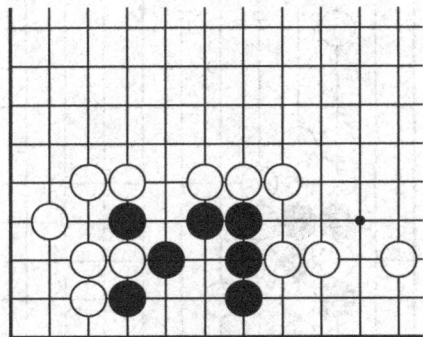

第 47 题

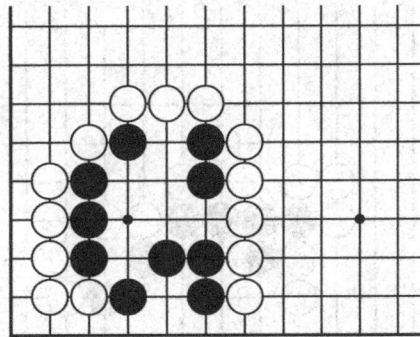

第 48 题

占据要点（四）

黑先，利用占据要点做活。

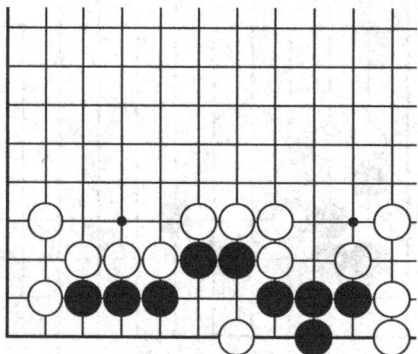

第 49 题

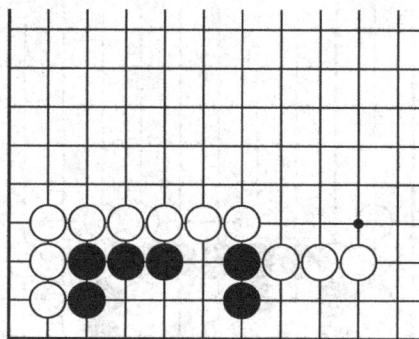

第 50 题

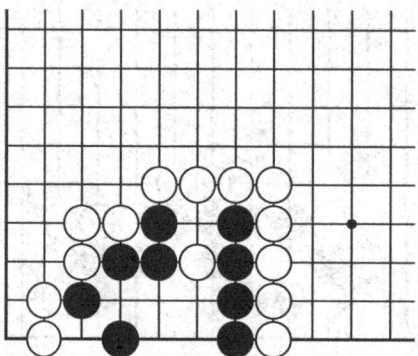

第 51 题

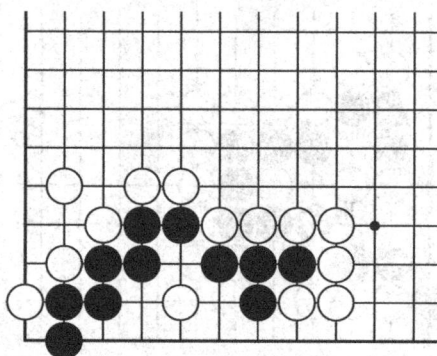

第 52 题

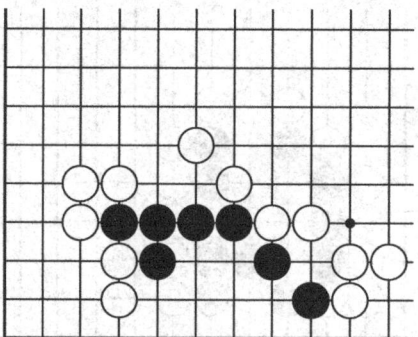

第 53 题

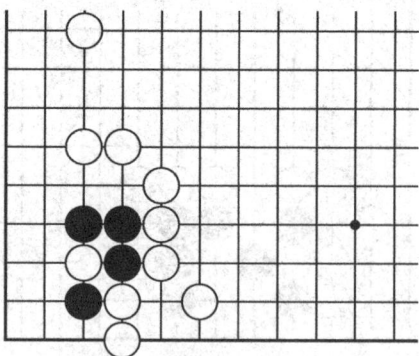

第 54 题

占据要点（五）

黑先，利用占据要点做活。

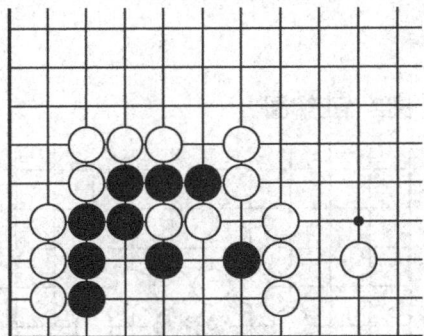

第 55 题

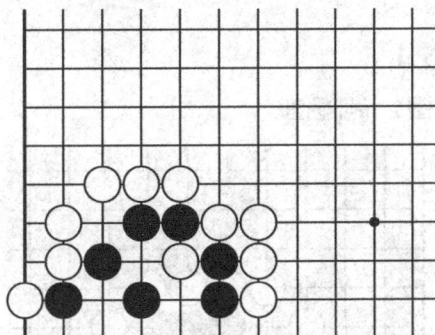

第 56 题

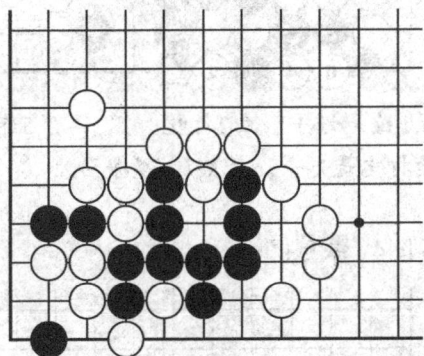

第 57 题

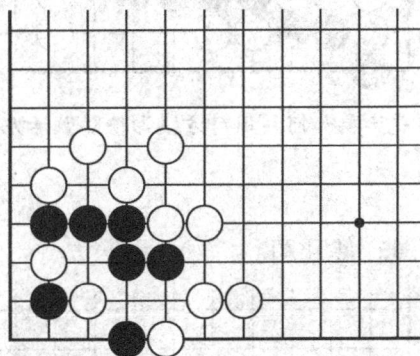

第 58 题

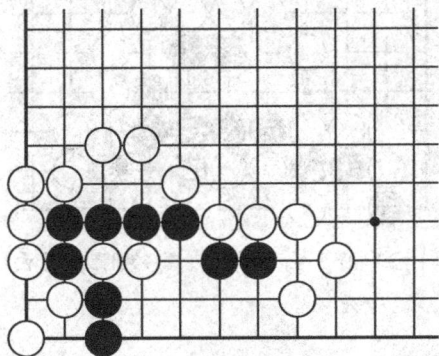

第 59 题

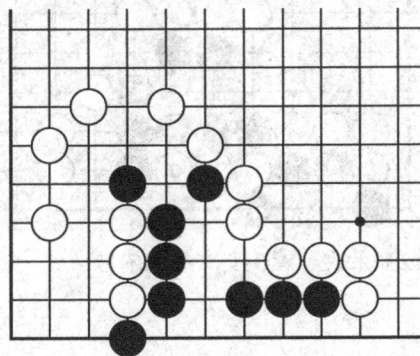

第 60 题

1.3 利用棋形缺陷做活

在做活时，有时会遇到对方棋形存在一些缺陷的情况，比如有断点、气紧等。这时可以利用对方的缺陷来达到做活的目的。

例1

图1 问题图

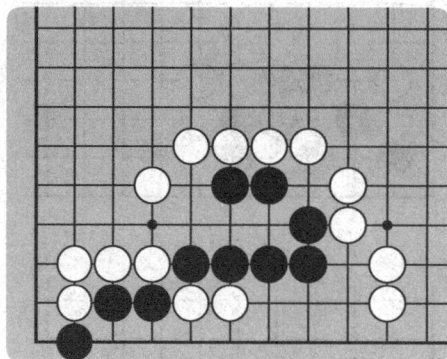

黑先，要如何利用对方棋形缺陷做活呢

图2 正解图

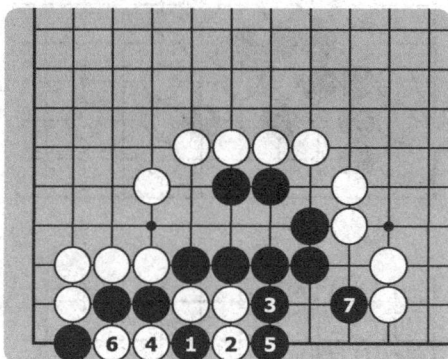

黑1扳是好手，白2打吃，黑3、黑5连续打吃是先手，至黑7，黑净活

图3 变化图

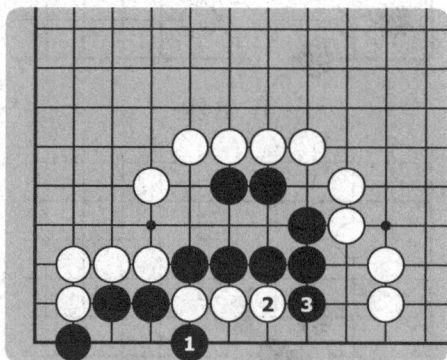

白2如果爬，黑3挡，白也不行

图4 失败图

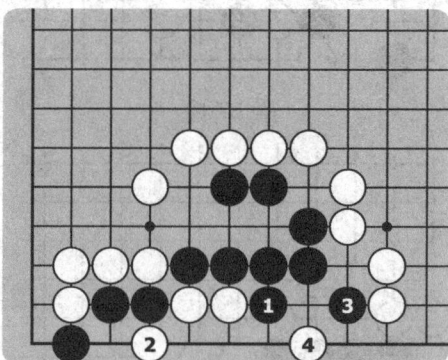

黑1挡不好，白2打吃，黑3做眼，至白4，黑净死

例2

图1 问题图

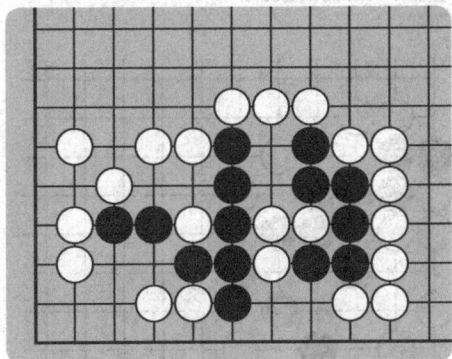

黑先，要如何利用对方棋形缺陷做
活呢

图2 正解图

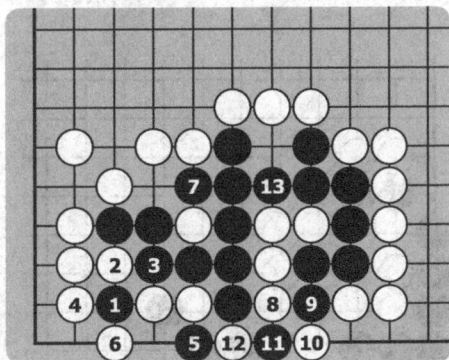

黑1、黑3靠断是好手，白4打吃，黑5
打吃，黑7做眼，以下至黑13，白成接
不归，黑净活

图3 变化图

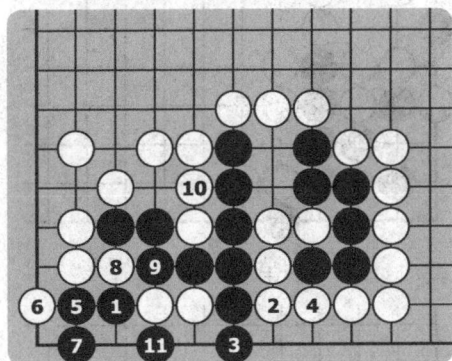

白2如果跑，黑3立是先手，黑5、黑7
挡再立是做眼好手，至黑11，黑也是
活棋

图4 失败图

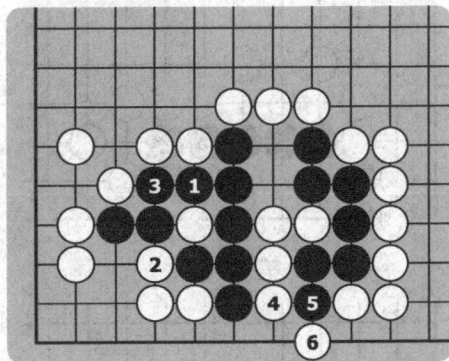

黑1提不好，白2挤是先手，黑3做眼，
至白6，黑净死

利用棋形缺陷做活（一）

黑先，利用棋形缺陷做活。

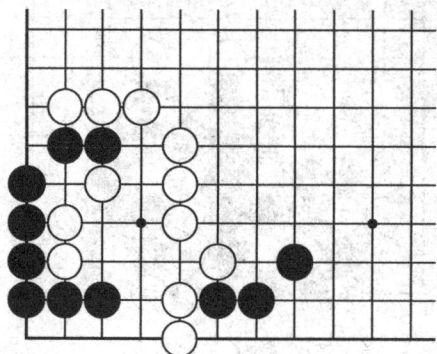

第 61 题

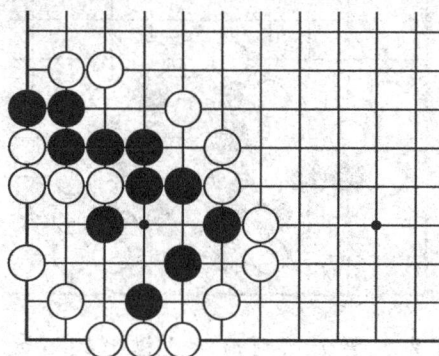

第 62 题

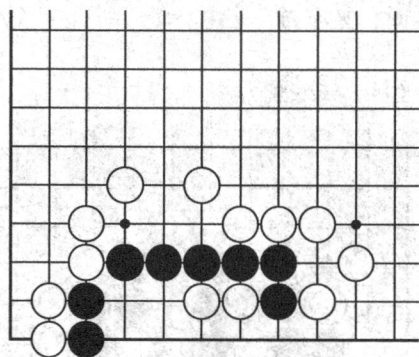

第 63 题

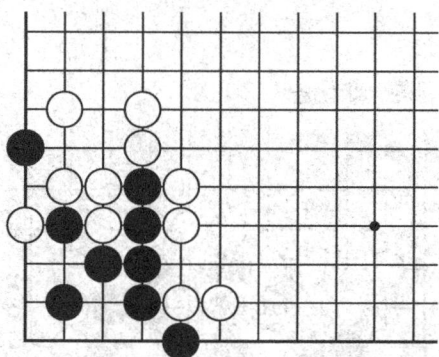

第 64 题

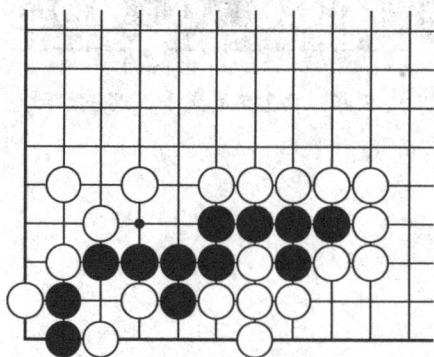

第 65 题

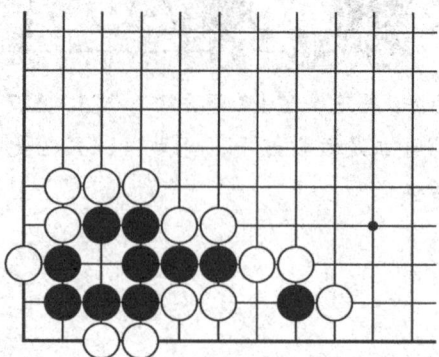

第 66 题

利用棋形缺陷做活（二）

黑先，利用棋形缺陷做活。

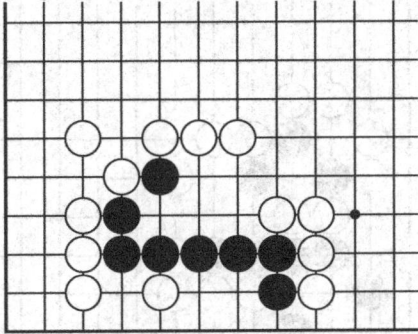

第 67 题

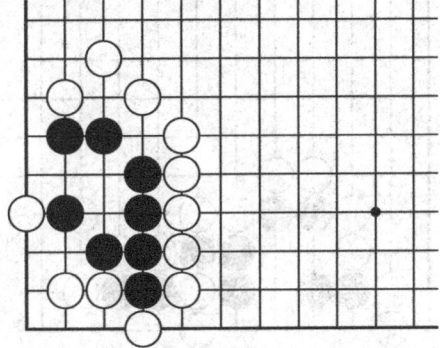

第 68 题

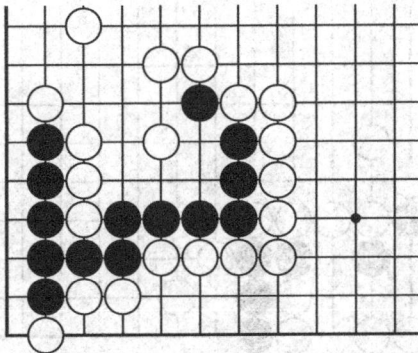

第 69 题

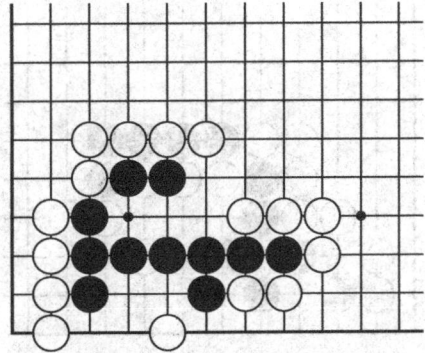

第 70 题

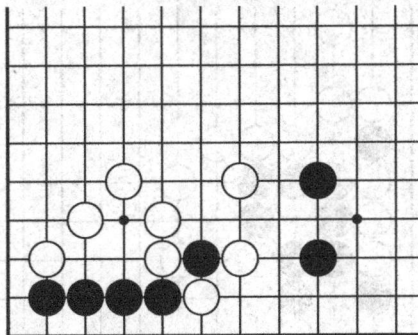

第 71 题

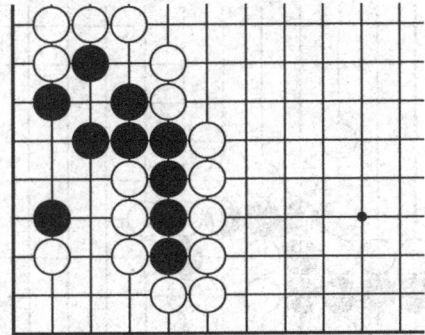

第 72 题

27

利用棋形缺陷做活（三）

黑先，利用棋形缺陷做活。

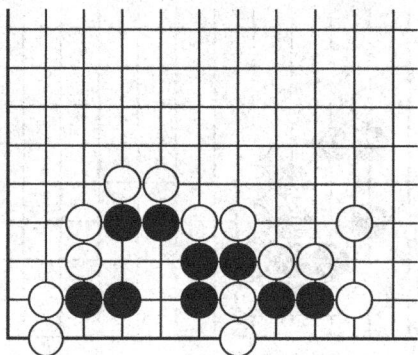

第 73 题

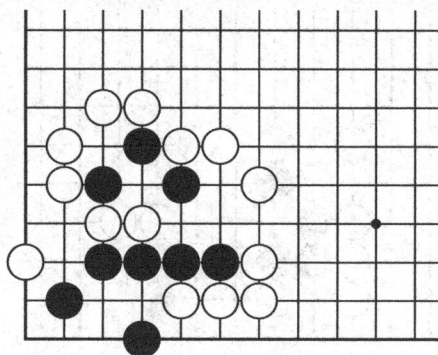

第 74 题

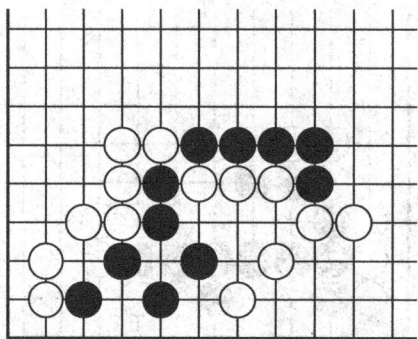

第 75 题

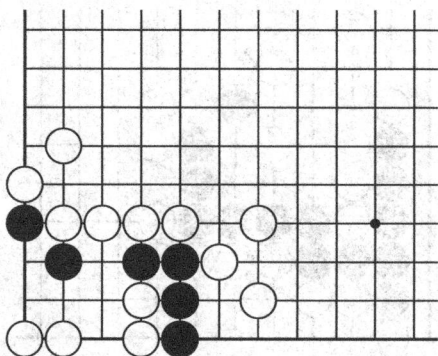

第 76 题

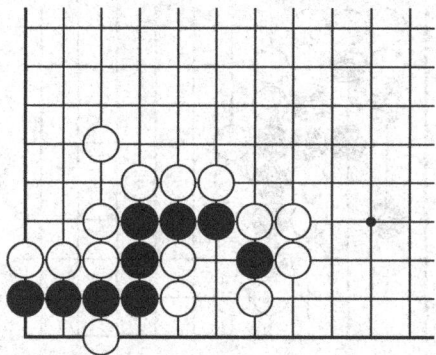

第 77 题

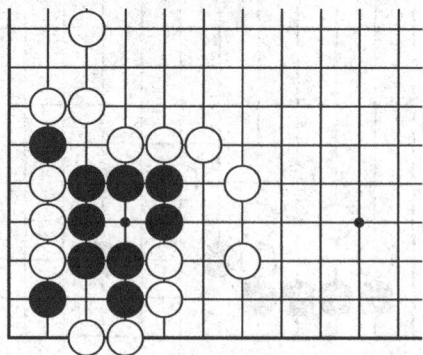

第 78 题

利用棋形缺陷做活（四）

黑先，利用棋形缺陷做活。

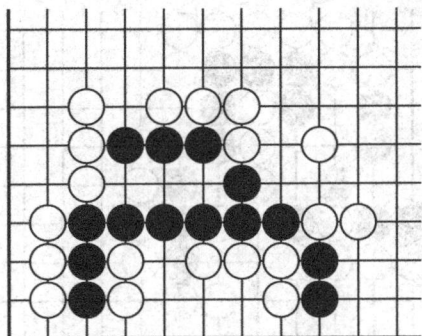

第 79 题

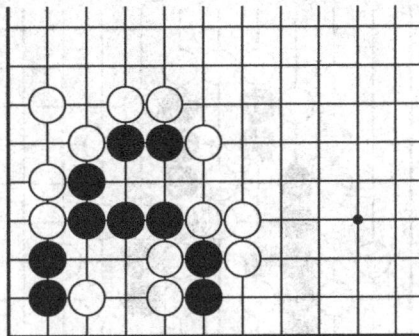

第 80 题

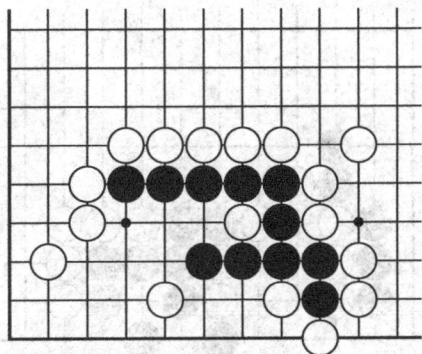

第 81 题

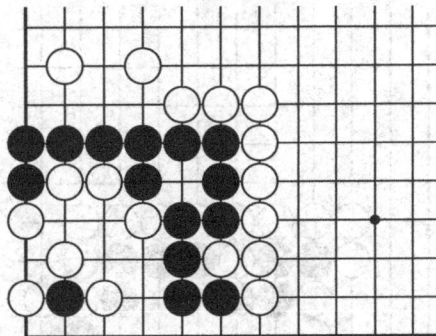

第 82 题

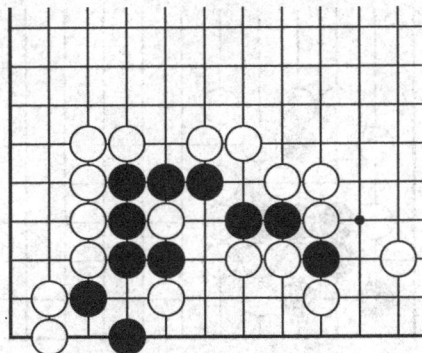

第 83 题

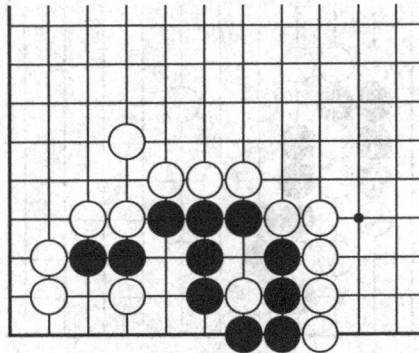

第 84 题

利用棋形缺陷做活（五）

黑先，利用棋形缺陷做活。

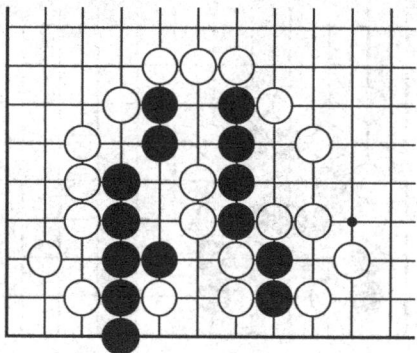

第 85 题

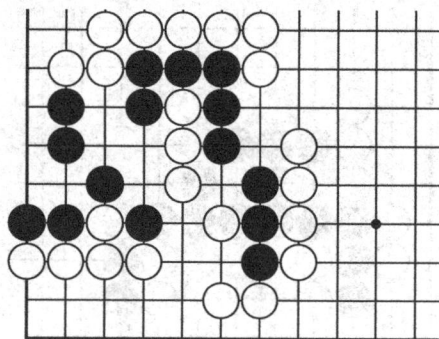

第 86 题

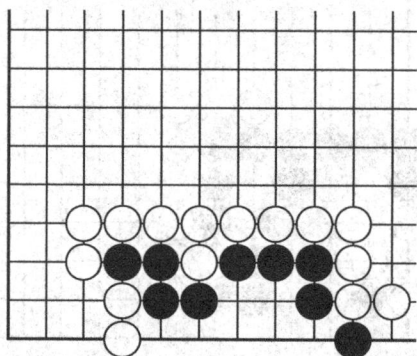

第 87 题

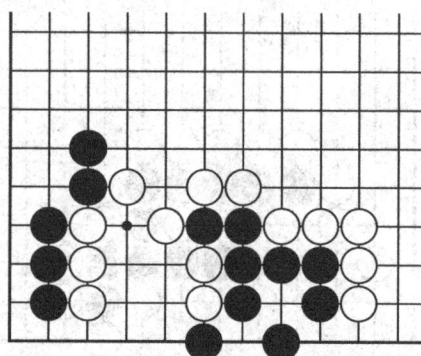

第 88 题

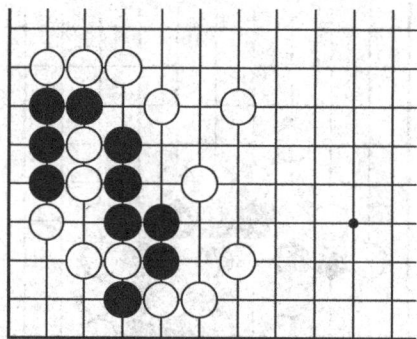

第 89 题

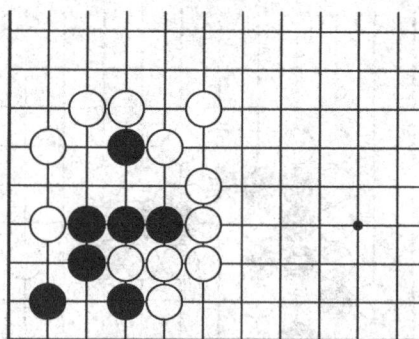

第 90 题

1.4 打劫的应用

在不能够完全做活时，打劫也不失为一种方法。在使用打劫时要考虑到对方的最强抵抗，不能一厢情愿。

例1

图1 问题图

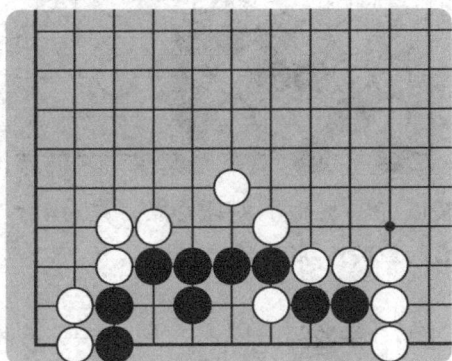

黑先，要如何利用打劫做活呢

图2 正解图

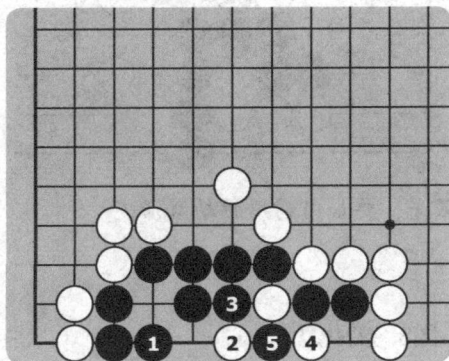

黑1做眼是要点，白2小尖是最强抵抗，至黑5，成劫活

图3 变化图

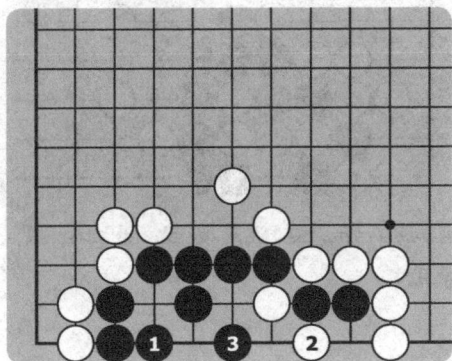

白2打吃不好，黑3小尖，黑棋净活

图4 失败图

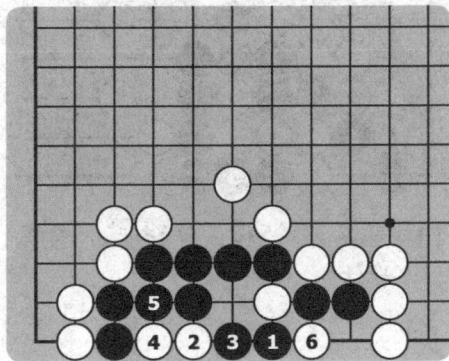

黑1打吃不好，白2靠是要点，黑3打吃，白4长，至白6，黑净死

例2

图1 问题图

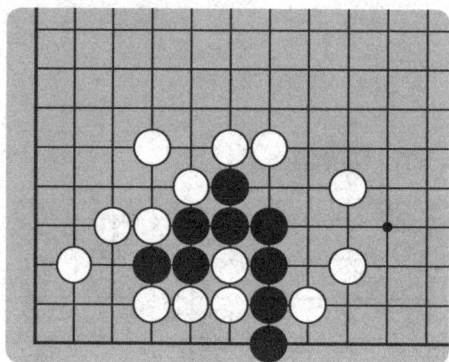

黑先，要如何利用打劫做活呢

图2 正解图

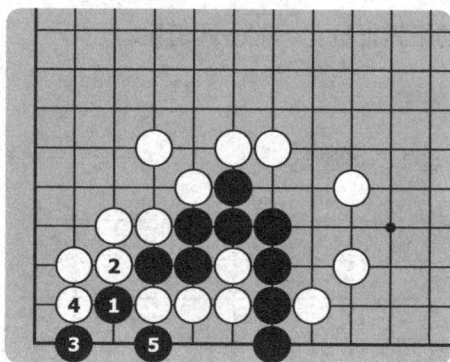

黑1、黑3扳再小尖是要点，黑白4打吃，至黑5，成劫活

图3 变化图

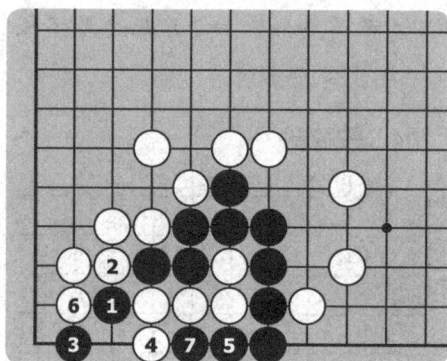

白4如果立，黑5拐，白6打吃，至黑7，黑净活

图4 失败图

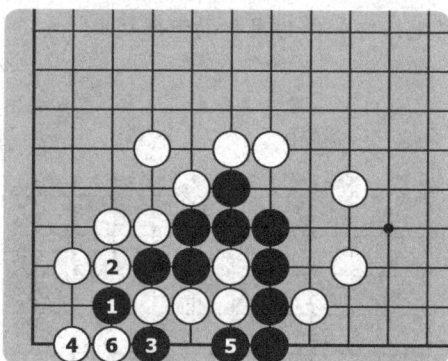

黑3扳不好，白4跳是要点，至白6，黑净死

打劫的应用（一）

黑先，利用打劫做活。

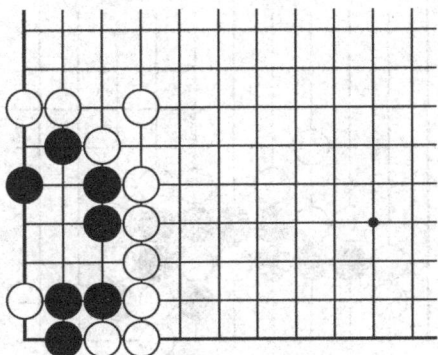

第 91 题

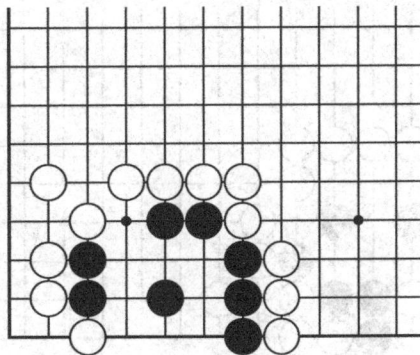

第 92 题

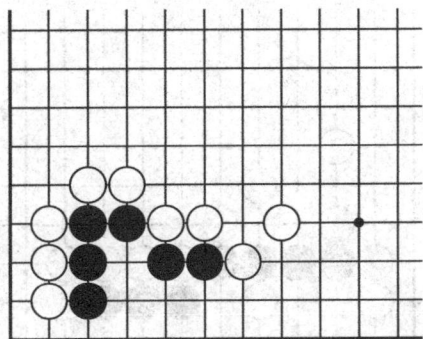

第 93 题

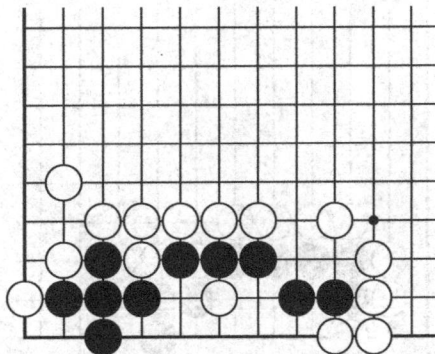

第 94 题

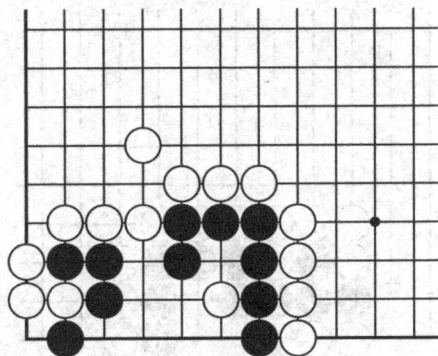

第 95 题

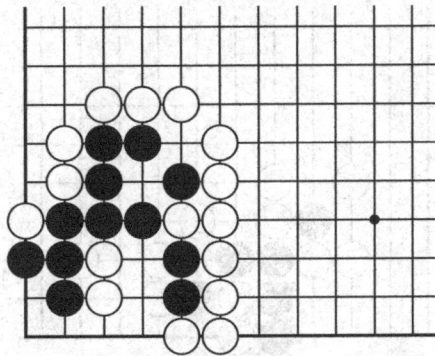

第 96 题

打劫的应用（二）

黑先，利用打劫做活。

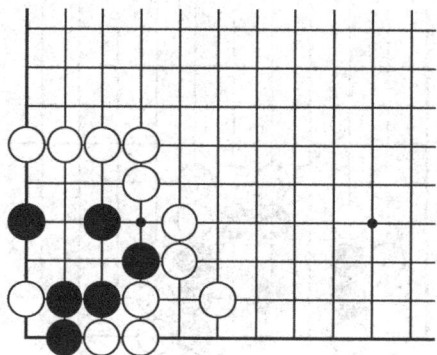

第 97 题

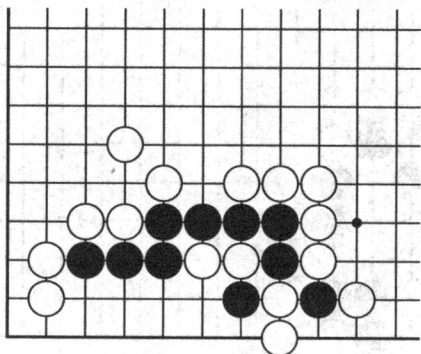

第 98 题

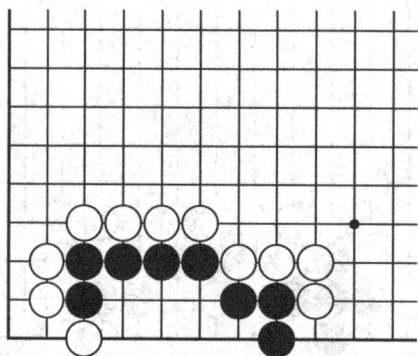

第 99 题

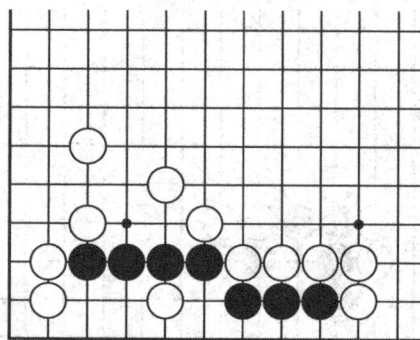

第 100 题

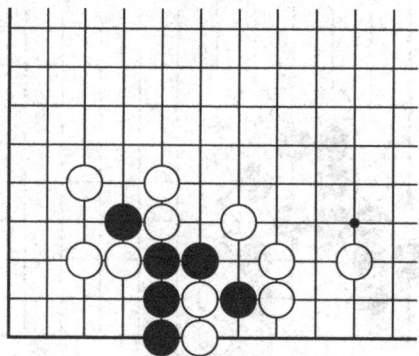

第 101 题

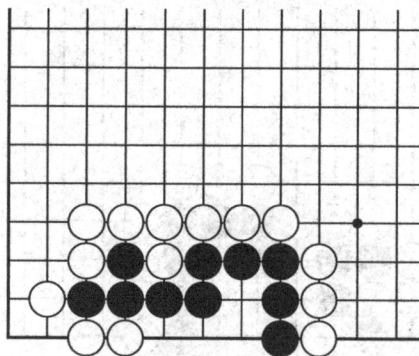

第 102 题

打劫的应用（三）

黑先，利用打劫做活。

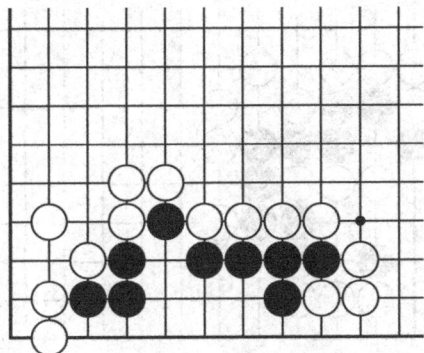

第 103 题

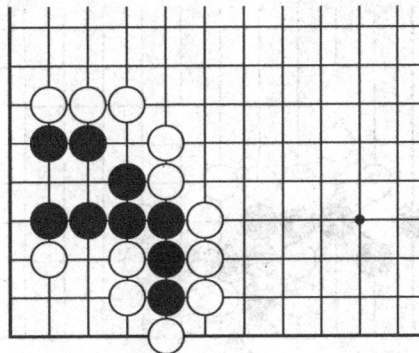

第 104 题

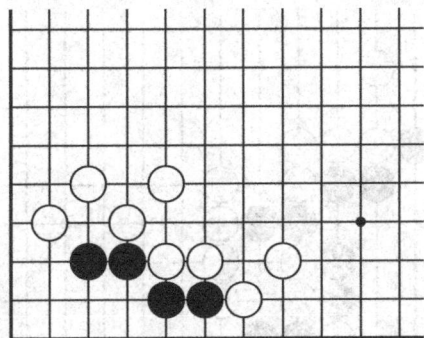

第 105 题

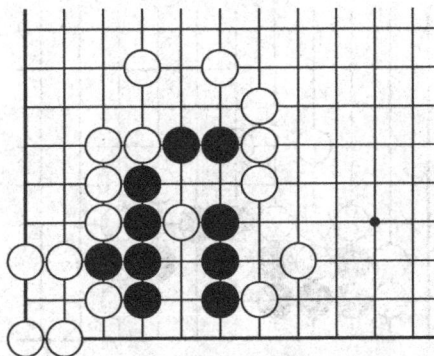

第 106 题

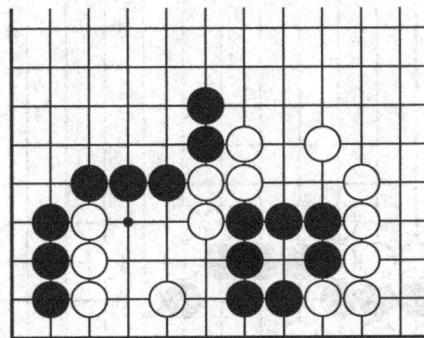

第 107 题

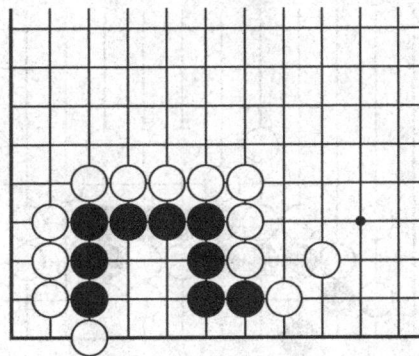

第 108 题

打劫的应用（四）

黑先，利用打劫做活。

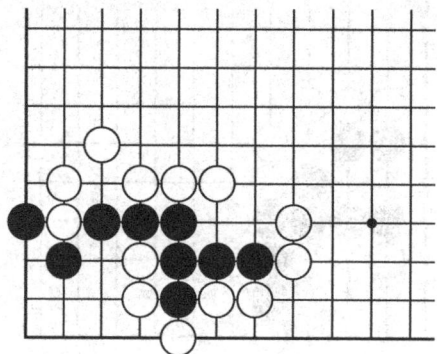

第 109 题

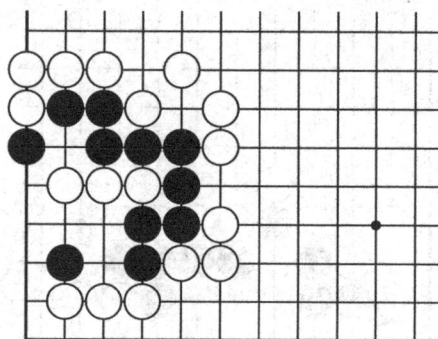

第 110 题

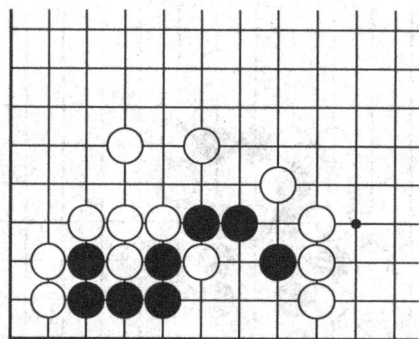

第 111 题

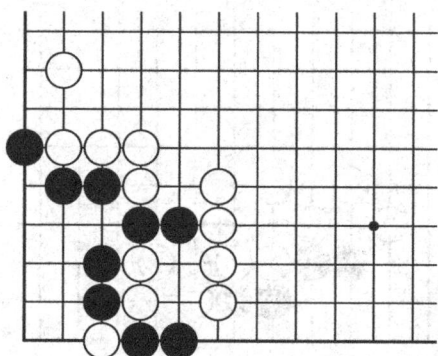

第 112 题

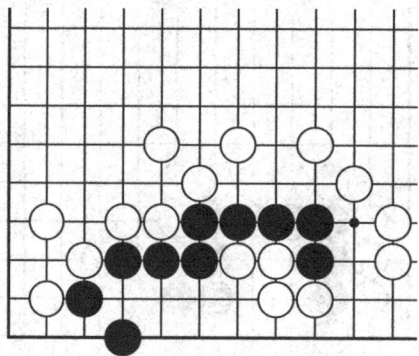

第 113 题

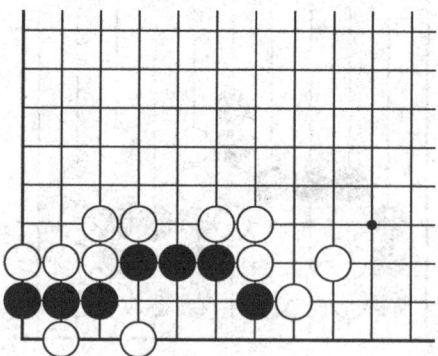

第 114 题

打劫的应用（五）

黑先，利用打劫做活。

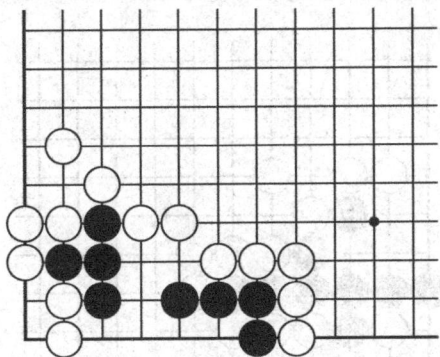

第 115 题

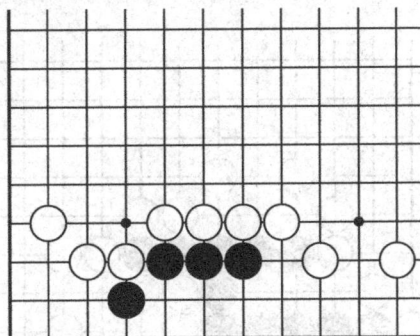

第 116 题

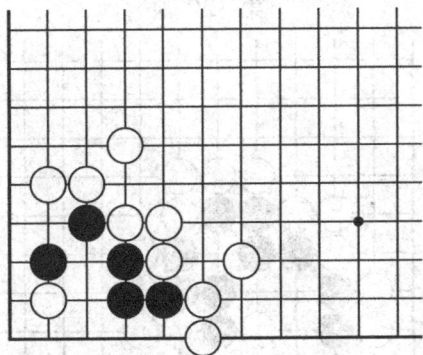

第 117 题

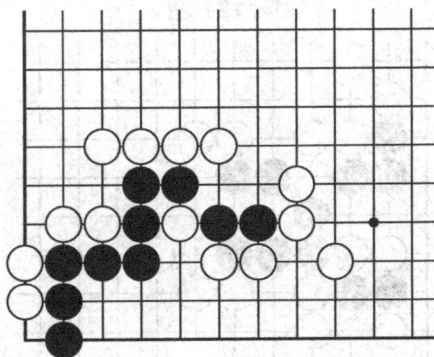

第 118 题

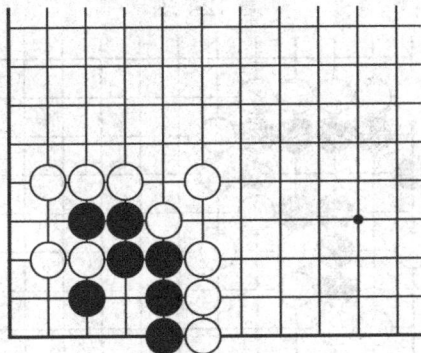

第 119 题

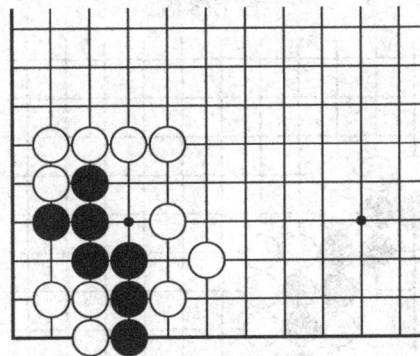

第 120 题

1.5 综合测验

综合测验（一）

黑先，做活。

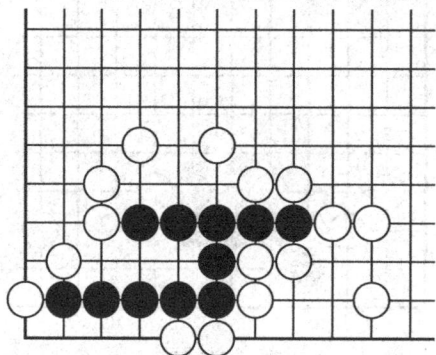

第 121 题

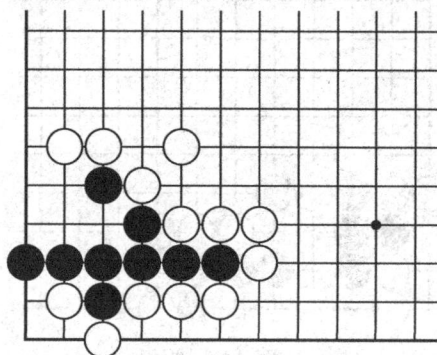

第 122 题

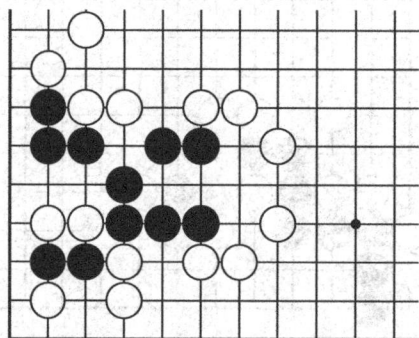

第 123 题

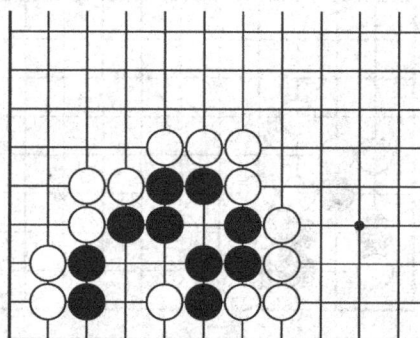

第 124 题

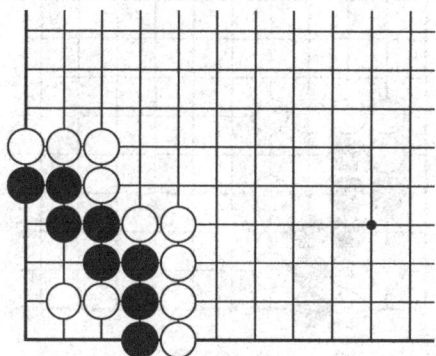

第 125 题

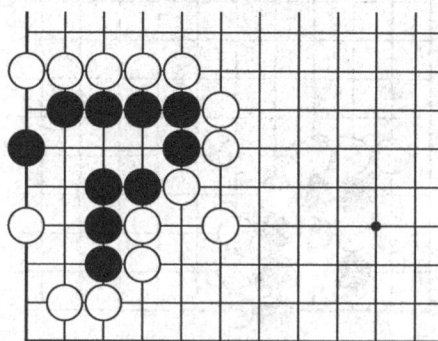

第 126 题

综合测验（二）

黑先，做活。

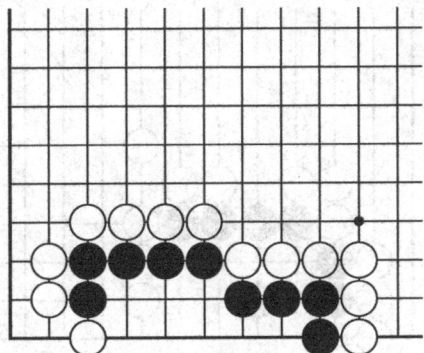

第 127 题

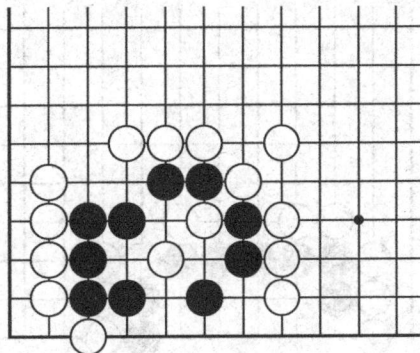

第 128 题

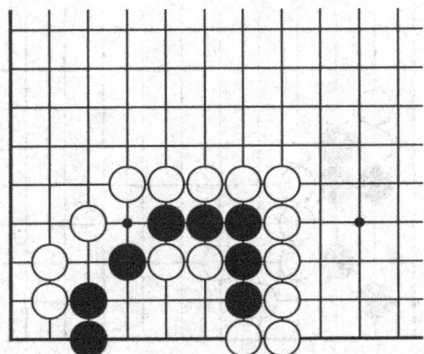

第 129 题

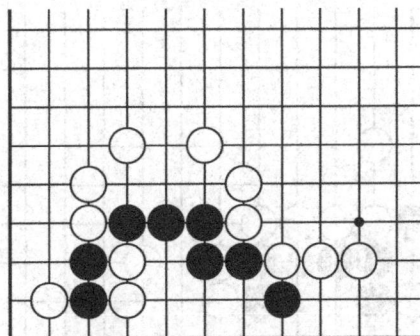

第 130 题

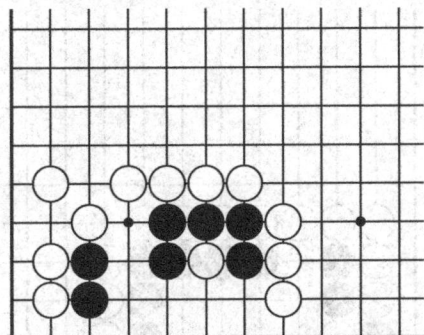

第 131 题

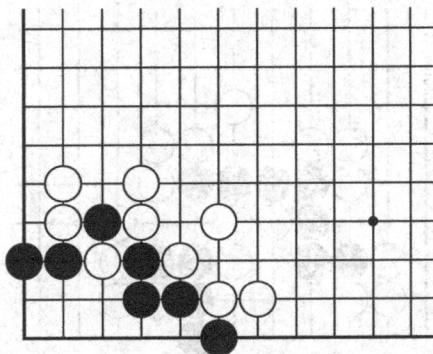

第 132 题

第一章 做活做眼

综合测验（三）

黑先，做活。

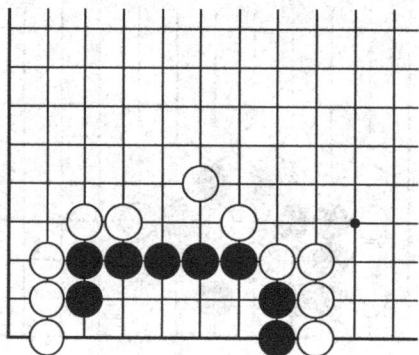

第 133 题

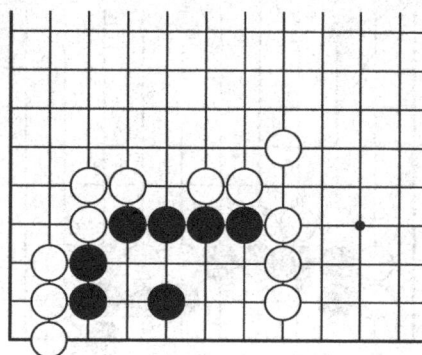

第 134 题

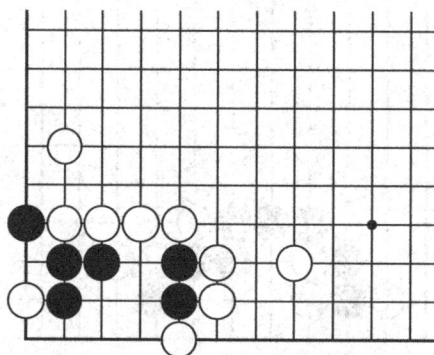

第 135 题

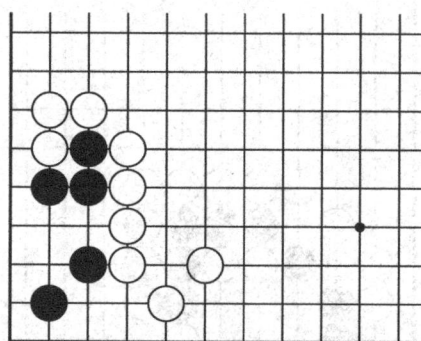

第 136 题

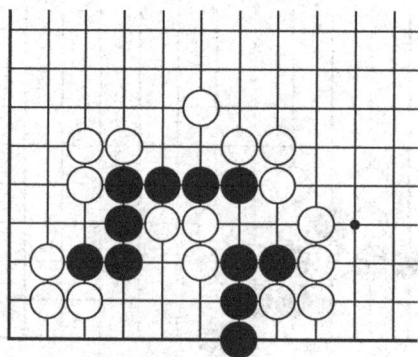

第 137 题

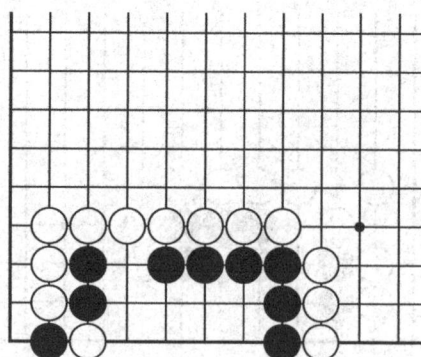

第 138 题

40

综合测验（四）

黑先，做活。

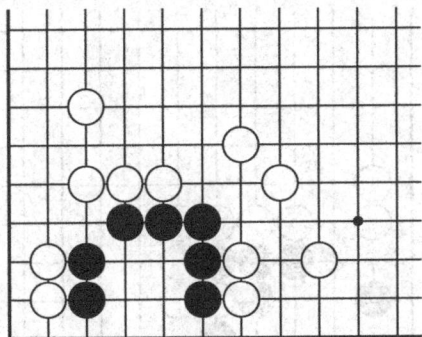

第 139 题

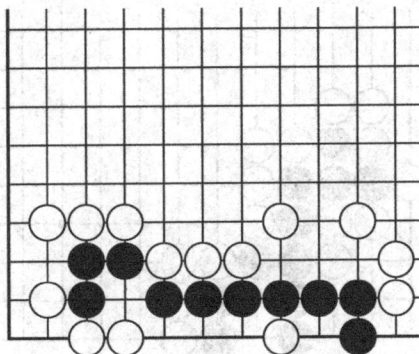

第 140 题

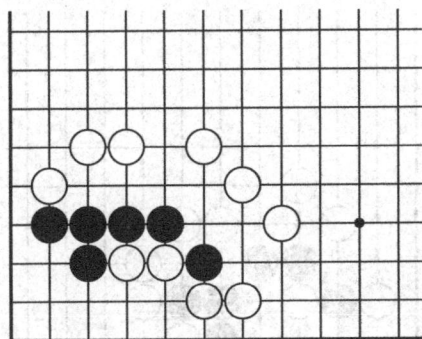

第 141 题

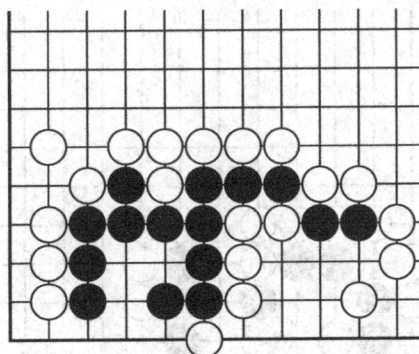

第 142 题

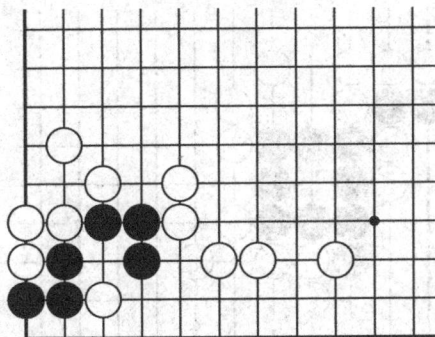

第 143 题

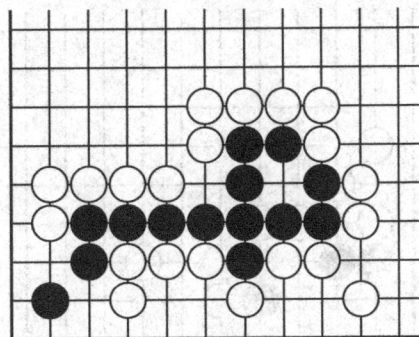

第 144 题

综合测验（五）

黑先，劫活。

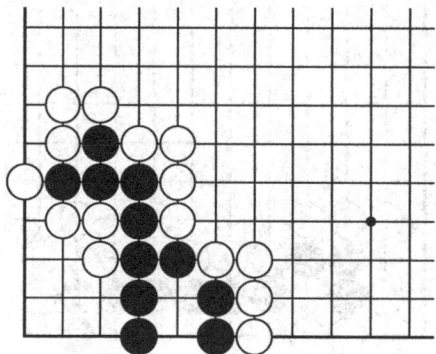

第 145 题

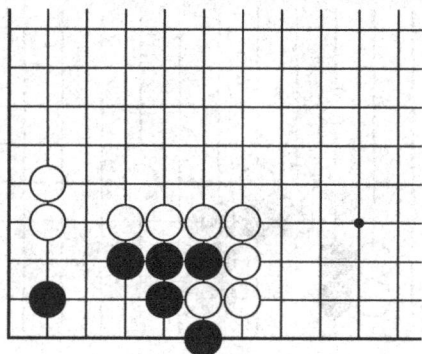

第 146 题

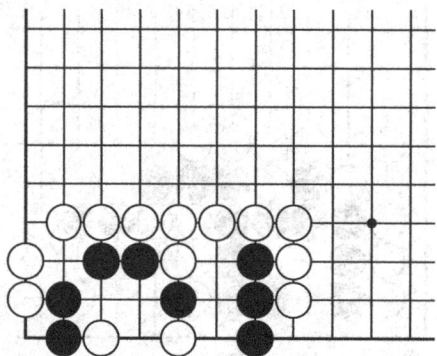

第 147 题

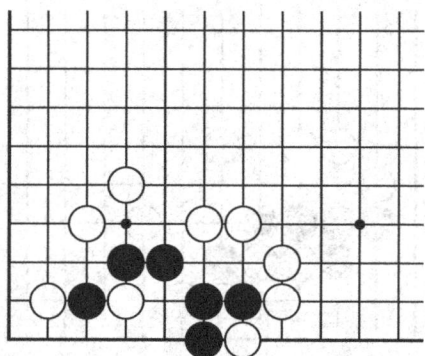

第 148 题

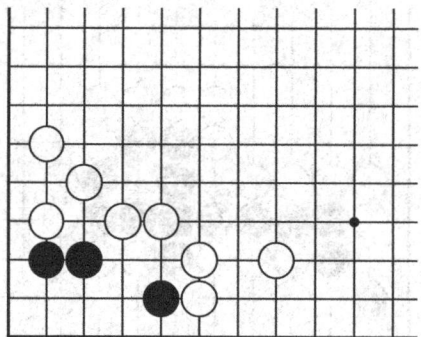

第 149 题

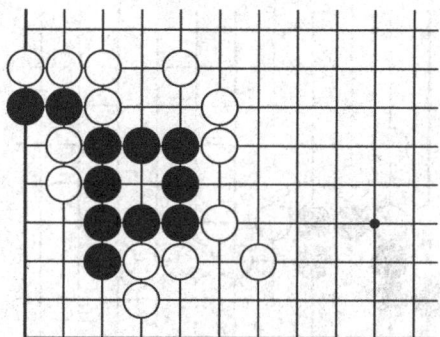

第 150 题

第二章
杀棋破眼

2.1　缩小眼位

　　缩小眼位是指在杀棋过程中通过将对方眼位缩小来达到吃掉对方的目的。缩小眼位的要领是从外侧来压缩对方空间。

例1

图1　问题图

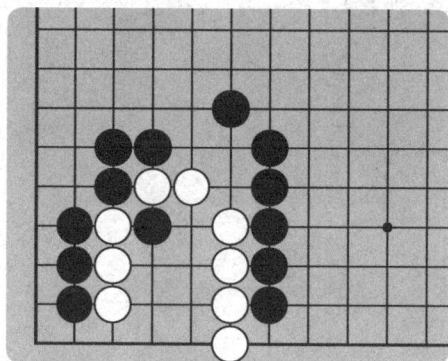

黑先，要如何利用缩小眼位杀白呢

图2　正解图1

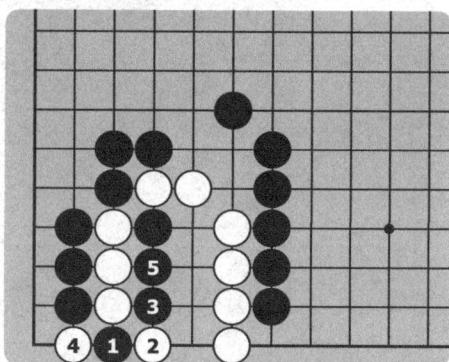

黑1扳是缩小眼位的要点，白2打吃，黑3、黑5断吃再打吃

图3　正解图2

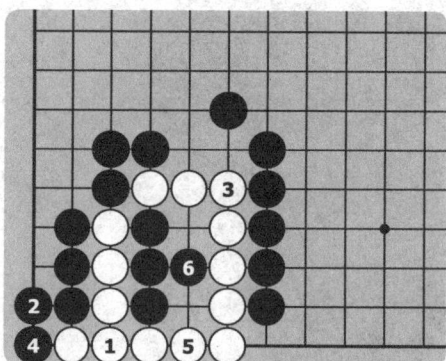

接正解图1，白1粘，黑2立，白3扩大眼位，至黑6，白净死

图4　失败图

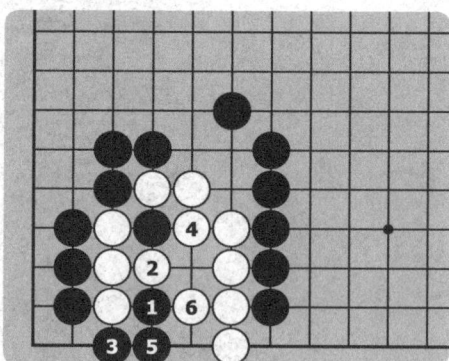

黑1夹不好，白2打吃，黑3打吃，白4提，至白6，白净活

例2

图1 问题图

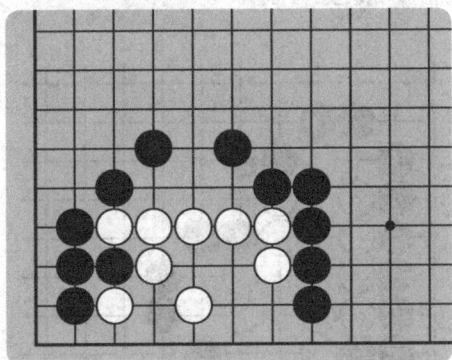

黑先，要如何利用缩小眼位杀白呢

图2 正解图

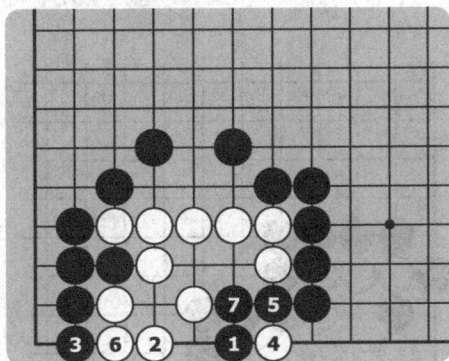

黑1小飞是要点，白2做眼，黑3立，至
黑7，白净死

图3 变化图

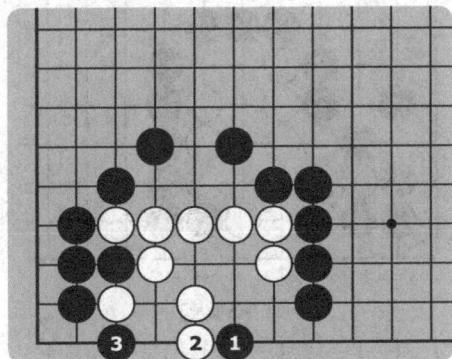

白2如果挡，黑3打吃，白也不行

图4 失败图

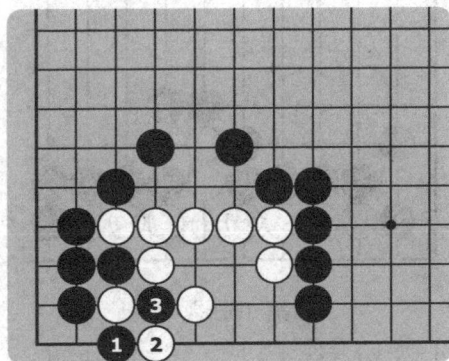

黑1打吃不好，白2挡，至黑3，成劫杀

缩小眼位（一）

黑先，利用缩小眼位杀棋。

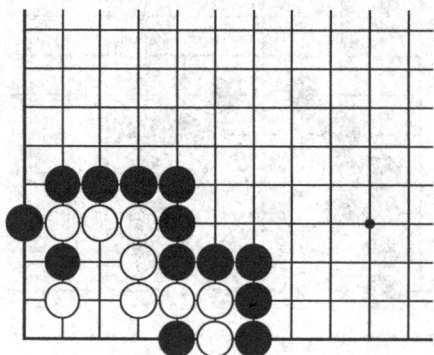

第 151 题

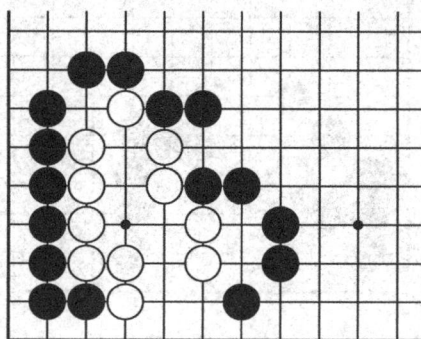

第 152 题

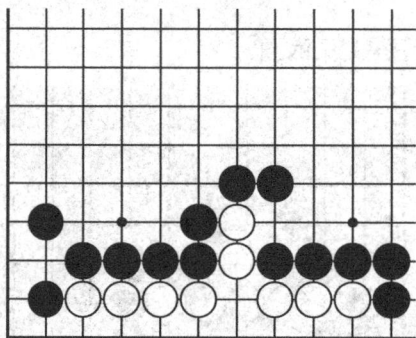

第 153 题

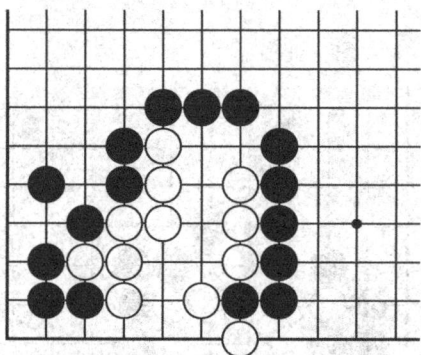

第 154 题

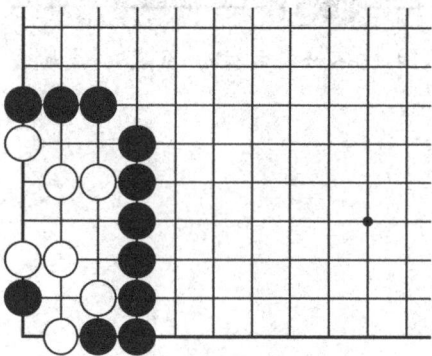

第 155 题

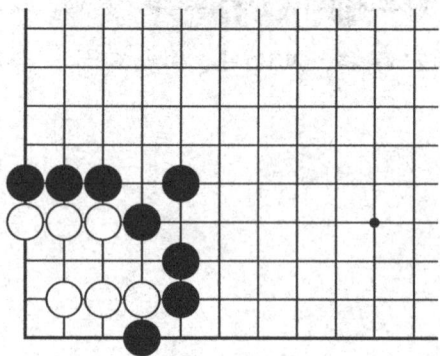

第 156 题

缩小眼位（二）

黑先，利用缩小眼位杀棋。

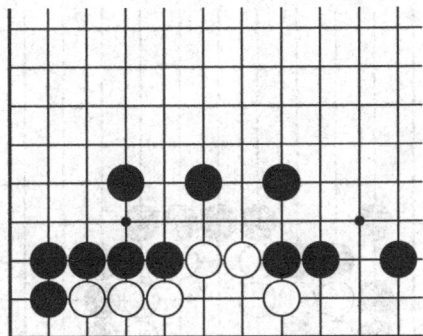

第 157 题

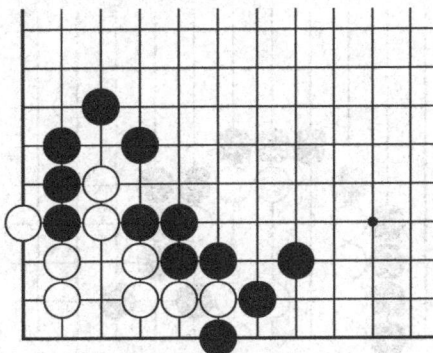

第 158 题

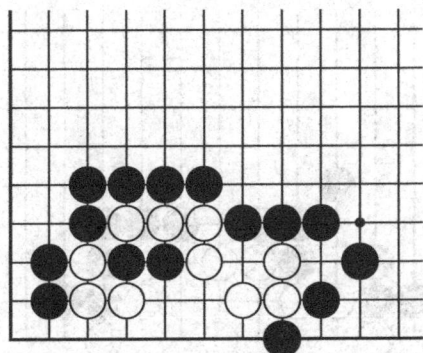

第 159 题

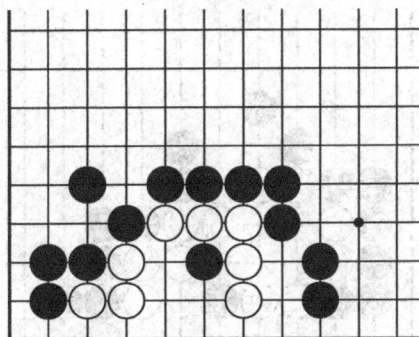

第 160 题

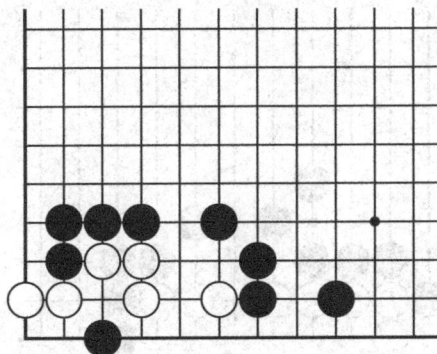

第 161 题

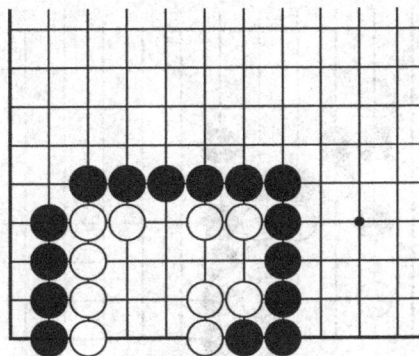

第 162 题

缩小眼位（三）

黑先，利用缩小眼位杀棋。

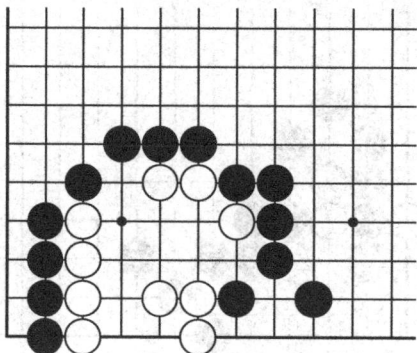

第 163 题

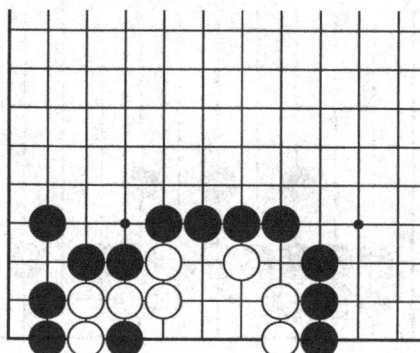

第 164 题

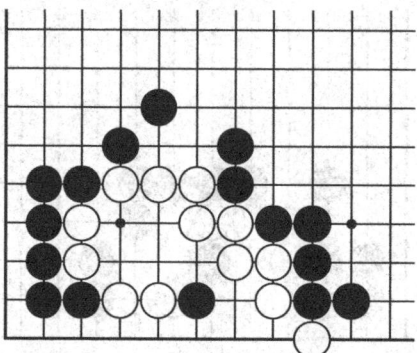

第 165 题

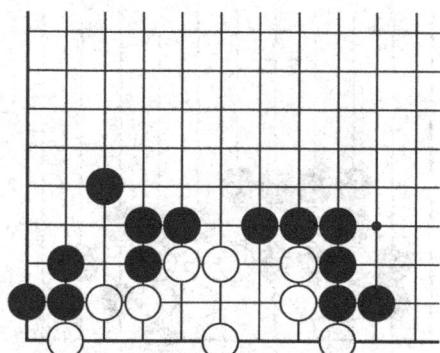

第 166 题

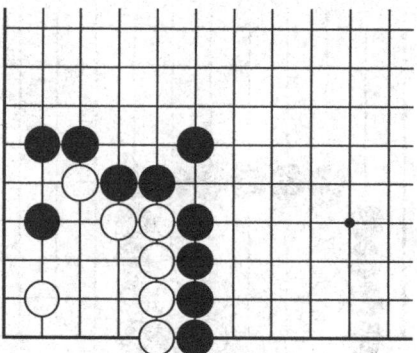

第 167 题

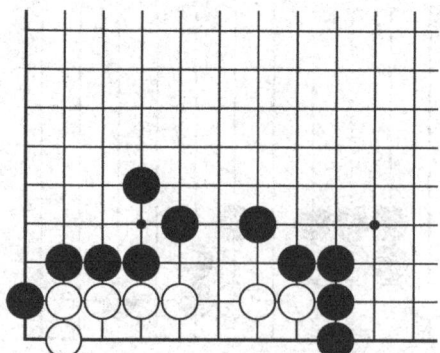

第 168 题

缩小眼位（四）

黑先，利用缩小眼位杀棋。

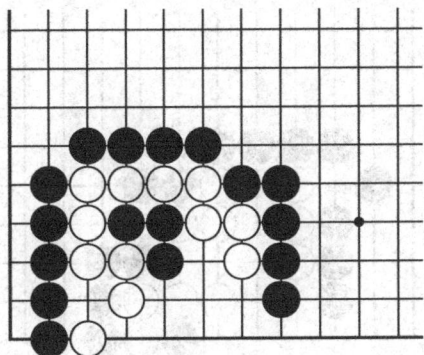

第 169 题

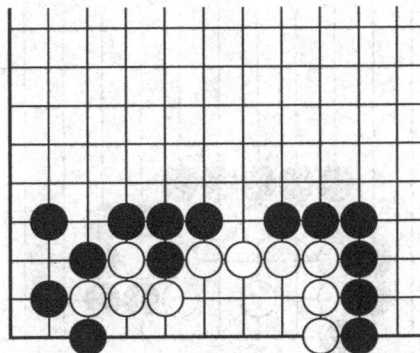

第 170 题

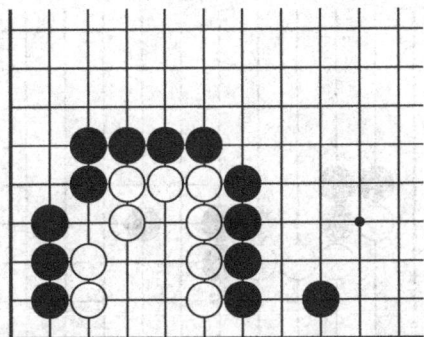

第 171 题

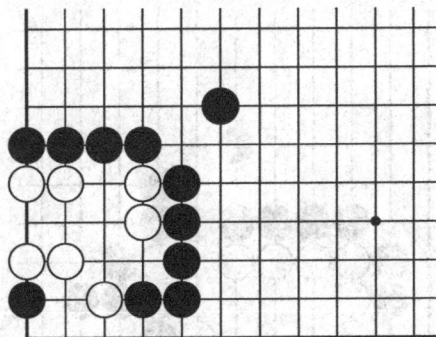

第 172 题

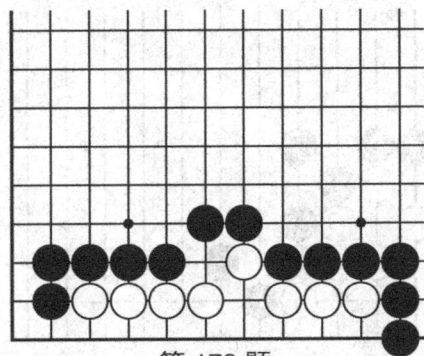

第 173 题

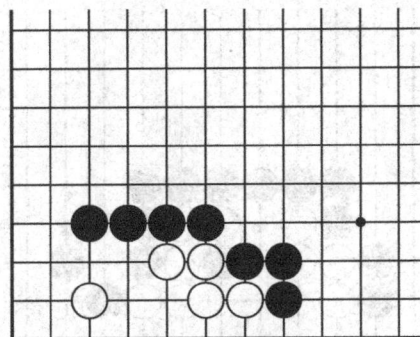

第 174 题

缩小眼位（五）
黑先，利用缩小眼位杀棋。

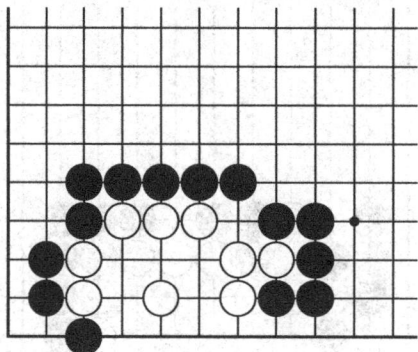

第 175 题

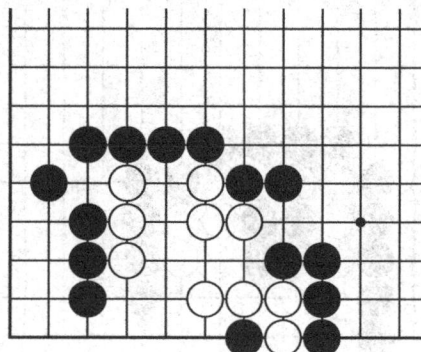

第 176 题

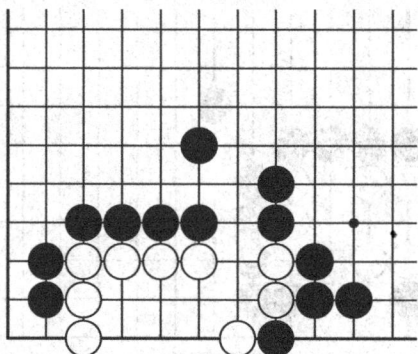

第 177 题

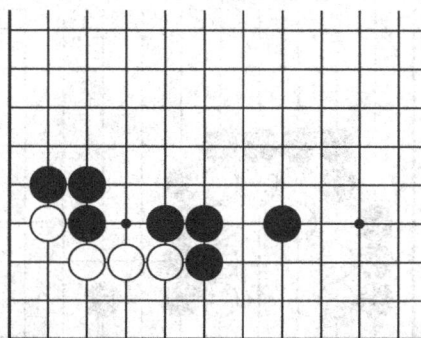

第 178 题

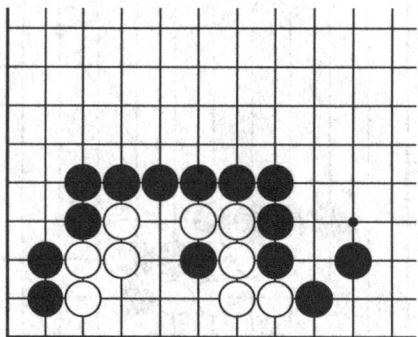

第 179 题

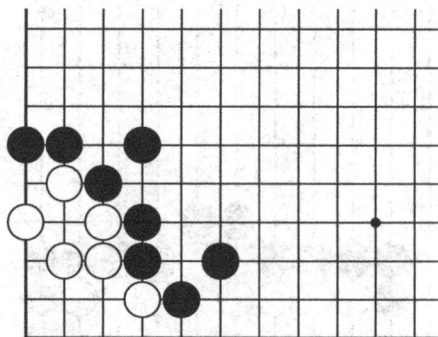

第 180 题

2.2　占据要点

通常是指双方必争之点，正所谓"敌之要点即我之要点"。在杀棋时可以换位思考，想想如果是对方来做活，下在哪最容易做眼，那么那个点可能就是你杀棋的要点。

例1

图1　问题图

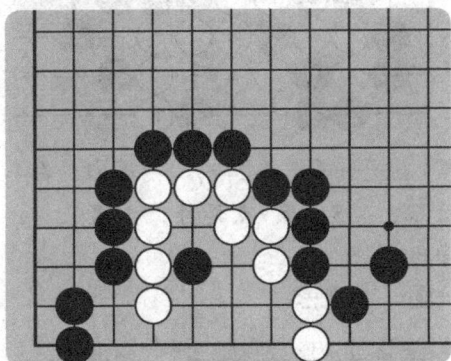

黑先，要如何利用占据要点杀白呢

图2　正解图

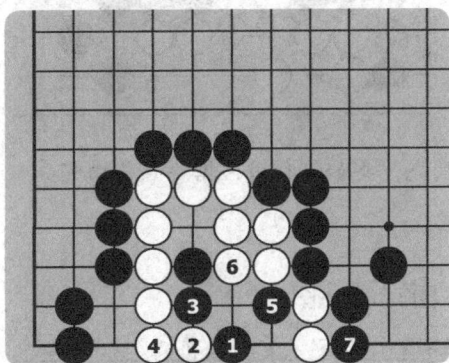

黑1点是好手，白2小尖，黑3、黑5打吃再断，至黑7，白净死

图3　变化图

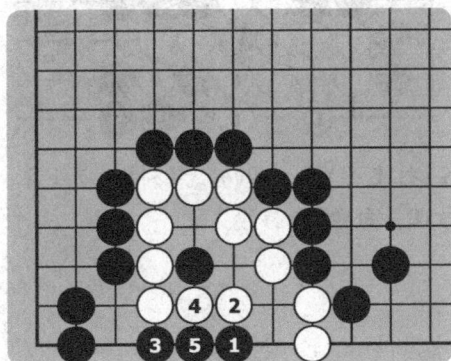

白2如果虎，黑3托联络，至黑5，白也不行

图4　失败图

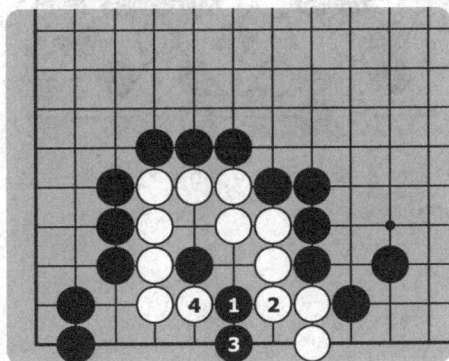

黑1小尖不好，白2粘，黑3立，至白4，黑无法杀白

例2

图1　问题图

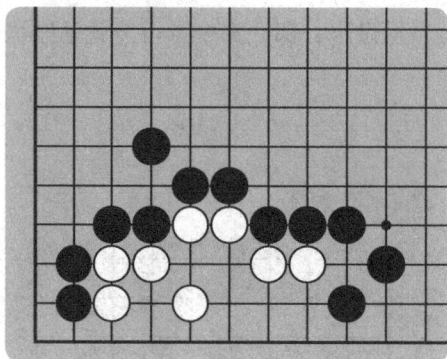

黑先，要如何利用占据要点杀白呢

图2　正解图

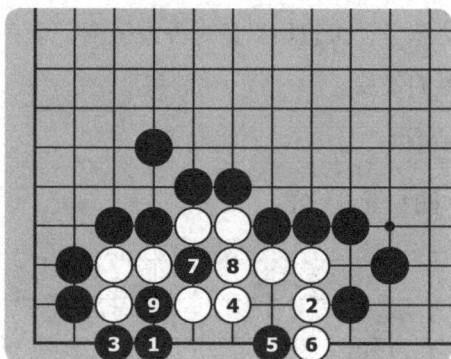

黑1点是好手，白2挡，黑3连回，白4做眼，黑5、黑7点再扑，至黑9，白净死

图3　变化图

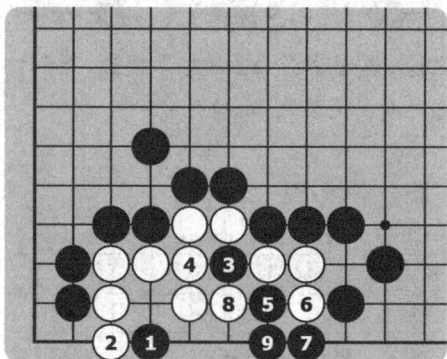

白2如果挡，黑3、黑5断吃再扳，至黑9，白也不行

图4　失败图

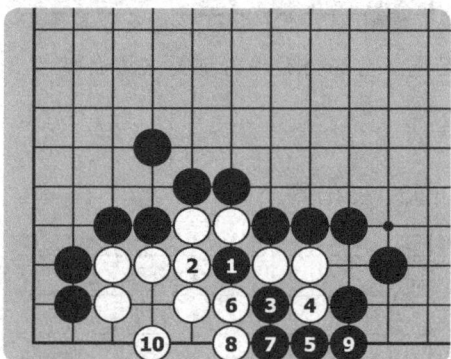

黑1打吃不好，白2粘，黑3扳，以下至白10，白净活

占据要点（一）

黑先，利用占据要点杀棋。

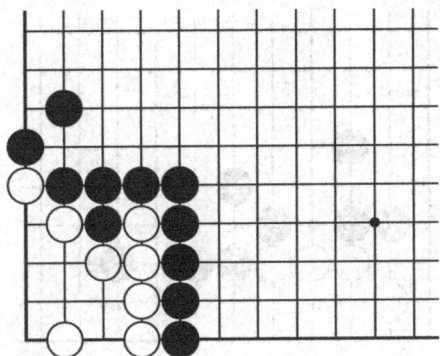

第 181 题

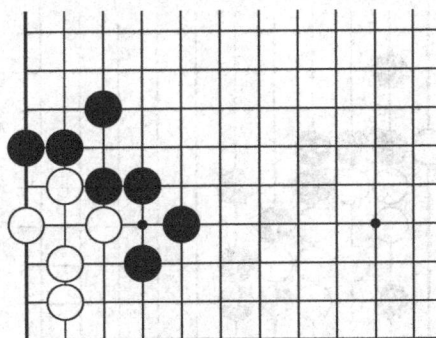

第 182 题

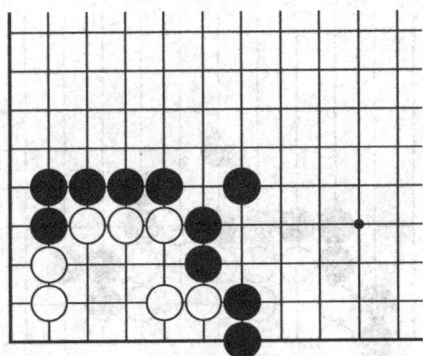

第 183 题

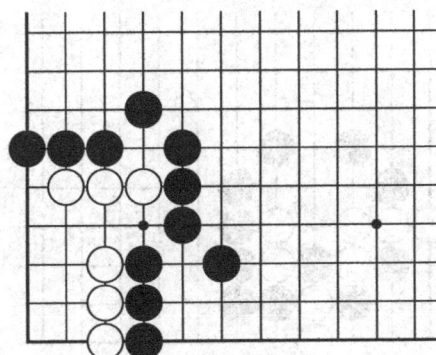

第 184 题

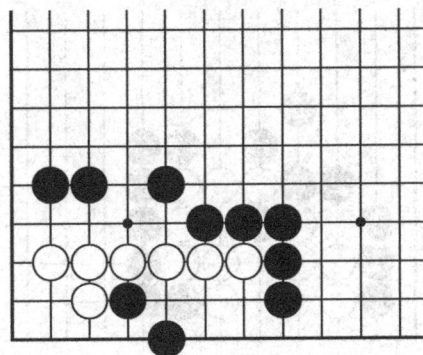

第 185 题

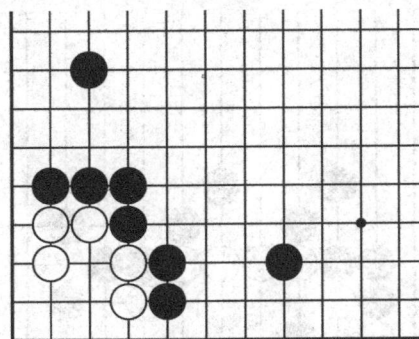

第 186 题

占据要点（二）

黑先，利用占据要点杀棋。

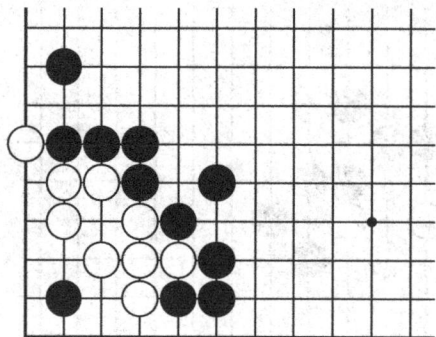

第 187 题

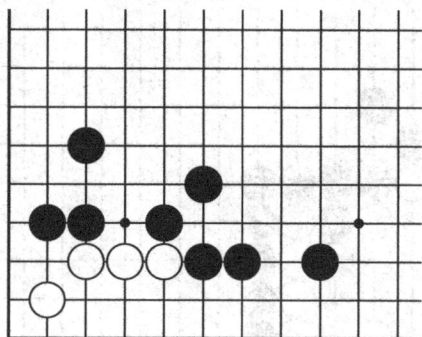

第 188 题

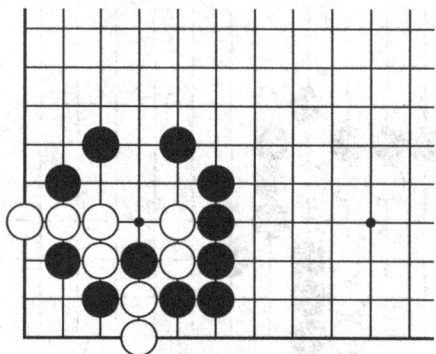

第 189 题

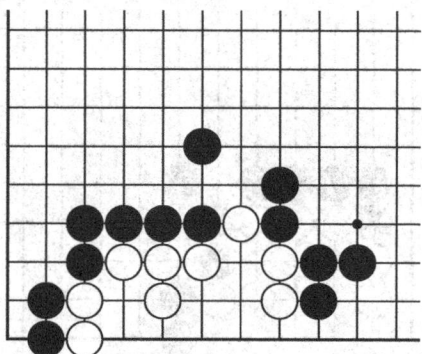

第 190 题

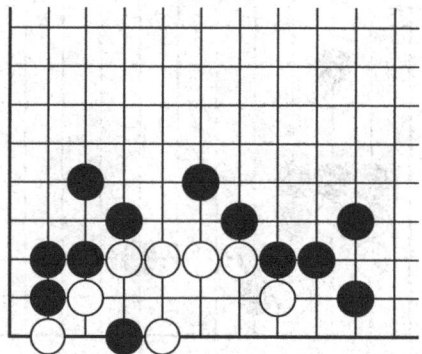

第 191 题

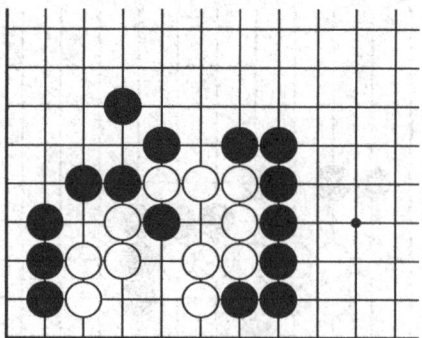

第 192 题

占据要点（三）

黑先，利用占据要点杀棋。

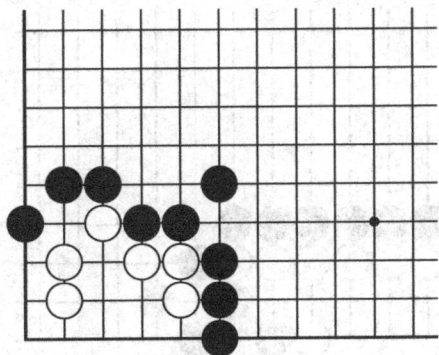

第 193 题

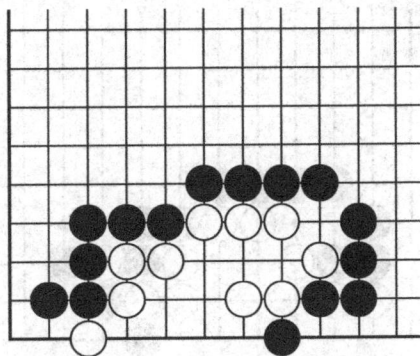

第 194 题

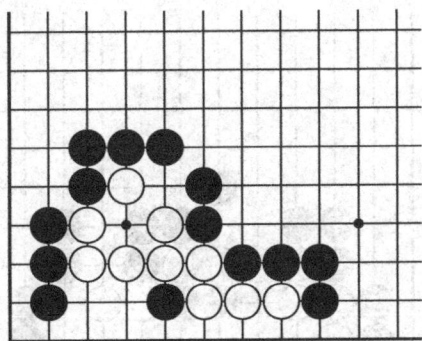

第 195 题

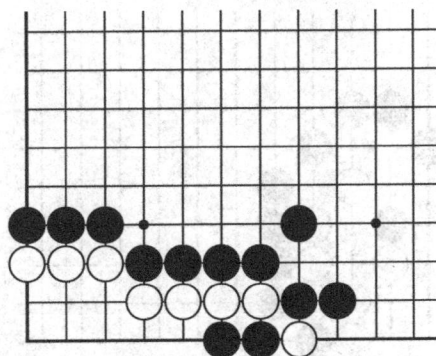

第 196 题

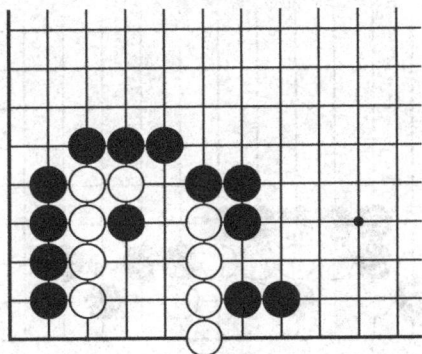

第 197 题

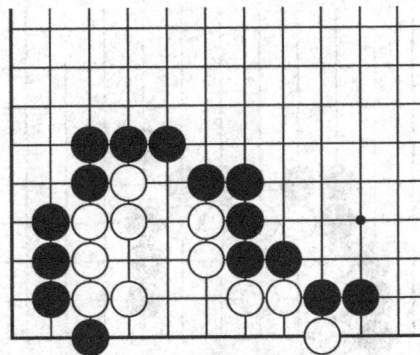

第 198 题

占据要点（四）

黑先，利用占据要点杀棋。

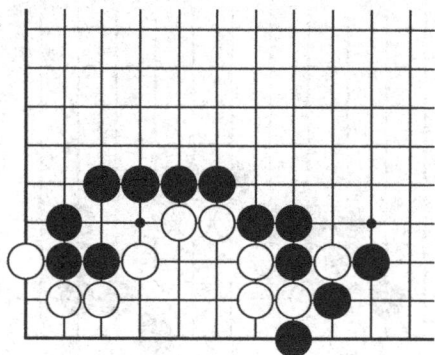

第 199 题

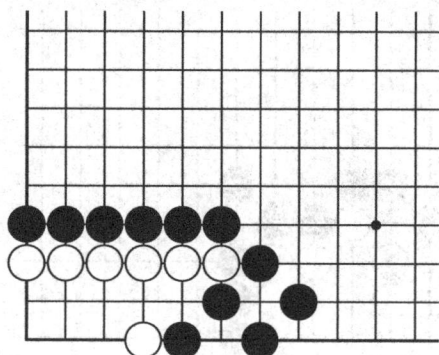

第 200 题

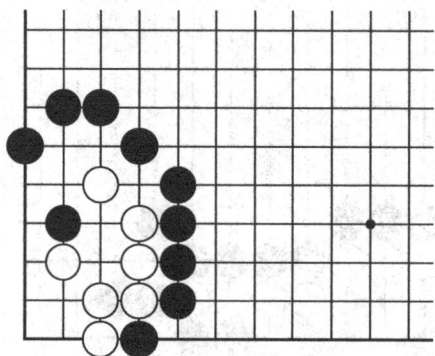

第 201 题

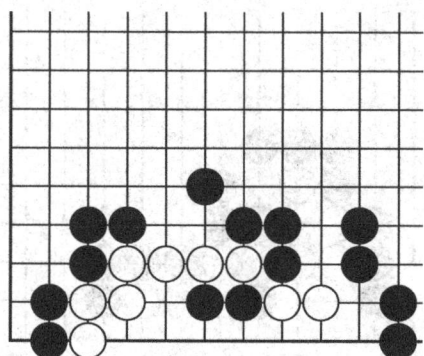

第 202 题

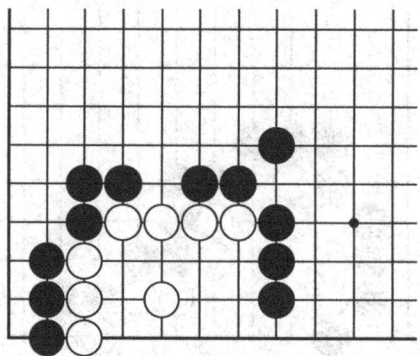

第 203 题

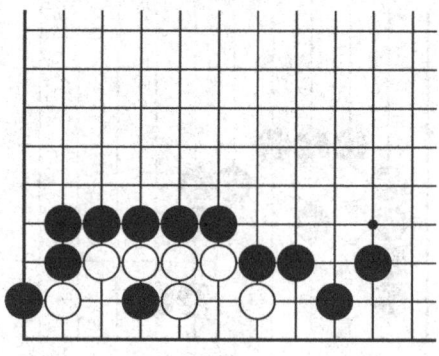

第 204 题

占据要点（五）

黑先，利用占据要点杀棋。

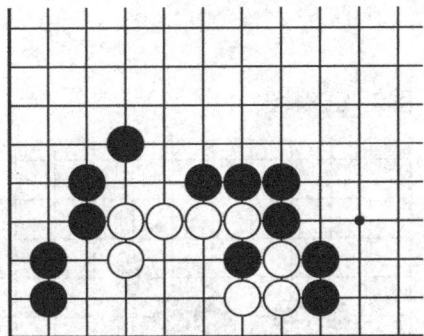

第 205 题

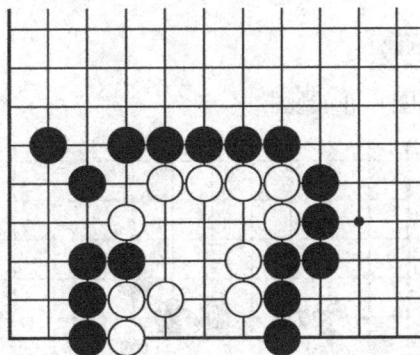

第 206 题

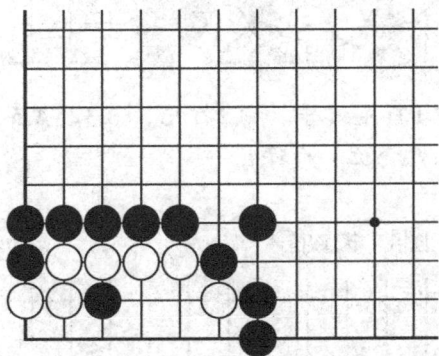

第 207 题

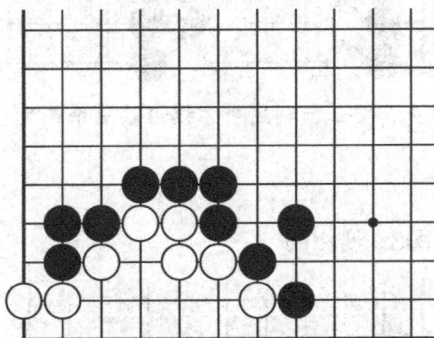

第 208 题

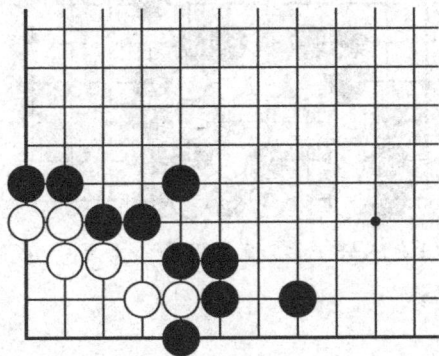

第 209 题

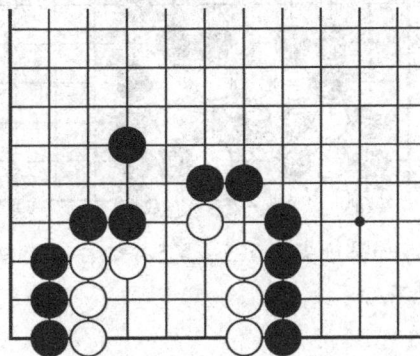

第 210 题

2.3 利用棋形缺陷破眼

在攻杀时，有时会遇到对方的棋形存在如断点等缺陷，这时要利用对方的缺陷来达到破眼的目的。

例1

图1 问题图

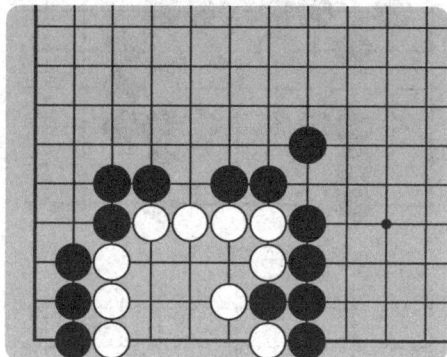

黑先，要如何利用对方棋形缺陷杀白呢

图2 正解图

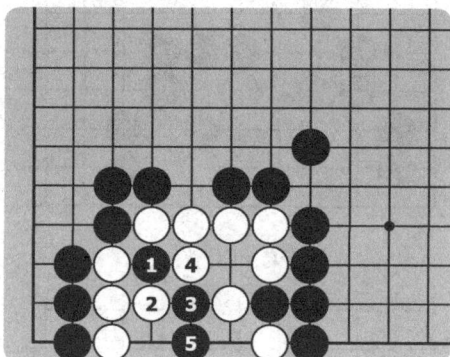

黑1断是好手，白2打吃，黑3、黑5打吃再立，白净死

图3 变化图

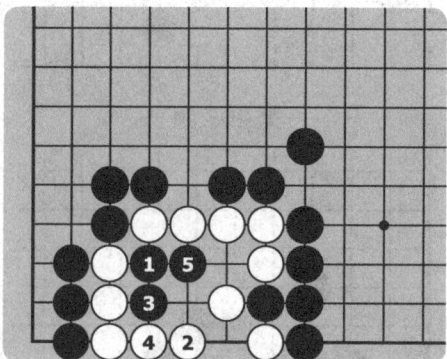

白2如果小尖，黑3、黑5打吃再冲，白也不行

图4 失败图

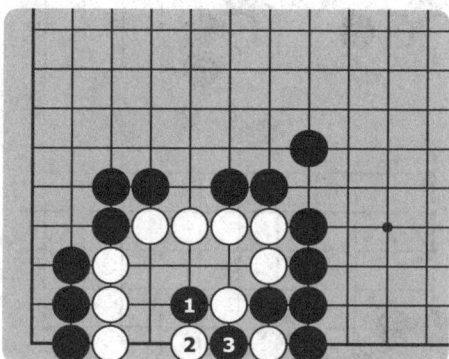

黑1夹不好，白2扳是强手，至黑3，成劫杀

例2

图1 问题图

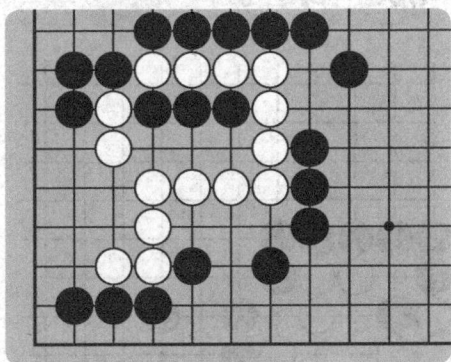

黑先，要如何利用对方棋形缺陷杀白呢

图2 正解图

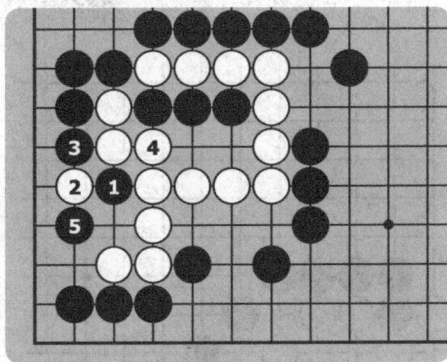

黑1挤是好手，白2打吃，黑3断吃，至黑5，白净死

图3 变化图

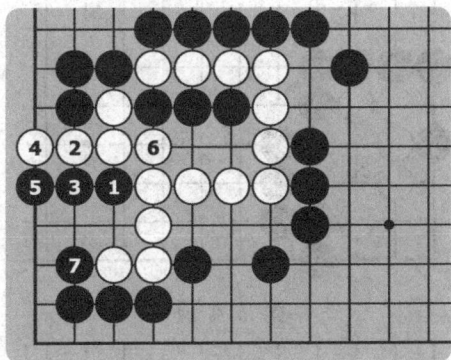

白2如果拐，黑3夹，白4立，黑5挡，至黑7，白也不行

图4 失败图

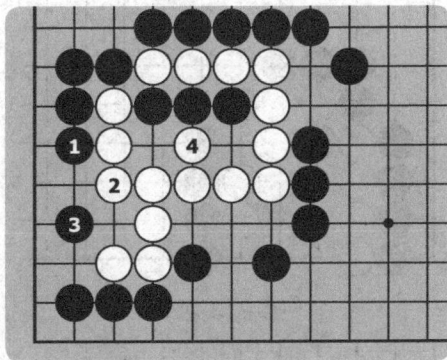

黑1爬不好，白2团，黑3点，至白4，白净活

利用棋形缺陷破眼（一）

黑先，利用棋形缺陷杀白。

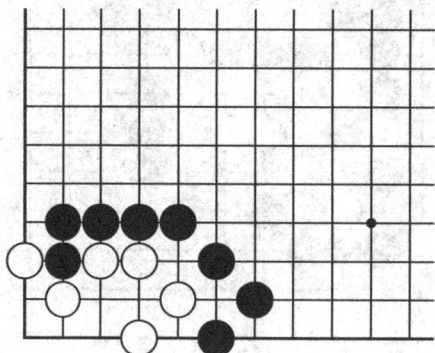

第211题

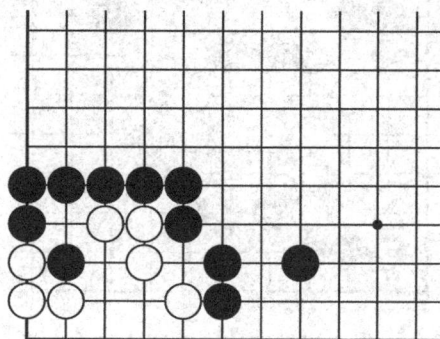

第212题

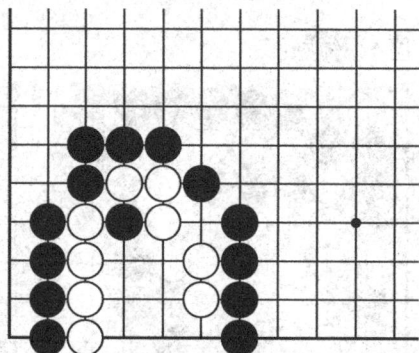

第213题

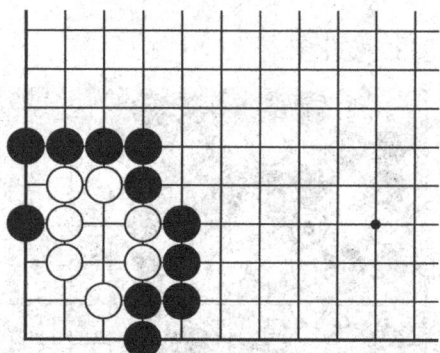

第214题

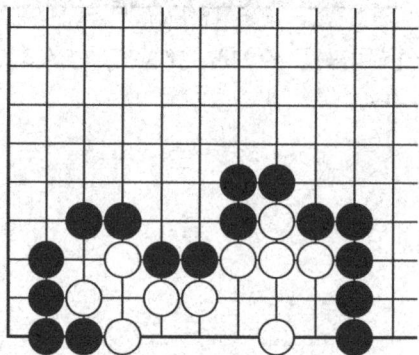

第215题

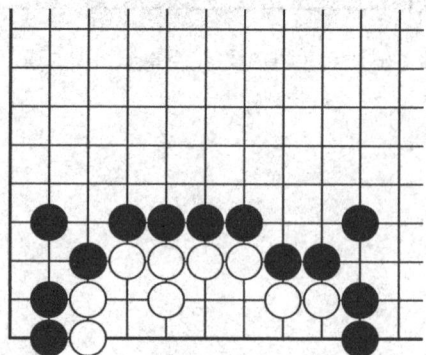

第216题

利用棋形缺陷破眼（二）

黑先，利用棋形缺陷杀白。

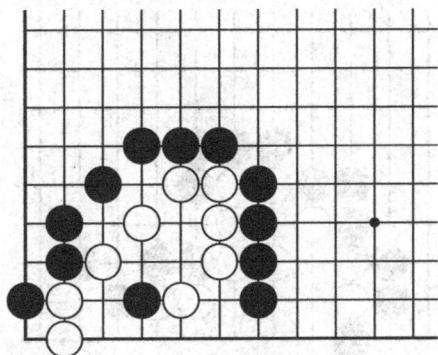

第 217 题

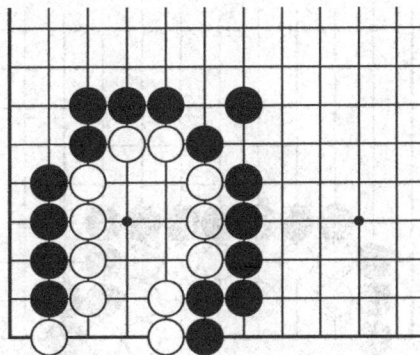

第 218 题

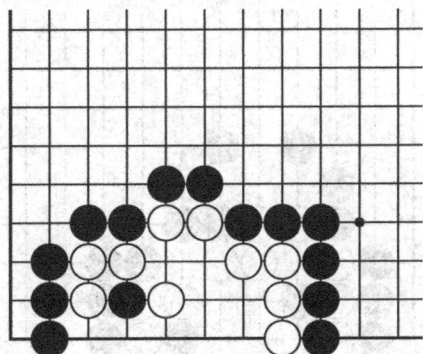

第 219 题

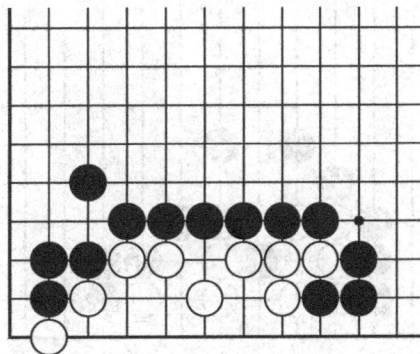

第 220 题

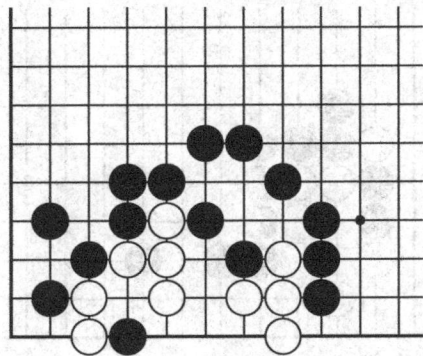

第 221 题

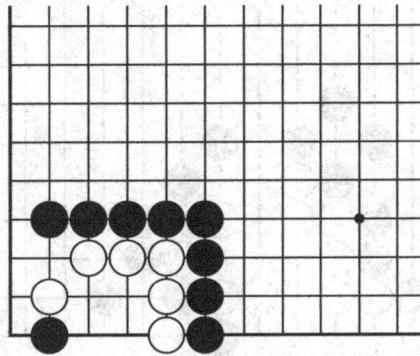

第 222 题

利用棋形缺陷破眼（三）

黑先，利用棋形缺陷杀白。

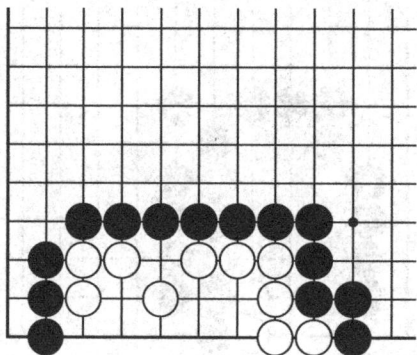

第 223 题

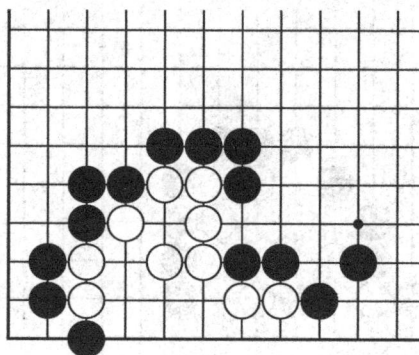

第 224 题

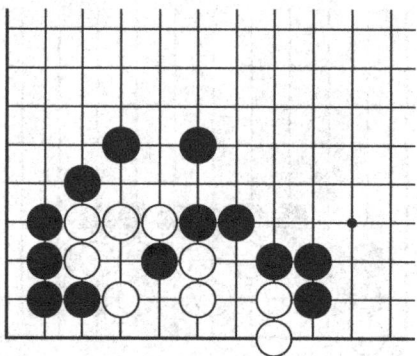

第 225 题

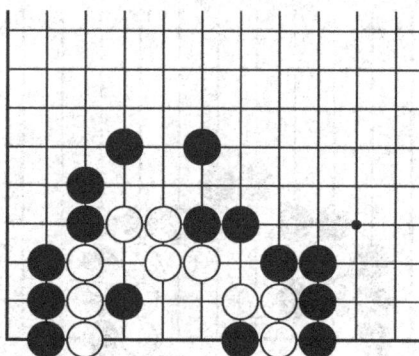

第 226 题

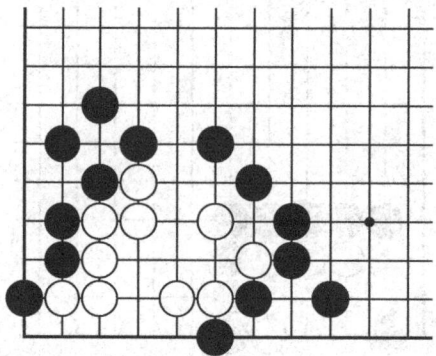

第 227 题

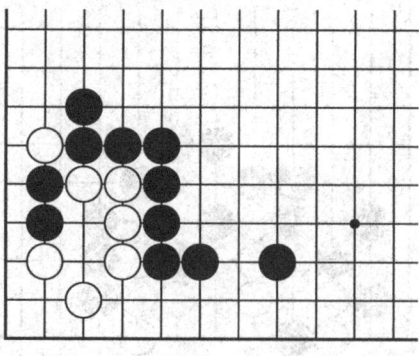

第 228 题

利用棋形缺陷破眼（四）

黑先，利用棋形缺陷杀白。

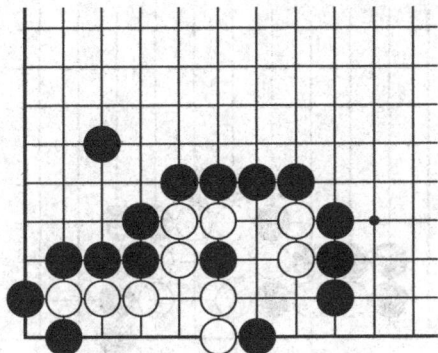

第 229 题

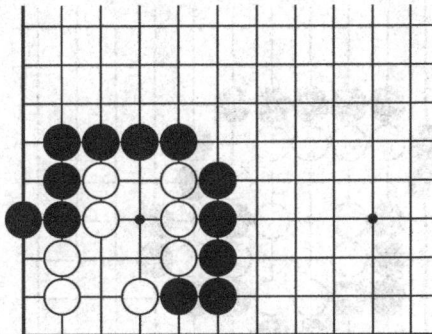

第 230 题

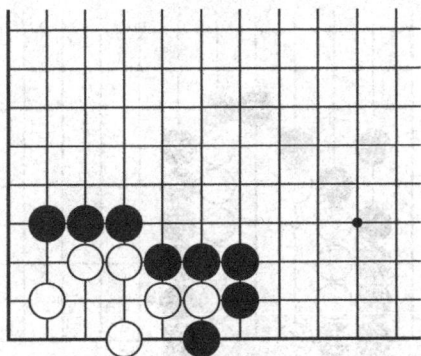

第 231 题

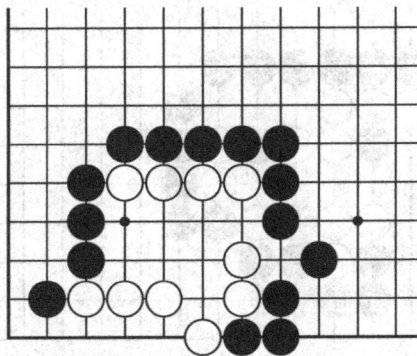

第 232 题

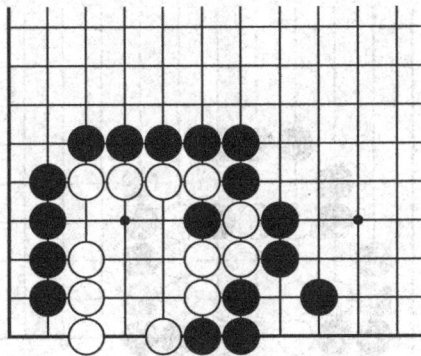

第 233 题

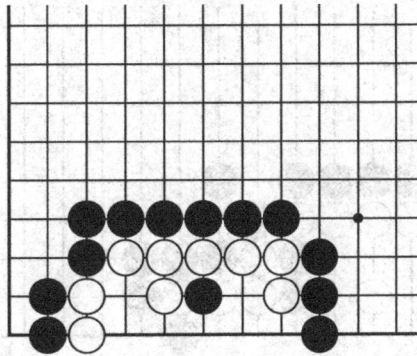

第 234 题

利用棋形缺陷破眼（五）

黑先，利用棋形缺陷杀白。

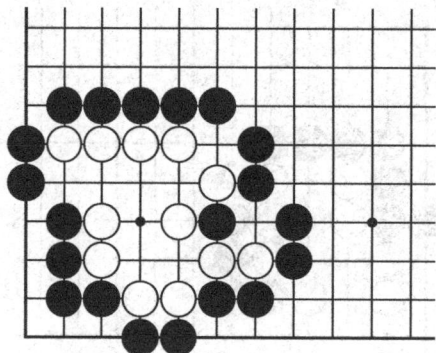

第 235 题

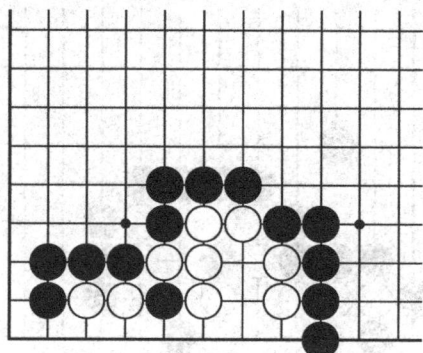

第 236 题

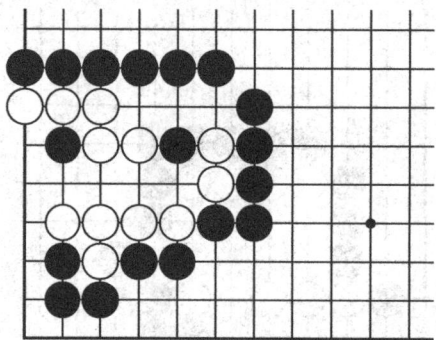

第 237 题

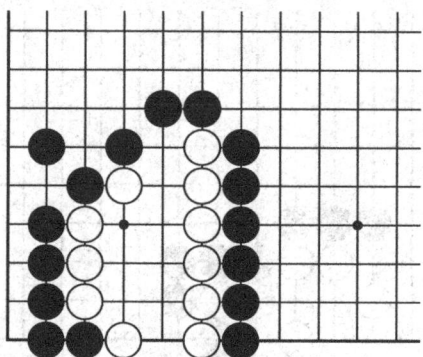

第 238 题

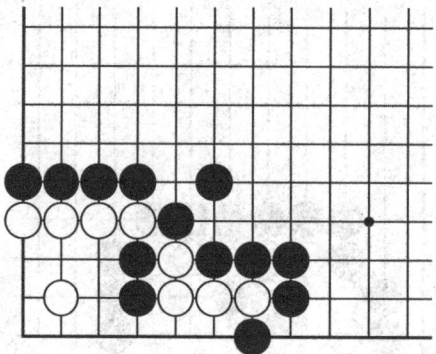

第 239 题

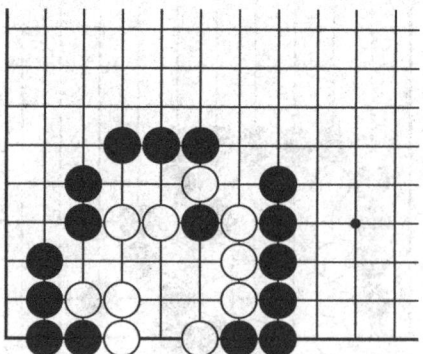

第 240 题

64

2.4 打劫的应用

在有些情况下，即不能够完全杀掉对方时，打劫也不失为一种方法。要考虑到对方的最强抵抗，不能一厢情愿。

例1

图1 问题图

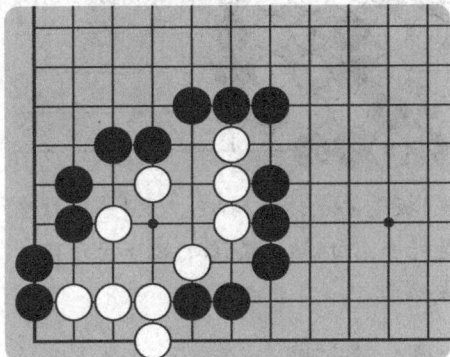

黑先，要如何利用打劫杀白呢

图2 正解图

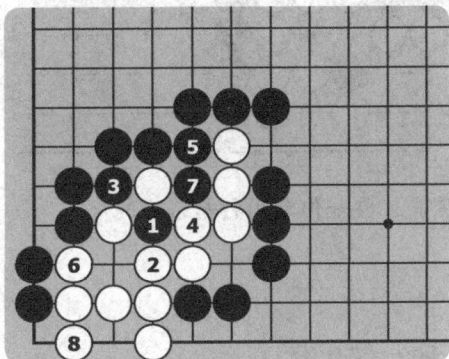

黑1挤是要点，白2粘，黑3打吃，白4提，以下至白8，成劫杀

图3 变化图

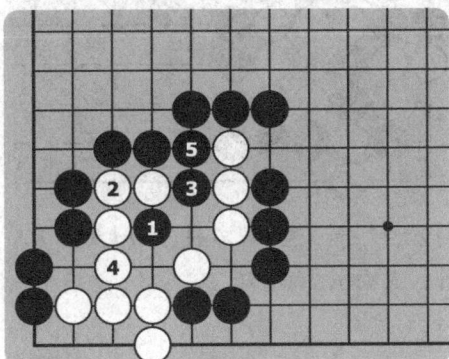

白2如果粘，黑3、黑5打吃再粘，白净死

图4 失败图

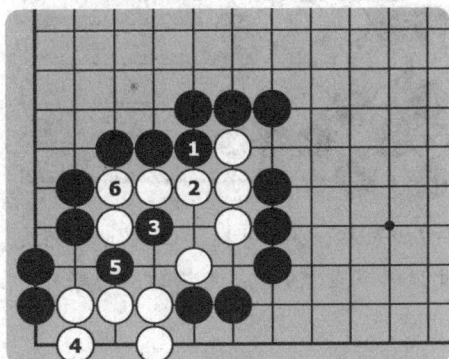

黑1缩小眼位不好，白2粘，黑3挤，白4做眼，至白6，白净活

例2

图1　问题图

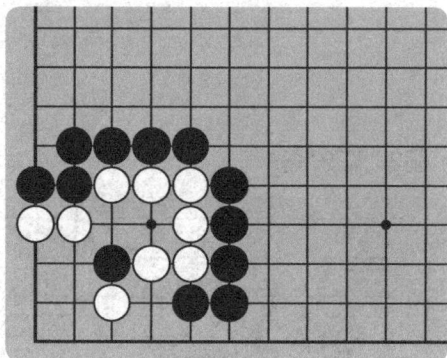

黑先，要如何利用打劫杀白呢

图2　正解图

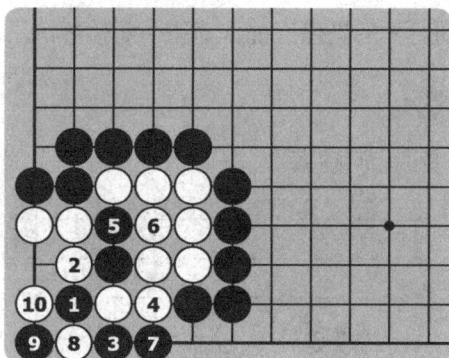

黑1扳是要点，白2打吃，黑3一路打吃是好手，白4粘，黑5扑，以下至白10，成劫杀

图3　变化图

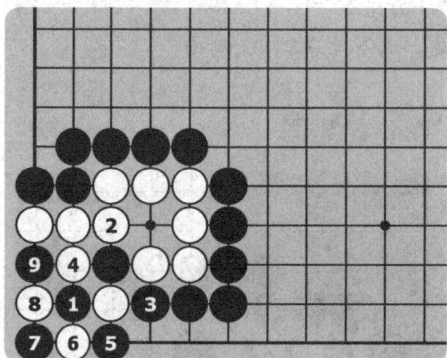

白2如果粘，黑3断打，白4提，黑5渡过，以下至黑9，成连环劫，白净死

图4　失败图

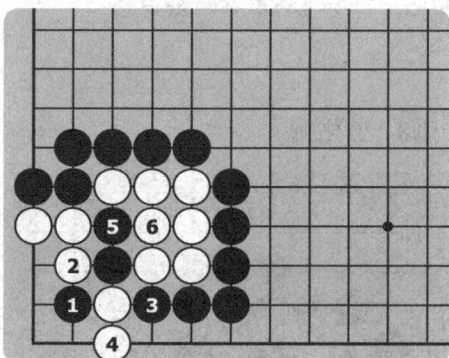

白2打吃时，黑3断不好，白4立，黑5扑，至白6，白净活

打劫的应用（一）

黑先，利用打劫杀白。

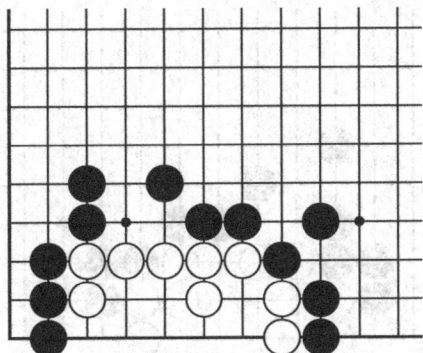

第 241 题

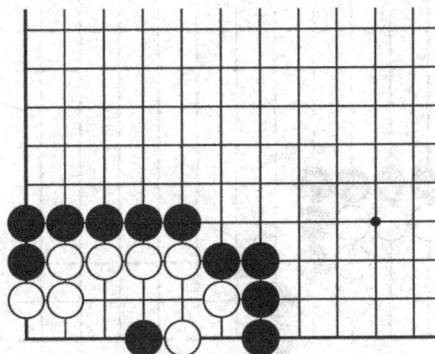

第 242 题

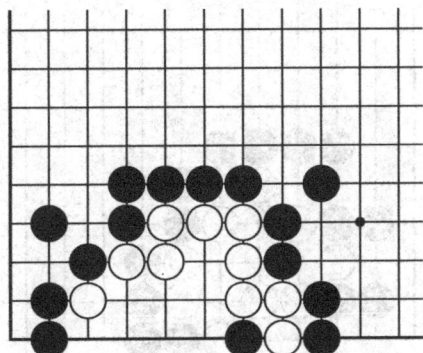

第 243 题

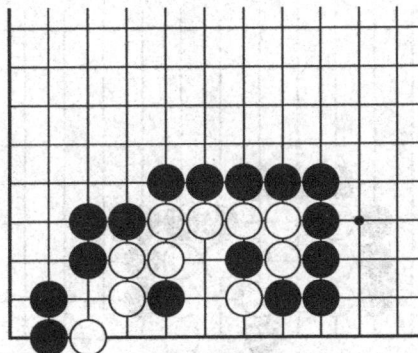

第 244 题

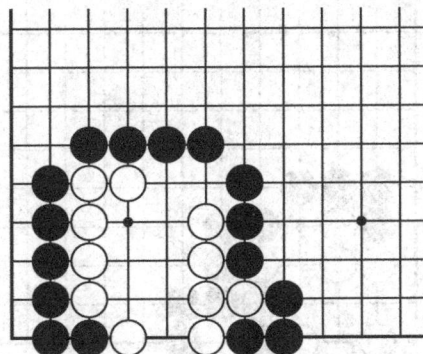

第 245 题

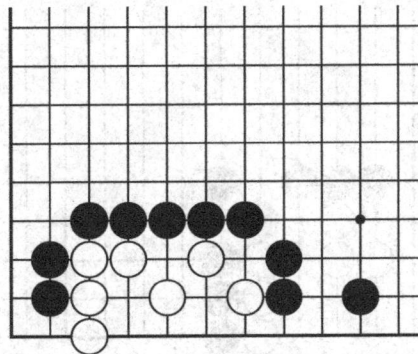

第 246 题

打劫的应用（二）

黑先，利用打劫杀白。

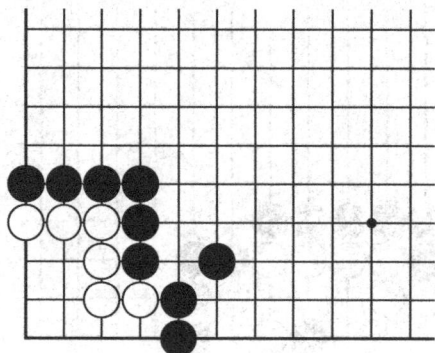

第 247 题

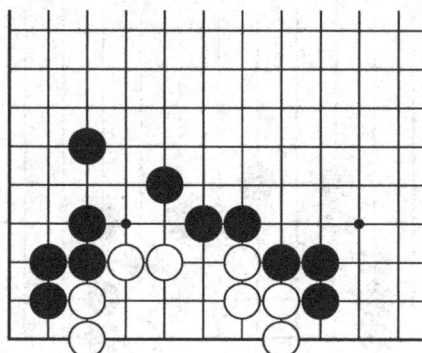

第 248 题

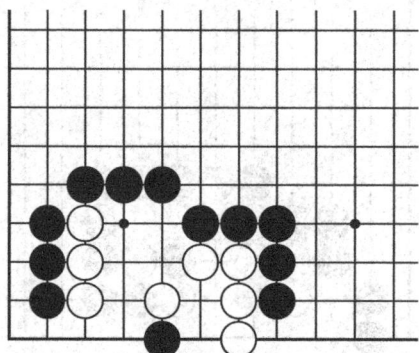

第 249 题

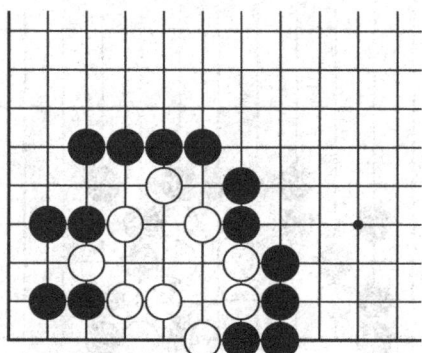

第 250 题

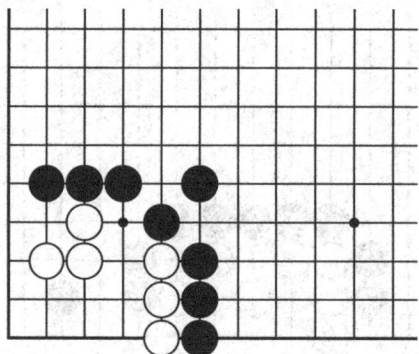

第 251 题

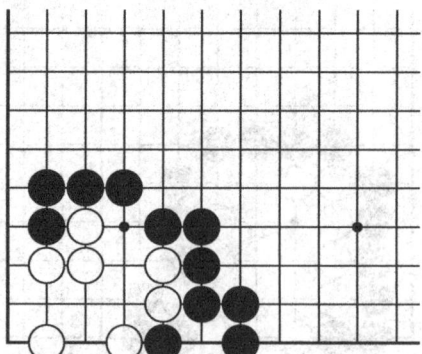

第 252 题

打劫的应用（三）

黑先，利用打劫杀白。

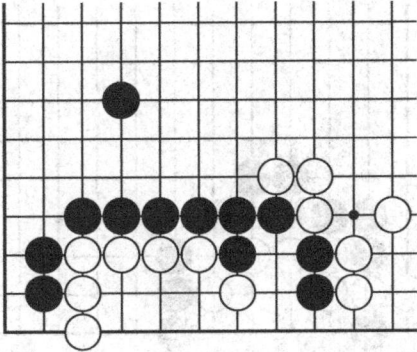

第 253 题

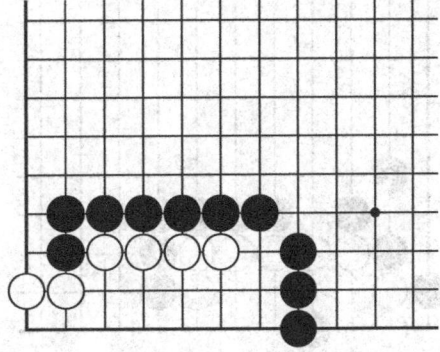

第 254 题

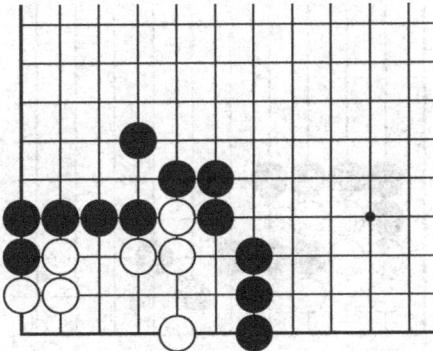

第 255 题

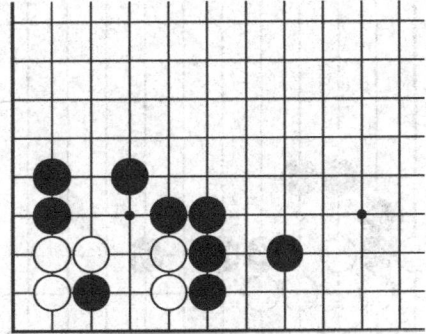

第 256 题

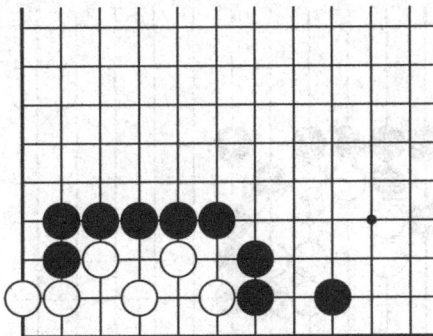

第 257 题

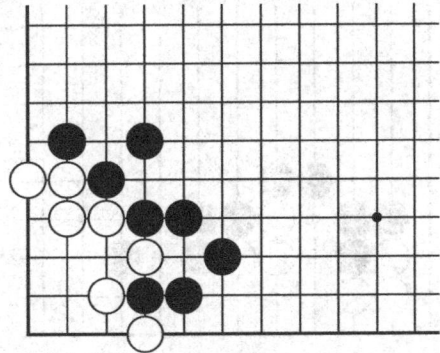

第 258 题

打劫的应用（四）

黑先，利用打劫杀白。

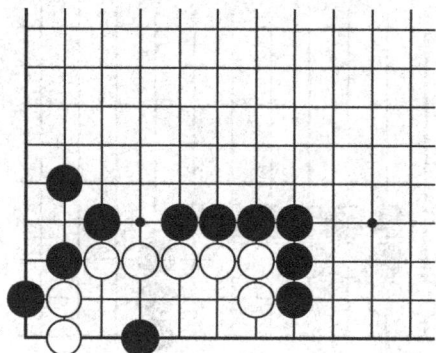

第 259 题

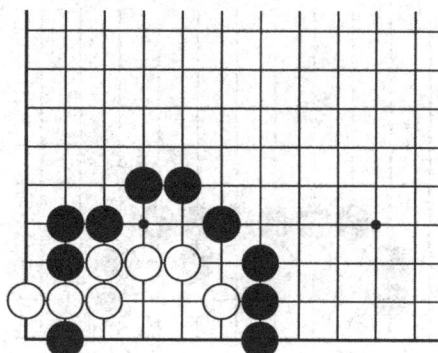

第 260 题

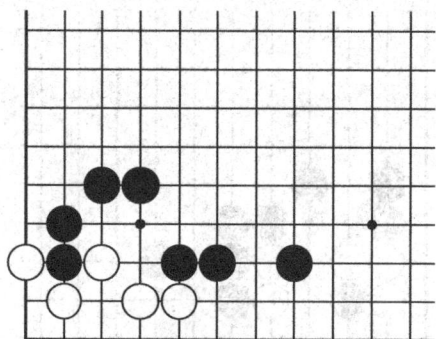

第 261 题

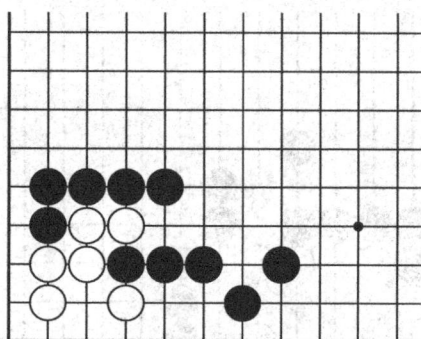

第 262 题

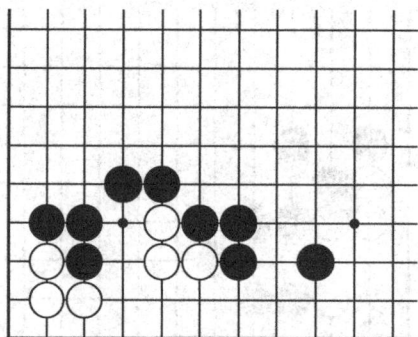

第 263 题

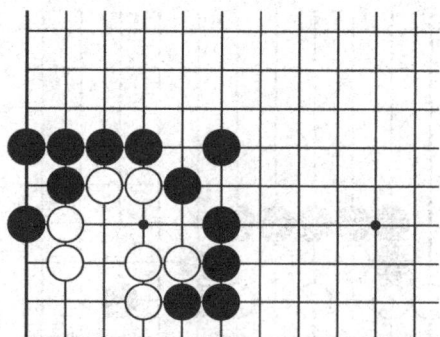

第 264 题

打劫的应用（五）

黑先，利用打劫杀白。

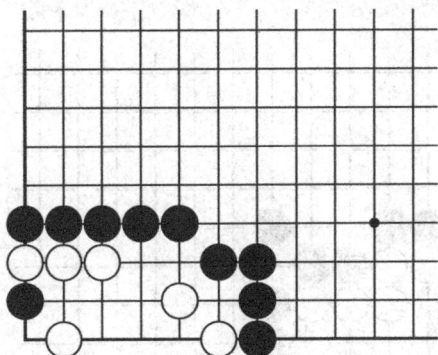

第 265 题

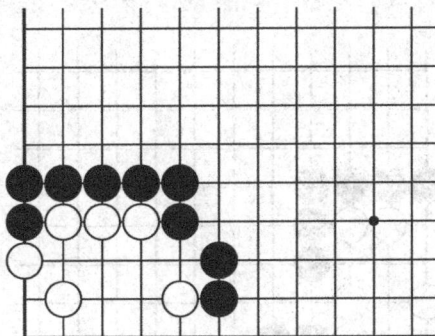

第 266 题

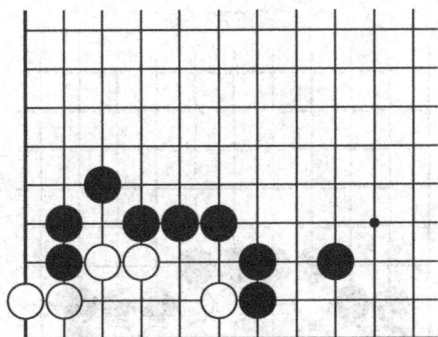

第 267 题

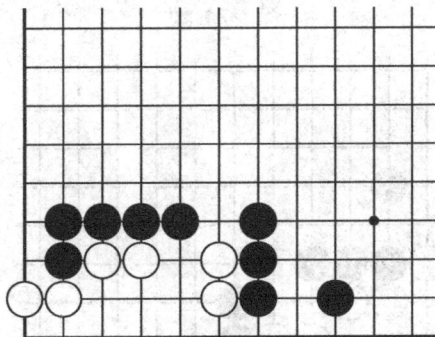

第 268 题

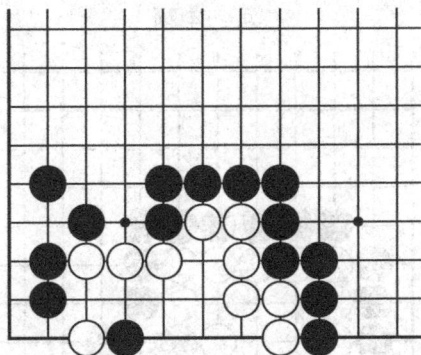

第 269 题

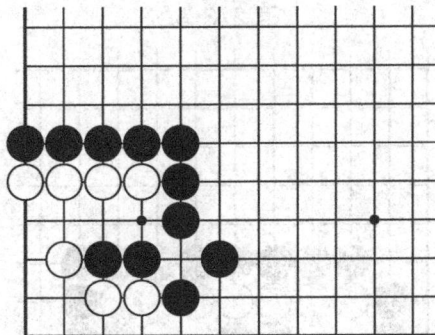

第 270 题

2.5 综合测验

综合测验（一）

黑先，杀白。

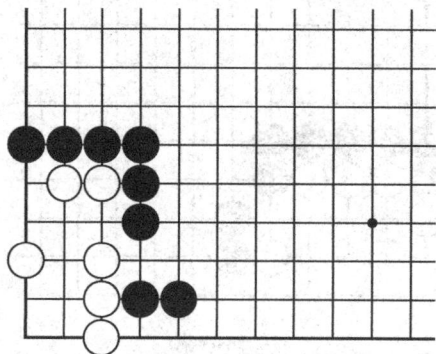

第 271 题

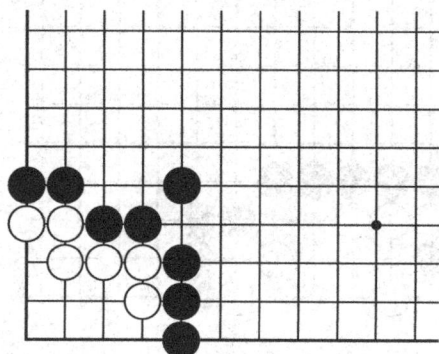

第 272 题

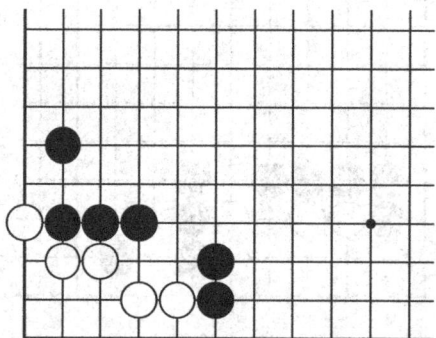

第 273 题

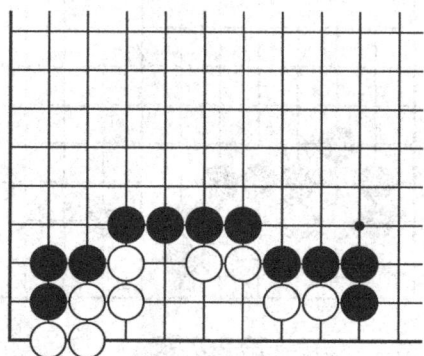

第 274 题

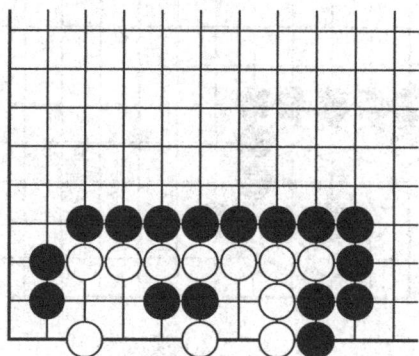

第 275 题

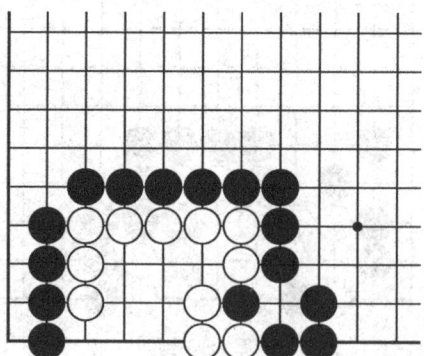

第 276 题

综合测验（二）

黑先，杀白。

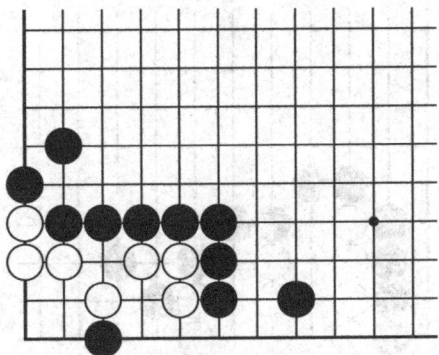

第 277 题

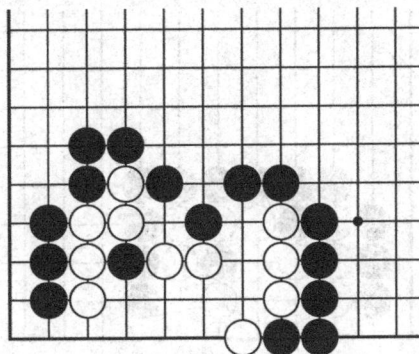

第 278 题

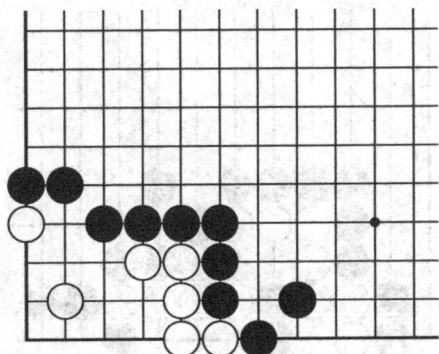

第 279 题

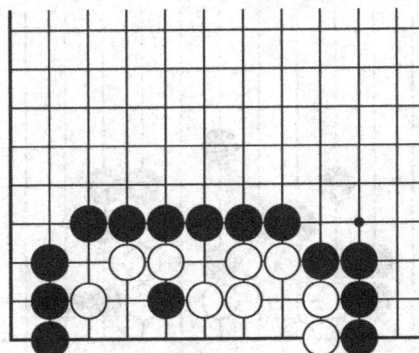

第 280 题

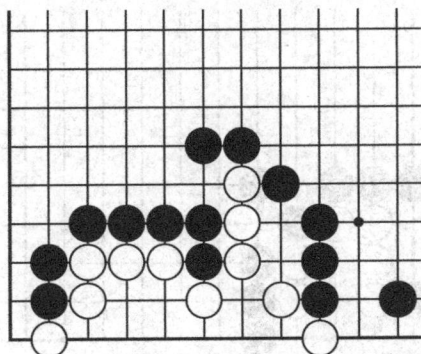

第 281 题

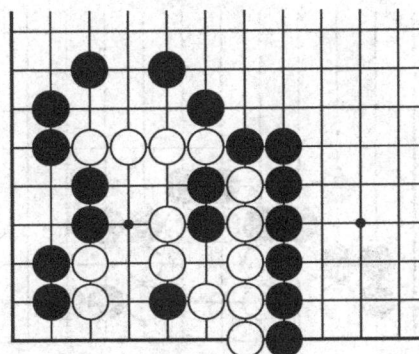

第 282 题

综合测验（三）

黑先，杀白。

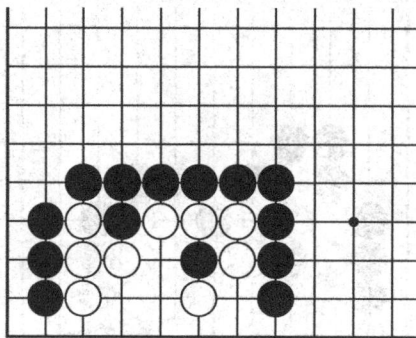

第 283 题

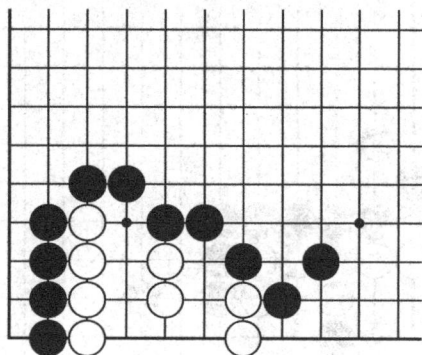

第 284 题

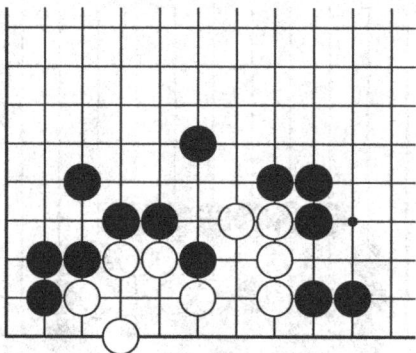

第 285 题

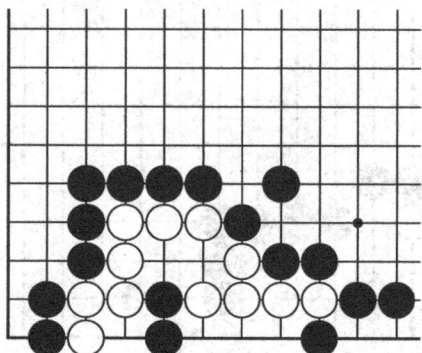

第 286 题

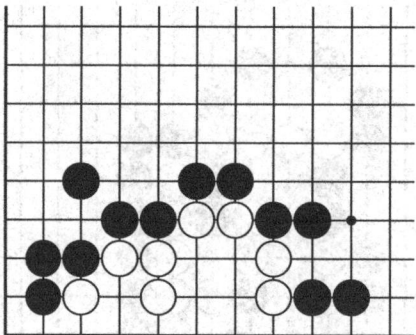

第 287 题

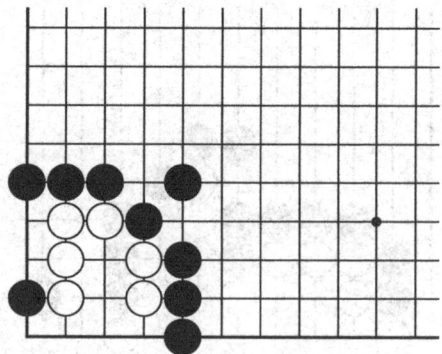

第 288 题

综合测验（四）

黑先，杀白。

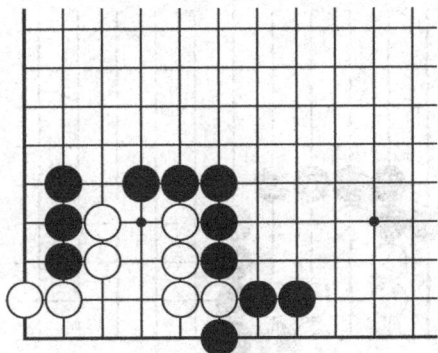

第 289 题

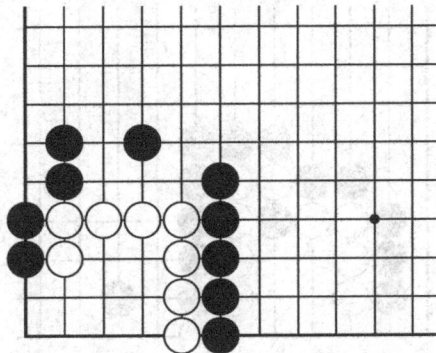

第 290 题

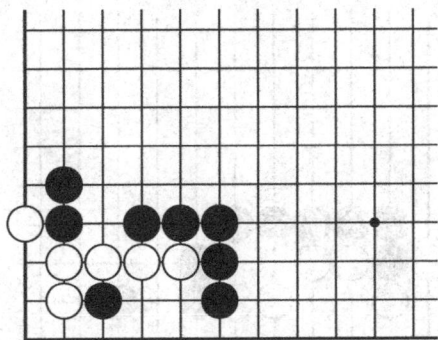

第 291 题

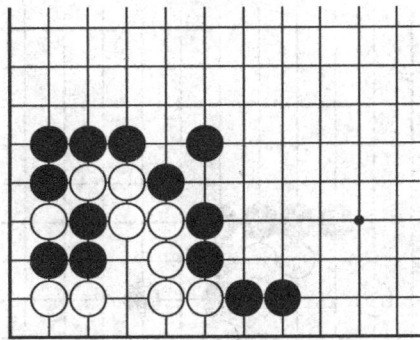

第 292 题

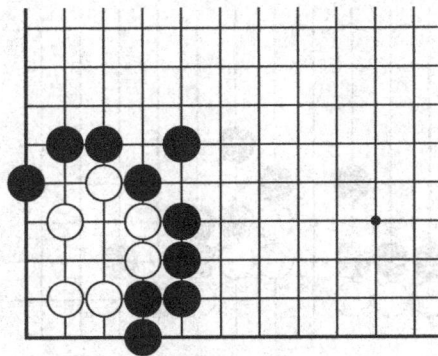

第 293 题

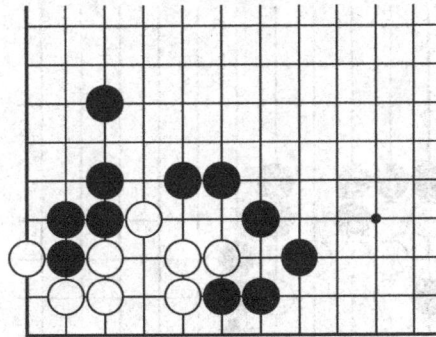

第 294 题

综合测验（五）

黑先，劫杀。

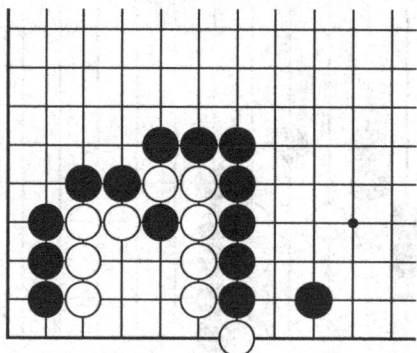

第 295 题

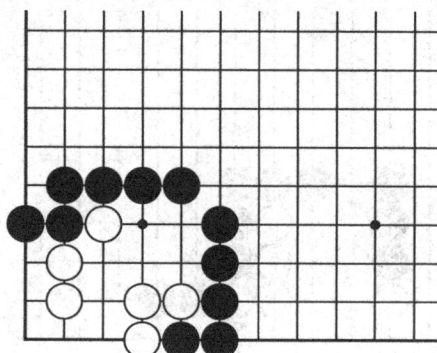

第 296 题

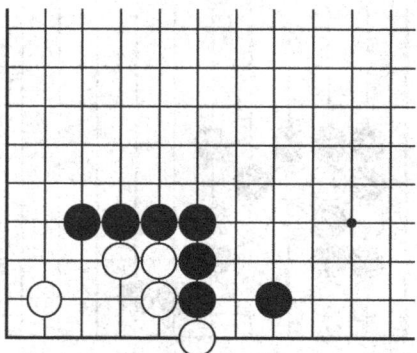

第 297 题

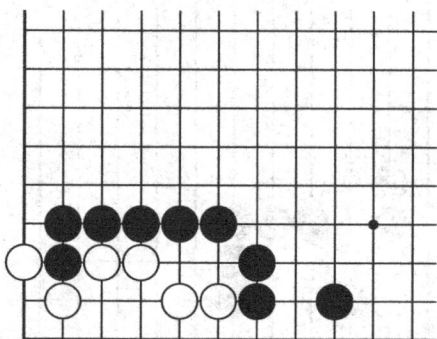

第 298 题

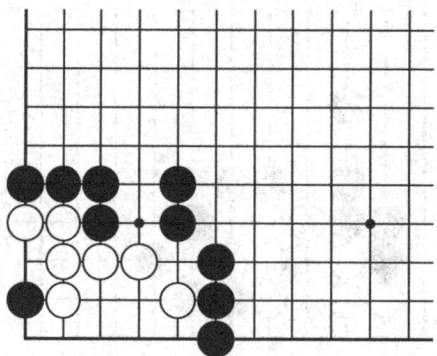

第 299 题

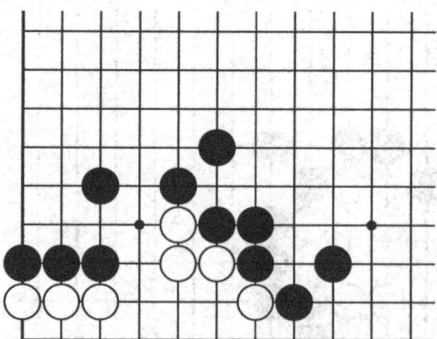

第 300 题

下 篇 （从4段到5段）

第三章
做活做眼

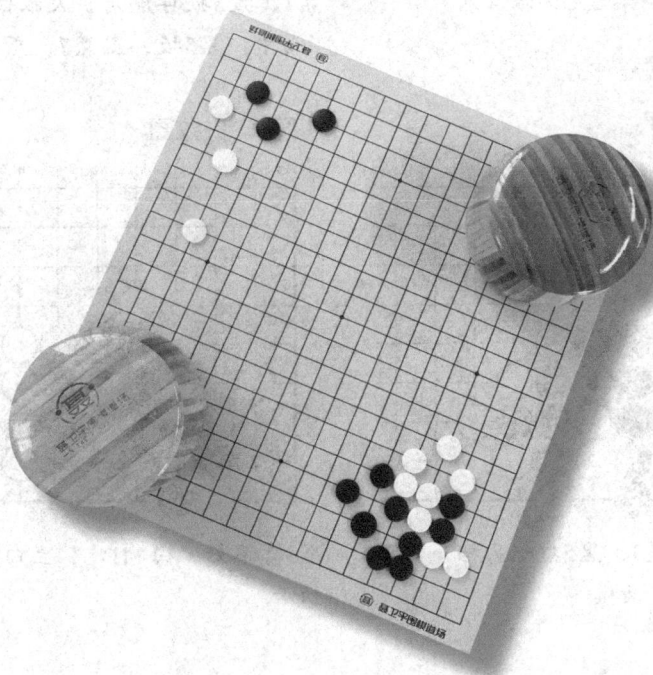

3.1 扩大眼位

扩大眼位通常是从棋形外围空间开始做活，常用的技巧有扳、立、跳等。在做活的同时，也要注意扩大眼位的方向。

例1

图1 问题图

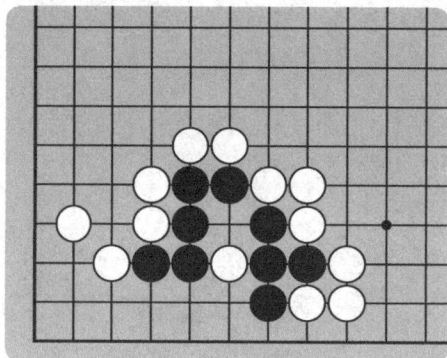

黑先，要如何扩大自己的眼位呢

图2 正解图

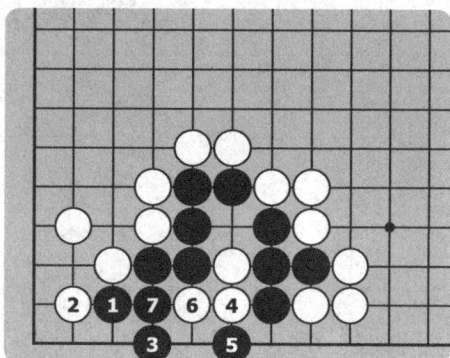

黑1、黑3扳再虎是扩大眼位的好手，白4冲，黑5扳，至黑7，黑净活

图3 变化图

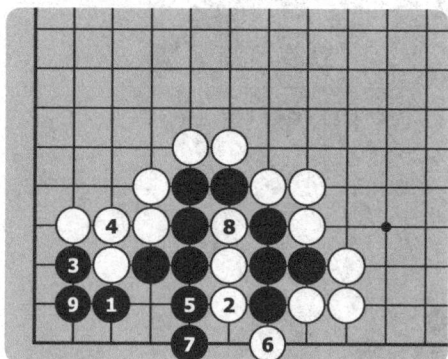

白2如果冲，黑3、黑5打吃再挡，以下至黑9，黑也是活棋

图4 失败图

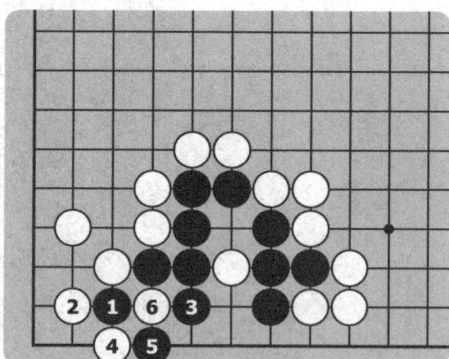

黑3弯不好，白4打吃，至白6，黑是打劫活

例2

图1 问题图

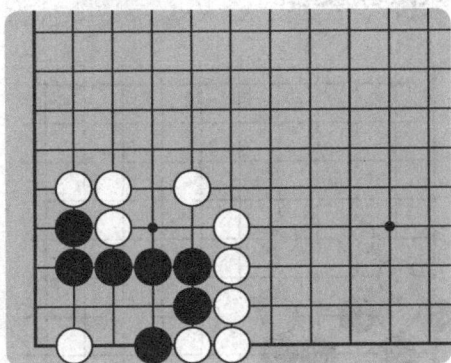

黑先，要如何扩大自己的眼位呢

图2 正解图

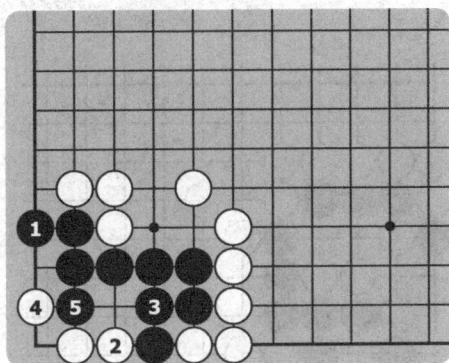

黑1立是扩大眼位的要点，白2打吃，
黑3粘，至黑5，黑净活

图3 变化图

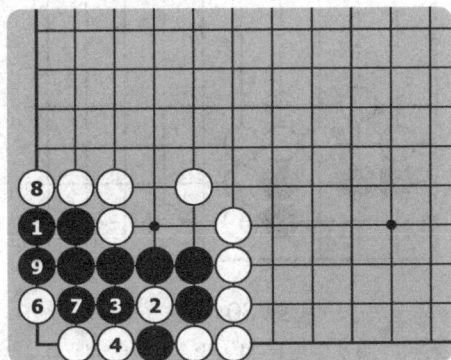

❺＝②

白2如果扑，黑3、黑5提再粘，至黑
9，形成"胀牯牛"，黑净活

图4 失败图

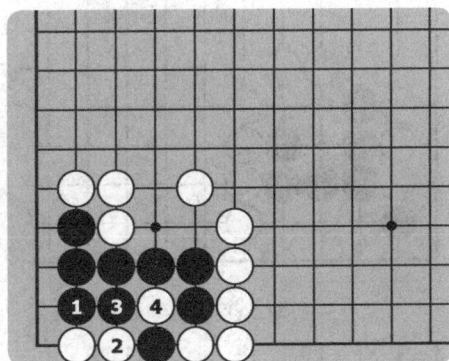

黑1顶不好，白2打吃，至白4，黑是打
劫活

扩大眼位（一）

黑先，扩大眼位做活。

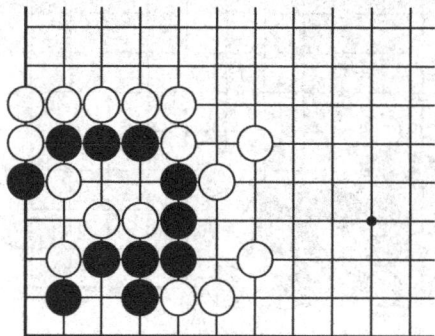

第 301 题

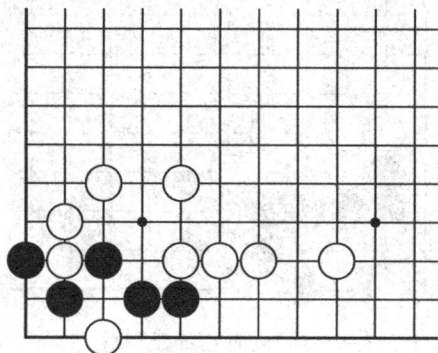

第 302 题

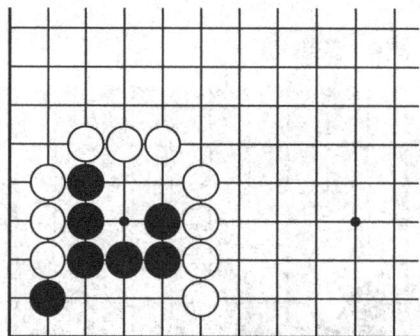

第 303 题

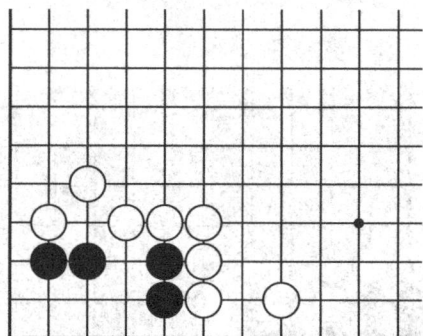

第 304 题

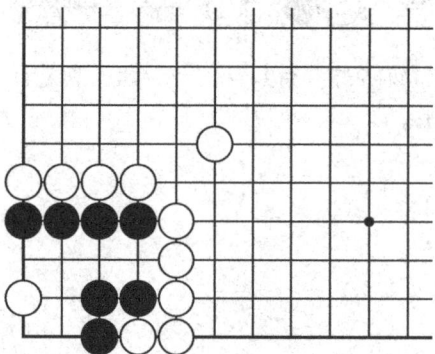

第 305 题

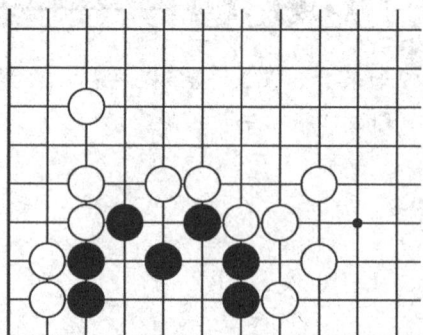

第 306 题

扩大眼位（二）

黑先，扩大眼位做活。

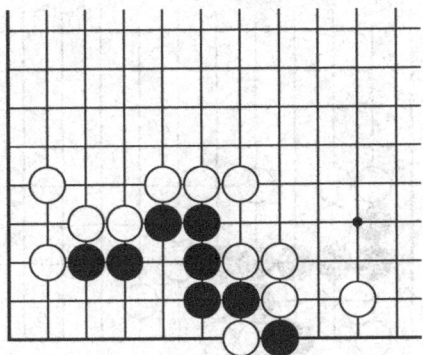

第 307 题

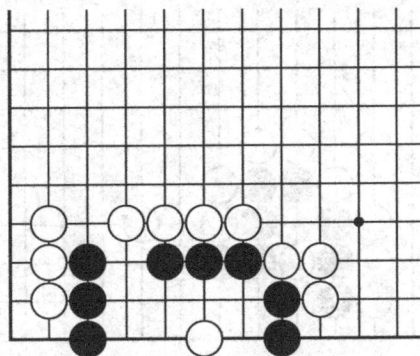

第 308 题

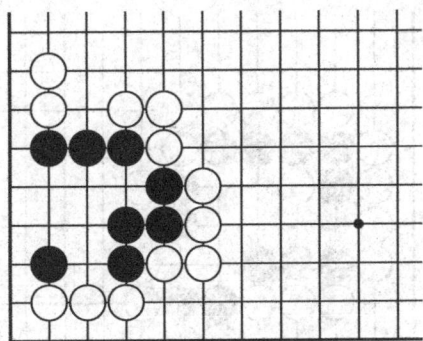

第 309 题

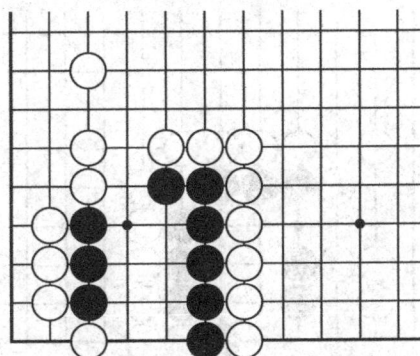

第 310 题

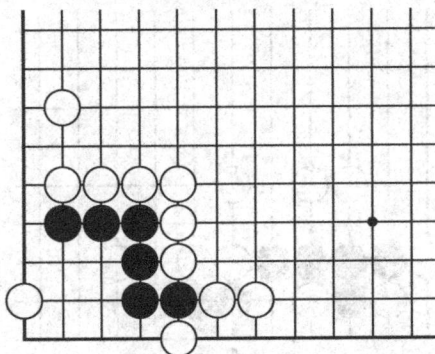

第 311 题

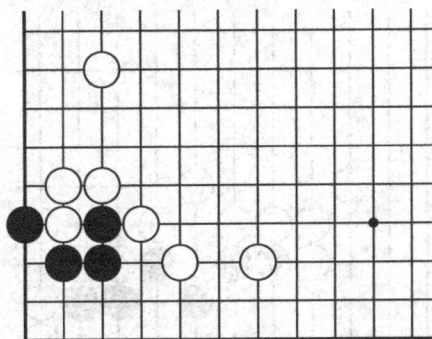

第 312 题

扩大眼位（三）

黑先，扩大眼位做活。

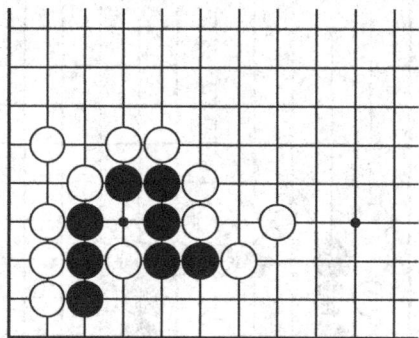

第313题

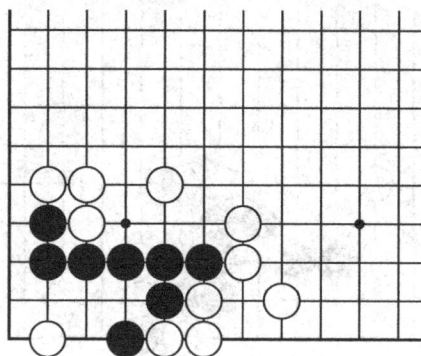

第314题

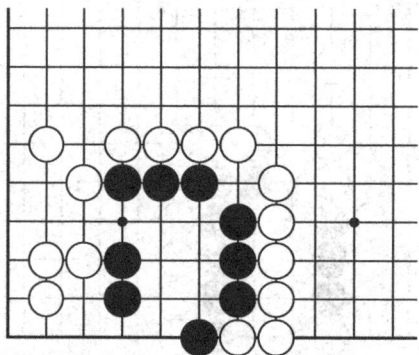

第315题

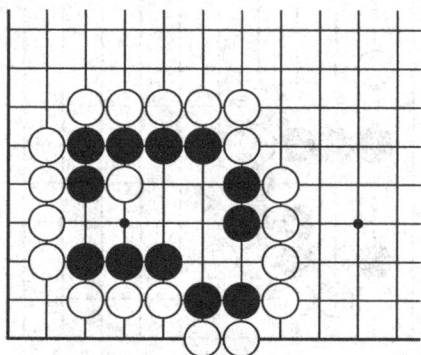

第316题

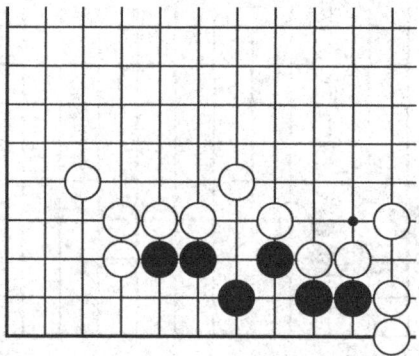

第317题

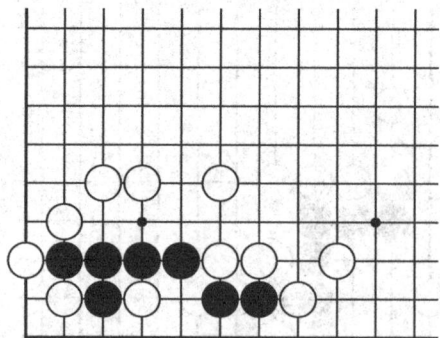

第318题

扩大眼位（四）

黑先，扩大眼位做活。

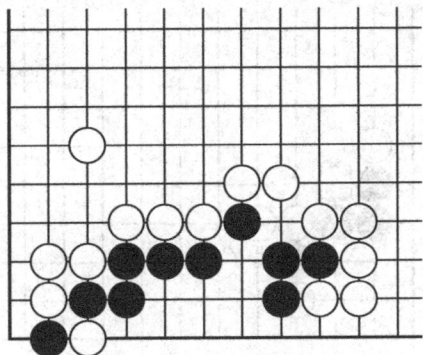

第 319 题

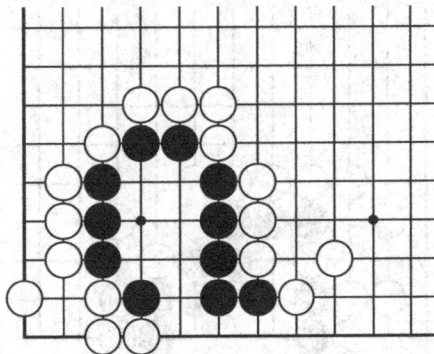

第 320 题

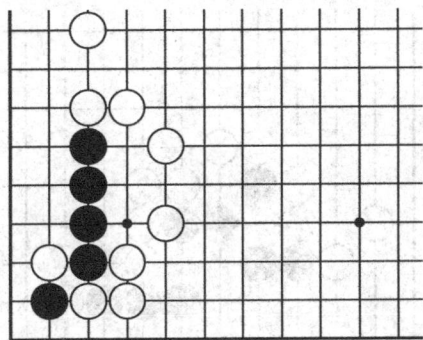

第 321 题

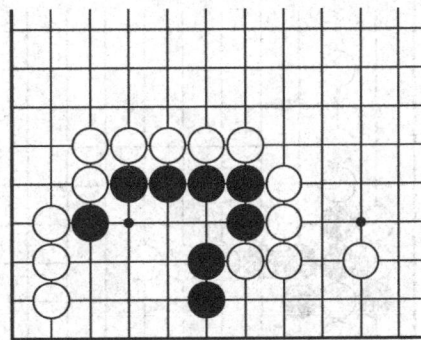

第 322 题

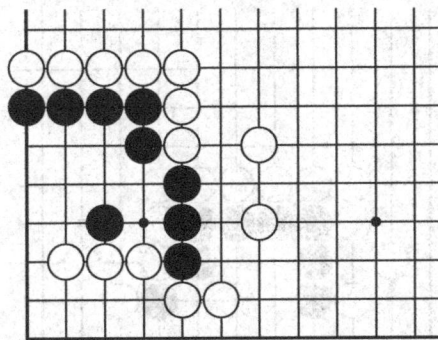

第 323 题

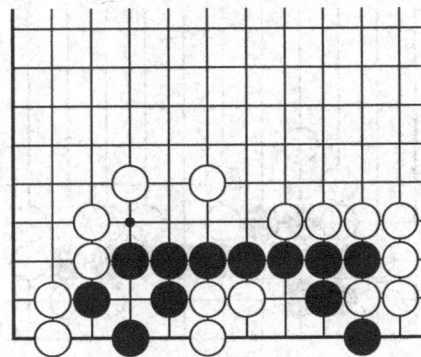

第 324 题

扩大眼位（五）

黑先，扩大眼位做活。

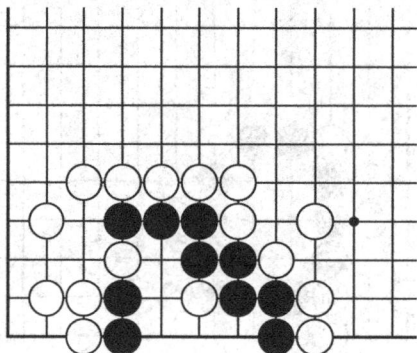

第 325 题

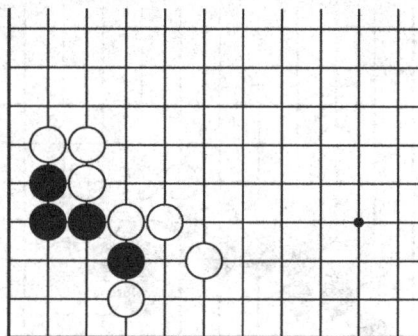

第 326 题

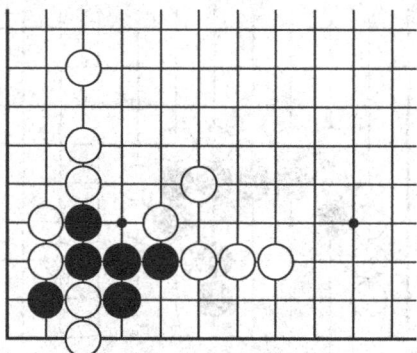

第 327 题

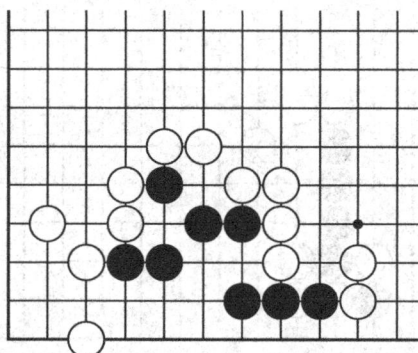

第 328 题

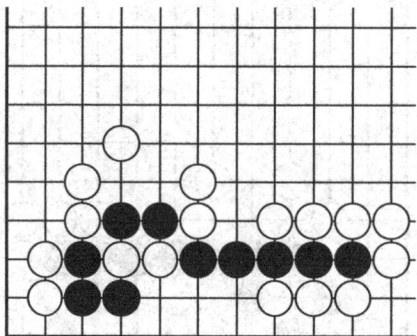

第 329 题

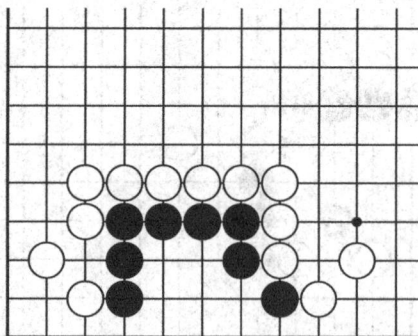

第 330 题

3.2 占据要点

占据要点通常是从棋形内部开始做活，做活时要多观察，然后通过换位思考，找出做活时的要点。

例1

图1 问题图

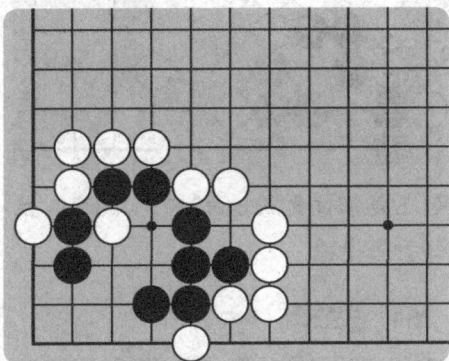

黑棋，要如利用占据要点来做活呢

图2 正解图

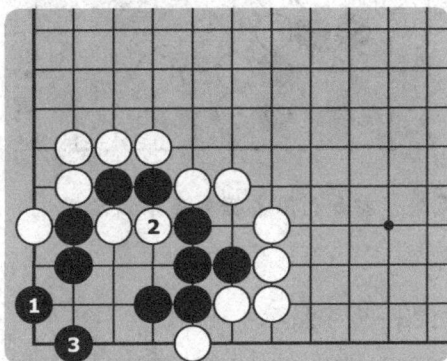

黑1小尖是要点，白2提，黑3做眼，黑净活

图3 变化图

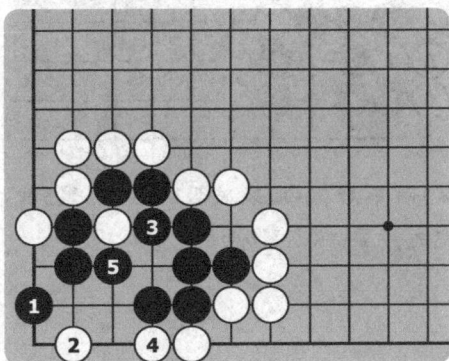

白2如果点，黑3粘，至黑5，黑也是活棋

图4 失败图

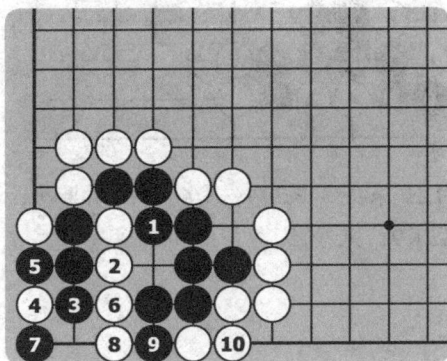

黑1粘不好，白2冲，黑3退，白4托是好手，至白10，黑净死

例2

图1 问题图

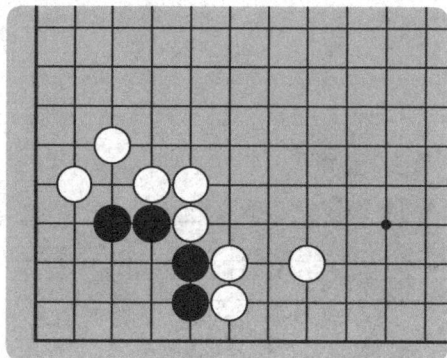

黑先，要如利用占据要点来做活呢

图2 正解图

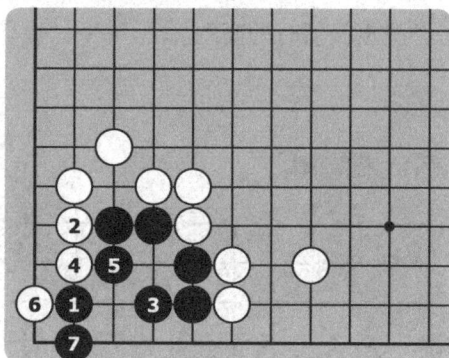

黑1飞是眼位要点，白2爬，黑3弯，至黑7，黑净活

图3 变化图

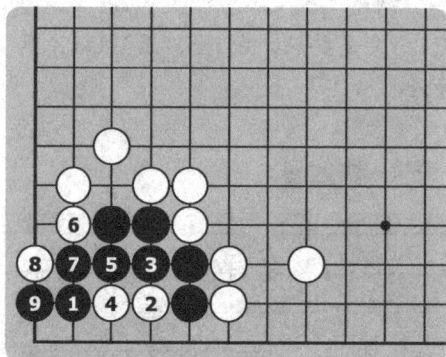

白2如果夹，黑3粘，白4、白6顶再冲，至黑9，黑净活

图4 失败图

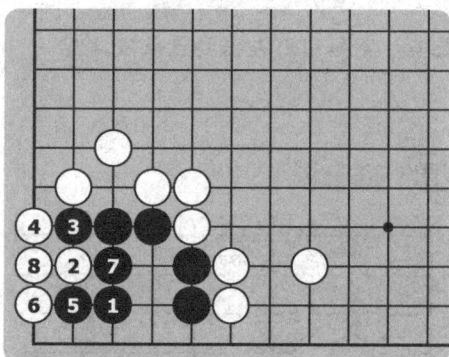

黑1跳不好，白2跳破眼，黑3、黑5冲完夹，至白8，黑净死

占据要点（一）

黑先，利用占据要点做活。

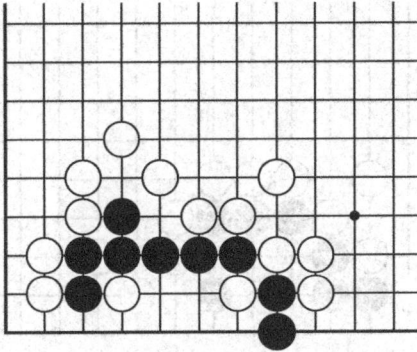

第 331 题

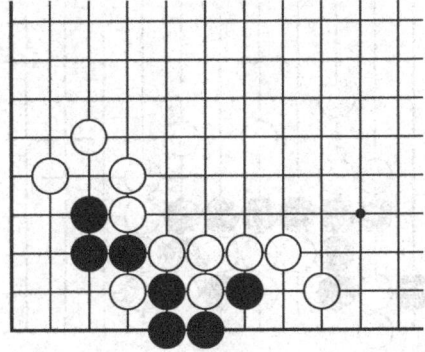

第 332 题

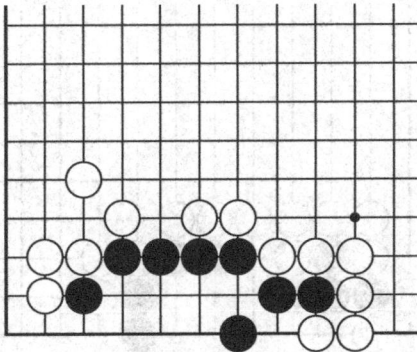

第 333 题

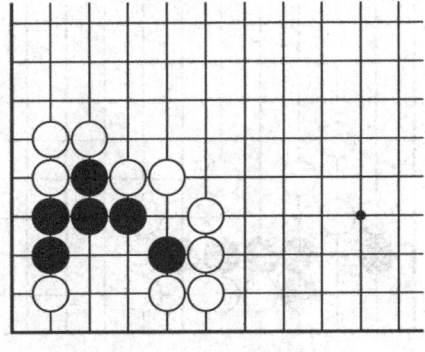

第 334 题

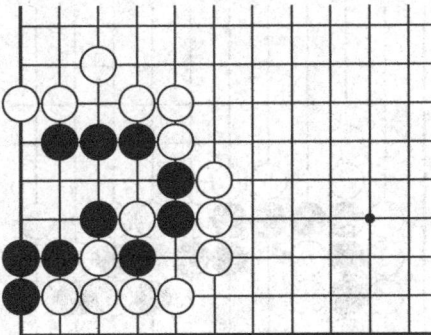

第 335 题

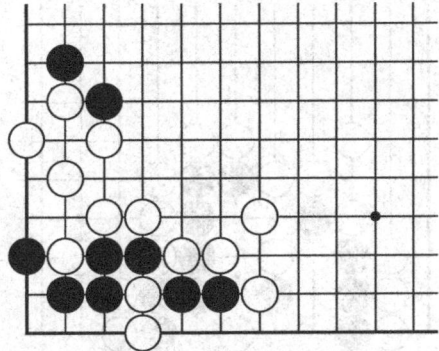

第 336 题

占据要点（二）

黑先，利用占据要点做活。

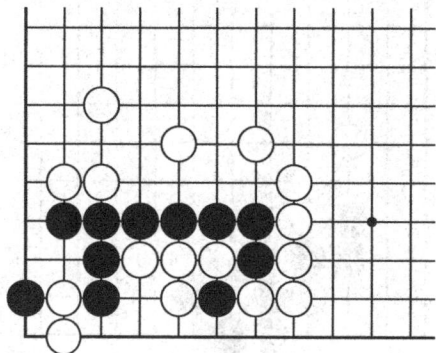

第 337 题

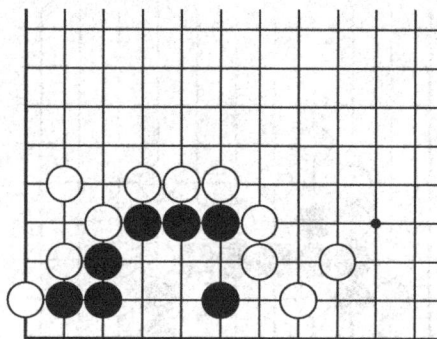

第 338 题

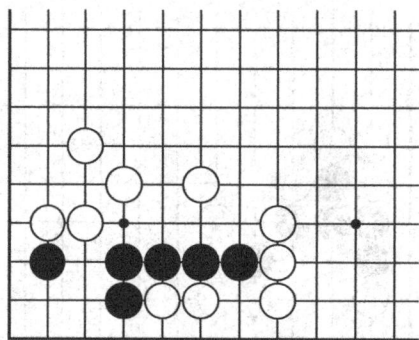

第 339 题

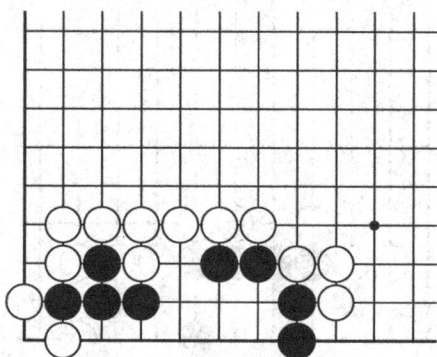

第 340 题

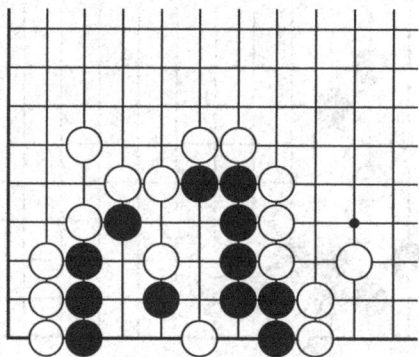

第 341 题

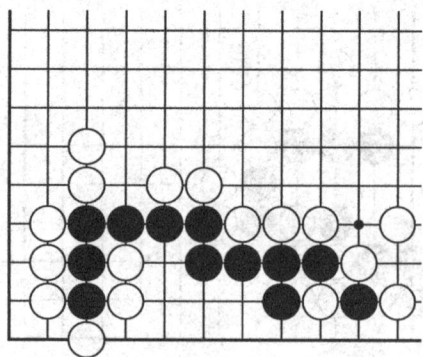

第 342 题

占据要点（三）

黑先，利用占据要点做活。

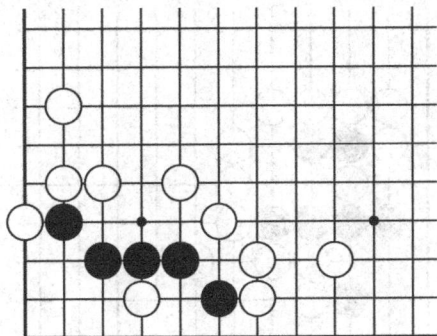

第 343 题

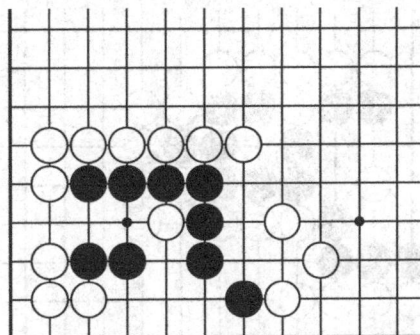

第 344 题

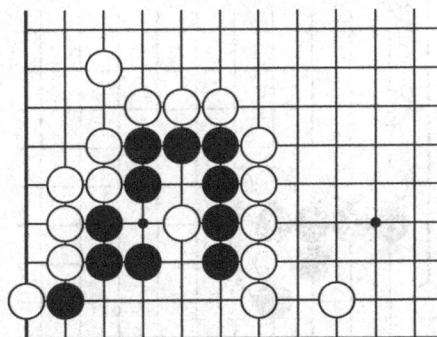

第 345 题

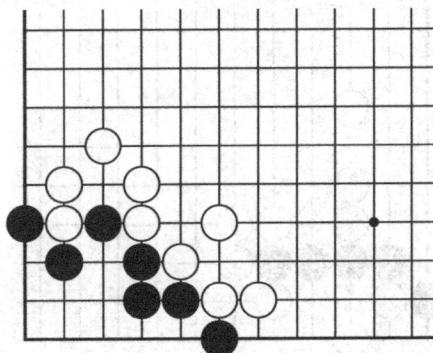

第 346 题

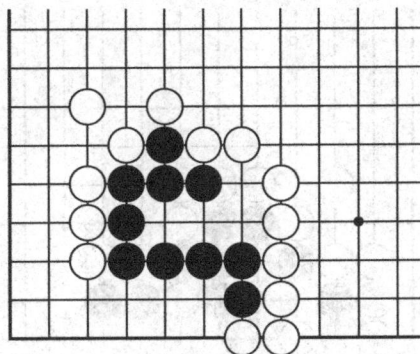

第 347 题

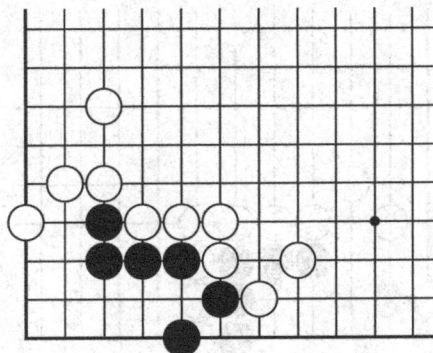

第 348 题

占据要点（四）

黑先，利用占据要点做活。

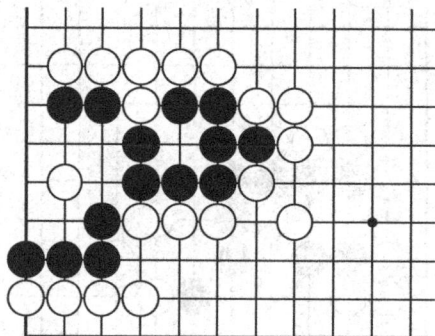

第 349 题

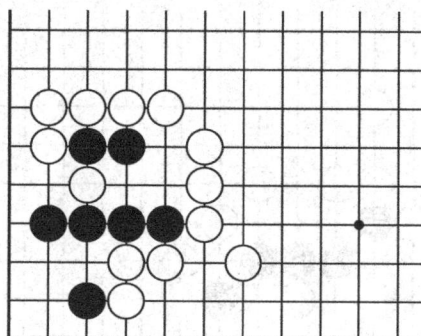

第 350 题

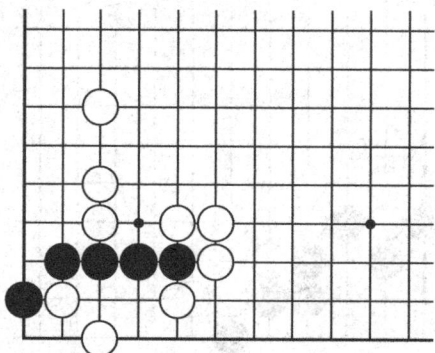

第 351 题

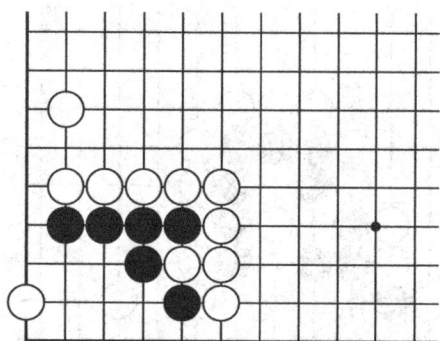

第 352 题

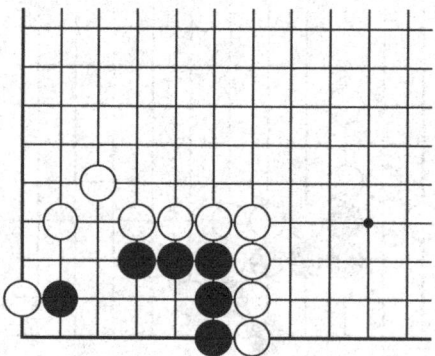

第 353 题

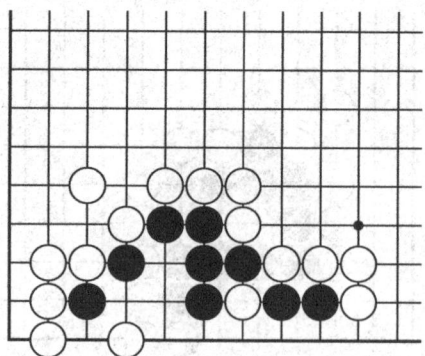

第 354 题

23

占据要点（五）

黑先，利用占据要点做活。

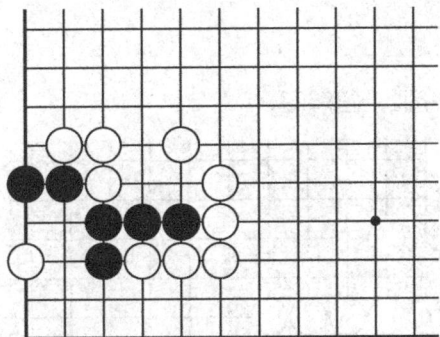

第 355 题

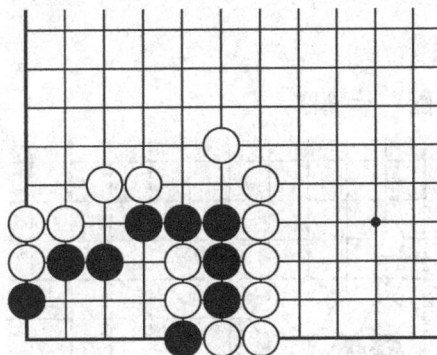

第 356 题

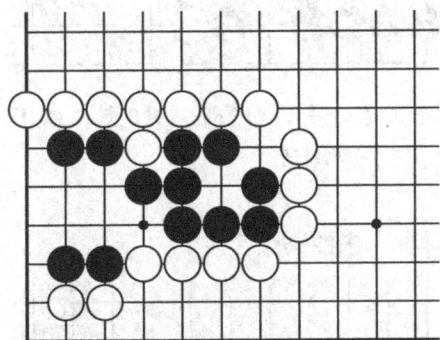

第 357 题

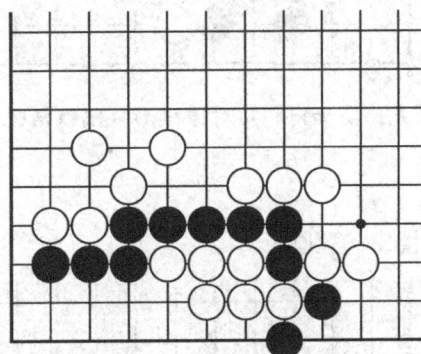

第 358 题

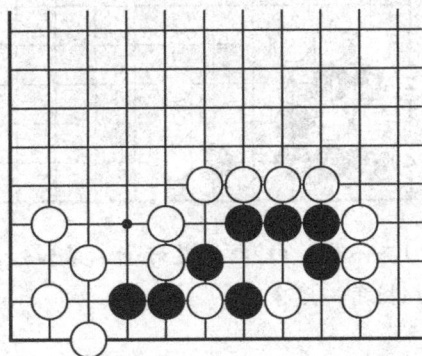

第 359 题

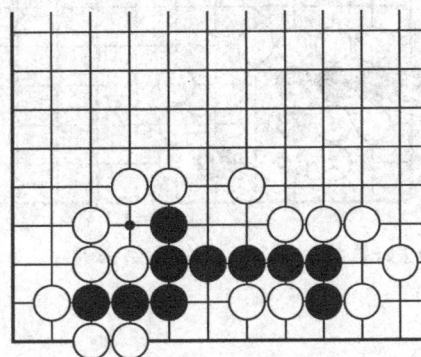

第 360 题

93

3.3 利用棋形缺陷做活

　　有时利用自身眼位无法做活时，可利用对方棋形存在一些缺陷的情况，比如有断点、气紧等，然后通过先手或弃子等手段来做活。

例1

图1 问题图

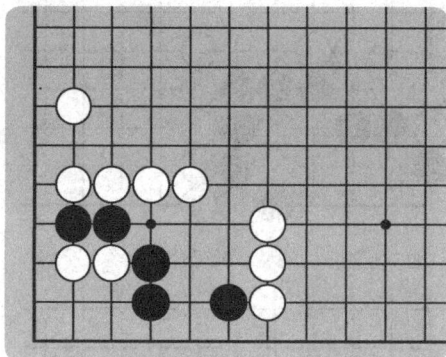

黑先，要如何利用对方棋形缺陷做活呢

图2 正解图

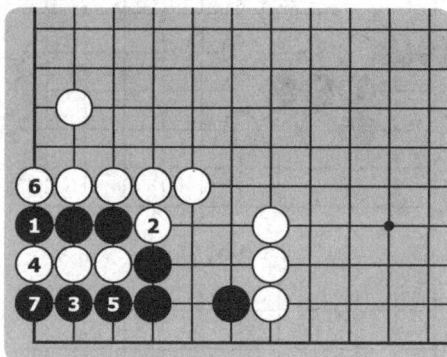

黑1立是好手，白2断，黑3夹，以下至黑7，黑净活

图3 变化图

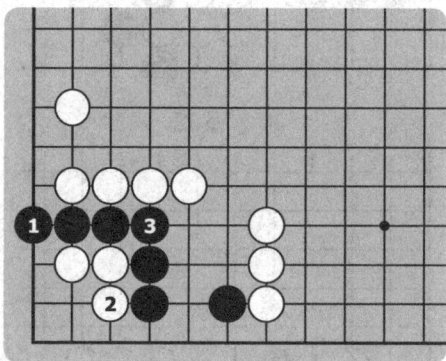

白2如果挡，黑3粘，白无法杀黑

图4 失败图

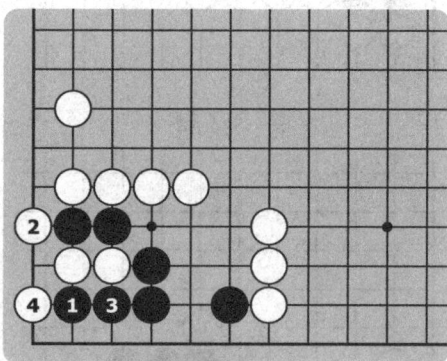

黑1夹不好，白2打吃是好手，黑3粘，白4扳角，黑净死

例2

图1 问题图

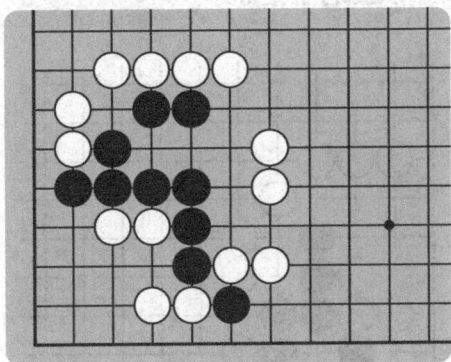

黑先，要如何利用对方棋形缺陷做活呢

图2 正解图

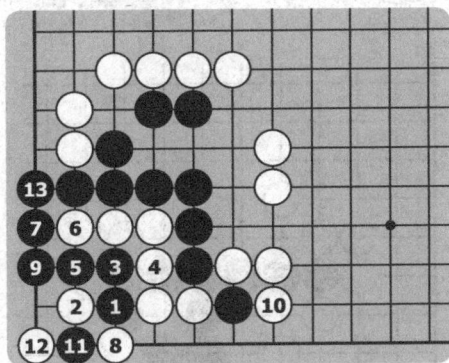

黑1靠是好手，白2夹，黑3、黑5冲再拐，以下至黑13，白成接不归，黑净活

图3 变化图

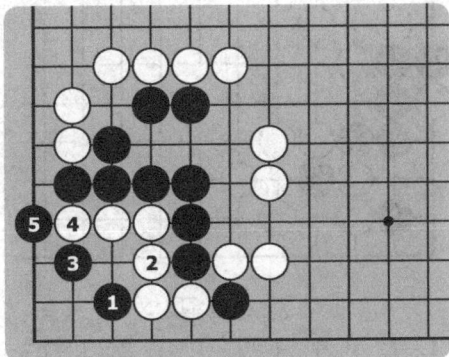

白2如果粘，黑3小尖，至黑5，黑也是活棋

图4 失败图

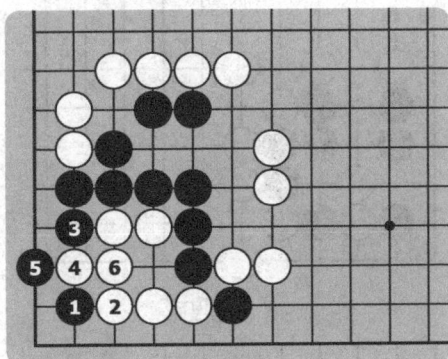

黑1点不好，白2双，黑3拐，至白6，黑净死

利用棋形缺陷做活（一）

黑先，利用棋形缺陷做活。

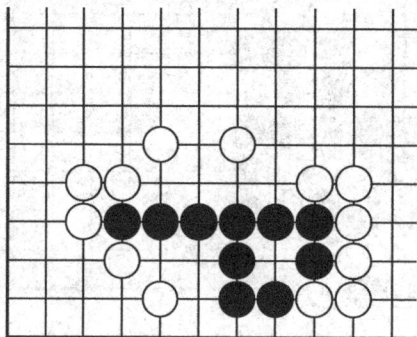

第 361 题

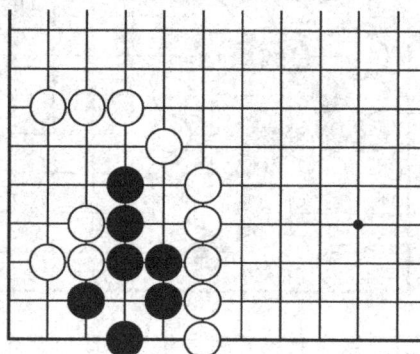

第 362 题

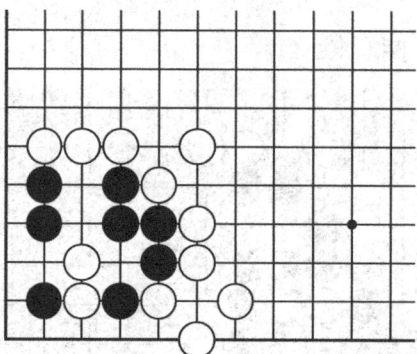

第 363 题

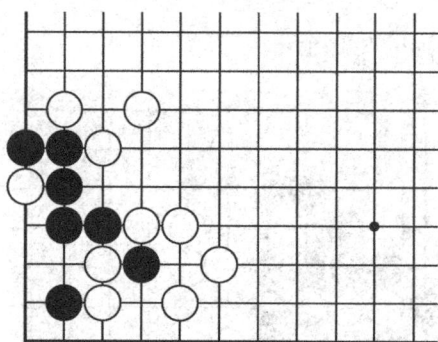

第 364 题

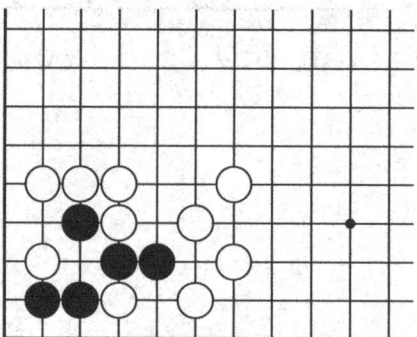

第 365 题

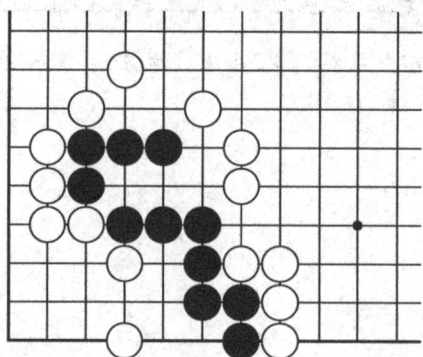

第 366 题

利用棋形缺陷做活（二）

黑先，利用棋形缺陷做活。

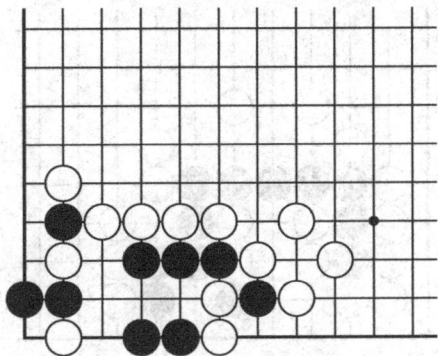

第 367 题

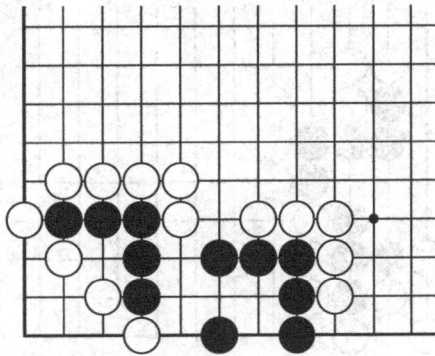

第 368 题

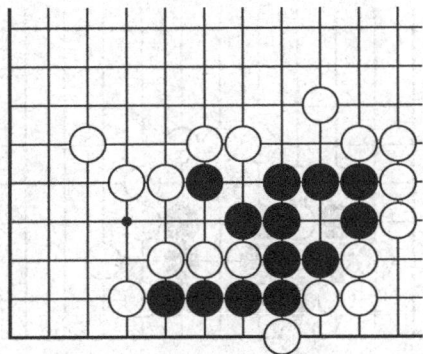

第 369 题

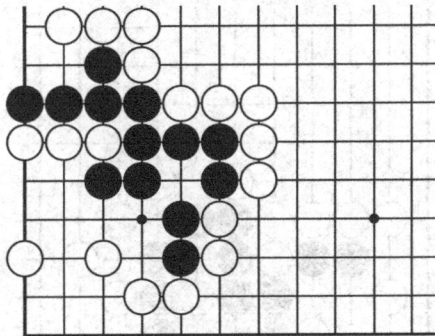

第 370 题

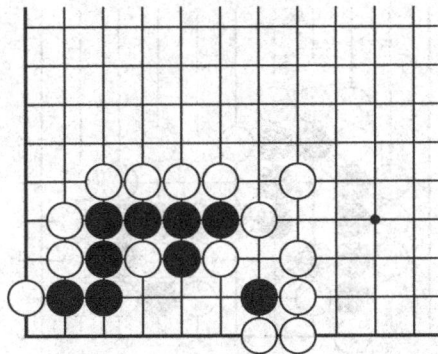

第 371 题

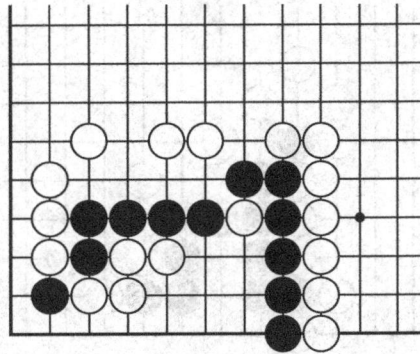

第 372 题

利用棋形缺陷做活（三）

黑先，利用棋形缺陷做活。

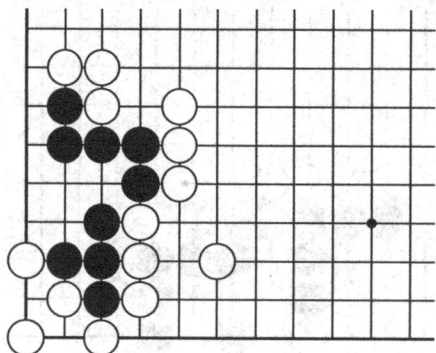

第 373 题

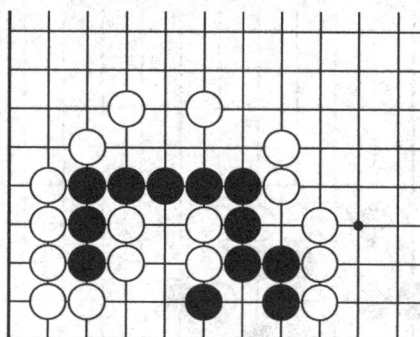

第 374 题

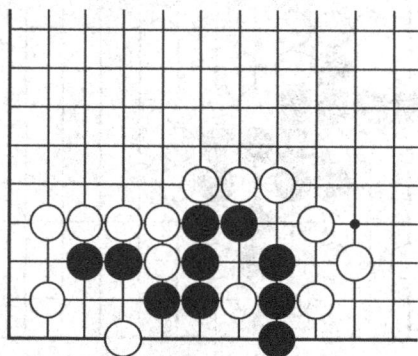

第 375 题

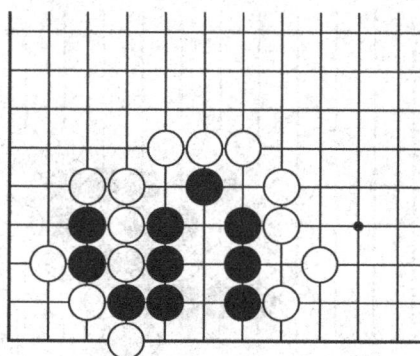

第 376 题

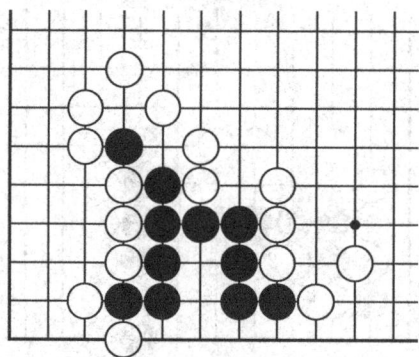

第 377 题

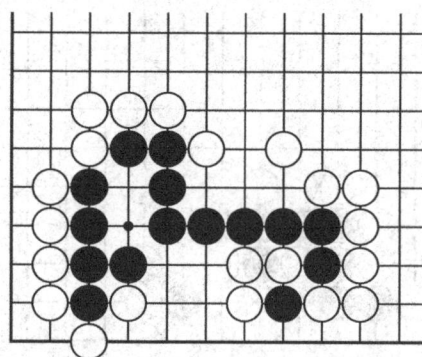

第 378 题

利用棋形缺陷做活（四）

黑先，利用棋形缺陷做活。

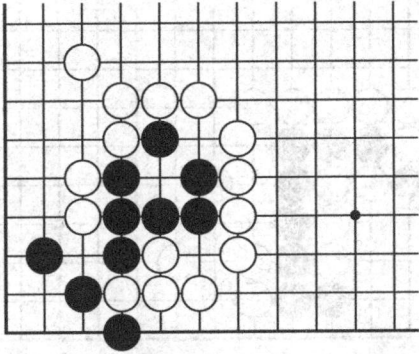

第 379 题

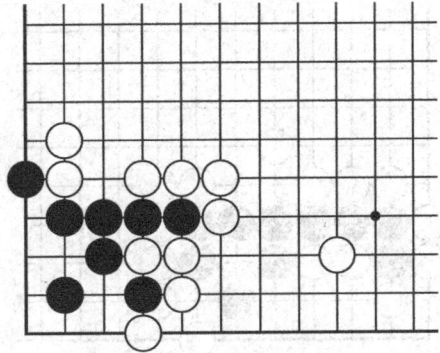

第 380 题

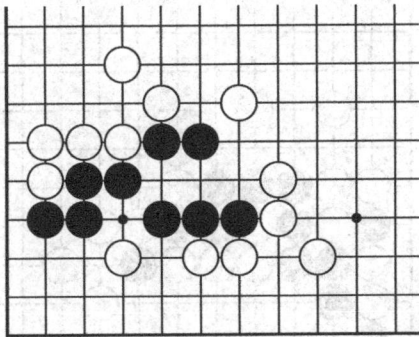

第 381 题

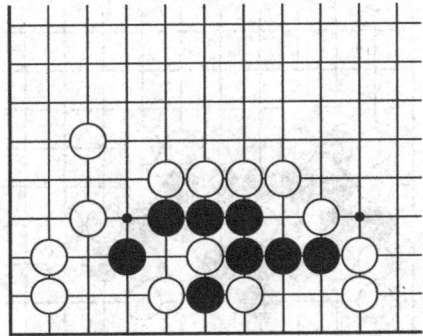

第 382 题

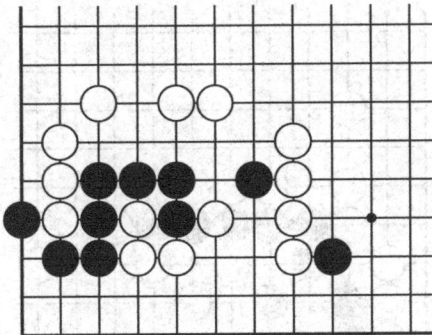

第 383 题

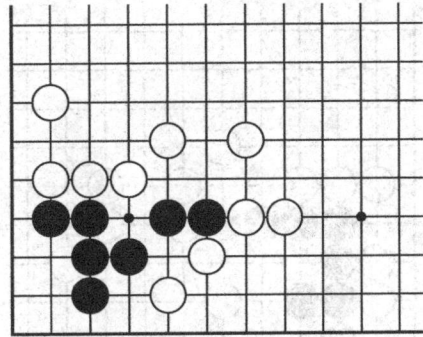

第 384 题

利用棋形缺陷做活（五）

黑先，利用棋形缺陷做活。

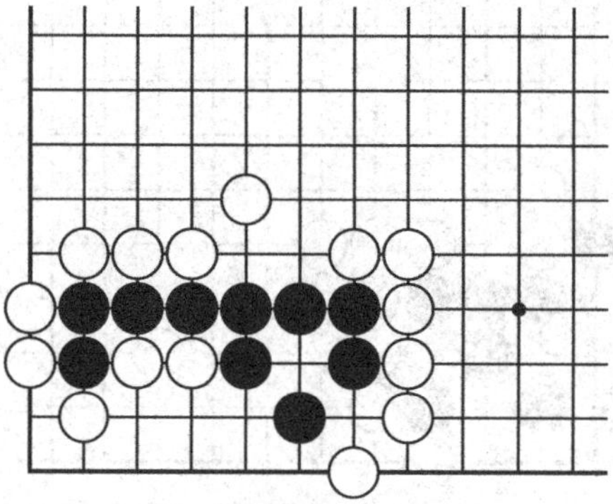

第 385 题

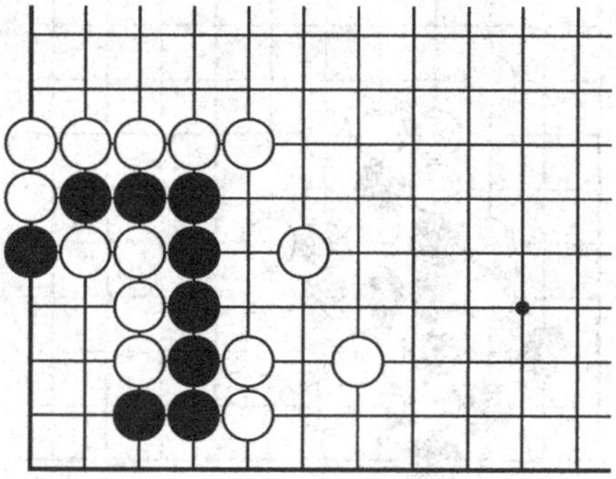

第 386 题

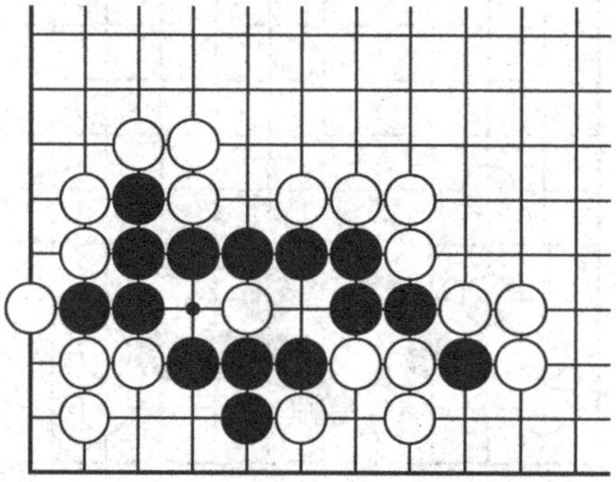

第 387 题

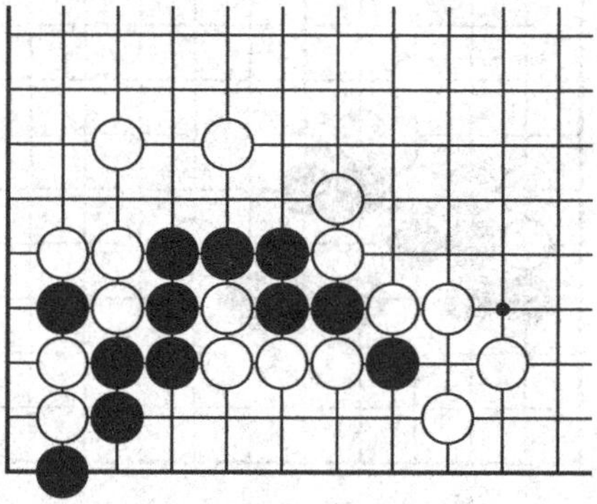

第 388 题

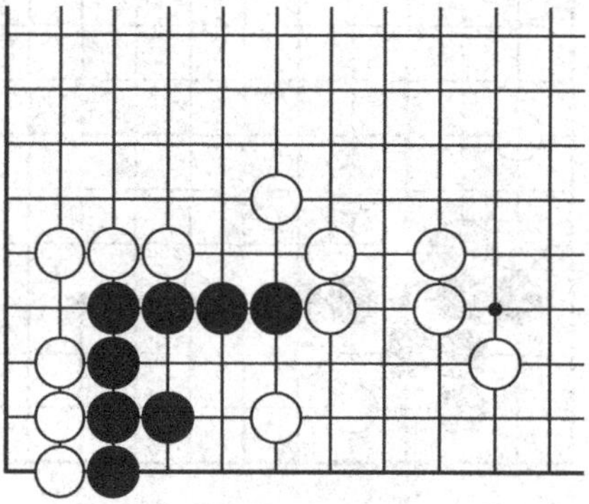

第 389 题

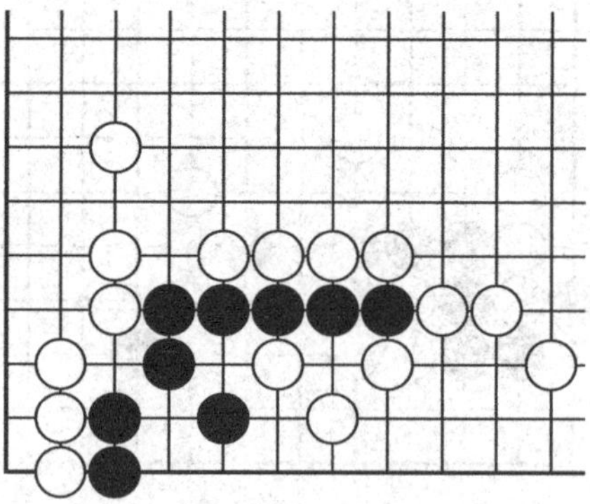

第 390 题

3.4 综合测验

综合测验（一）

黑先，做活。

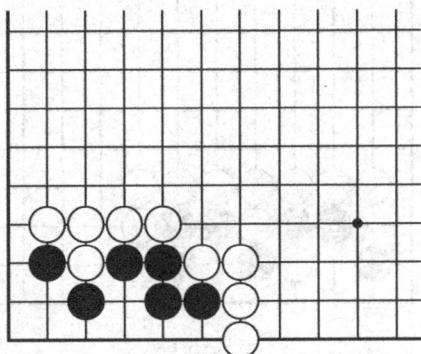

第 391 题

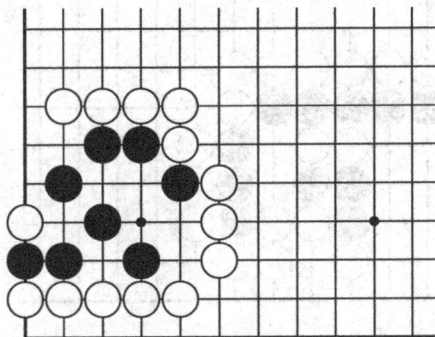

第 392 题

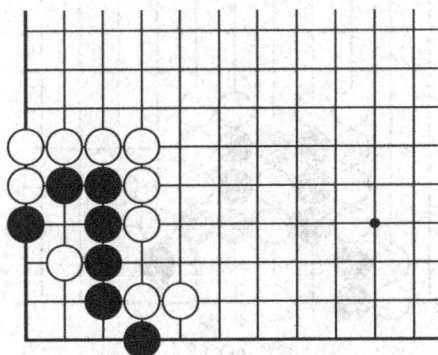

第 393 题

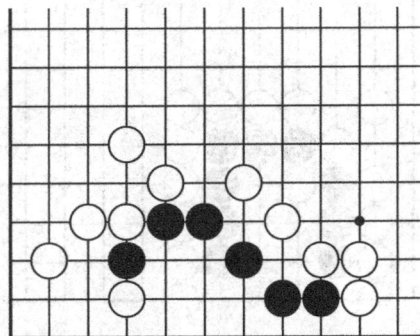

第 394 题

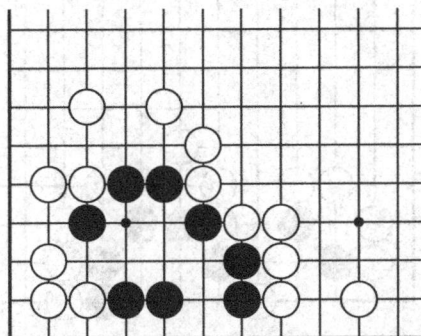

第 395 题

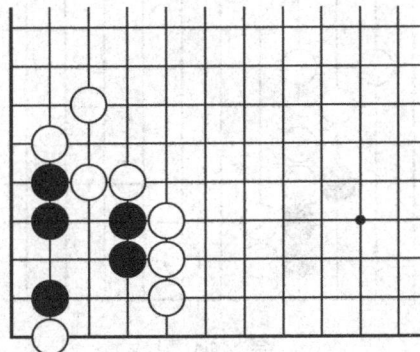

第 396 题

综合测验（二）

黑先，做活。

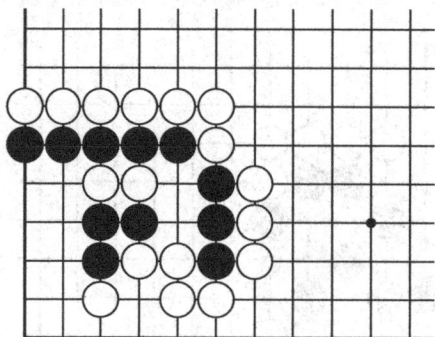

第 397 题

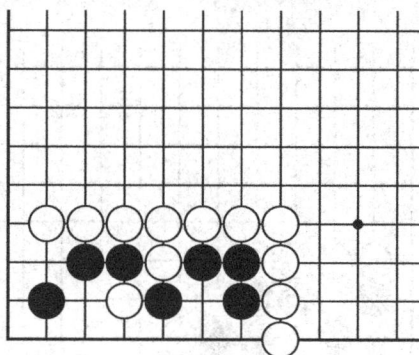

第 398 题

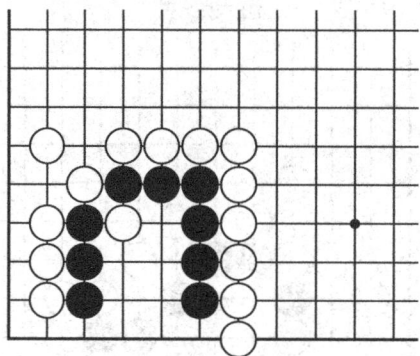

第 399 题

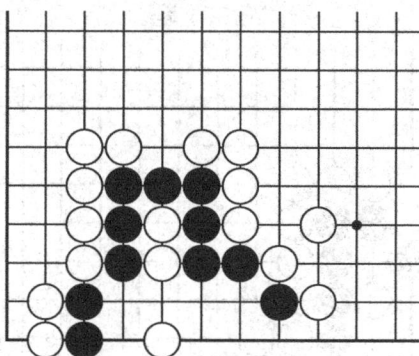

第 400 题

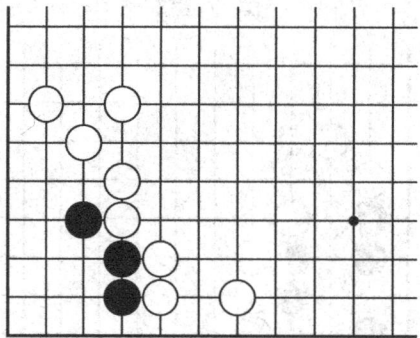

第 401 题

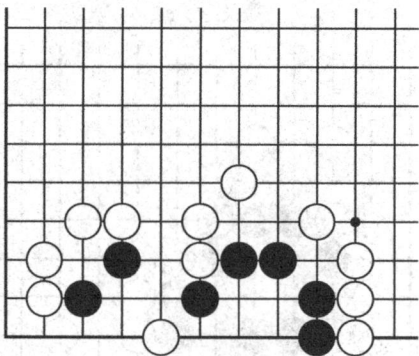

第 402 题

综合测验（三）

黑先，做活。

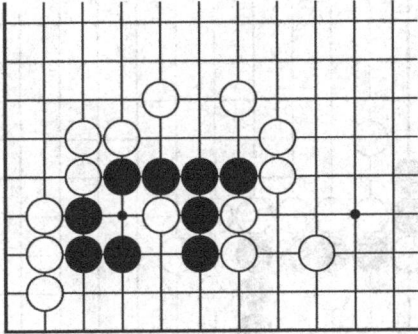

第 403 题

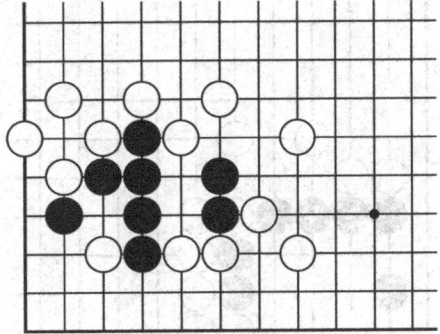

第 404 题

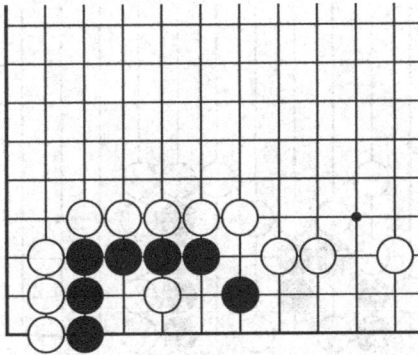

第 405 题

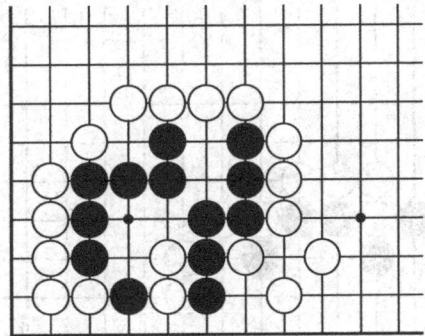

第 406 题

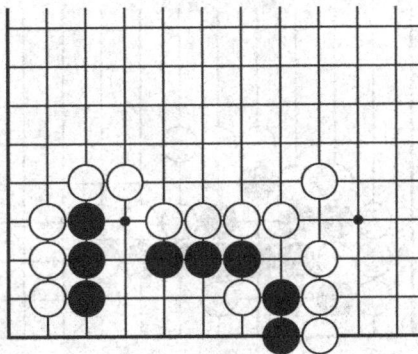

第 407 题

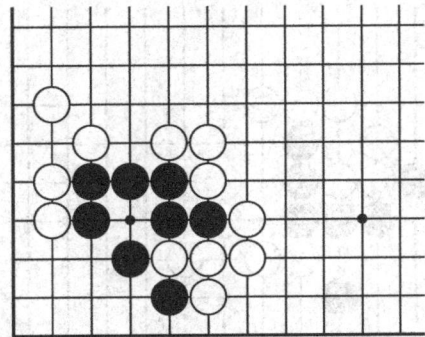

第 408 题

综合测验（四）

黑先，做活。

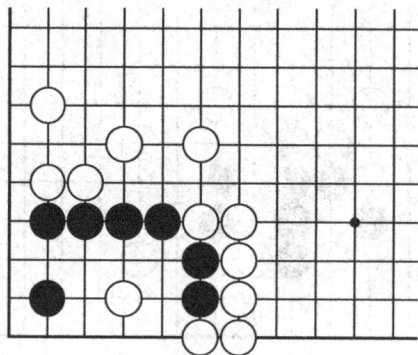

第 409 题

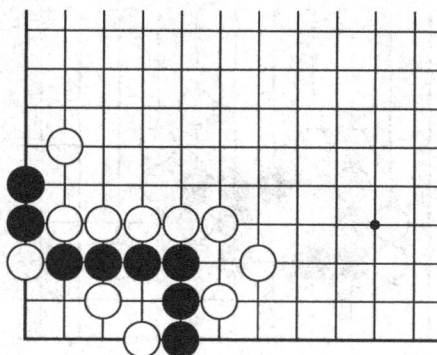

第 410 题

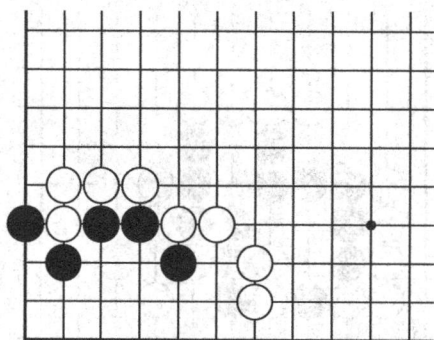

第 411 题

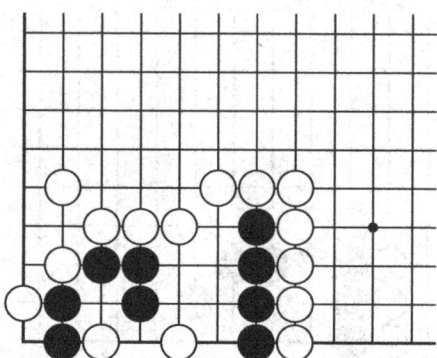

第 412 题

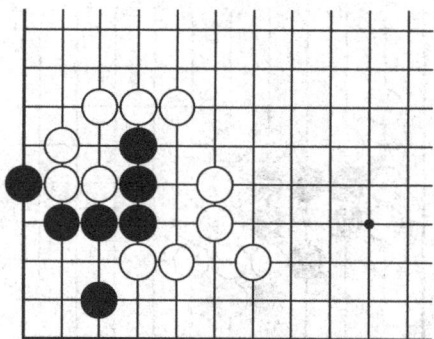

第 413 题

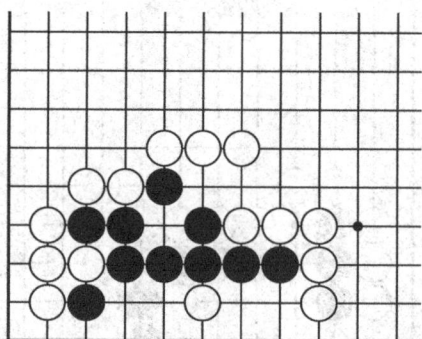

第 414 题

综合测验（五）

黑先，劫活。

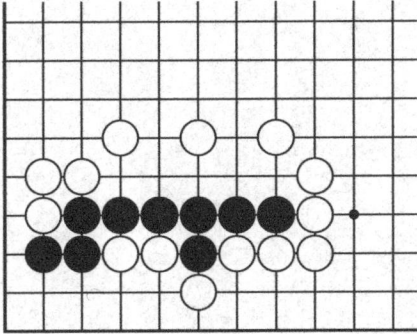

第 415 题

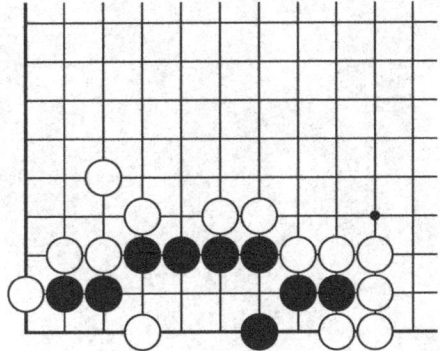

第 416 题

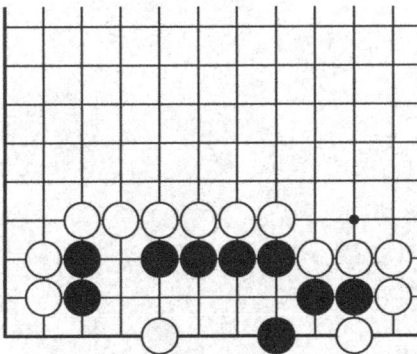

第 417 题

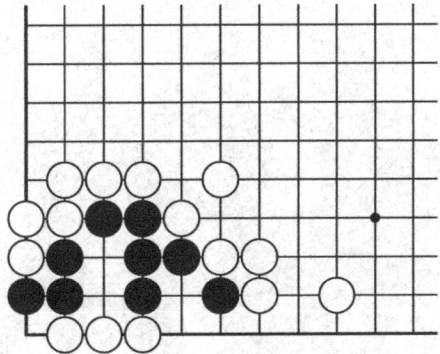

第 418 题

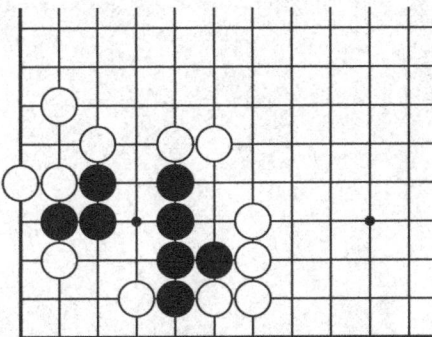

第 419 题

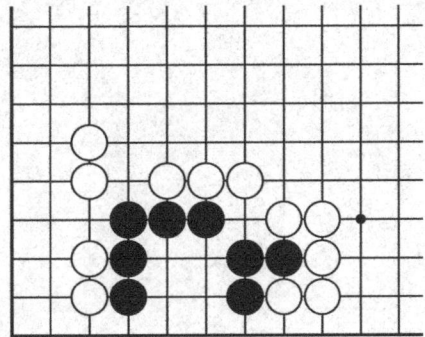

第 420 题

第四章
杀棋破眼

4.1 缩小眼位

　　缩小眼位通常是从棋形外围空间开始破眼，常用的技巧有扳、冲等，杀棋的同时，要注意缩小眼位的方向。

例1

图1 问题图

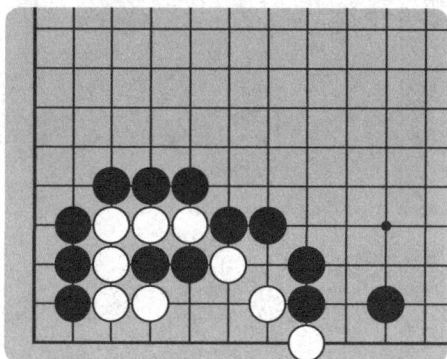

黑先，要如何利用缩小眼位杀白呢

图2 正解图

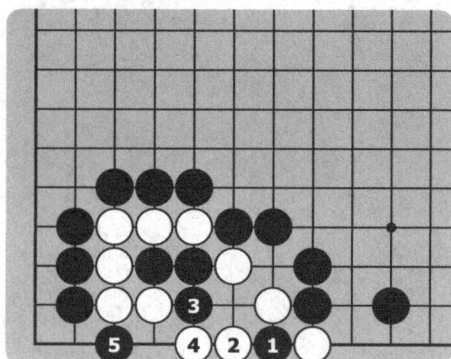

黑1扑是缩小眼位的要点，白2提，黑3、黑5冲再打吃，白净死

图3 变化图

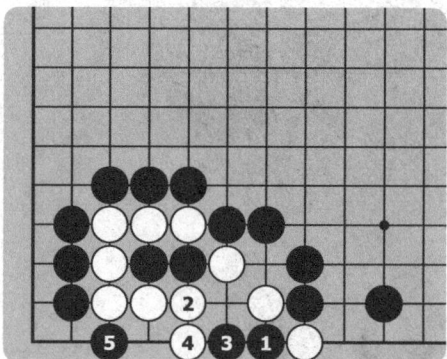

白2如果提，黑3长，至黑5，白也不行

图4 失败图

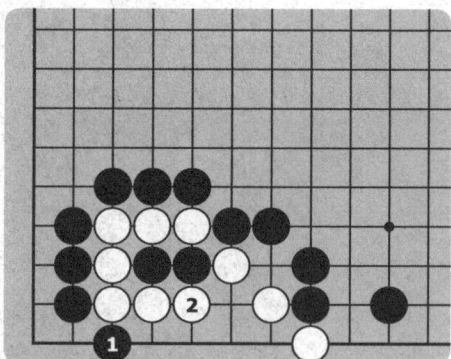

黑1扳不好，白2提，白净活

例2

图1 问题图

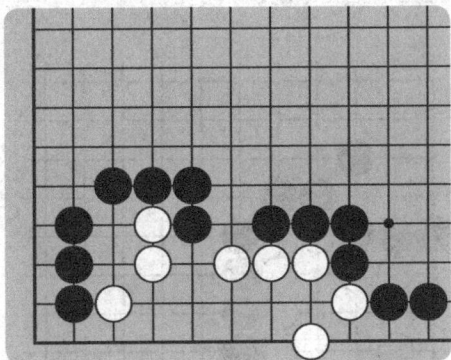

黑先，要如何利用缩小眼位杀白呢

图2 正解图

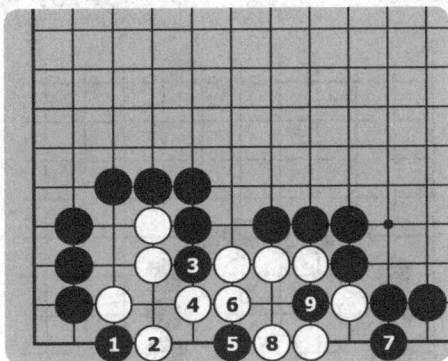

黑1、黑3扳再冲是缩小眼位的要点，黑
5点是好手，至黑9，白净死

图3 变化图

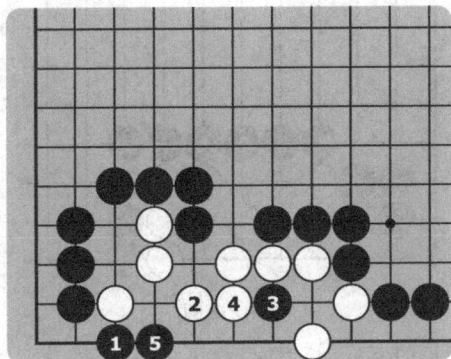

白2如果虎，黑3、黑5点再长，白也
不行

图4 失败图

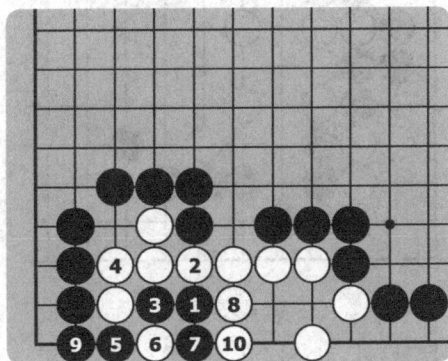

黑1、黑3点再挤不好，白4粘，黑5渡
过，至白10，黑无法杀白

缩小眼位（一）
黑先，利用缩小眼位杀棋。

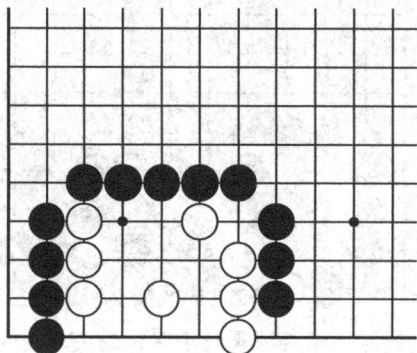

第 421 题

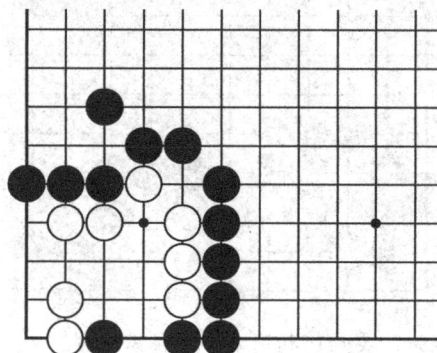

第 422 题

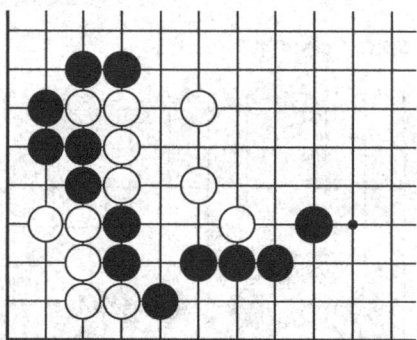

第 423 题

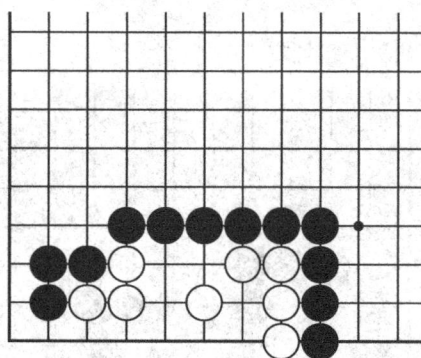

第 424 题

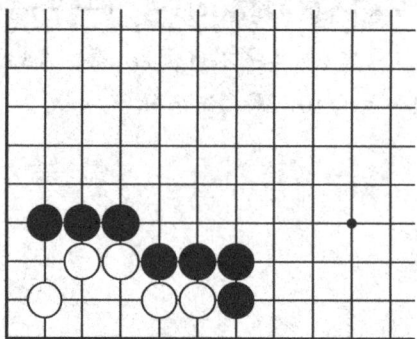

第 425 题

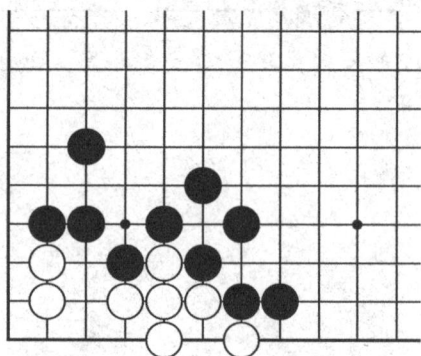

第 426 题

缩小眼位（二）

黑先，利用缩小眼位杀棋。

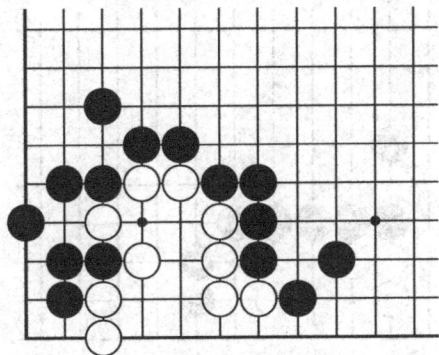

第 427 题

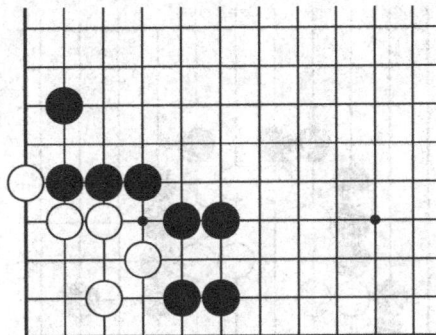

第 428 题

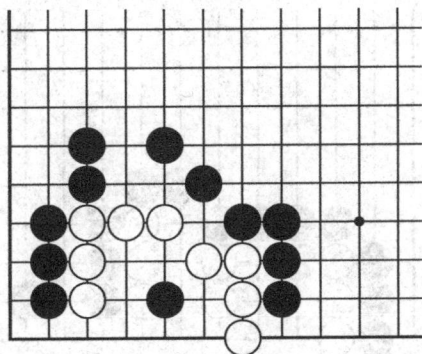

第 429 题

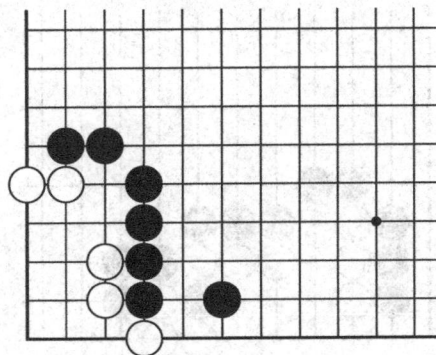

第 430 题

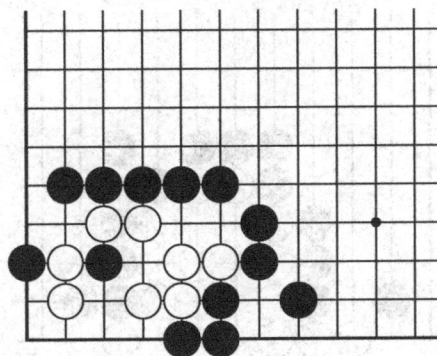

第 431 题

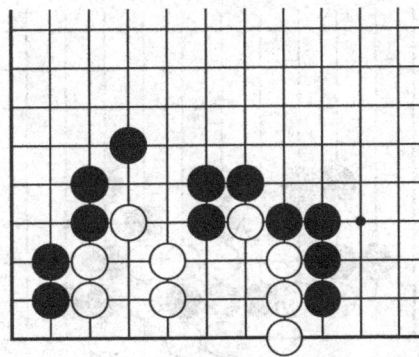

第 432 题

缩小眼位（三）

黑先，利用缩小眼位杀棋。

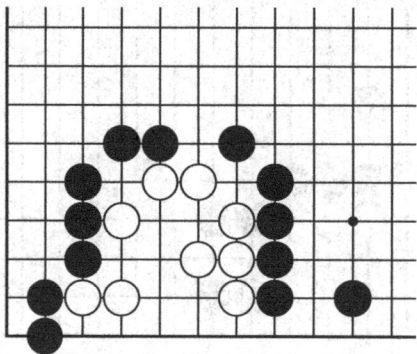

第 433 题

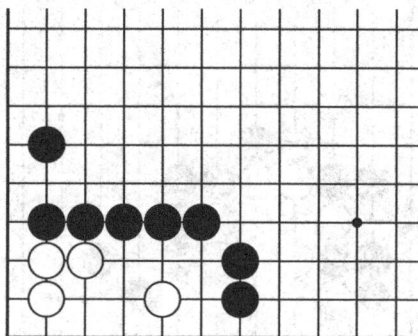

第 434 题

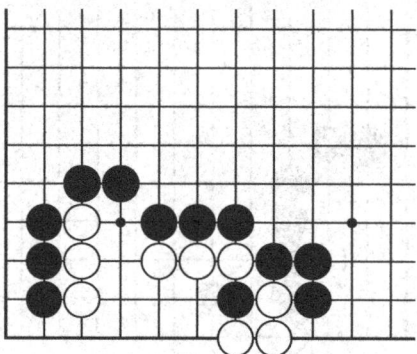

第 435 题

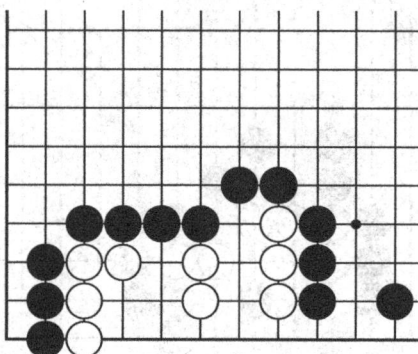

第 436 题

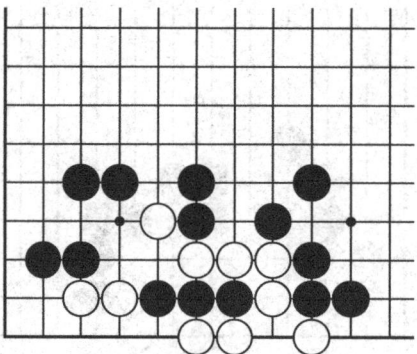

第 437 题

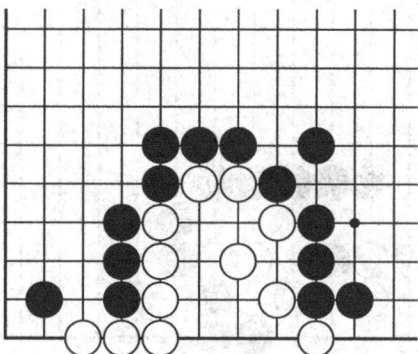

第 438 题

缩小眼位（四）

黑先，利用缩小眼位杀棋。

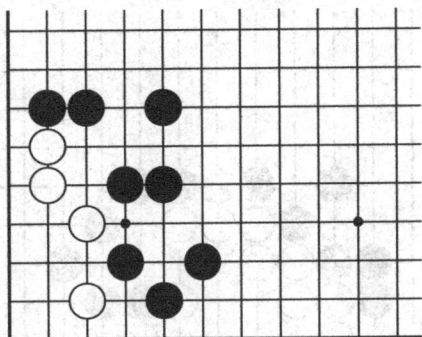

第 439 题

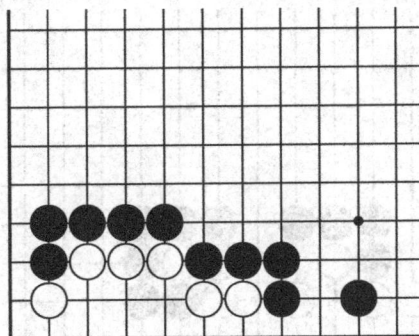

第 440 题

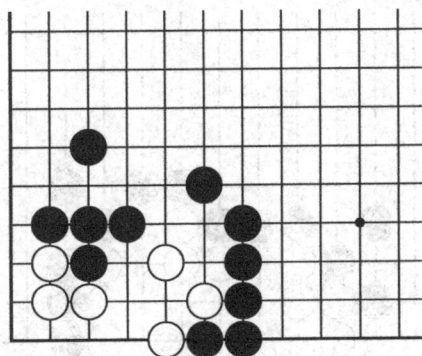

第 441 题

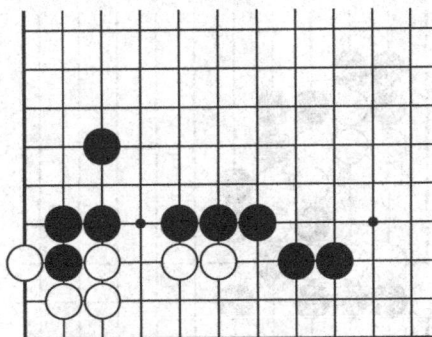

第 442 题

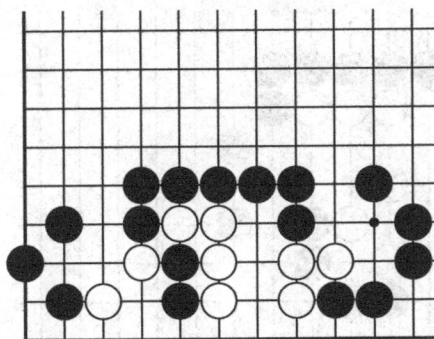

第 443 题

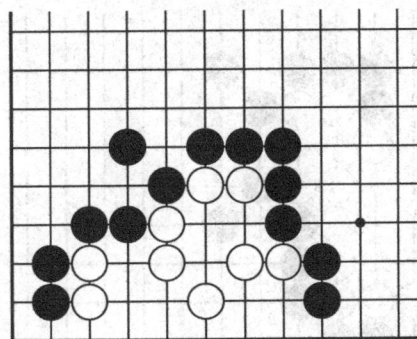

第 444 题

113

缩小眼位（五）

黑先，利用缩小眼位杀棋。

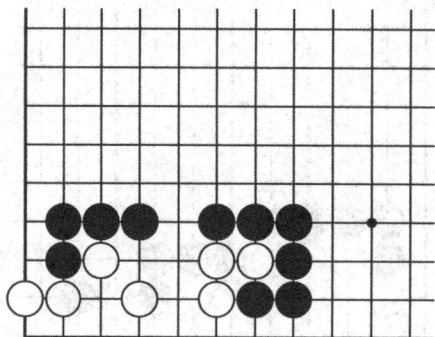

第 445 题

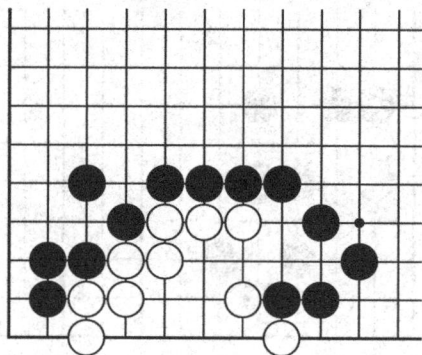

第 446 题

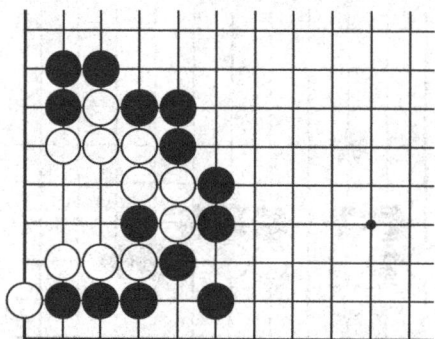

第 447 题

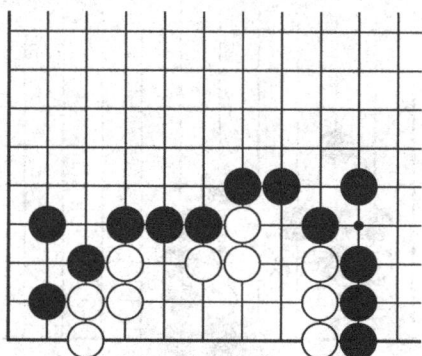

第 448 题

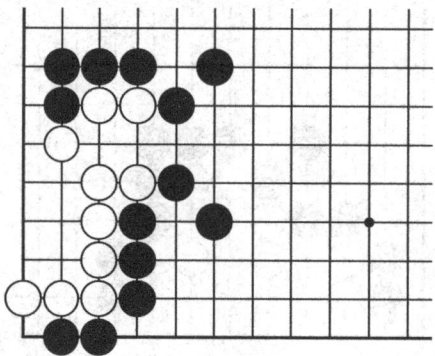

第 449 题

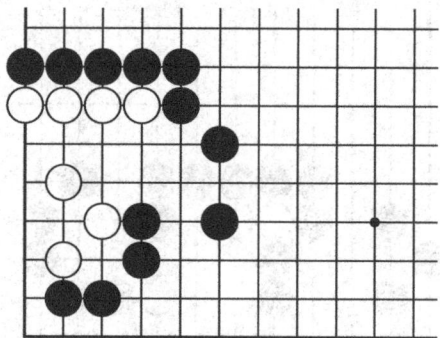

第 450 题

4.2 占据要点

占据要点通常是从棋形内部空间开始破眼，常用的技巧有点、靠等，杀棋时要多观察，然后通过换位思考，找出杀棋时的要点。

例1

图1 问题图

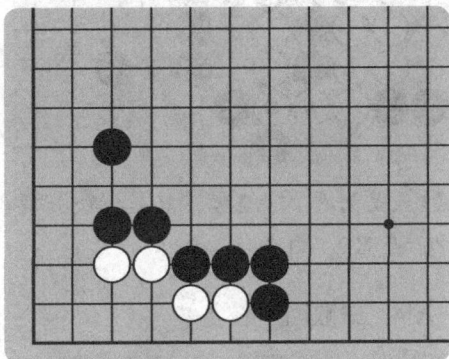

黑先，要如何利用占据要点杀白呢

图2 正解图

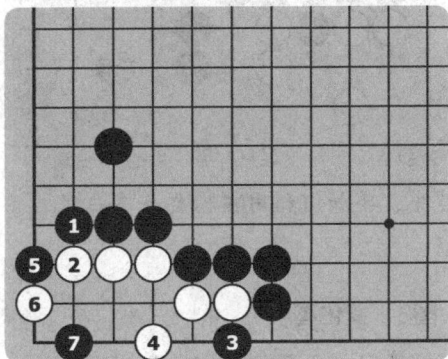

黑1立是要点，白2挡，黑3、黑5扳再扳缩小眼位，至黑7，白净死

图3 变化图

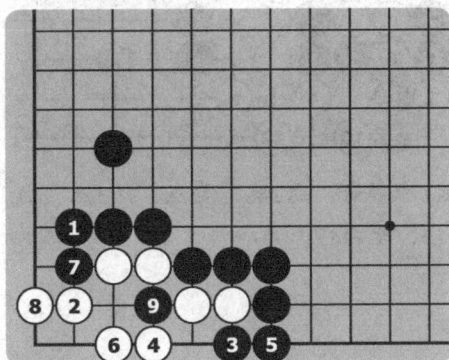

白2如果小尖，黑3、黑5扳再粘是好手，至黑9，白也不行

图4 失败图

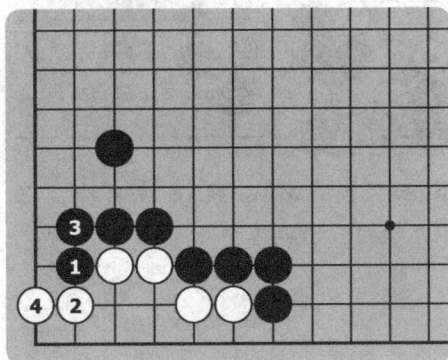

黑1、黑3扳粘不好，白4立，黑无法杀白

例2

图1　问题图

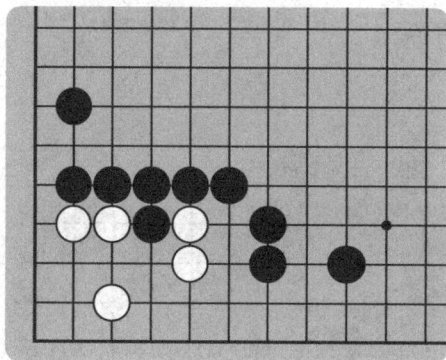

黑先，要如何利用占据要点杀白呢

图2　正解图

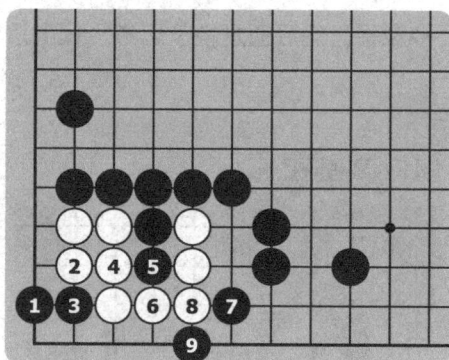

黑1点是好手，白2弯，黑3、黑5挤再冲，至黑9，白净死

图3　变化图

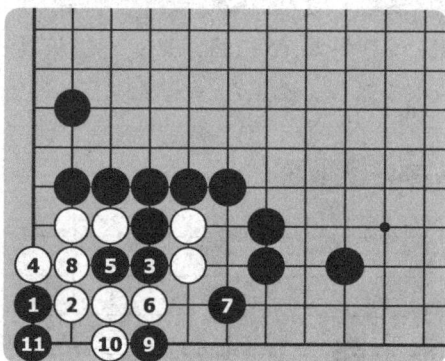

白2如果顶，黑3、黑5冲完再冲，以下至黑11，白也不行

图4　失败图

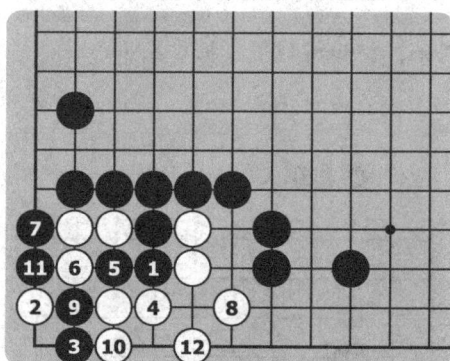

黑1冲不好，白2跳是要点，黑3点，白4挡，至白12，白净活

占据要点（一）

黑先，利用占据要点杀棋。

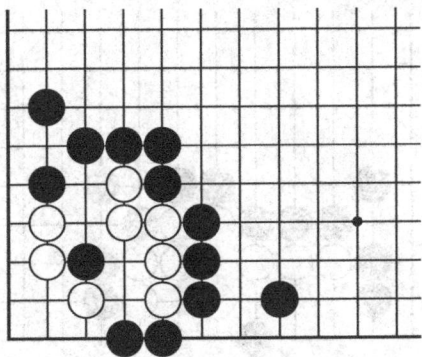

第 451 题

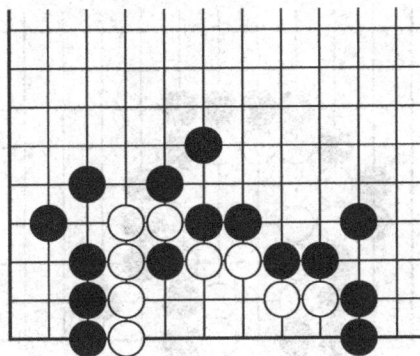

第 452 题

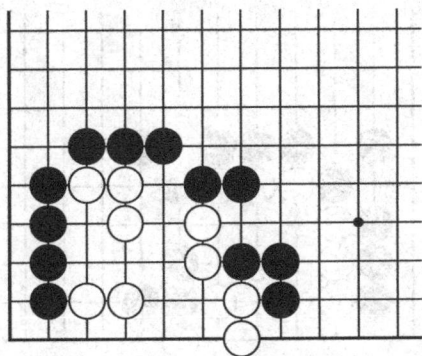

第 453 题

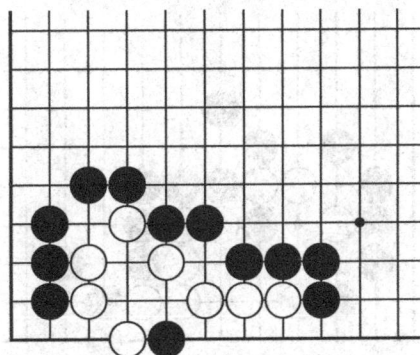

第 454 题

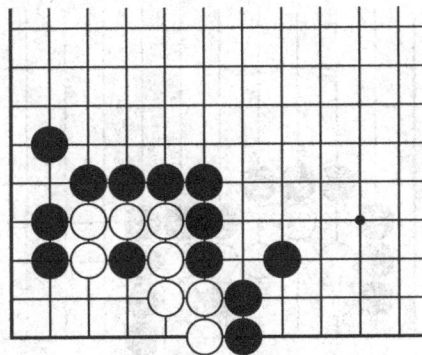

第 455 题

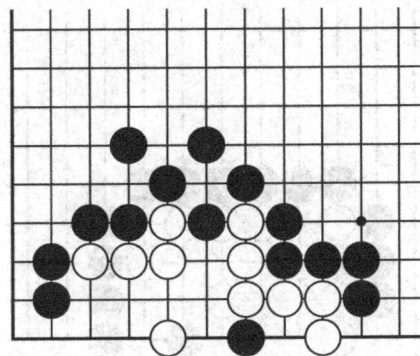

第 456 题

占据要点（二）

黑先，利用占据要点杀棋。

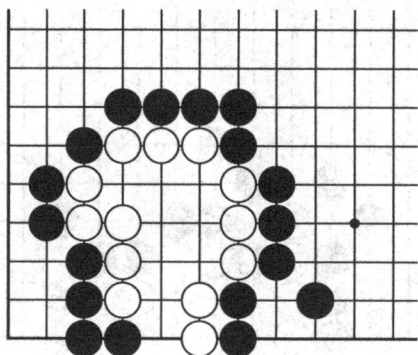

第 457 题

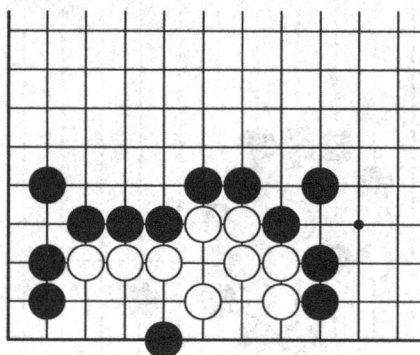

第 458 题

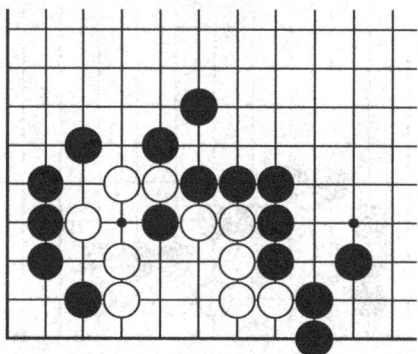

第 459 题

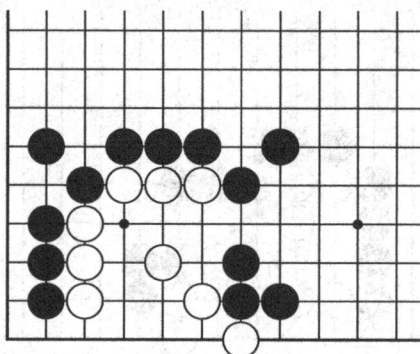

第 460 题

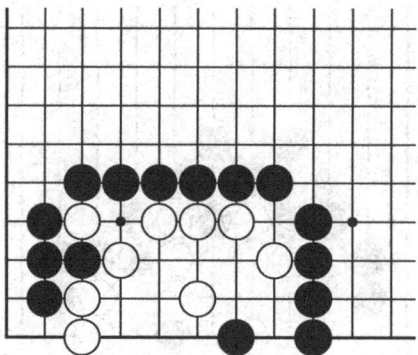

第 461 题

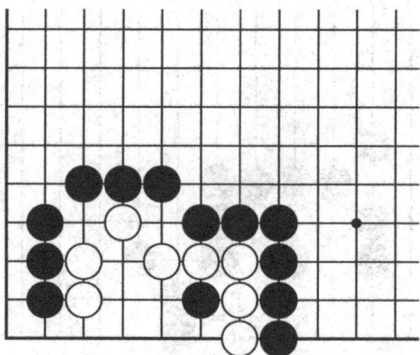

第 462 题

占据要点（三）

黑先，利用占据要点杀棋。

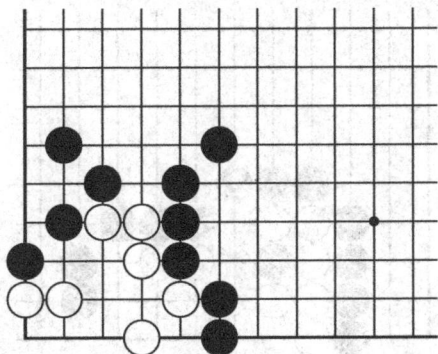

第 463 题

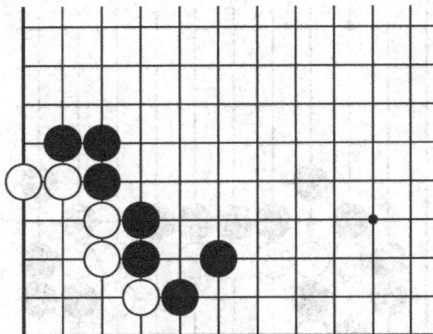

第 464 题

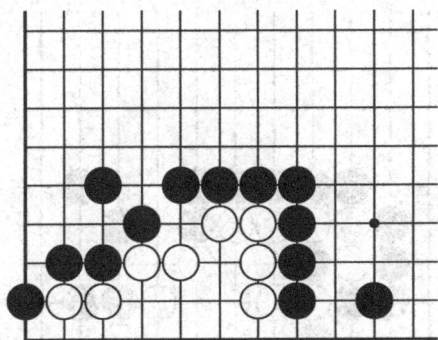

第 465 题

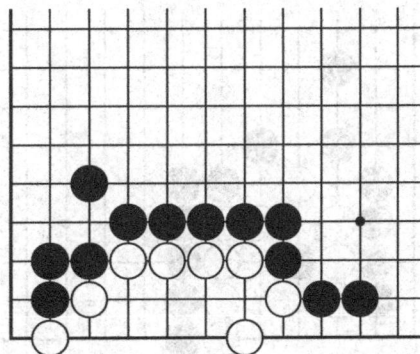

第 466 题

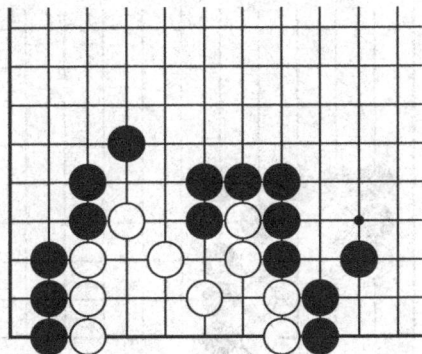

第 467 题

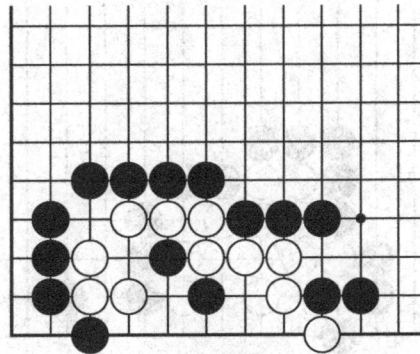

第 468 题

占据要点（四）

黑先，利用占据要点杀棋。

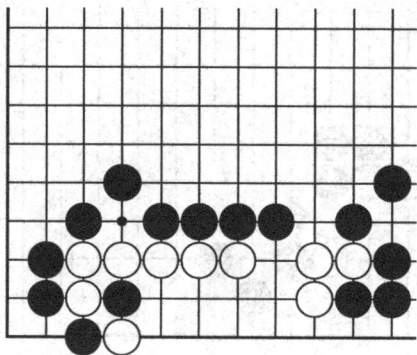

第 469 题

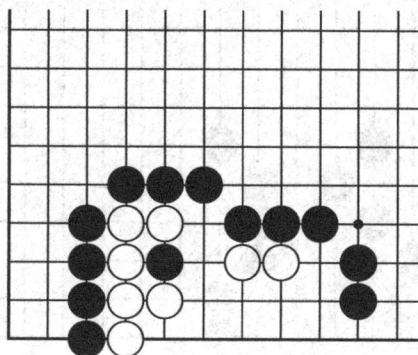

第 470 题

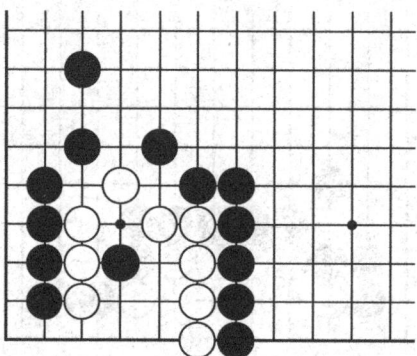

第 471 题

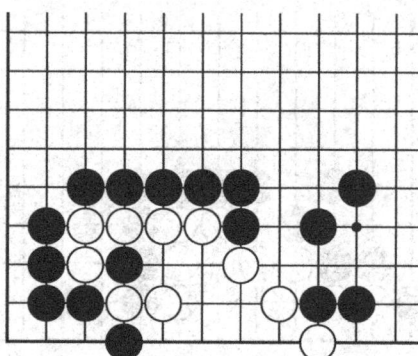

第 472 题

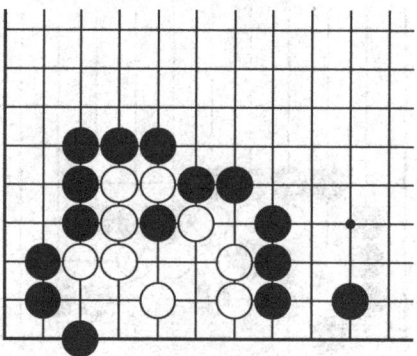

第 473 题

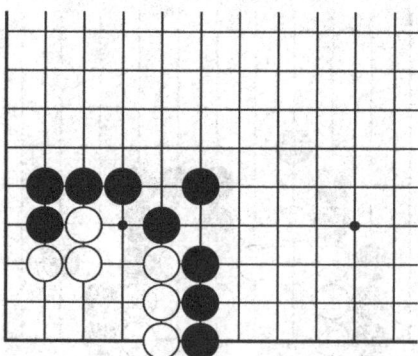

第 474 题

占据要点（五）

黑先，利用占据要点杀棋。

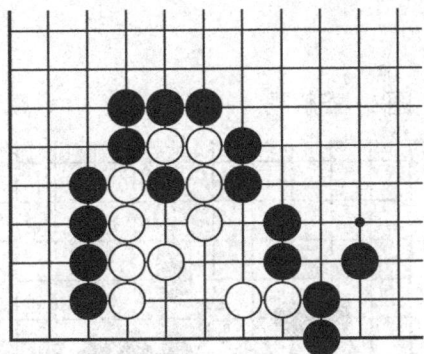

第 475 题

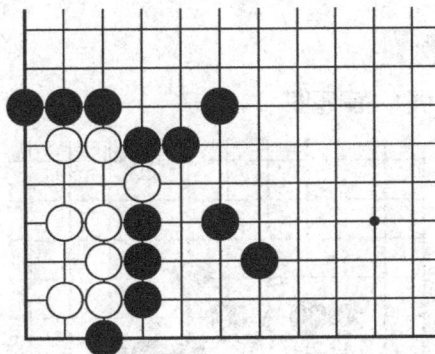

第 476 题

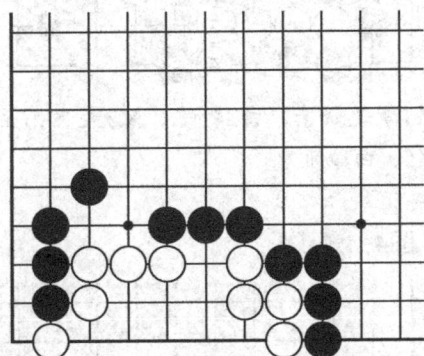

第 477 题

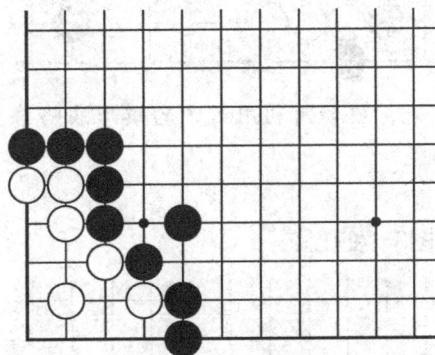

第 478 题

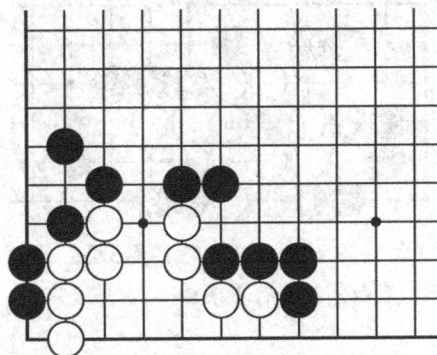

第 479 题

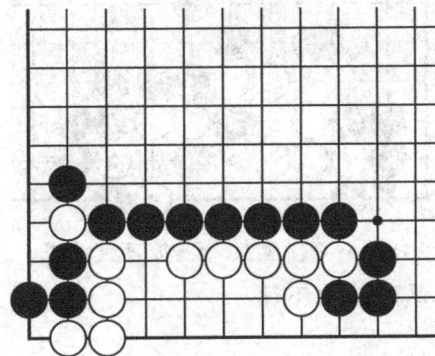

第 480 题

4.3 利用棋形缺陷破眼

在攻杀时，可利用对方的棋形中存在的断点、气紧等缺陷进行破眼，然后通过利用先手或弃子等手段杀棋，同时要注意行棋顺序。

例1

图1 问题图

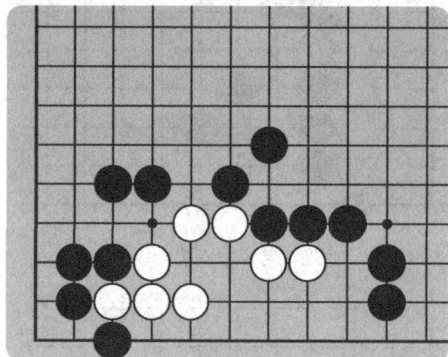

黑先，要如何利用对方的棋形缺陷杀白呢

图2 正解图

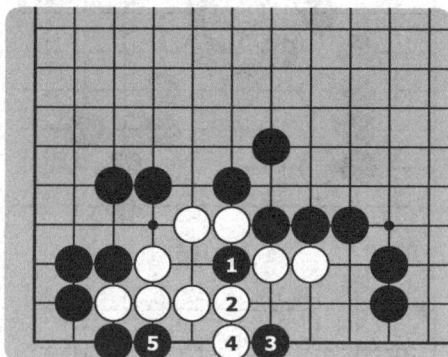

黑1断是好手，白2打吃，黑3大飞，至黑5，白净死

图3 变化图

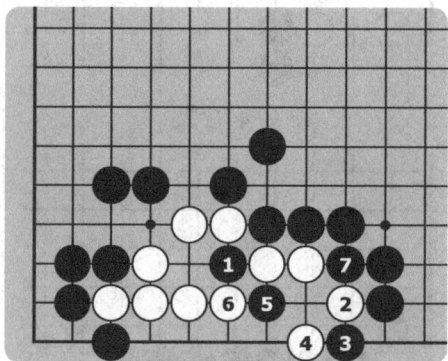

白2如果小尖，黑3、黑5扳再扳破眼，至黑7，白也不行

图4 失败图

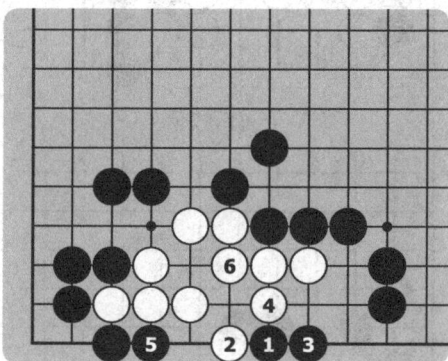

黑1大飞不好，白2小尖，黑3退，白4顶，至白6，黑无法杀白

122

例2

图1 问题图

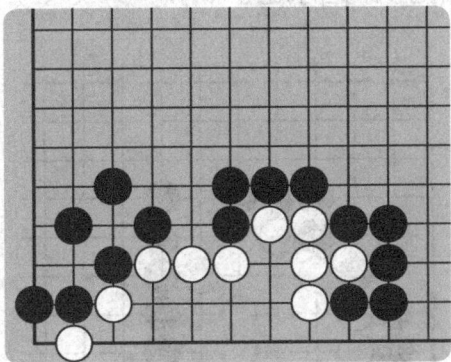

黑先，要如何利用对方的棋形缺陷杀白呢

图2 正解图

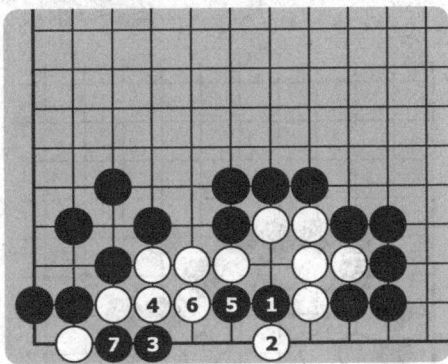

黑1、黑3夹再点是好手，白4粘，黑5冲，至黑7，白净死

图3 变化图

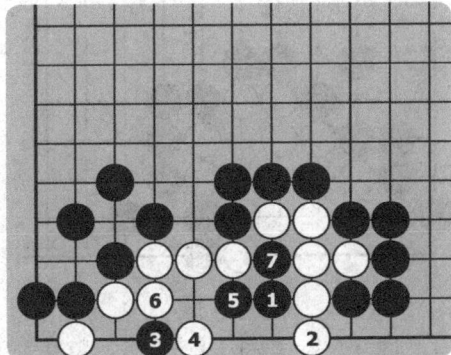

白2如果立，黑3点，白4靠，黑5冲，至黑7，白也不行

图4 失败图

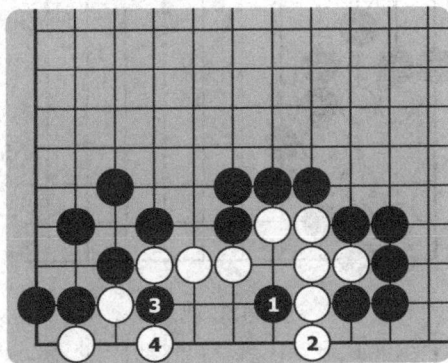

黑3打吃不好，白4打吃，成劫杀

利用棋形缺陷破眼（一）

黑先，利用棋形缺陷杀白。

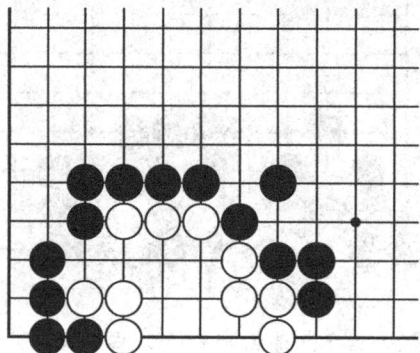

第 481 题

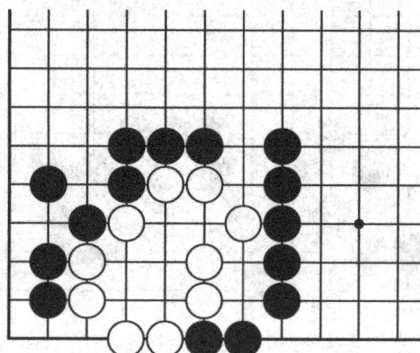

第 482 题

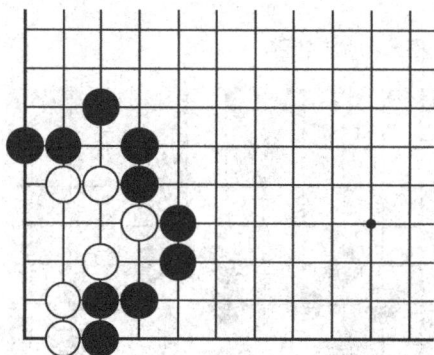

第 483 题

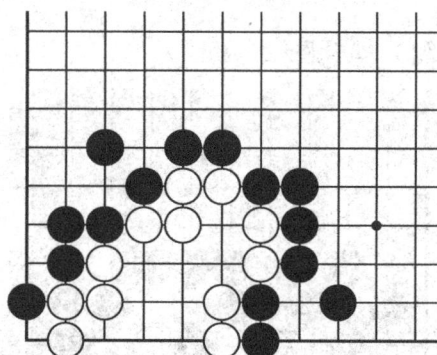

第 484 题

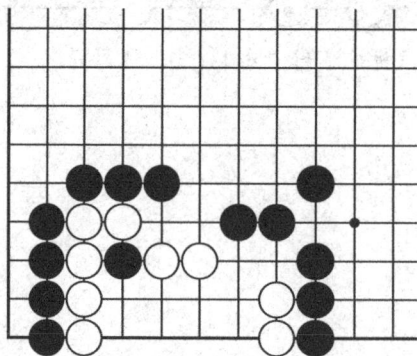

第 485 题

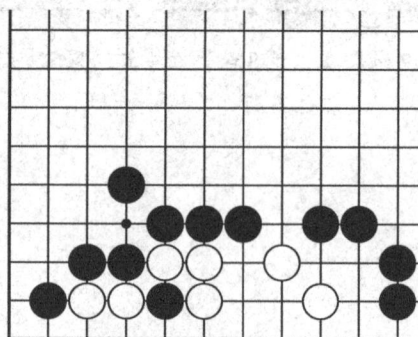

第 486 题

利用棋形缺陷破眼（二）

黑先，利用棋形缺陷杀白。

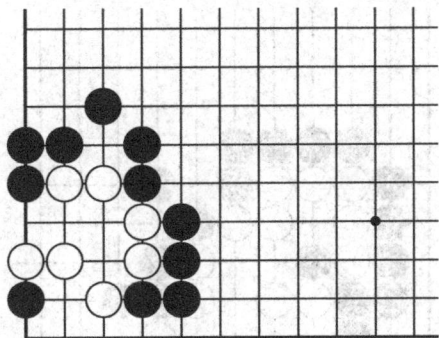

第 487 题

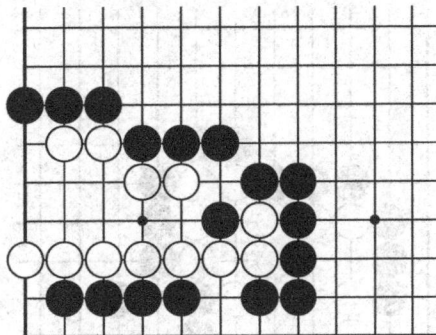

第 488 题

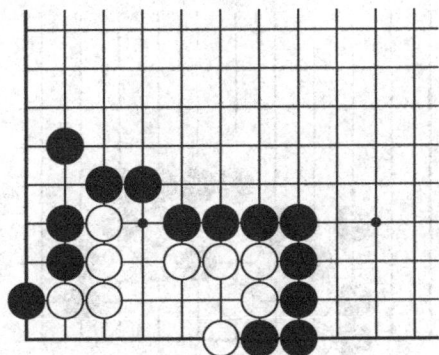

第 489 题

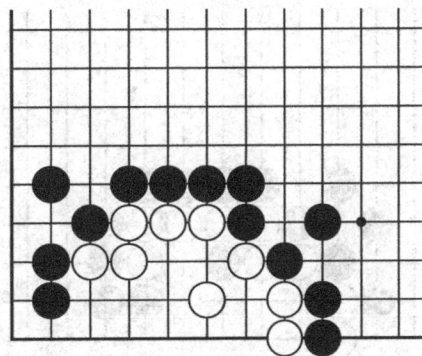

第 490 题

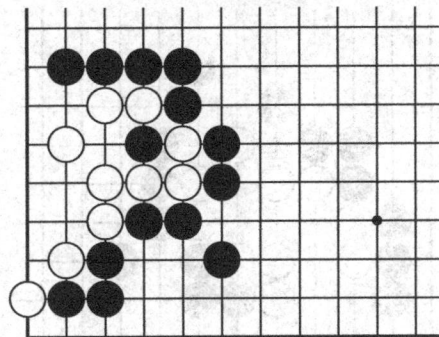

第 491 题

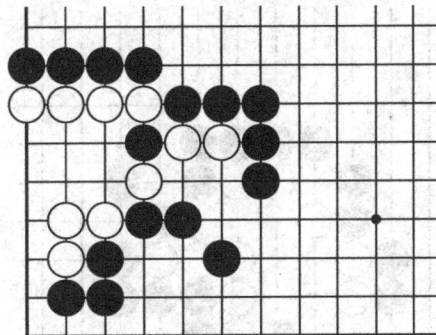

第 492 题

利用棋形缺陷破眼（三）

黑先，利用棋形缺陷杀白。

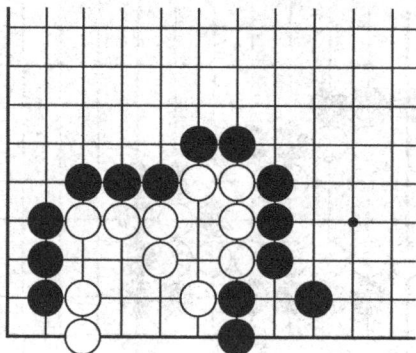

第 493 题

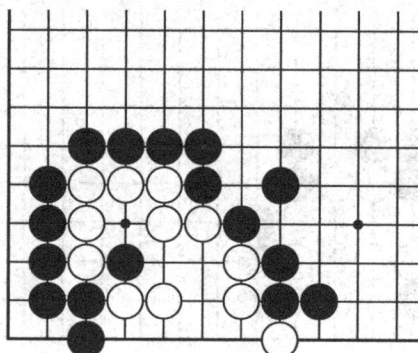

第 494 题

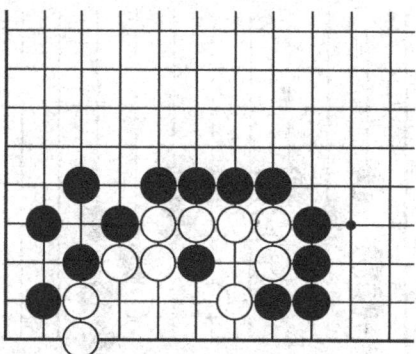

第 495 题

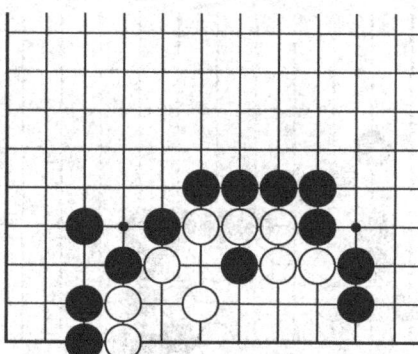

第 496 题

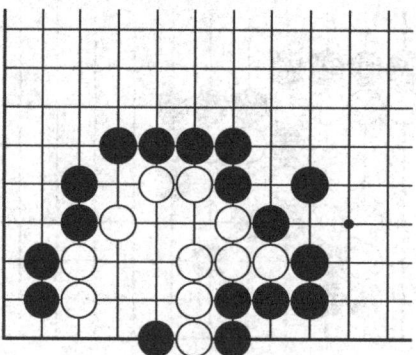

第 497 题

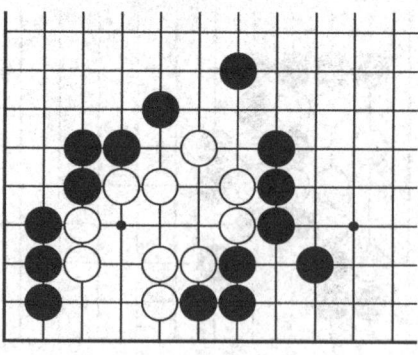

第 498 题

利用棋形缺陷破眼（四）

黑先，利用棋形缺陷杀白。

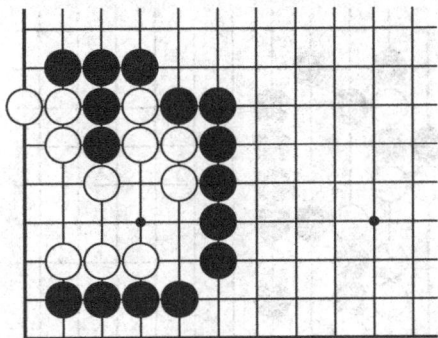

第 499 题

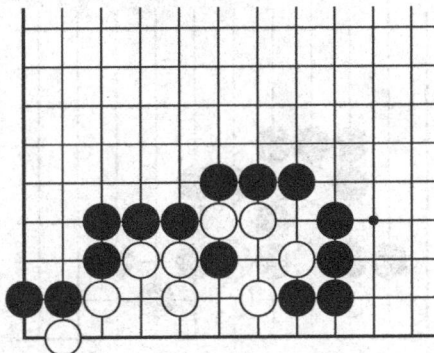

第 500 题

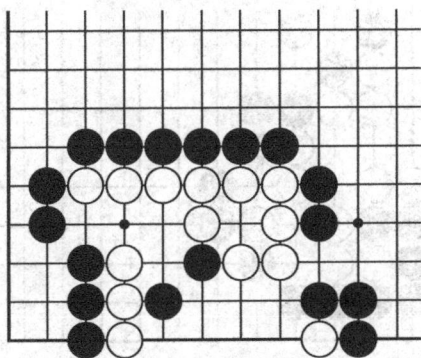

第 501 题

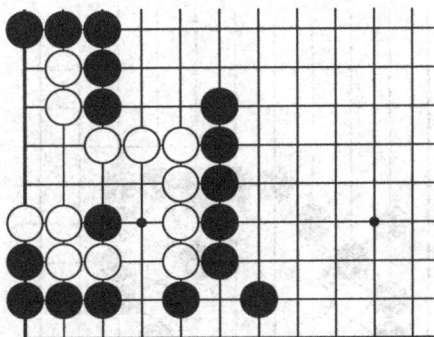

第 502 题

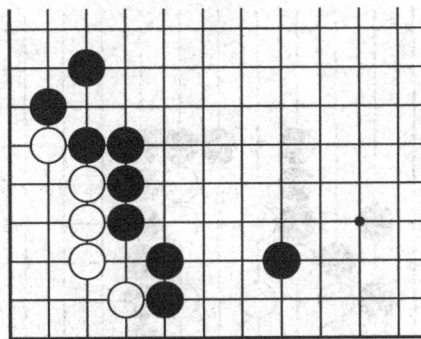

第 503 题

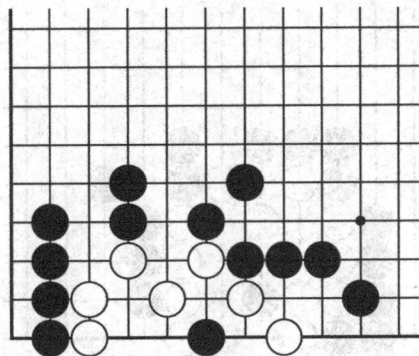

第 504 题

利用棋形缺陷破眼（五）

黑先，利用棋形缺陷杀白。

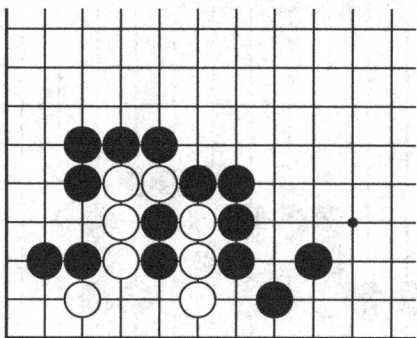

第 505 题

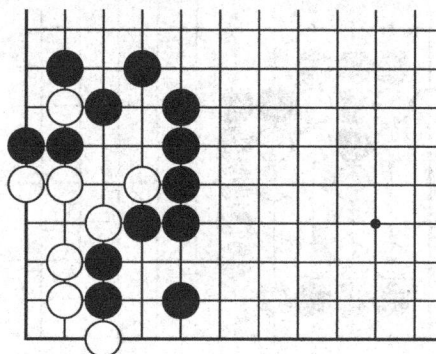

第 506 题

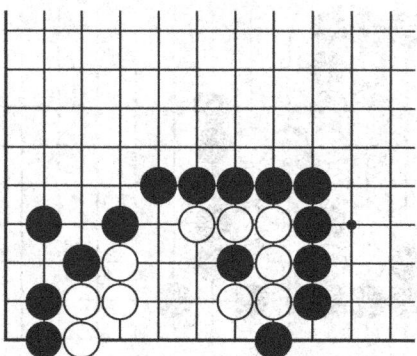

第 507 题

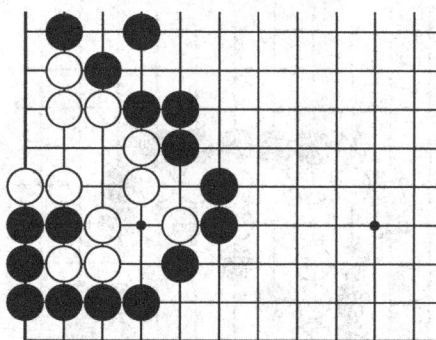

第 508 题

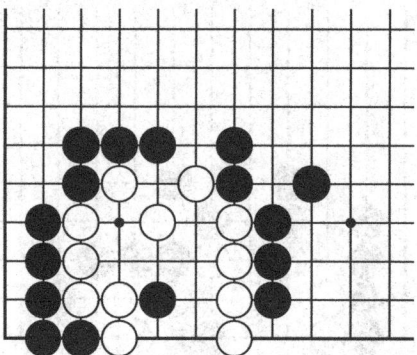

第 509 题

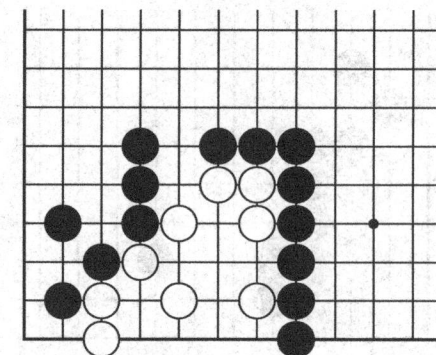

第 510 题

4.4　综合测验

综合测验（一）

黑先，杀白。

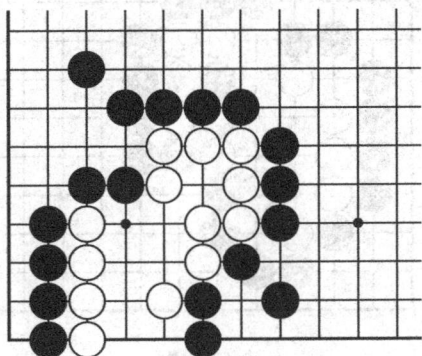

第 511 题

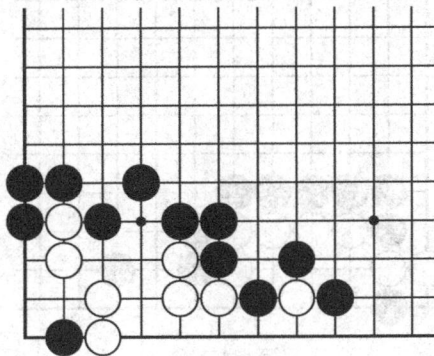

第 512 题

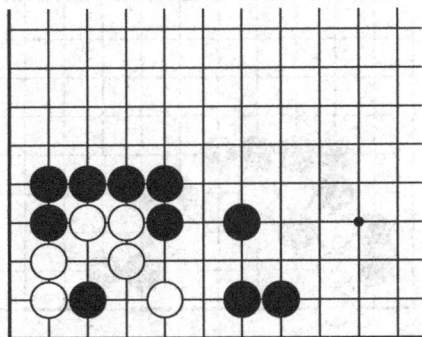

第 513 题

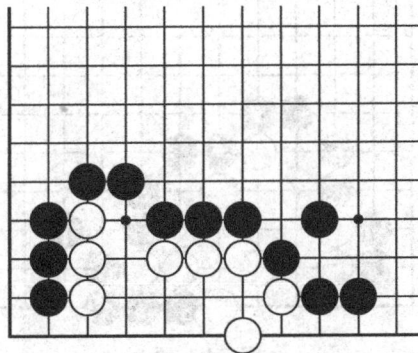

第 514 题

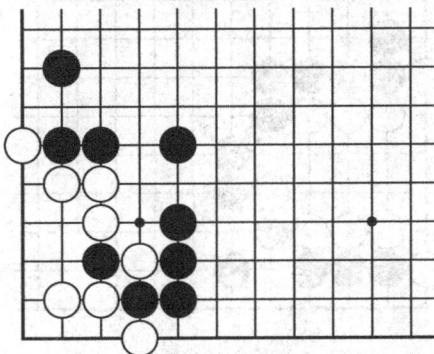

第 515 题

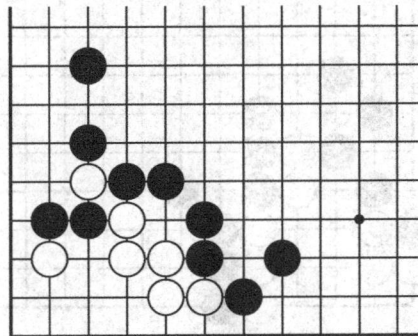

第 516 题

综合测验（二）

黑先，杀白。

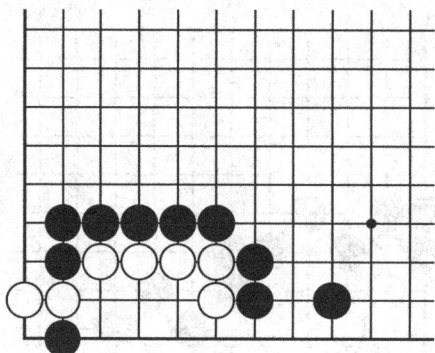

第 517 题

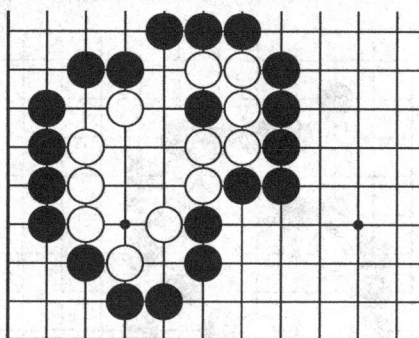

第 518 题

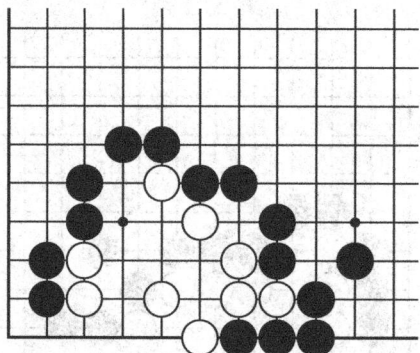

第 519 题

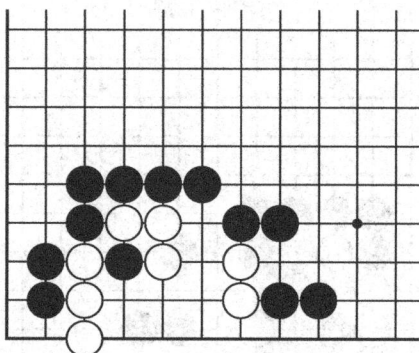

第 520 题

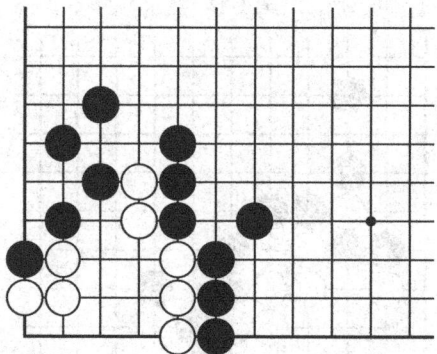

第 521 题

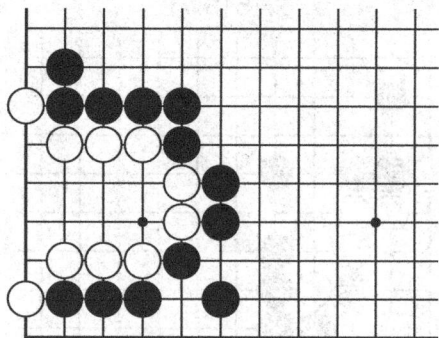

第 522 题

综合测验（三）
黑先，杀白。

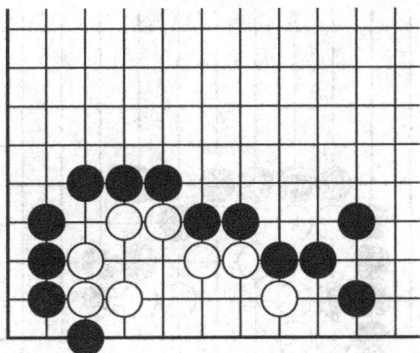

第 523 题

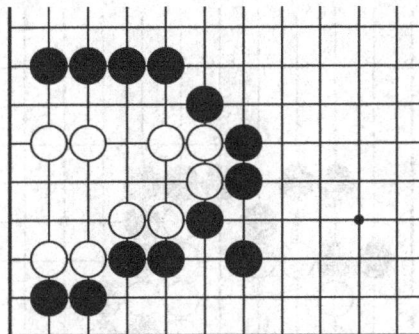

第 524 题

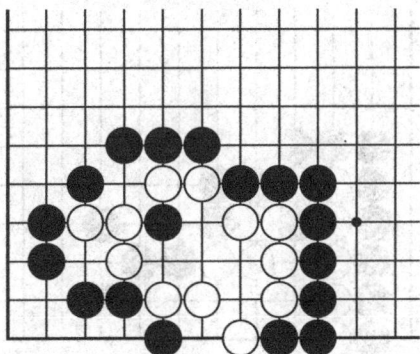

第 525 题

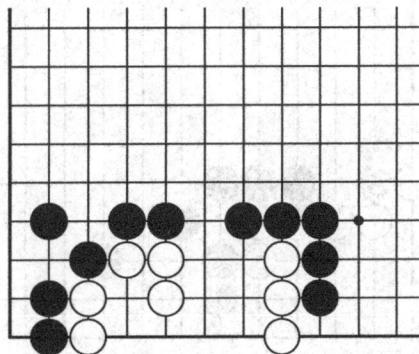

第 526 题

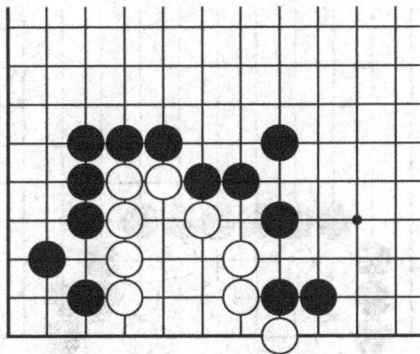

第 527 题

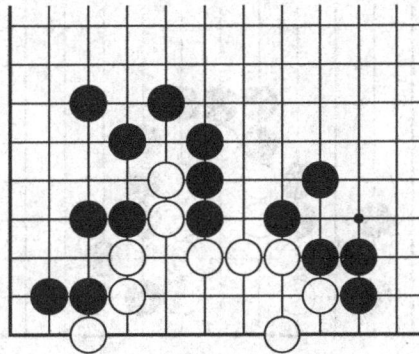

第 528 题

综合测验（四）

黑先，杀白。

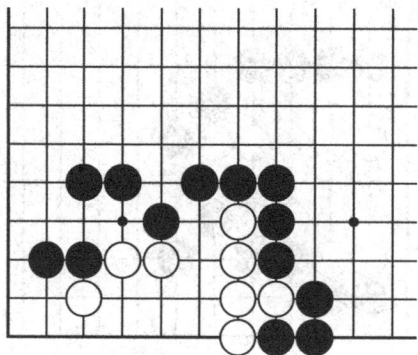

第 529 题

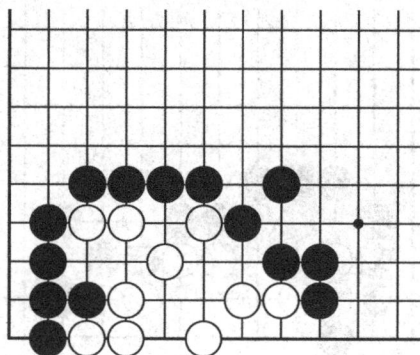

第 530 题

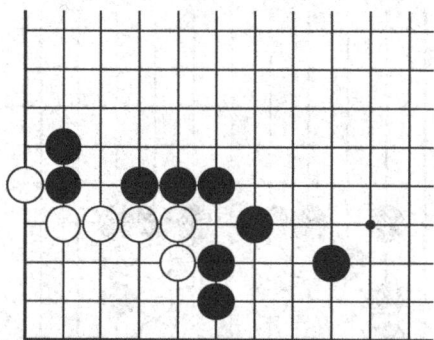

第 531 题

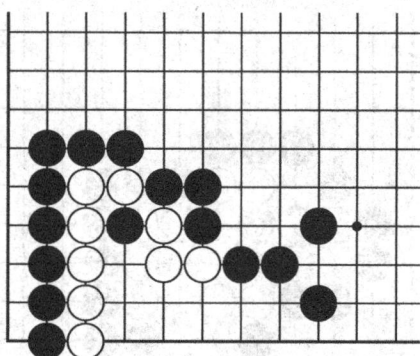

第 532 题

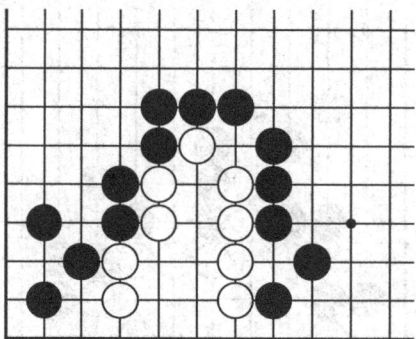

第 533 题

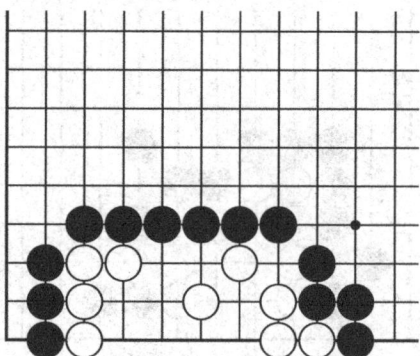

第 534 题

综合测验（五）

黑先，劫杀。

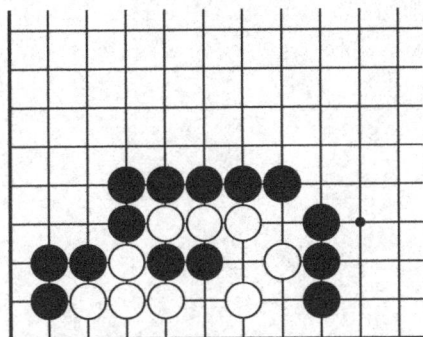

第 535 题

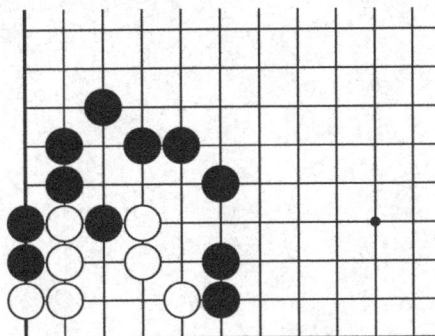

第 536 题

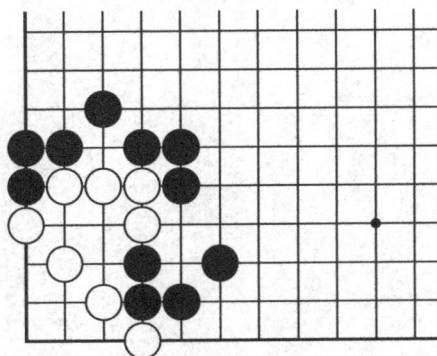

第 537 题

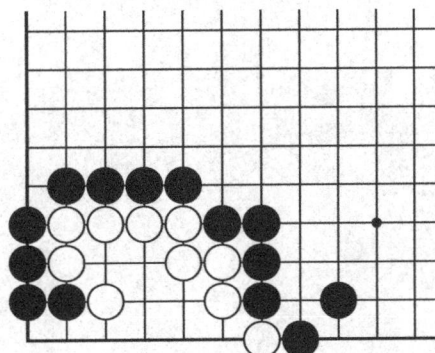

第 538 题

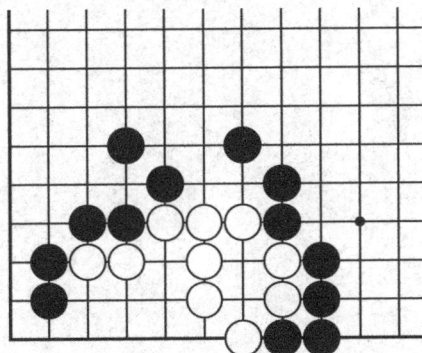

第 539 题

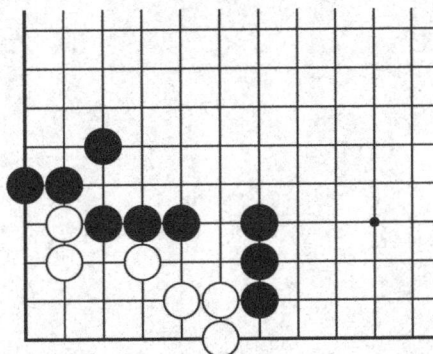

第 540 题

第五章
经典死活常型

5.1 金柜角

金柜角可谓是实战中的经典死活问题，其变化看似简单，实则非常复杂，就连职业棋手也常常会感到头痛。本节介绍金柜角的常型，希望读者能了解其攻防的要点，以及不同形状的区别，应用到实战中。

例1

图1 问题图

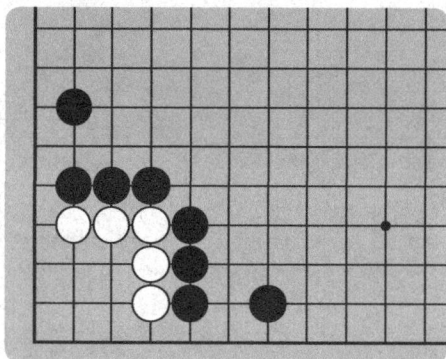

黑先，如何杀白呢

图2 正解图

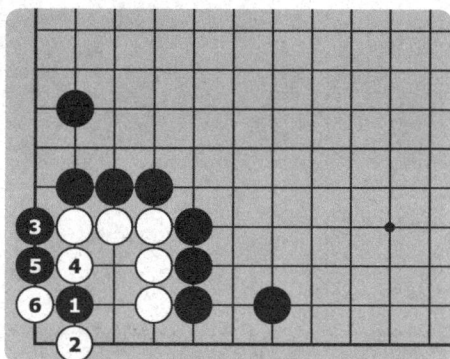

黑1点方是最常用的下法，基本上适用于所有金柜角的棋形，白2托，黑3扳，至白6，成劫杀

图3 变化图

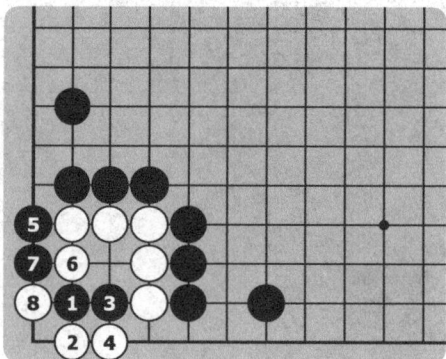

黑3顶也是一种变化，白4挡，黑5扳，至白8，也是打劫

图4 失败图

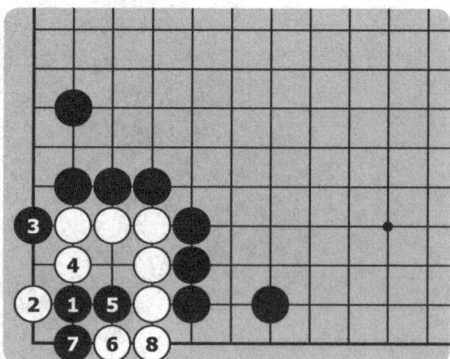

黑3扳不好，白4顶，黑5长，至白8，形成双活

例2

图1 问题图

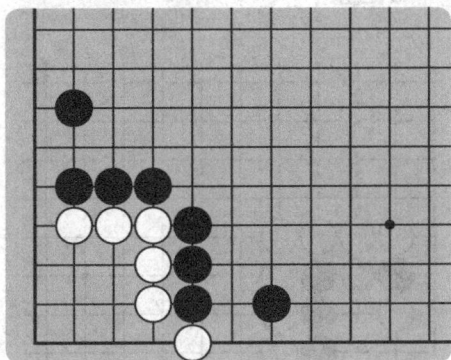

黑先，如何杀白呢

图2 正解图

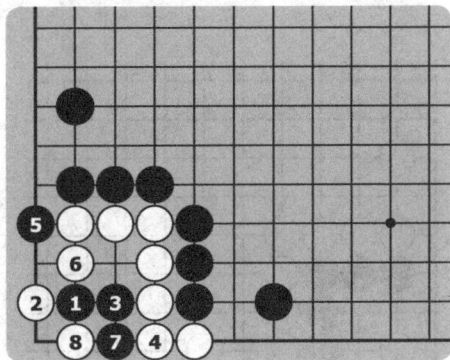

黑1点方是要点，白2托，黑3顶，白4
粘，黑5扳，至白8，成劫杀

图3 变化图

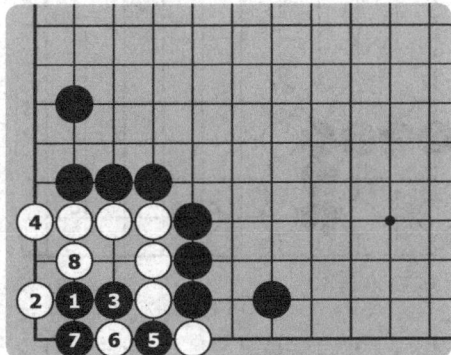

白4如果立，黑5、黑7扑再打吃，至白
8，也是劫杀

图4 失败图

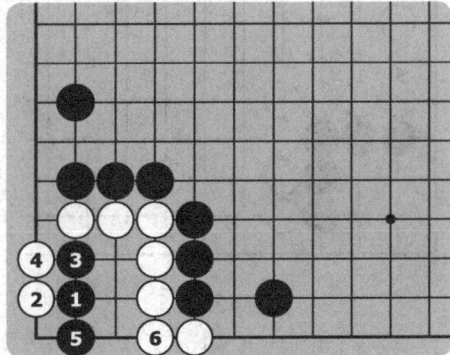

黑3顶不好，白4挡住，黑5立，至白6，
形成双活

金柜角（一）

黑先，做活。

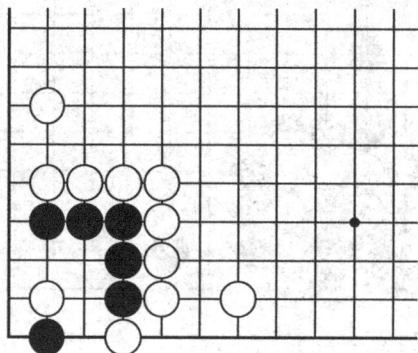

第 541 题

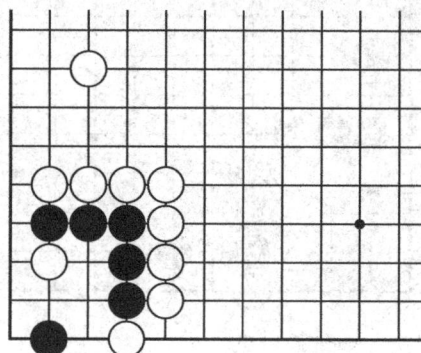

第 542 题

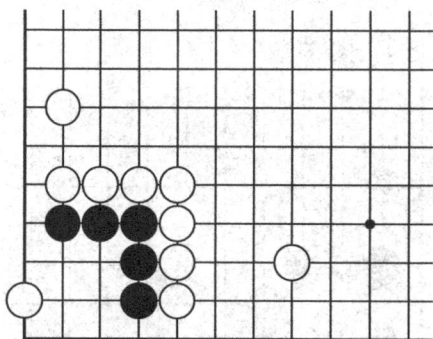

第 543 题

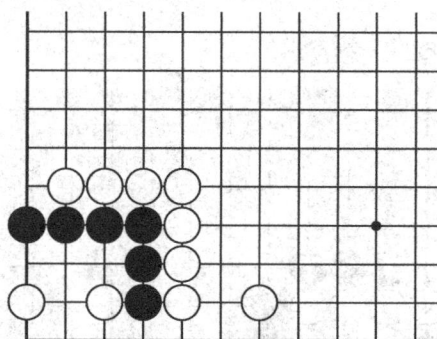

第 544 题

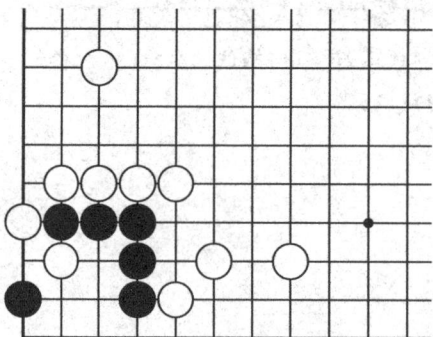

第 545 题

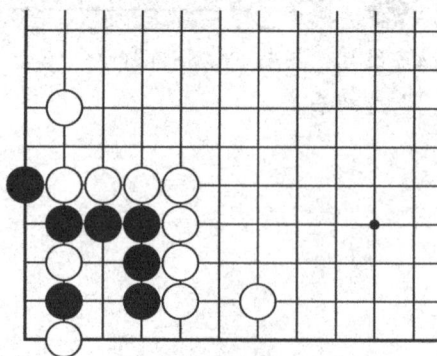

第 546 题

金柜角（二）

黑先，杀白。

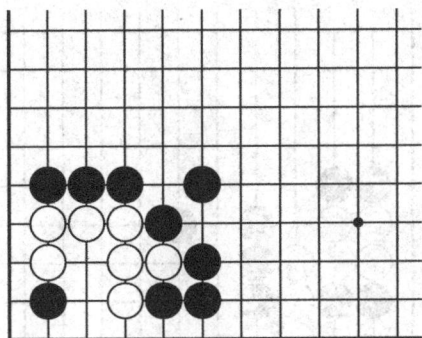

第 547 题

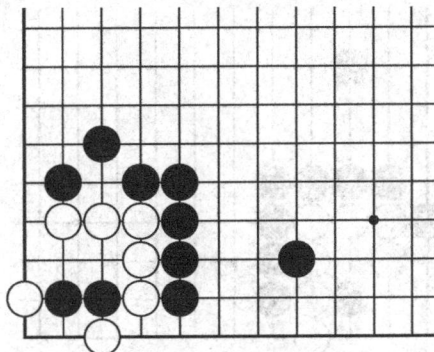

第 548 题

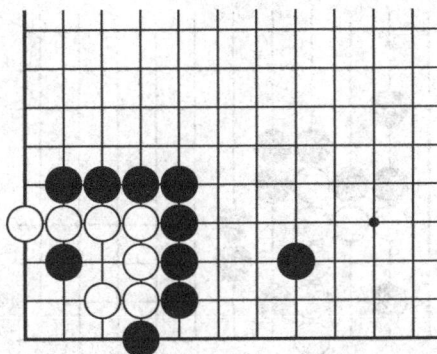

第 549 题

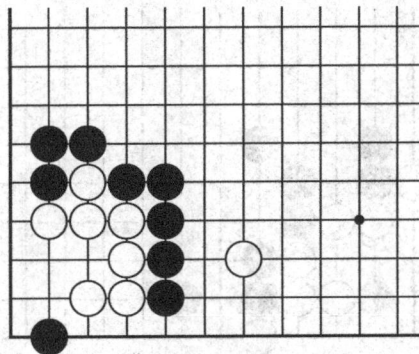

第 550 题

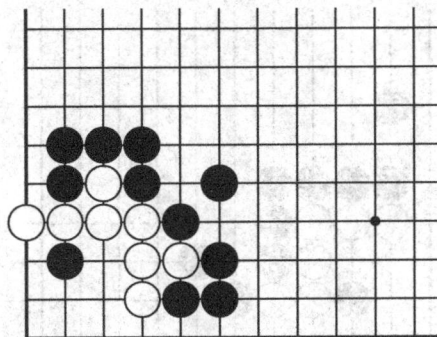

第 551 题

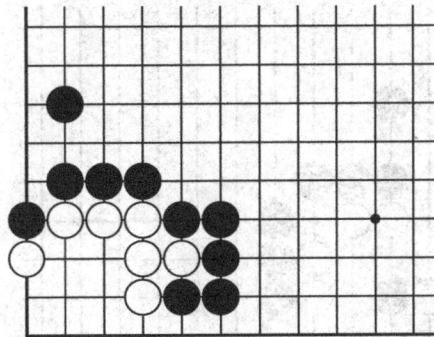

第 552 题

金柜角（三）

黑先，杀白。

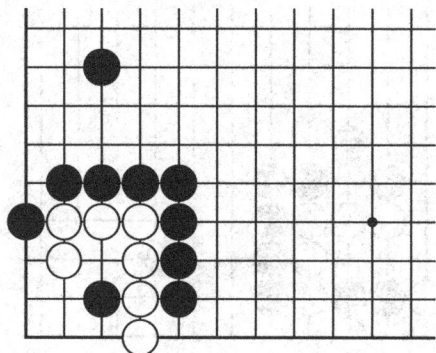

第 553 题

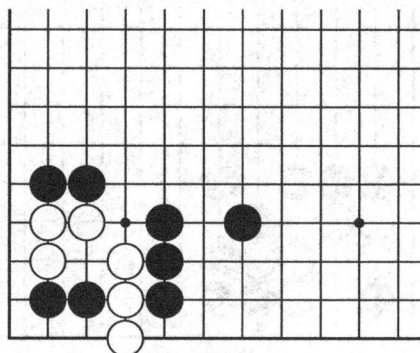

第 554 题

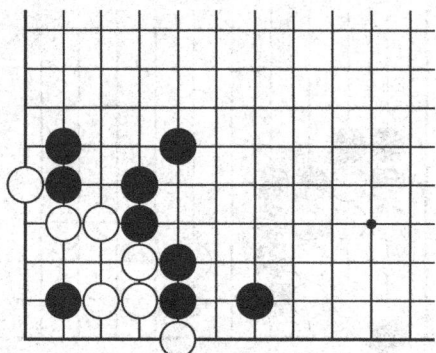

第 555 题

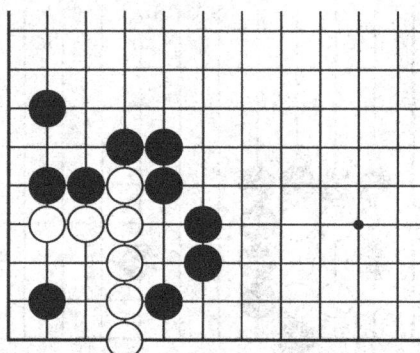

第 556 题

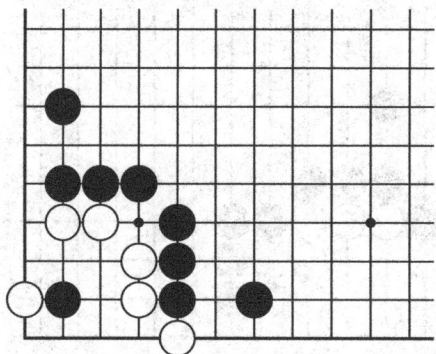

第 557 题

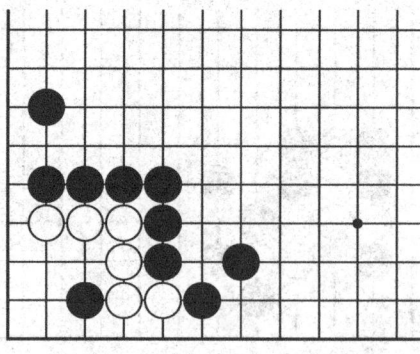

第 558 题

金柜角（四）

黑先，劫活。

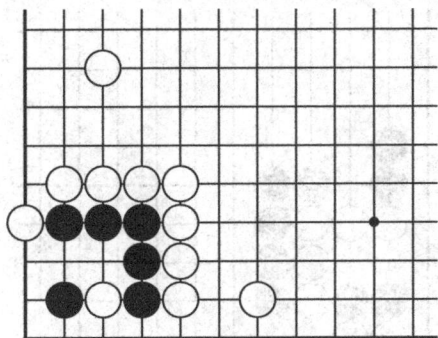

第 559 题

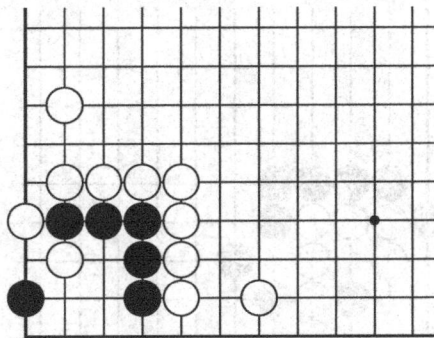

第 560 题

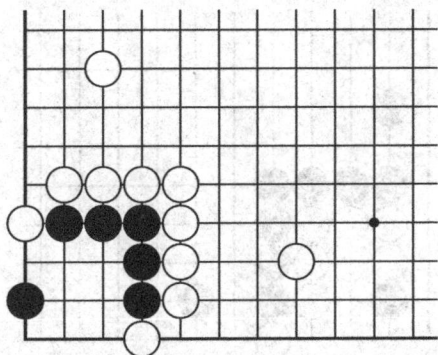

第 561 题

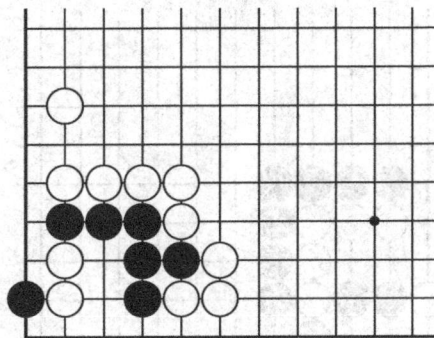

第 562 题

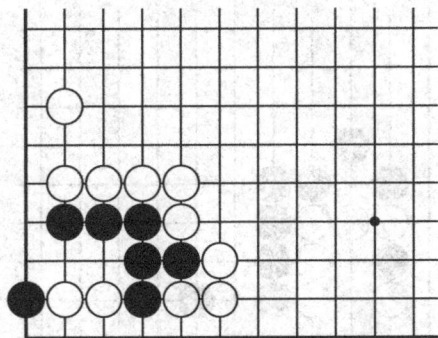

第 563 题

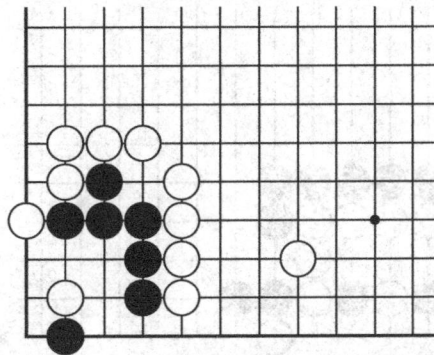

第 564 题

金柜角（五）

黑先，劫杀。

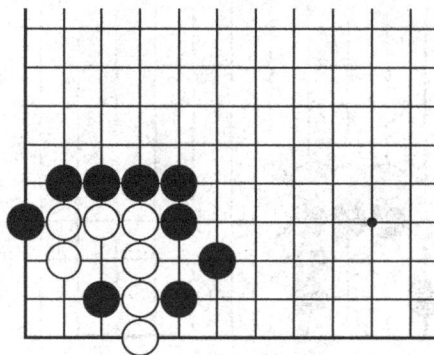

第 565 题

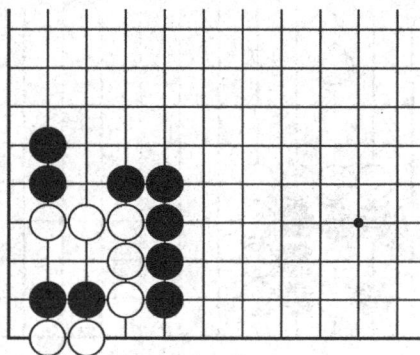

第 566 题

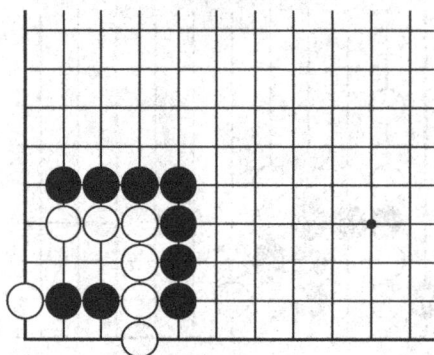

第 567 题

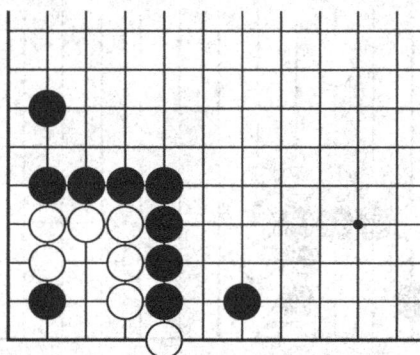

第 568 题

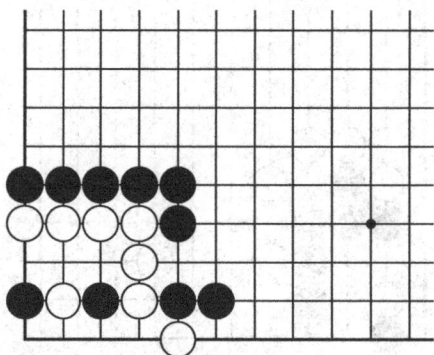

第 569 题

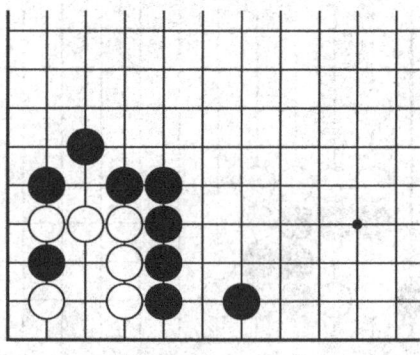

第 570 题

5.2 金柜角变形

本节列举了与金柜角相似的棋形。在解题时要区分不同棋形的攻防变化，找出相似棋形的特点，这样才能找出答案。

例1

图1 问题图

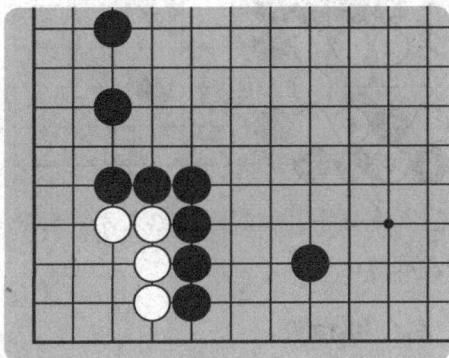

黑先，如何杀白呢

图2 正解图

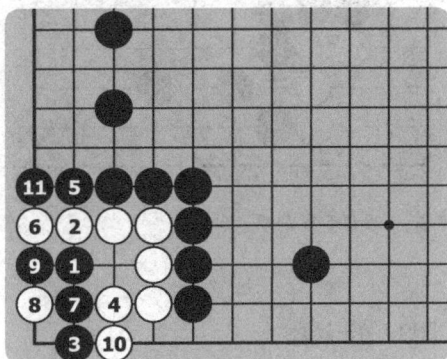

黑1、黑3点再跳是要点，白4弯，黑5夹是好次序，以下至黑11，白净死

图3 变化图

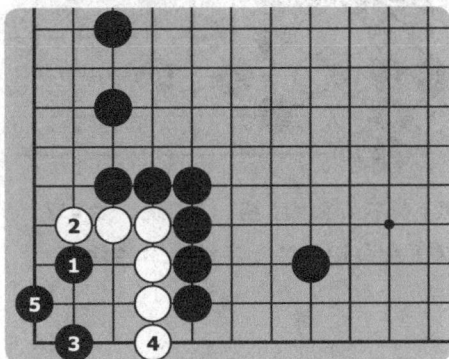

白4如果立，黑5倒虎，白也不行

图4 失败图

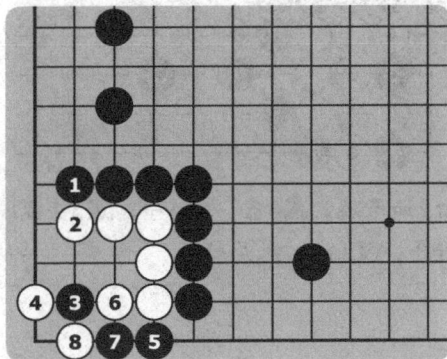

黑1立不好，白2挡，黑3点方，至白8，成劫杀

例2

图1　问题图

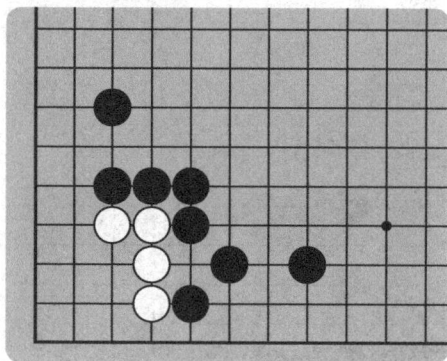

黑先，如何杀白呢

图2　正解图

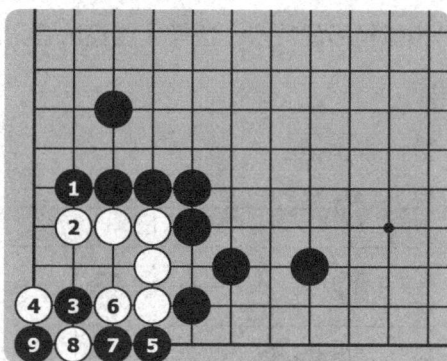

黑1立是好手，白2挡，黑3点方，至黑9，成劫杀

图3　变化图

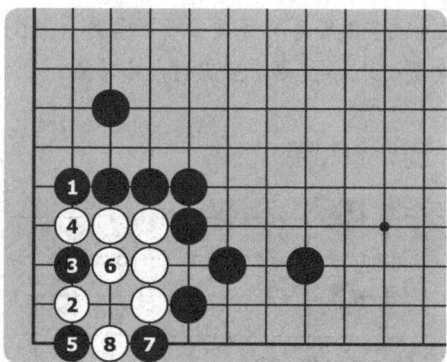

白2如果跳，黑3靠，白4冲，黑5夹是好手，至白8，也是劫杀

图4　失败图

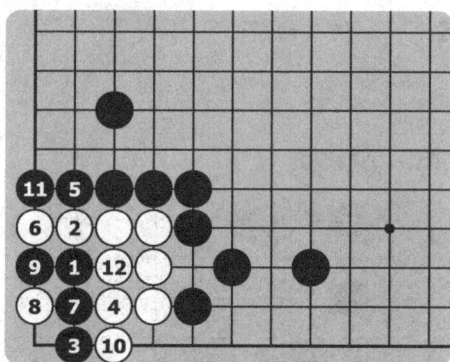

黑1点不好，白2挡，黑3跳，白4弯，以下至白12，黑气不够，白净活

金柜角变形（一）

黑先，做活。

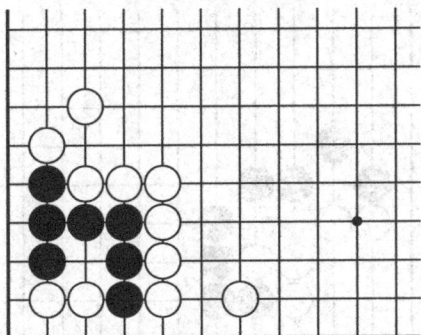

第 571 题

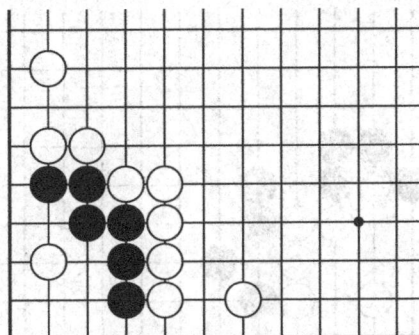

第 572 题

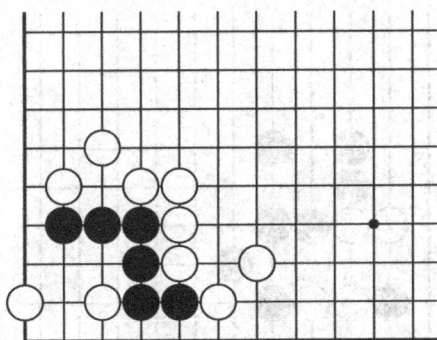

第 573 题

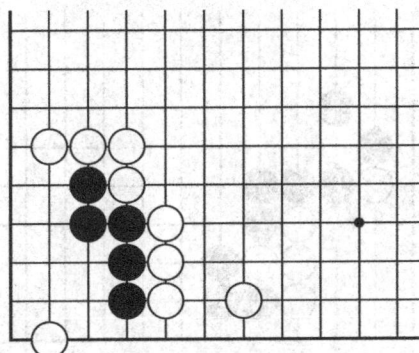

第 574 题

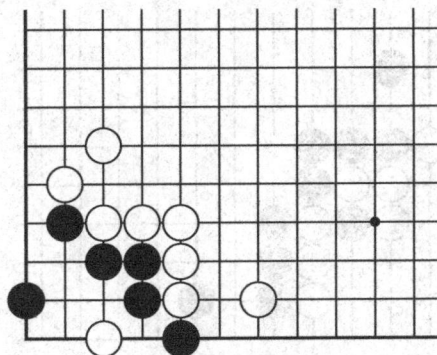

第 575 题

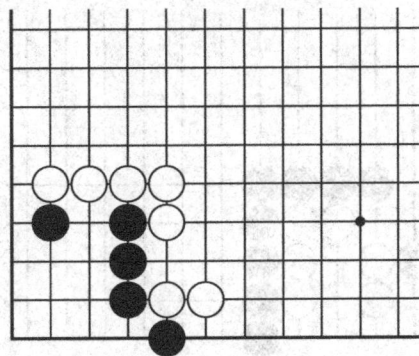

第 576 题

金柜角变形（二）

黑先，杀白。

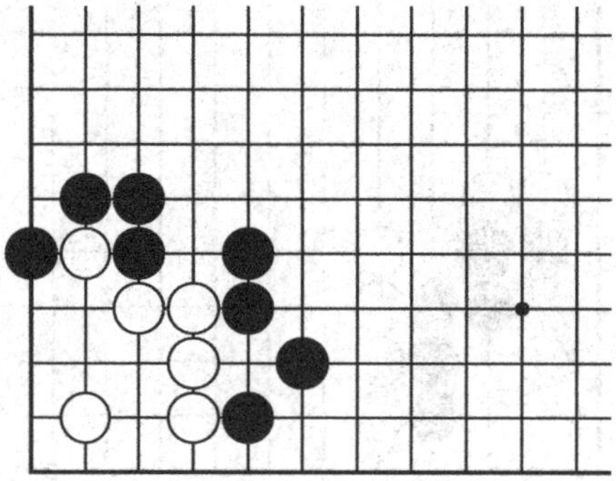

第 577 题

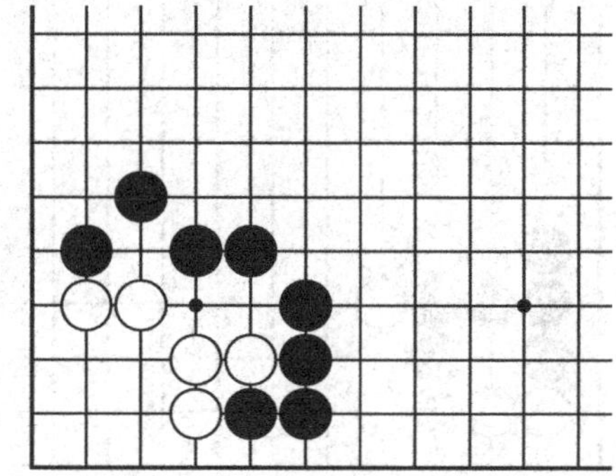

第 578 题

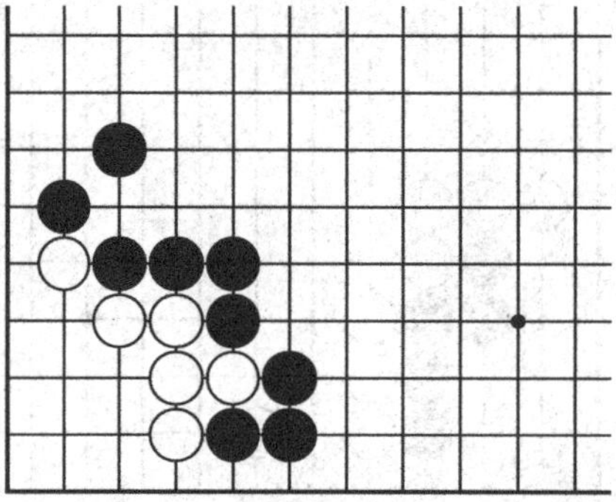

第 579 题

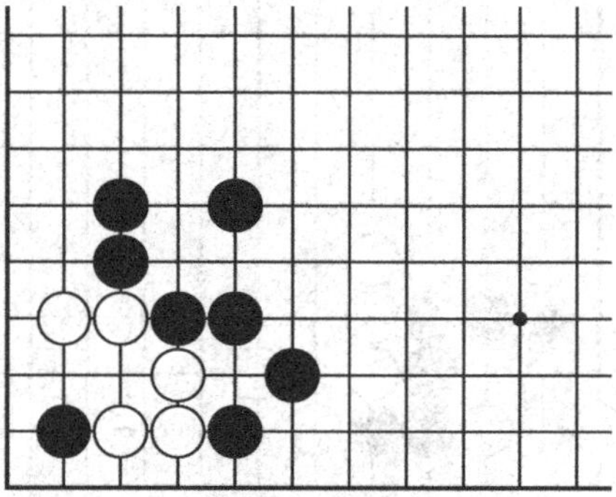

第 580 题

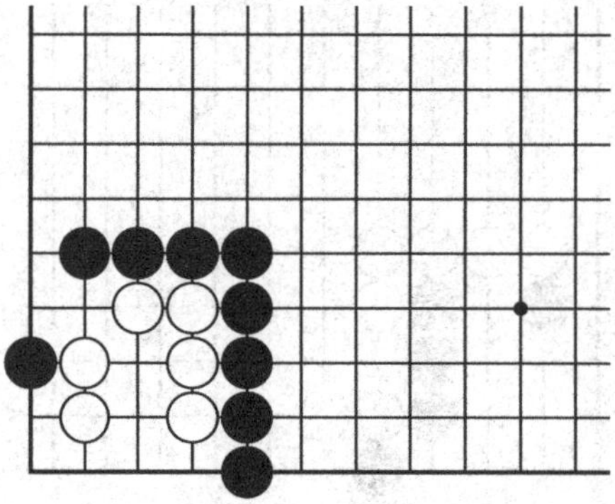

第 581 题

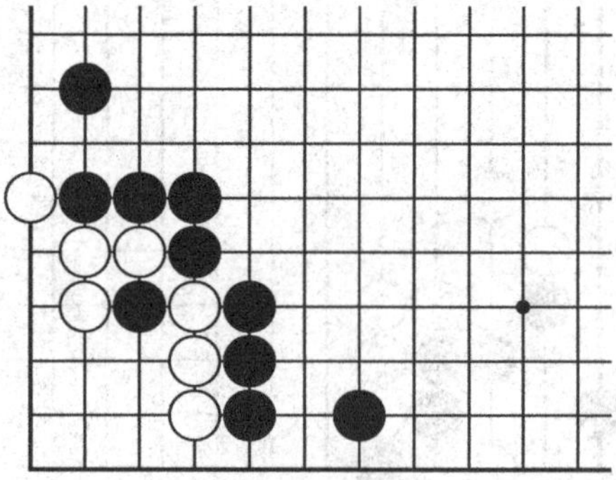

第 582 题

金柜角变形（三）

黑先，杀白。

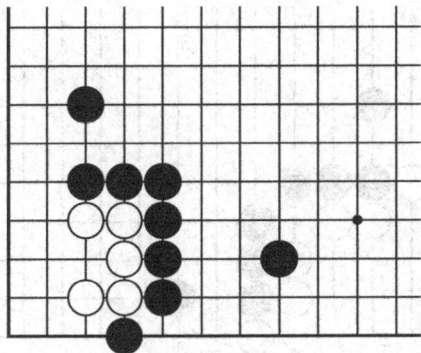

第 583 题

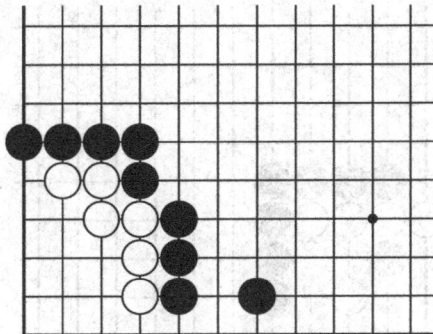

第 584 题

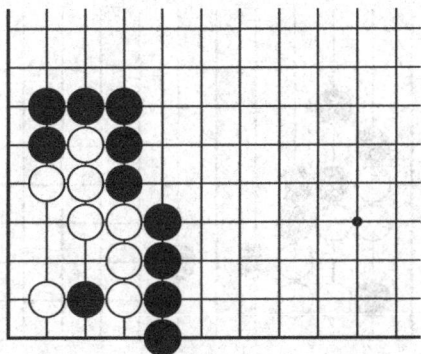

第 585 题

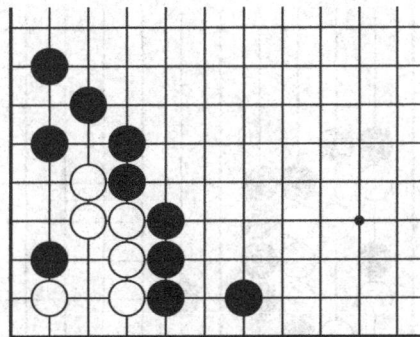

第 586 题

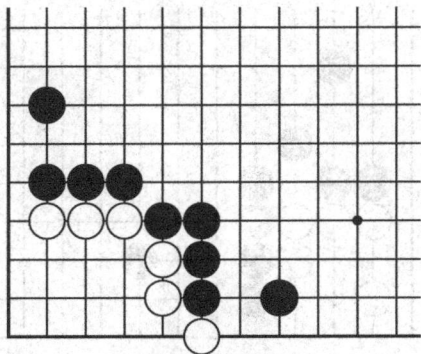

第 587 题

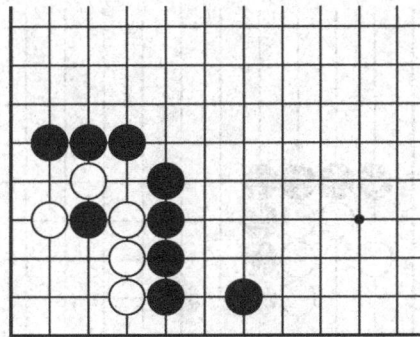

第 588 题

金柜角变形（四）

黑先，劫杀。

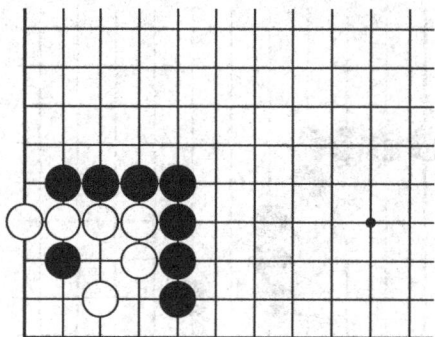

第 589 题

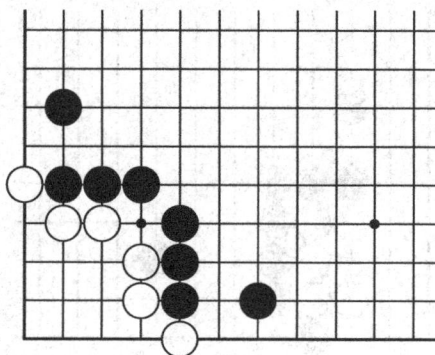

第 590 题

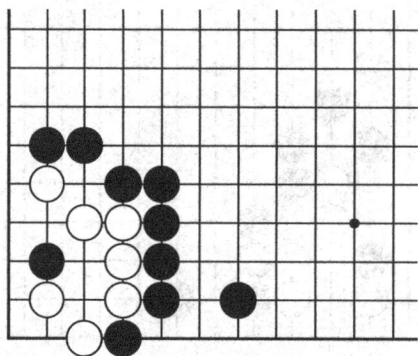

第 591 题

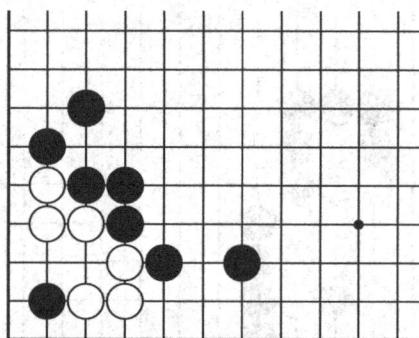

第 592 题

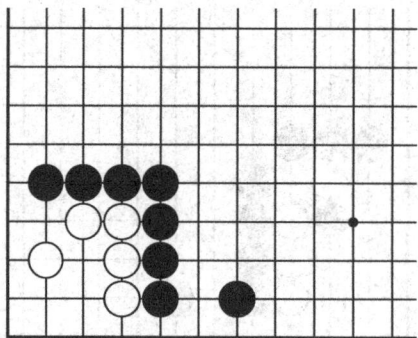

第 593 题

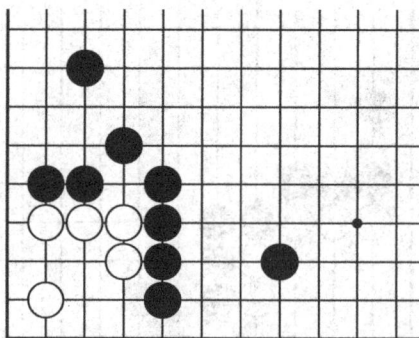

第 594 题

金柜角变形（五）

黑先，劫活。

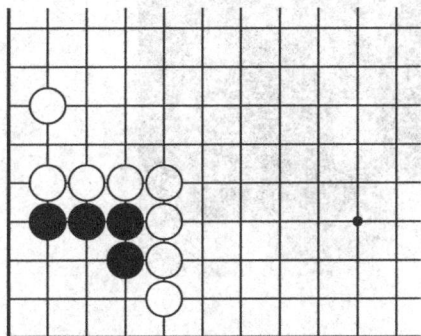

第 595 题

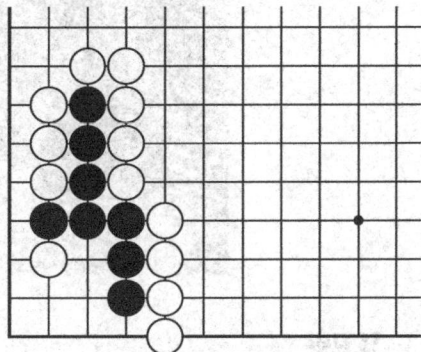

第 596 题

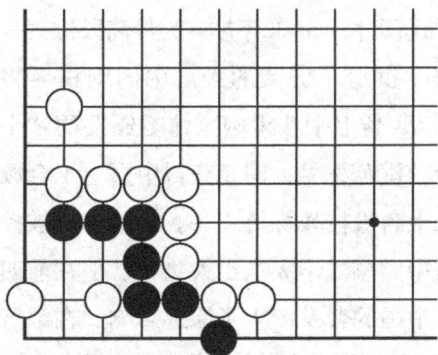

第 597 题

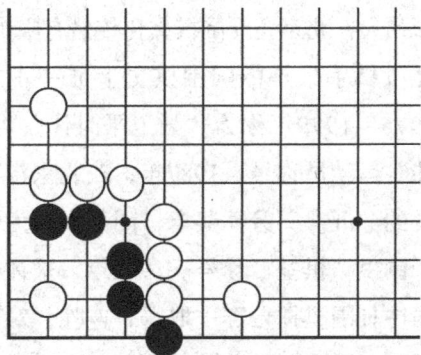

第 598 题

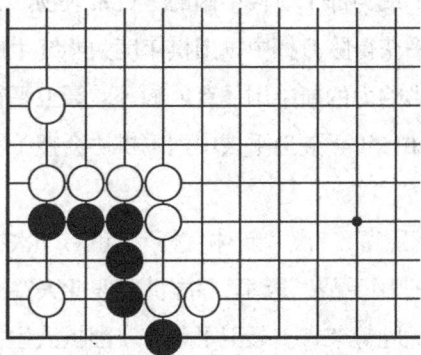

第 599 题

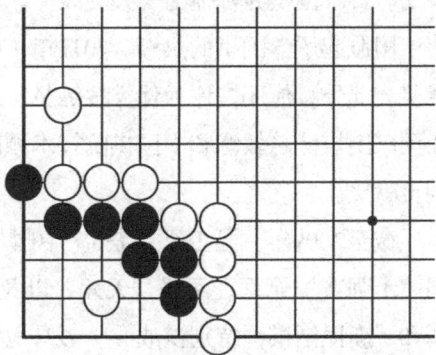

第 600 题

作者简介

聂卫平

中国著名围棋职业运动员，中国围棋协会副主席。1952年出生于北京，河北深州人，北京弈友围棋文化传播有限责任公司董事长。1982年被定为最高段位——九段棋手，是中国围棋史上唯一正式获得"棋圣"殊荣的人。中国围棋界将1975～1979年称为"聂卫平时代"。1979年，聂卫平获得国家体委颁发的"十佳"运动员称号。1987年，获北京市特等劳动模范称号，同年获得中国总工会颁发的"五一"劳动奖章，同年当选为中国二十名最佳教练员之一。1988年，被授予围棋"棋圣"称号。1999年，被评为"新中国棋坛十大杰出人物"。他在前四届中日围棋擂台赛中取得11连胜，对围棋在中国的普及产生了深远影响。在举行过的六届中日围棋擂台赛中，聂卫平一直担任中方主帅，为中国队战胜日本队立下头功。日本围棋界称他为"聂旋风"。聂卫平成为那个时代中国的"英雄人物"，使中国掀起了学围棋的热潮。2011年，聂卫平获得陈毅杯中国围棋年度大奖终生成就奖。此外，他还被评为优秀教练员、最具影响力的新中国体育人物等。聂卫平曾任国家围棋队总教练和中国棋院技术顾问。2015年，聂卫平被中国围棋协会授予特别贡献奖。

截至2009年，聂卫平共获6次中国个人赛冠军，8次"新体育杯"冠军，6次中国"十强赛"冠军，两届"天元"以及首届"国手战"冠军，3次世界职业大赛亚军和《新民围棋》特别棋战——聂马七番棋优胜等荣誉。聂卫平著有《围棋人生》《聂卫平自战百局》等著作。

唐嘉隆

辽宁抚顺人，11岁学棋，2005年升职业初段，2007年升职业二段。2007～2012年担任聂卫平围棋道场全日制定段班教练。2012～2016年赴台湾任教，担任台湾南山中学围棋班总教练，长清儿童棋院总教练。唐老师从事围棋教育工作多年，不仅让孩子们在学棋的过程中提升了棋艺，同时还培养了他们健全的人格。在其任教生涯中，唐老师培养出了多位职业选手，业余高手不计其数。他的教学理念是：通过围棋磨炼意志，从中领悟人生哲理。

聂卫平围棋道场简介

聂卫平围棋道场成立于1999年，隶属于北京弈友围棋文化传播有限责任公司，是"棋圣"聂卫平九段一手创立的围棋专业培训机构，公司现有2支男子围甲队伍、1支女子围甲队伍，以及遍布全国的30家分校区。截至2017年，聂卫平围棋道场共培养了102名职业棋手，其中世界冠军8位，全国冠军12位。从聂卫平围棋道场走出的知名棋士包括柯洁、周睿羊、檀啸、孙腾宇、王晨星等。

聂卫平围棋道场坚持"以棋育人"的理念，先教做人，再教下棋。聂卫平常说："只要对围棋有利的事情，我们就愿意去做。"围棋是中国的瑰宝，拥有几千年的历史。聂卫平围棋道场自成立以来，一直致力于发扬围棋文化，普及少儿围棋，让更多的人了解围棋之法。聂卫平围棋道场现已具备完整的教学体系，拥有从启蒙班、入门班、级位班、业余段位班，到全日制冲段班等多个课程。教练和教研团队由"棋圣"聂卫平领衔，包括著名职业棋手赵哲伦四段、赵兴华三段、腾程二段、娄洛宁五段、谢少博二段、朱仁坤二段、李嘉麒二段、唐嘉隆二段和其他具有丰富教学经验的业余教师，如刘崴5段、邵佳5段、段树勇5段、李响5段、王帅智6段、王守伟5段、魏思悦5段、王建华5段等。

聂卫平围棋 道场系列

聂卫平围棋习题精解
死活专项训练
（从3段到5段）

答案

人民邮电出版社
北京

目　录

上篇

（从3段到4段）

第一章 做活做眼

答案 1.1 扩大眼位

第1题

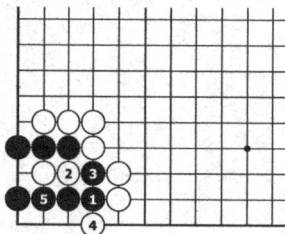

正解图：黑1顶是扩大眼位的要点，白2冲，黑3断，至黑5，黑净活

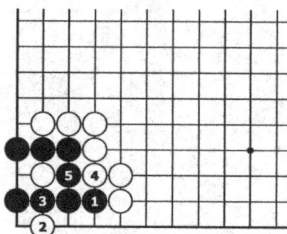

变化图：白2如果点，黑3粘，至黑5，黑也是活棋

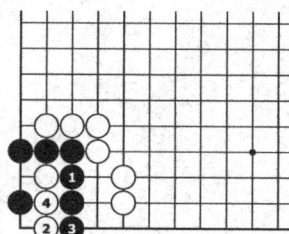

失败图：黑1粘不好，白2点，至白4，黑净死

第2题

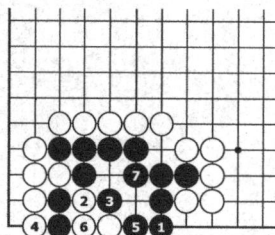

正解图：黑1立是要点，白2断，黑3打吃，至黑7，黑净活

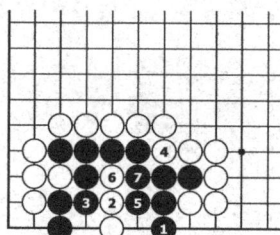

变化图：白2如果并，黑3粘，白4挤，至黑7，黑也是活棋

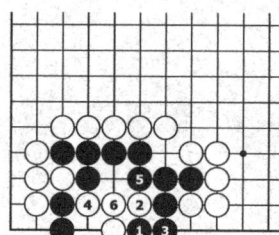

失败图：黑1小尖不好，白2、白4打吃再断，至白6，黑净死

第3题

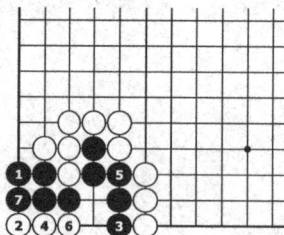

正解图：黑1立是好手，白2点，黑3挡，白4冲，至黑7，黑净活

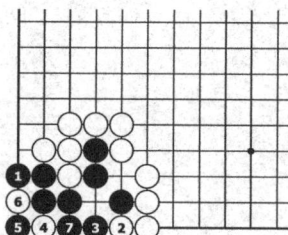

变化图：白2如果拐，黑3挡，白4靠，至黑7，黑也是活棋

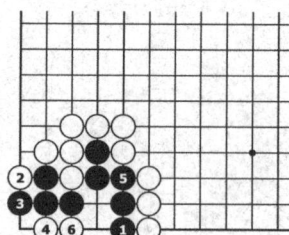

失败图：黑1挡不好，白2扳缩小眼位，至白6，黑净死

答案

第4题

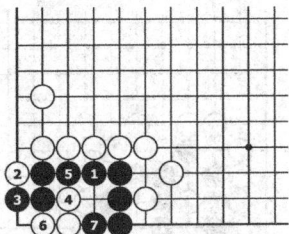

正解图：黑1挡是扩大眼位的要点，白2扳，黑3挡，至黑7，形成双活

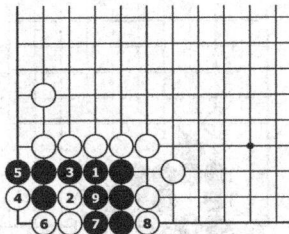

变化图：白2冲，黑3粘，白4夹，黑5挡，至黑9，黑也是活棋

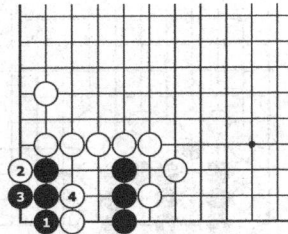

失败图：黑1挡不好，白2、白4扳再贴，黑净死

第5题

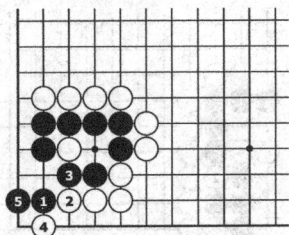

正解图：黑1跳是好手，白2顶，黑3打吃，至黑5，黑净活

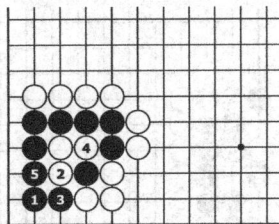

变化图：白2如果冲，黑3断，至黑5，黑也是活棋

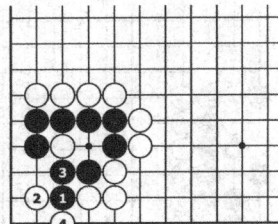

失败图：黑1扳不好，白2夹是要点，至白4，黑净死

第6题

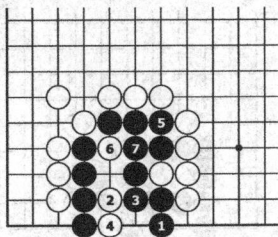

正解图：黑1立是要点，白2夹，黑3粘，至黑7，黑净活

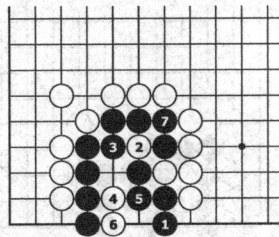

变化图：白2如果扑，黑3提，以下至黑7，黑也是活棋

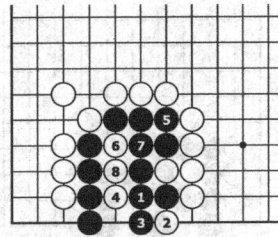

失败图：黑1粘不好，白2、白4扳再点，至白8，黑净死

答案

第7题

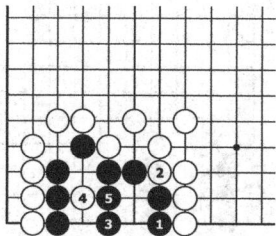

正解图：黑1挡是扩大眼位的要点，白2挤，黑3跳，至黑5，黑净活

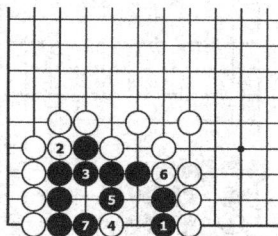

变化图：白2打吃，黑3粘，至黑7，黑也是活棋

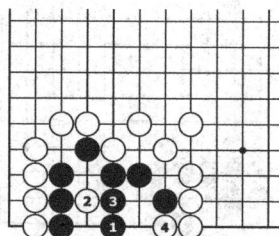

失败图：黑1跳不好，白2点，黑3粘，至白4，黑净死

第8题

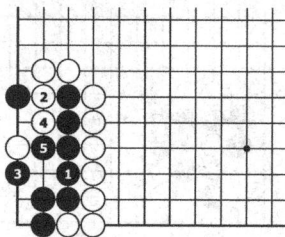

正解图：黑1粘是扩大眼位的好手，白2冲，黑3尖，至黑5，黑净活

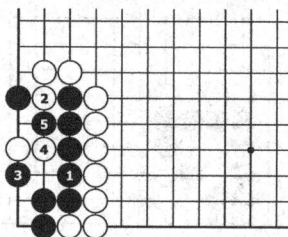

变化图：白4如果顶，黑5冲，黑也是活棋

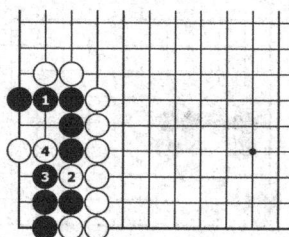

失败图：黑1粘上方不好，白2、白4冲再断，黑净死

第9题

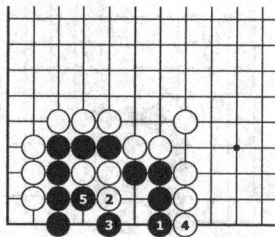

正解图：黑1立是要点，白2弯，黑3托，至黑5，黑净活

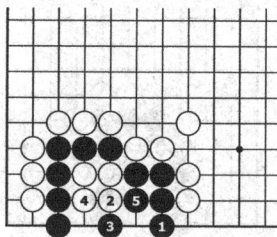

变化图：白4如果团，黑5打吃，黑也是活棋

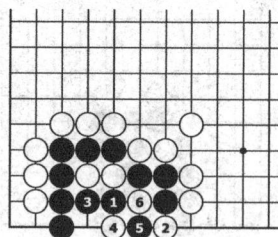

失败图：黑1打吃不好，白2打吃，黑3提，至白6，成劫活

答案

第10题

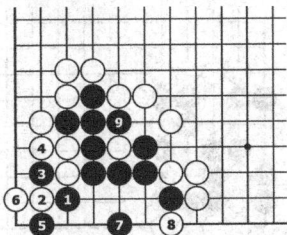

正解图：黑1扳是必然的下法，白2挡，黑3打吃，黑7跳是要点，至黑9，黑净活

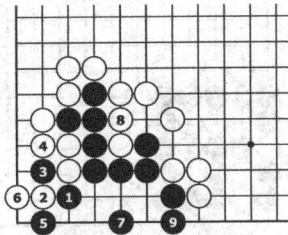

变化图：白8粘，黑9立，黑也是活棋

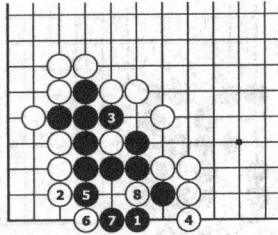

失败图：黑1虎不好，白2立，黑3提，白4立是好手，至白8，黑净死

第11题

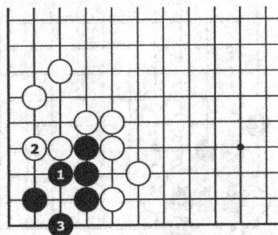

正解图：黑1挡是要点，白2立，黑3做眼，黑净活

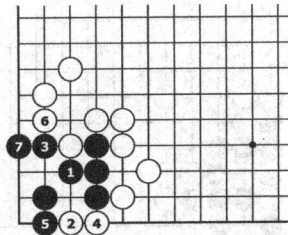

变化图：白2点，黑3打吃，白4渡过，至黑7，黑也是活棋

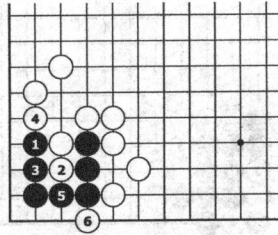

失败图：黑1夹不好，白2冲，黑3粘，至白6，黑净死

第12题

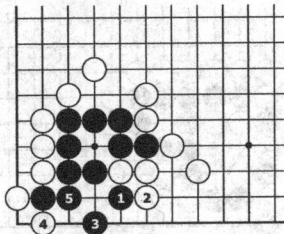

正解图：黑1扳是要点，白2挡，黑3虎，至黑5，黑净活

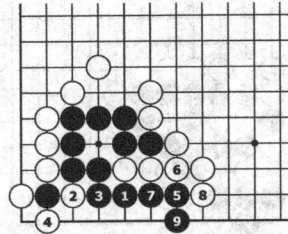

变化图：白2打吃，黑3粘，至黑9，也是活棋

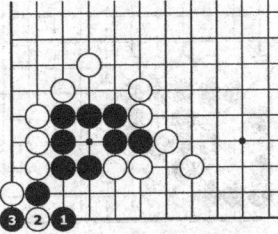

失败图：黑1虎不好，白2扑，至黑3，成劫活

答案

第13题

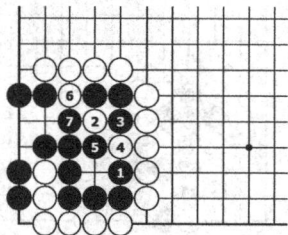

正解图：黑1贴是扩大眼位的好手，白2夹，黑3冲是要点，至黑7，黑净活

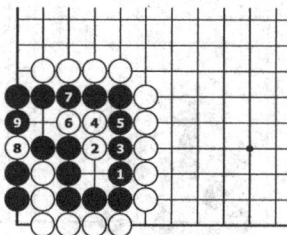

变化图：白2点，黑3冲，以下至黑9，形成双活

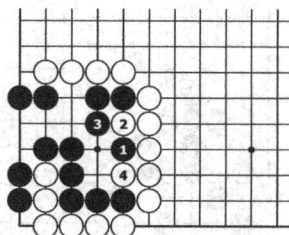

失败图：黑1靠不好，白2冲，黑3挡，至白4，黑净死

第14题

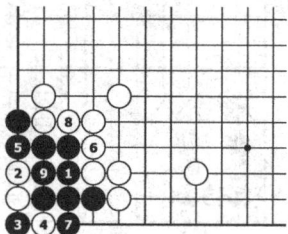

正解图：黑1粘是要点，白2长，黑3扑是好手，至黑9，黑净活

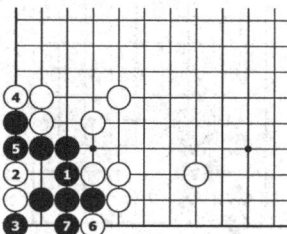

变化图：白4如果打吃，黑5粘，至黑7，黑也是活棋

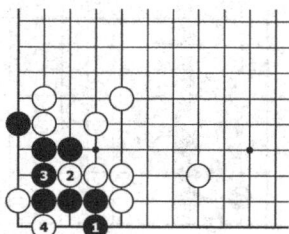

失败图：黑1立不好，白2冲，至白4，黑净死

第15题

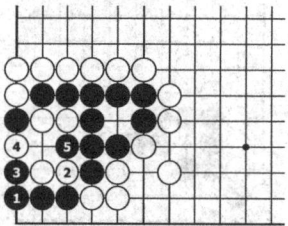

正解图：黑1立是要点，白2断，黑3拐，至黑5，黑净活

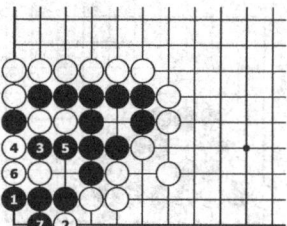

变化图：白2扳，黑3、黑5打吃粘，至黑7，黑净活

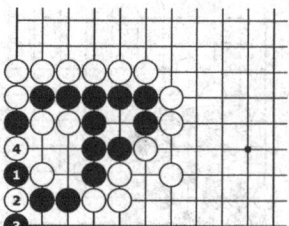

失败图：黑1扳不好，白2扑是要点，至白4，形成劫活

答案

第16题

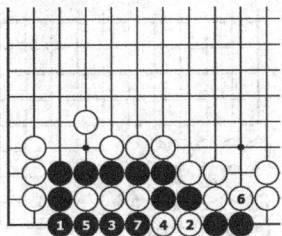

正解图：黑1立是好手，白2扑，黑3靠是要点，至黑7，黑净活

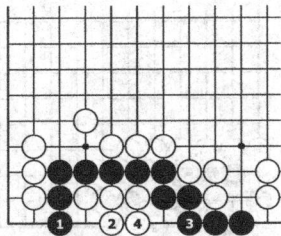

变化图：白2如果弯，黑3粘，至白4，形成双活

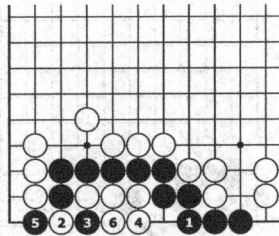

失败图：黑1粘不好，白2渡过，黑3扑，至白6，黑净死

第17题

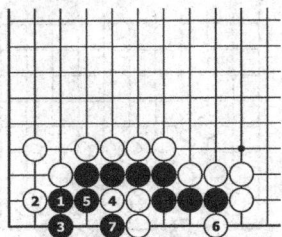

正解图：黑1、黑3扳再立是扩大眼位的好手，白4冲，黑5粘，至黑7，黑净活

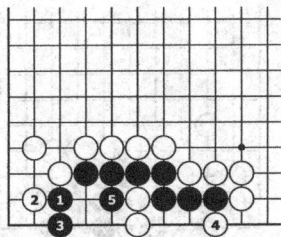

变化图：白4扳，黑5挡，黑也是活棋

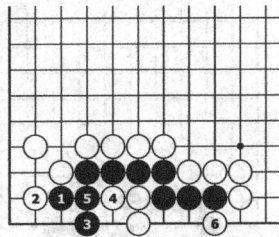

失败图：黑3虎不好，白4冲，至白6，黑净死

第18题

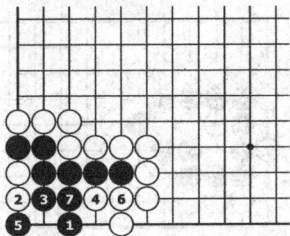

正解图：黑1跳是要点，白2长，黑3打吃，至黑7，黑净活

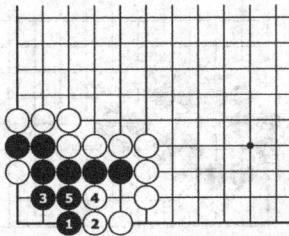

变化图：白2顶，黑3弯，至黑5，黑净活

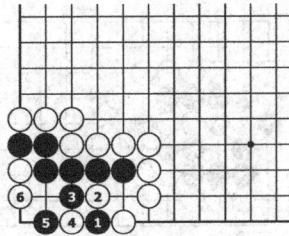

失败图：黑1靠不好，白2打吃，黑3挡，至白6，黑净死

答案

第19题

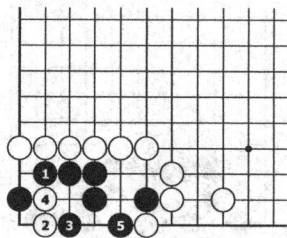

正解图：黑1贴是要点，白2点，黑3小尖，至黑5，黑净活

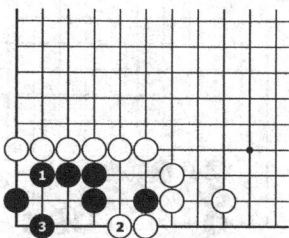

变化图：白2如果长，黑3倒虎，黑也是活棋

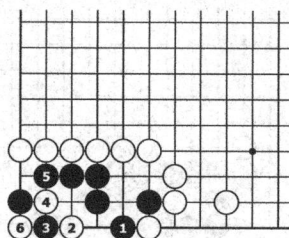

失败图：黑1挡不好，白2点，黑3小尖，至白6，成劫活

第20题

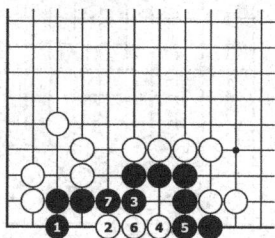

正解图：黑1立是好手，白2点，黑3弯，至黑7，形成双活

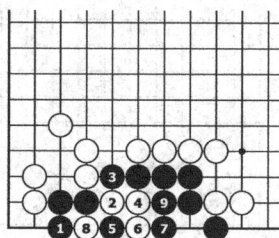

变化图：白2扳，黑3断，白4爬，以下至黑9，黑也是活棋

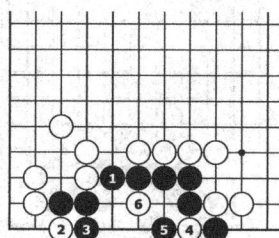

失败图：黑1顶不好，白2扳，黑3挡，至白6，黑净死

第21题

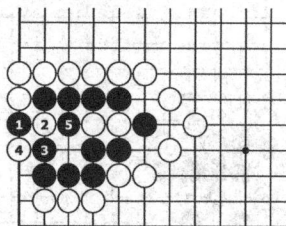

正解图：黑1挡是要点，白2打吃，黑3顶，至黑5，黑净活

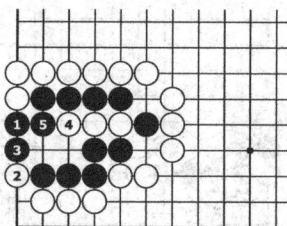

变化图：白2扳，黑3顶，至黑5，黑也是活棋

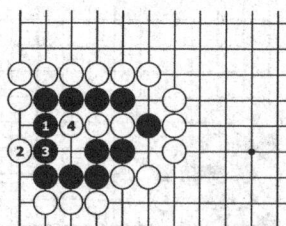

失败图：黑1弯不好，白2点，黑3粘，白4长，黑净死

答案

第22题

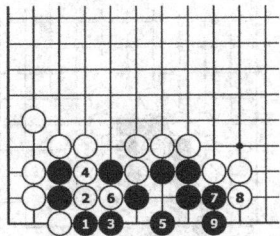

正解图：黑1挡是好手，白2断吃，黑3退，以下至黑9，黑净活

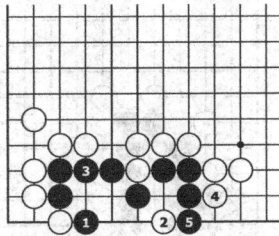

变化图：白2点，黑3粘，白4挡，至黑5，黑也是活棋

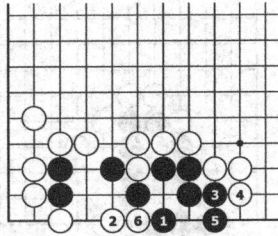

失败图：黑1做眼不好，白2点，黑3拐，至白6，黑净死

第23题

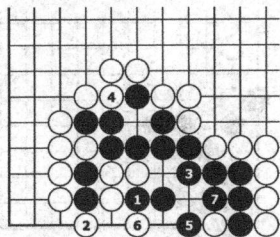

正解图：黑1挤是要点，白2提，黑3粘，至黑7，黑净活

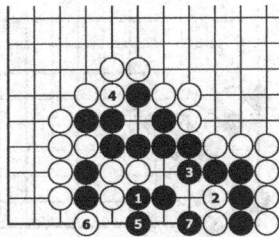

变化图：白2打吃，黑3粘，白4打吃，至黑7，黑也是活棋

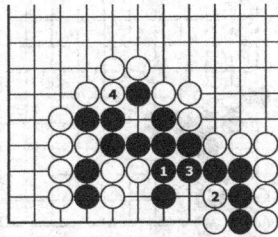

失败图：黑1粘不好，白2打吃，至白4，黑净死

第24题

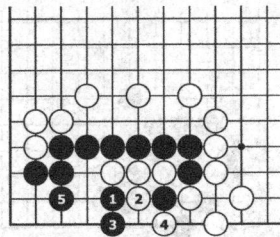

正解图：黑1、黑3夹再立是扩大眼位的好手，至黑5，黑净活

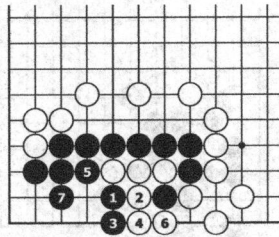

变化图：白4挡，黑5打吃是先手，至黑7，黑也是活棋

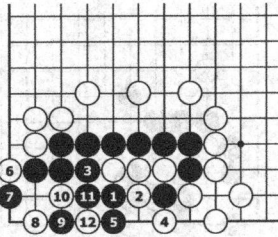

失败图：黑3打吃不好，白4提，黑5立，以下至白12，成劫活

答案

第25题

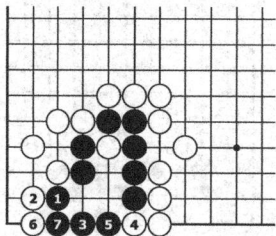

正解图：黑1、黑3扳再虎是扩大眼位的好手，白4拐，黑5顶，至黑7，黑净活

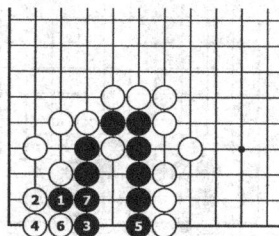

变化图：白4立，黑5挡，至黑7，黑净活

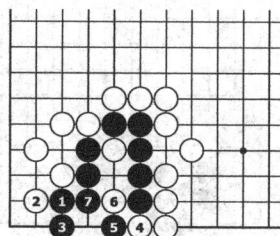

失败图：黑3立不好，白4拐，黑5挡，至黑7，黑劫活

第26题

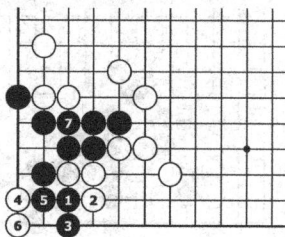

正解图：黑1、黑3扳再立是要点，白4点，黑5粘，至黑7，黑净活

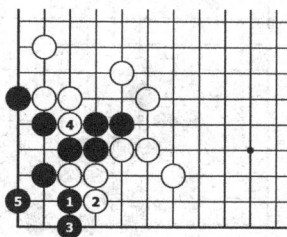

变化图：白4挤，黑5虎，黑也是活棋

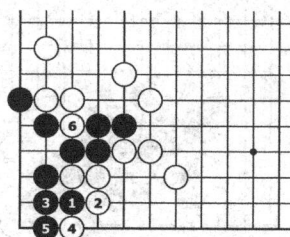

失败图：黑3粘不好，白4扳，黑5挡，至白6，黑净死

第27题

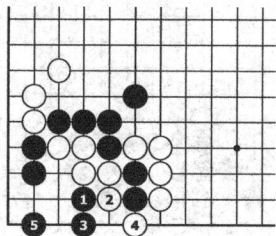

正解图：黑1、黑3托再立是要点，白4提，黑5跳，黑净活

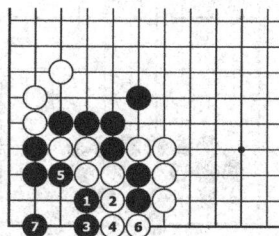

变化图：白4挡，黑5打吃，至黑7，黑净活

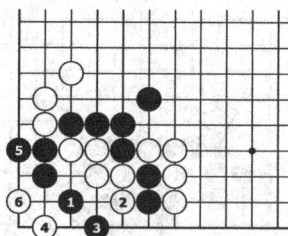

失败图：黑1小尖不好，白2打吃，黑3尖，白4点，至白6，黑净死

答案

第28题

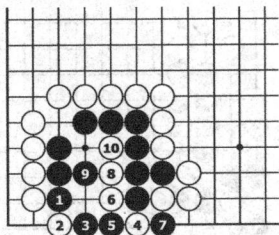

正解图：黑1挡是要点，白2扳，黑3挡，白4扳，以下至白10，形成双活

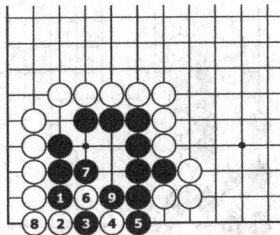

变化图：白4打吃，黑5挡弃子，至黑9，黑也是活棋

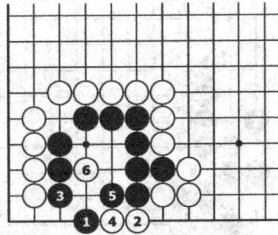

失败图：黑1飞不好，白2扳，黑3挡，至白6，黑净死

第29题

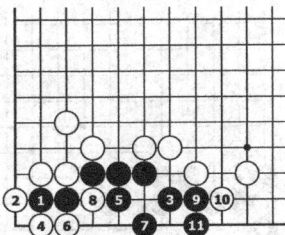

正解图：黑1爬是好手，白2扳，黑3小尖扩大眼位，白4扳，黑5弯，至黑11，黑净活

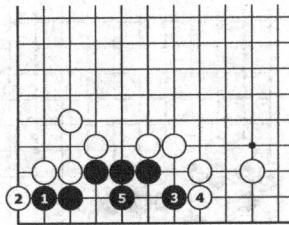

变化图：白4如果挡，黑5弯，黑也是活棋

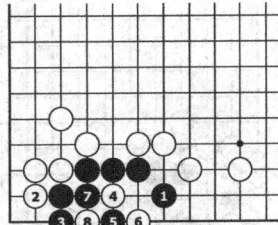

失败图：黑1小尖不好，白2拐，黑3立，白4靠，至白8，形成劫活

第30题

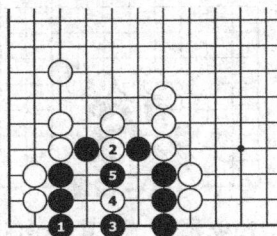

正解图：黑1立是要点，白2冲，黑3跳是好手，至黑5，黑净活

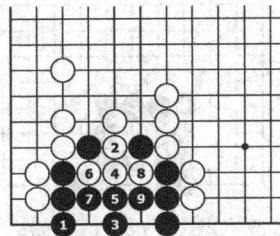

变化图：白4如果长，黑5顶，至黑9，黑也是活棋

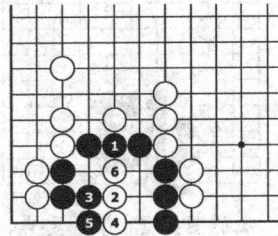

失败图：黑1粘不好，白2点方，黑3顶，至白6，黑净死

答案 1.2　占据要点

第31题

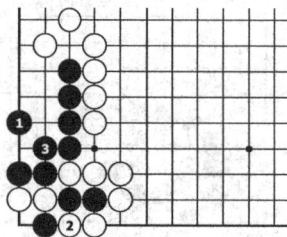

正解图：黑1跳是要点，白2提，黑3粘，黑净活

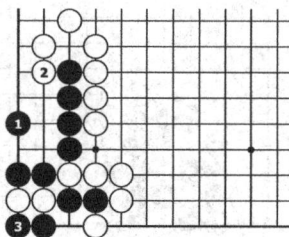

变化图：白2冲，黑3提，黑也是活棋

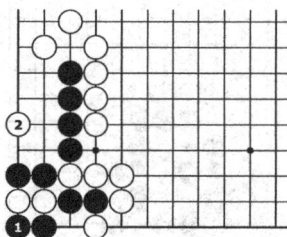

失败图：黑1提不好，白2大飞，黑净死

第32题

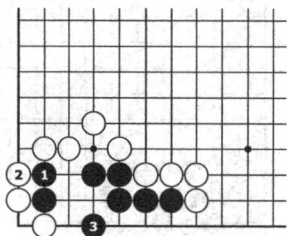

正解图：黑1顶是要点，白2挡，黑3小尖，黑净活

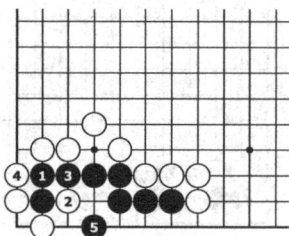

变化图：白2扳，黑3粘，至黑5，黑也是活棋

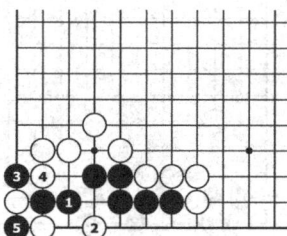

失败图：黑1退不好，白2点，至黑5，成劫活

第33题

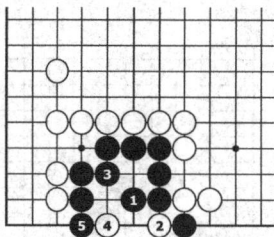

正解图：黑1弯是要点，白2扑，黑3做眼，至黑5，黑净活

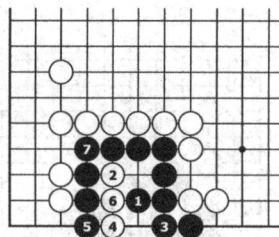

变化图：白2点，黑3粘，至黑7，形成双活

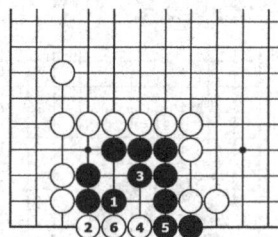

失败图：黑1弯方向错误，白2扳，黑3做眼，至白6，黑净死

答案

第34题

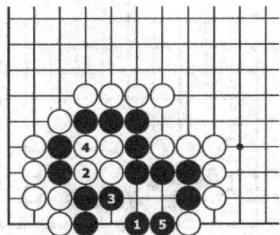

正解图：黑1跳是要点，白2打吃，黑3反打，至黑5，黑净活

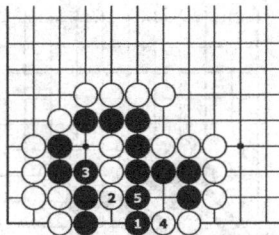

变化图：白2冲，黑3粘，至黑5，黑也是活棋

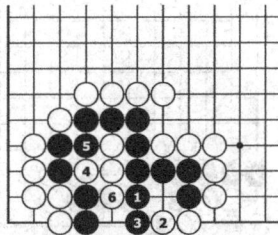

失败图：黑1弯不好，白2长，以下至白6，黑净死

第35题

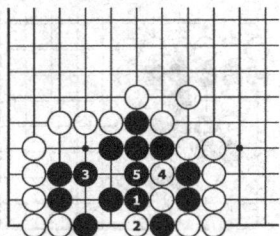

正解图：黑1打吃是要点，白2提，黑3做眼，至黑5，黑净活

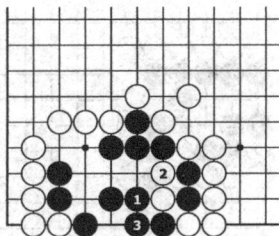

变化图：白2提，黑3粘，黑也是活棋

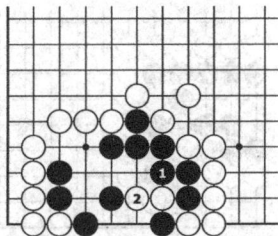

失败图：黑1粘不好，白2长，黑净死

第36题

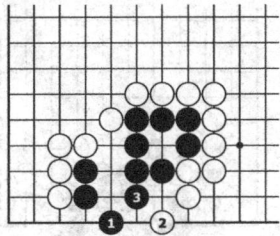

正解图：黑1小尖是要点，白2尖，黑3做眼，黑净活

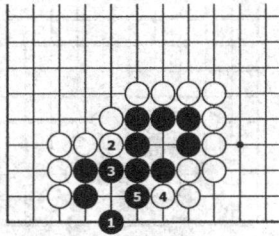

变化图：白2团，黑3粘，至黑5，黑也是活棋

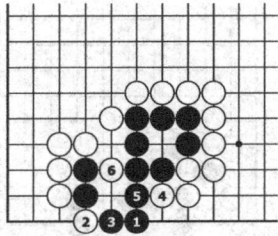

失败图：黑1跳不好，白2扳，黑3打吃，至白6，黑净死

答案

第37题

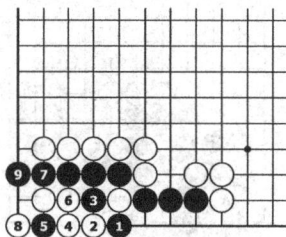

正解图：黑1打吃是要点，白2反打，黑3提，黑5扑是好手，至黑9，黑净活

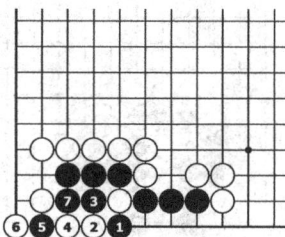

变化图：白6提，黑7打吃，黑也是活棋

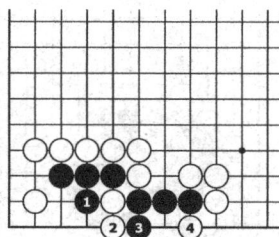

失败图：黑1打吃方向错误，白2立，至白4，黑净死

第38题

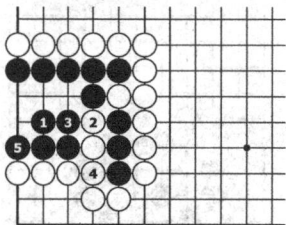

正解图：黑1弯是要点，白2断吃，至黑5，黑净活

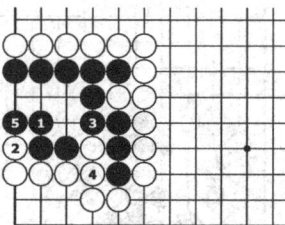

变化图：黑1弯，白2拐，至黑5，黑也是活棋

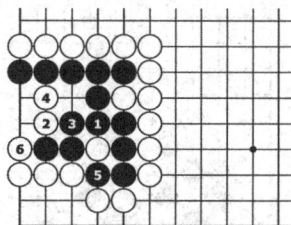

失败图：黑1粘不好，白2夹是要点，至白6，黑净死

第39题

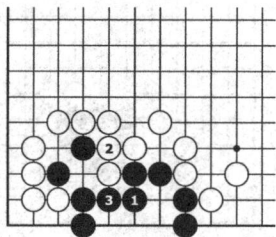

正解图：黑1弯是要点，白2粘，黑3粘，黑净活

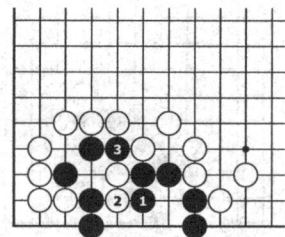

变化图：白2冲，黑3断，黑也是活棋

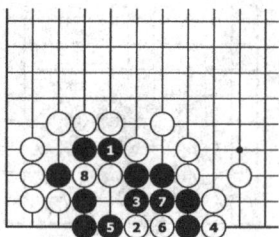

失败图：黑1断不好，白2点是好手，黑3顶，白4挡，至白8，黑净死

答案

第40题

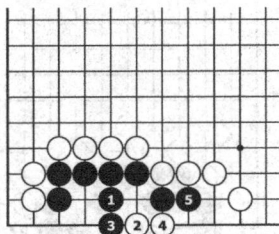

正解图：黑1弯是要点，白2点，黑3挡，至黑5，黑净活

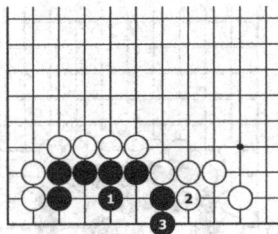

变化图：白2挡，黑3立，黑也是活棋

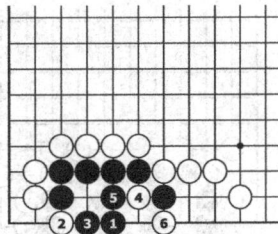

失败图：黑1跳不好，白2扳，黑3顶，至白6，黑净死

第41题

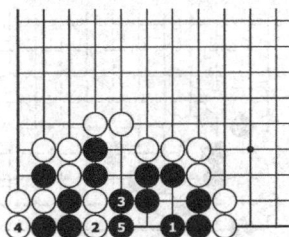

正解图：黑1弯做眼，白2打吃，至黑5，黑净活

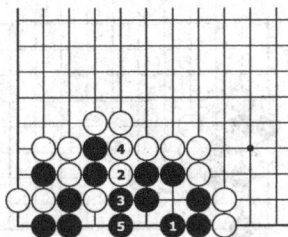

变化图：白2打吃，黑3、黑5打吃再立，黑也是活棋

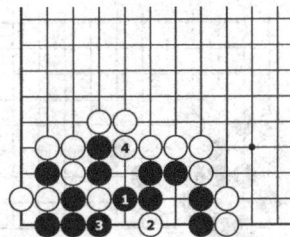

失败图：黑1打吃不好，白2托是好手，至白4，黑净死

第42题

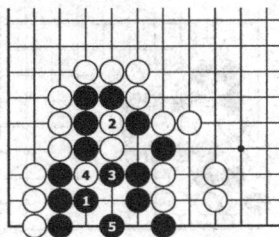

正解图：黑1弯是要点，白2打吃，黑3挡，至黑5，黑净活

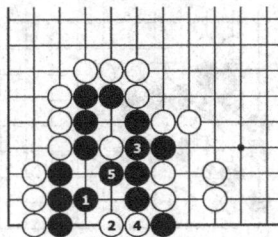

变化图：白2点，黑3粘，至黑5，黑也是活棋

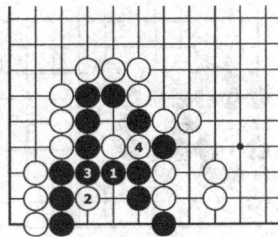

失败图：黑1挡不好，白2点，黑3粘，白4扑，黑净死

答案

第43题

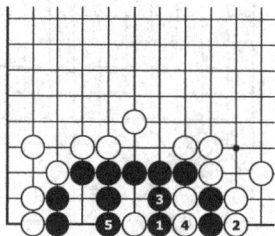

正解图：黑1靠是好手，白2打吃，黑3粘，至黑5，黑净活

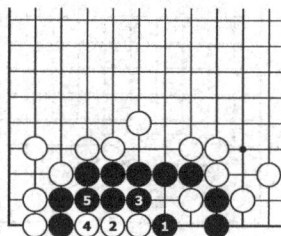

变化图：白2爬，黑3打吃，至黑5，黑也是活棋

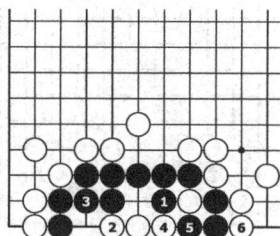

失败图：黑1打吃不好，白2爬，黑3粘，至白6，黑净死

第44题

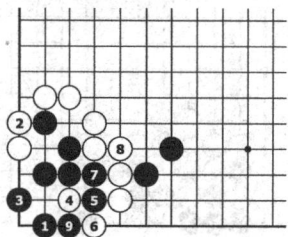

正解图：黑1跳是要点，白2渡过，黑3做眼，至黑9，黑净活

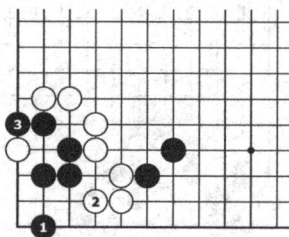

变化图：白2弯，黑3挡，黑也是活棋

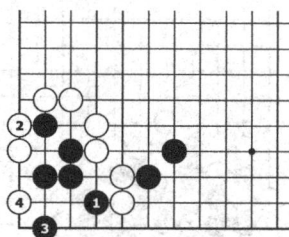

失败图：黑1小尖不好，白2渡过，至白4，黑净死

第45题

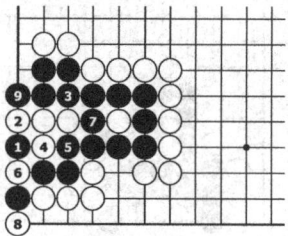

正解图：黑1小尖是要点，白2挡，黑3粘，至黑9，黑净活

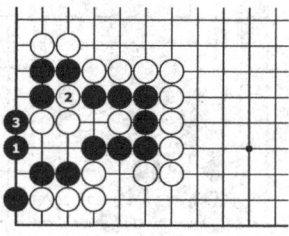

变化图：白2断，黑3渡过，黑也是活棋

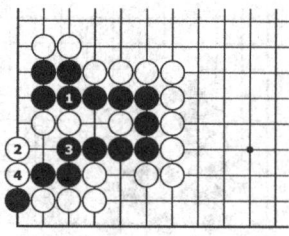

失败图：黑1粘不好，白2小尖是要点，至白4，黑净死

答案

第46题

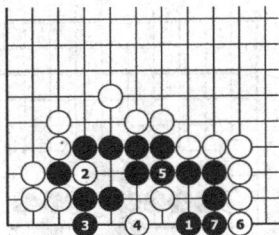

正解图：黑1小尖是要点，白2提，黑3立，至黑7，形成双活

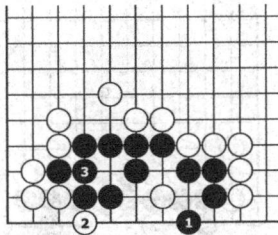

变化图：白2扳，黑3粘，黑也是活棋

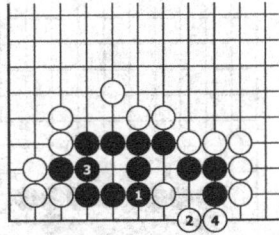

失败图：黑1团不好，白2小尖是要点，至白4，黑净死

第47题

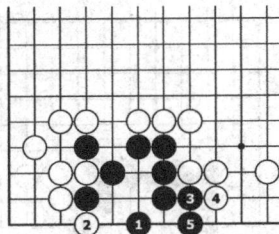

正解图：黑1小尖是要点，白2打吃，黑3拐，至黑5，黑净活

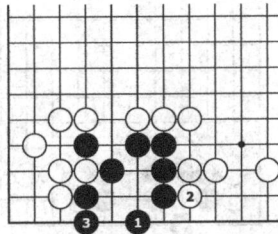

变化图：白2挡，黑3立，黑也是活棋

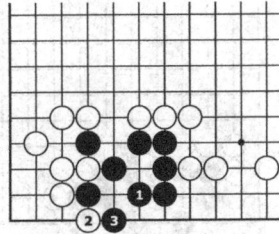

失败图：黑1弯不好，白2打吃，至黑3，成劫活

第48题

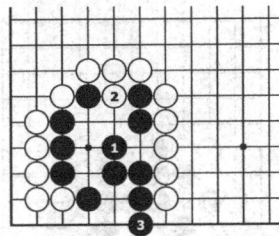

正解图：黑1弯是要点，白2冲，黑3立，黑净活

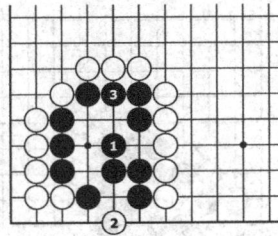

变化图：白2点，黑3粘，黑也是活棋

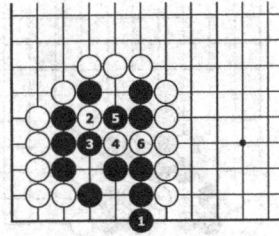

失败图：黑1立不好，白2打吃，至白6，黑净死

答案

第49题

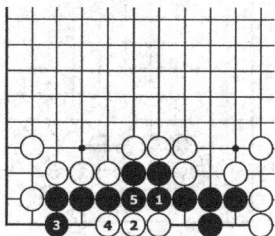

正解图：黑1粘是要点，白2长，黑3立，至黑5，形成双活

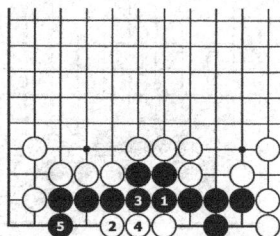

变化图：白2托，黑3粘，至黑5，黑也是活棋

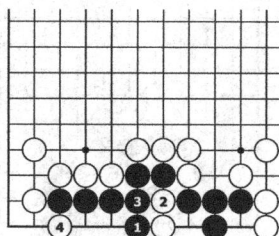

失败图：黑1虎不好，白2打吃，至白4，黑净死

第50题

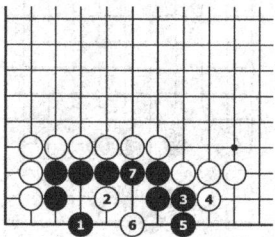

正解图：黑1小尖是要点，白2点，黑3、黑5拐再立，至黑7，黑净活

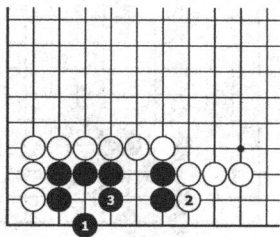

变化图：白2挡，黑3做眼，黑也是活棋

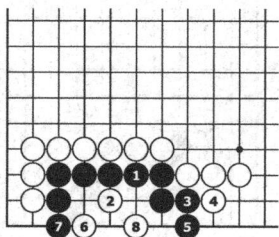

失败图：黑1粘不好，白2点，以下至白8，黑净死

第51题

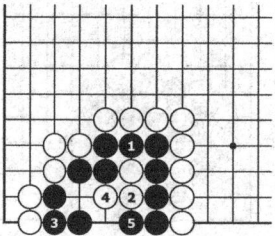

正解图：黑1粘是要点，白2长，黑3团，至黑5，形成双活

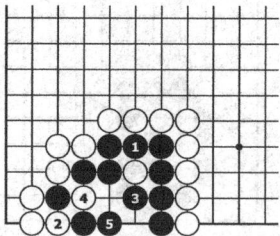

变化图：白2打吃，黑3提，至黑5，黑也是活棋

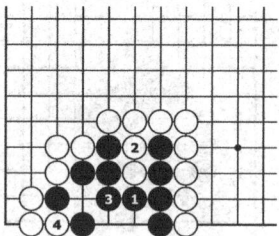

失败图：黑1打吃不好，白2粘，至白4，黑净死

答案

第52题

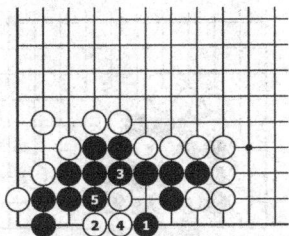

正解图：黑1小尖是要
点，白2小尖，黑3粘，
至黑5，形成双活

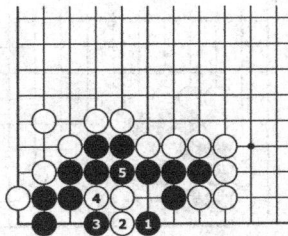

变化图：白2挡，黑3做
眼，至黑5，黑也是活棋

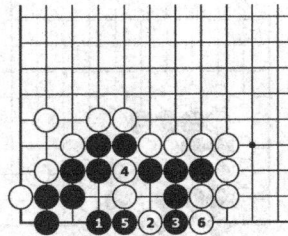

失败图：黑1小尖不好，
白2尖是要点，至白6，
黑净死

第53题

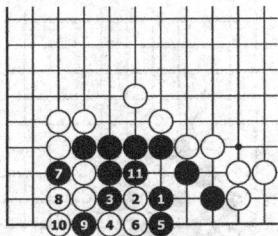

正解图：黑1虎是要点，
白2靠，黑3冲，黑7断是
好次序，至黑11，黑净活

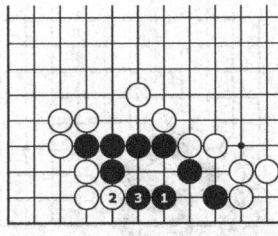

变化图：白2拐，黑3顶，
黑也是活棋

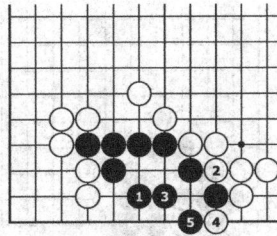

失败图：黑1小尖不好，
白2挤，至黑5，成劫活

第54题

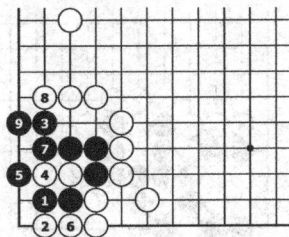

正解图：黑1长是要点，
白2托，黑3小尖，至黑
9，黑净活

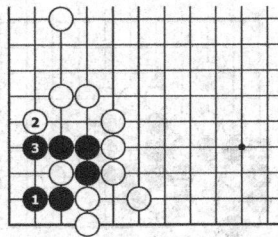

变化图：白2小尖，黑3
挡，黑也是活棋

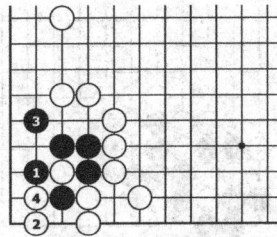

失败图：黑1提不好，白
2点是好手，至白4，黑
净死

答案

第55题

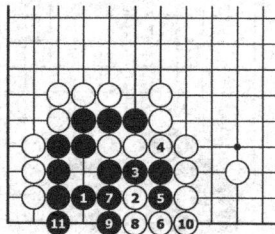

正解图：黑1做眼是要点，白2跳，黑3粘，以下至黑11，黑净活

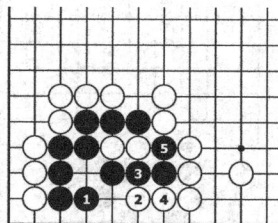

变化图：白4粘，黑5提，黑也是活棋

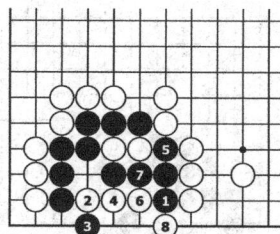

失败图：黑1挡不好，白2夹，黑3扳，至白8，黑净死

第56题

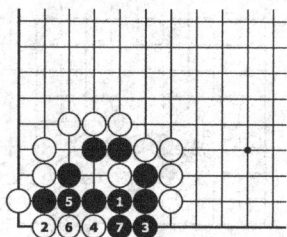

正解图：黑1粘是要点，白2打吃，黑3立，至黑7，黑净活

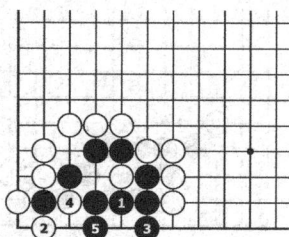

变化图：白4提，黑5立，黑也是活棋

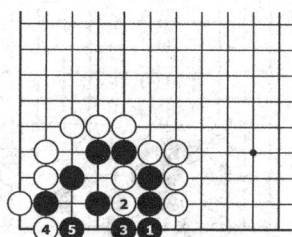

失败图：黑1立不好，白2冲，黑3打吃，至黑5，成劫活

第57题

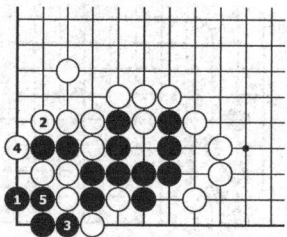

正解图：黑1小尖是要点，白2打吃，黑3断，至黑5，黑净活

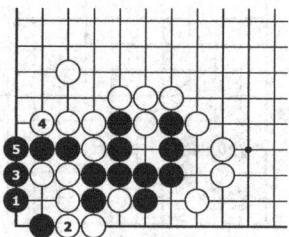

变化图：白2粘，黑3渡过，至黑5，黑也是活棋

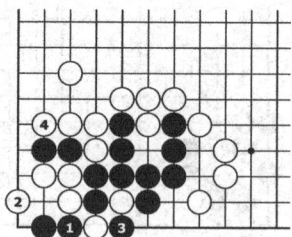

失败图：黑1断吃不好，白2小尖，至白4，黑净死

答案

第58题

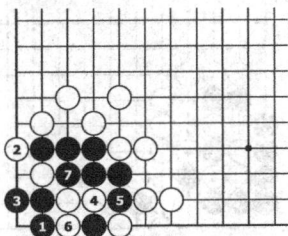

正解图：黑1立是要点，白2渡过，黑3做眼，至黑7，黑净活

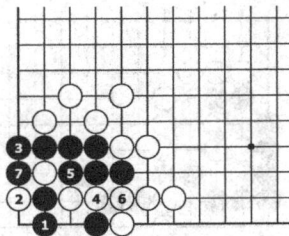

变化图：白2扳，黑3立，至黑7，黑也是活棋

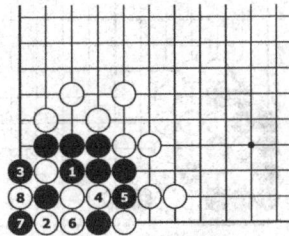

失败图：黑1断吃不好，白2打吃，黑3提，以下至白8，成劫活

第59题

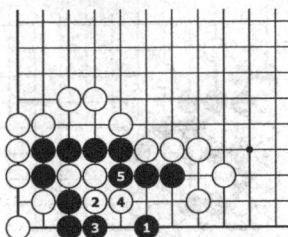

正解图：黑1跳是要点，白2拐，至黑5，黑净活

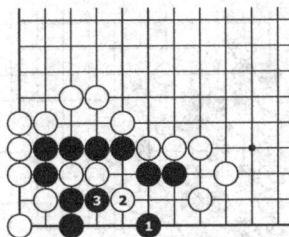

变化图：白2小尖，黑3打吃，黑也是活棋

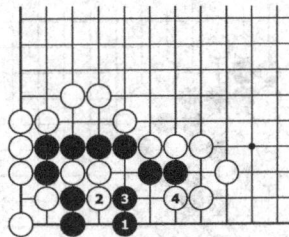

失败图：黑1跳方向错误，白2冲，至白4，黑净死

第60题

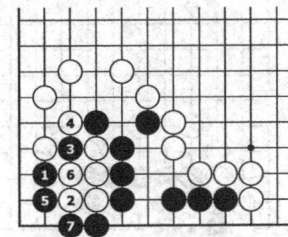

正解图：黑1靠是要点，白2弯，黑3挖，以下至黑7，黑净活

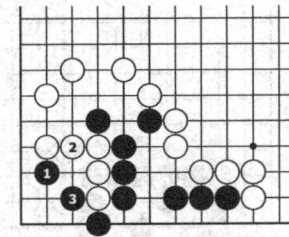

变化图：白2粘，黑3扳，黑也是活棋

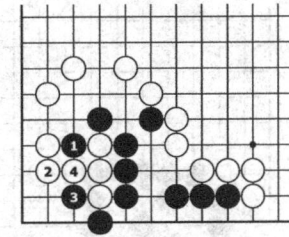

失败图：黑1挖不好，白2长，至白4，黑净死

答案 1.3 利用棋形缺陷做活

第61题

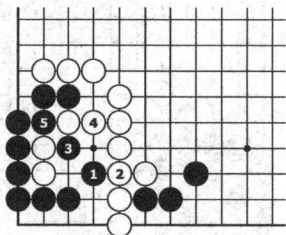

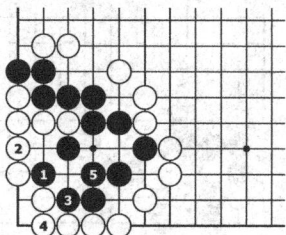

正解图：黑1小尖是要点，白2粘，黑3挤断，至黑5，黑净活

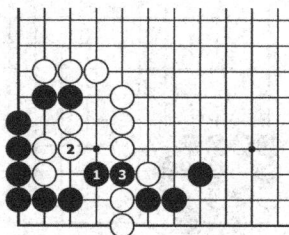

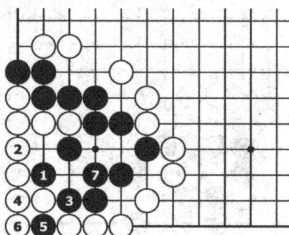

变化图：白2团，黑3断，黑也是活棋

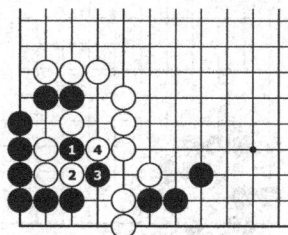

失败图：黑1挤不好，白2打吃，至白4，黑净死

第62题

正解图：黑1小尖是要点，白2粘，黑3挤，至黑5，黑净活

变化图：白4粘，黑5扑，至黑7，黑也是活棋

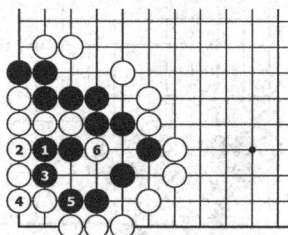

失败图：黑1打吃不好，白2粘，黑5挤，白6打吃，黑净死

第63题

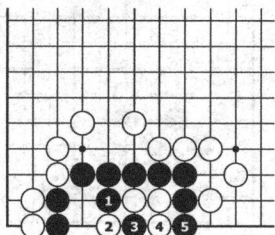

正解图：黑1挡是要点，白2扳，黑3扑，至黑5，黑净活

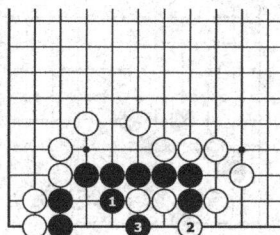

变化图：白2渡过，黑3打吃，黑也是活棋

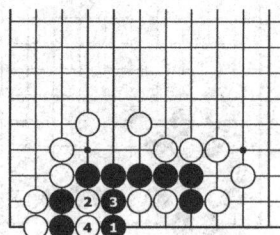

失败图：黑1跳不好，白2打吃，黑3粘，至白4，黑净死

答 案

第64题

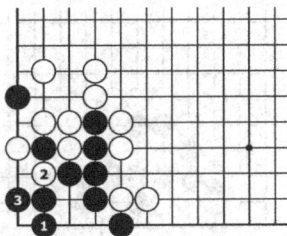

正解图：黑1立是要点，白2提，黑3立，黑净活

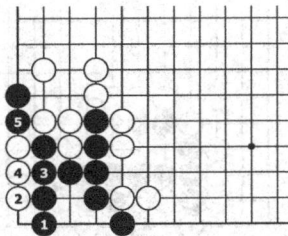

变化图：白2托，黑3粘，至黑5，黑也是活棋

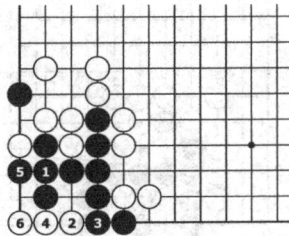

失败图：黑1粘不好，白2、白4点再爬，至白6，黑净死

第65题

④ = ①

⑤ = ①

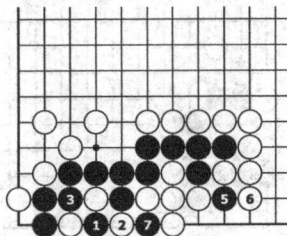

正解图：黑1扑是好手，白2提，黑3打吃，黑5断是好次序，至黑7，黑净活

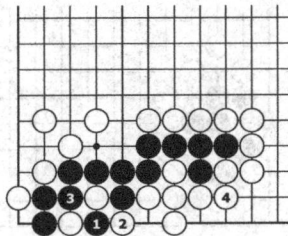

变化图：白4粘，黑5提，黑也是活棋

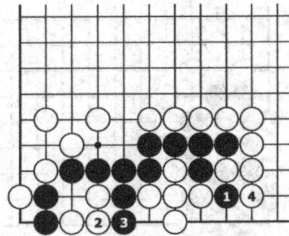

失败图：黑1断不好，白2团，至白4，黑净死

第66题

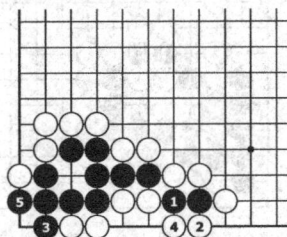

正解图：黑1断是要点，白2打吃，至黑5，黑净活

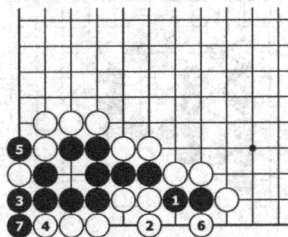

变化图：白2弯，黑3挡，至黑7，黑也是活棋

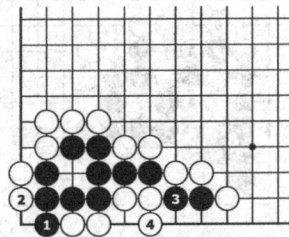

失败图：黑1打吃不好，白2爬，至白4，黑净死

答案

第67题

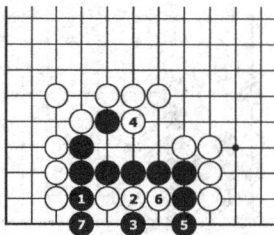

正解图：黑1、黑3冲再夹是好手，白4打吃，黑5立，至黑7，形成双活

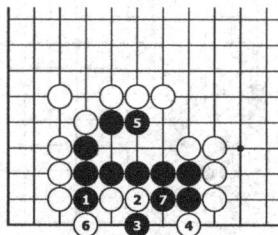

变化图：白4扳，黑5贴做眼，至黑7，黑也是活棋

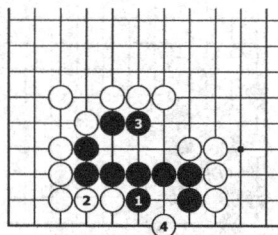

失败图：黑1挡不好，白2粘，至白4，黑净死

第68题

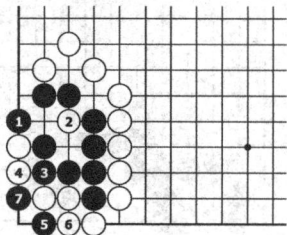

正解图：黑1打吃是要点，白2点，黑5夹是妙手，至黑7，黑净活

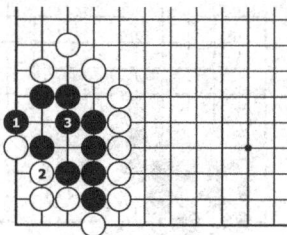

变化图：白2挤，黑3做眼，黑也是活棋

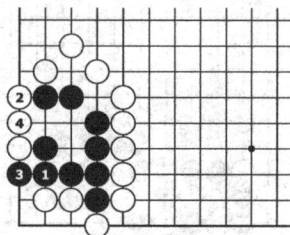

失败图：黑1团不好，白2扳，至白4，黑净死

第69题

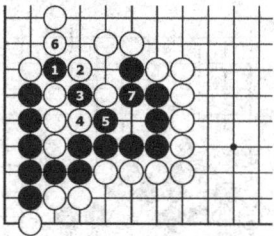

正解图：黑1断是要点，白2打吃，黑3扑，至黑7，黑净活

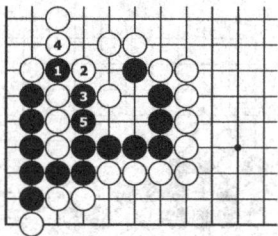

变化图：白4提，黑5粘，黑也是活棋

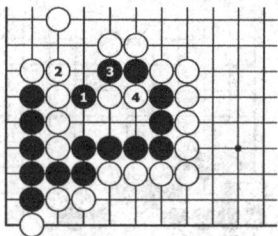

失败图：黑1挖不好，白2粘，至白4，黑净死

答案

第70题

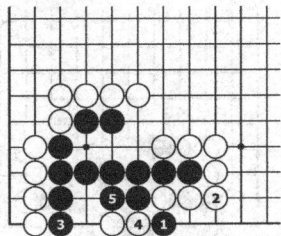

正解图：黑1扳是要点，白2粘，黑3挡，至黑5，黑净活

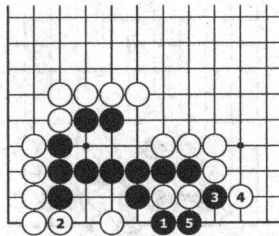

变化图：白2拐，黑3断吃，至黑5，黑也是活棋

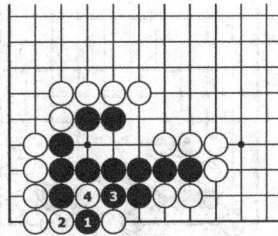

失败图：黑1小尖不好，白2打吃，至白4，成劫活

第71题

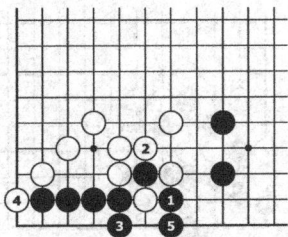

正解图：黑1打吃是好次序，白2提，黑3立，至黑5，黑连接成功

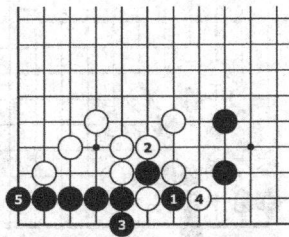

变化图：白4打吃，黑5立，黑也是活棋

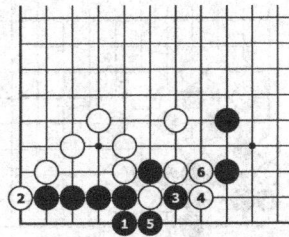

失败图：黑1立不好，白2扳，至白6，黑净死

第72题

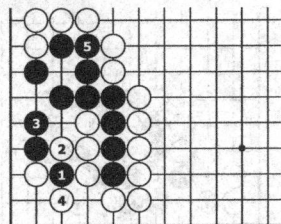

正解图：黑1挖是好手，白2打吃，黑3退，至黑5，黑净活

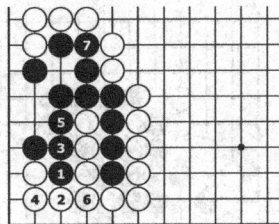

变化图：白2打吃，黑3粘，至黑7，也是活棋

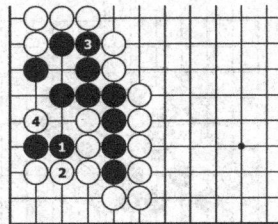

失败图：黑1顶不好，白2粘，至白4，黑净死

答案

第73题

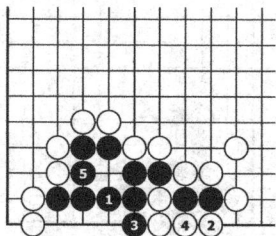

正解图：黑1粘是要点，白2打吃，黑3打吃是先手，至黑5，黑净活

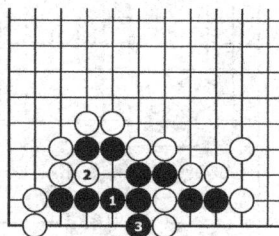

变化图：白2冲，黑3打吃，黑也是活棋

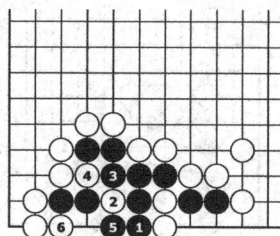

失败图：黑1打吃不好，白2挖是要点，至白6，黑净死

第74题

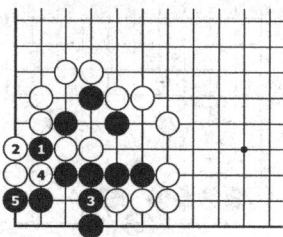

正解图：黑1断是好手，白2打吃，黑3粘，至黑5，黑净活

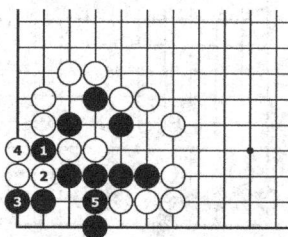

变化图：白2打吃，黑3打吃是先手，至黑5，黑也是活棋

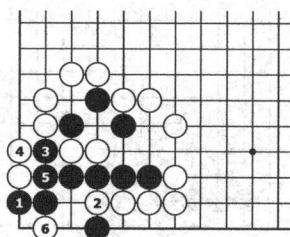

失败图：黑1挡不好，白2冲，黑3断，至白6，黑净死

第75题

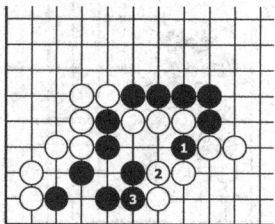

正解图：黑1扑是好手，白2顶，黑3团，黑净活

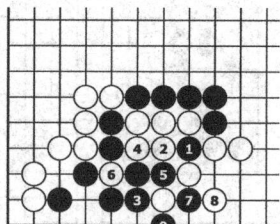

变化图：白2提，黑3团，白4打吃，黑5挤，至黑9，黑也是活棋

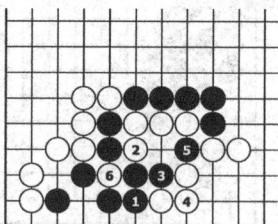

失败图：黑1团不好，白2打吃，至白6，黑净死

答案

第76题

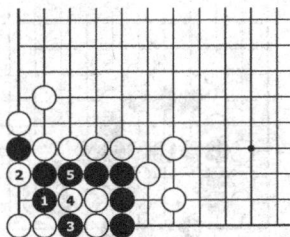

正解图：黑1顶是要点，白2提，黑3扑，至黑5，黑净活

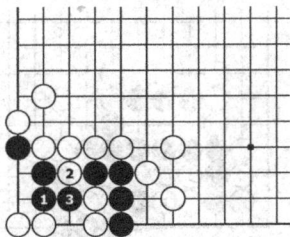

变化图：白2冲，黑3断吃，黑也是活棋

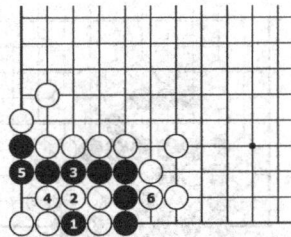

失败图：黑1扑不好，白2提，黑3粘，白4团，至白6，黑净死

第77题

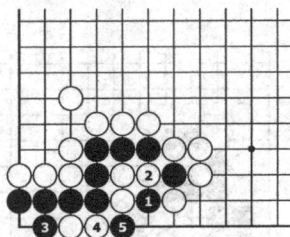

正解图：黑1挖是要点，白2提，黑3打吃，至黑5，黑净活

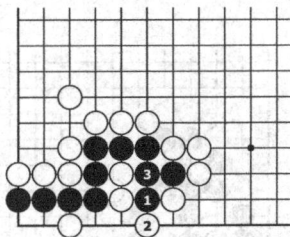

变化图：白2打吃，黑3粘，黑也是活棋

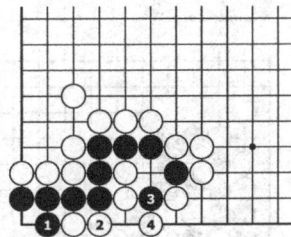

失败图：黑1打吃不好，白2长，至白4，黑净死

第78题

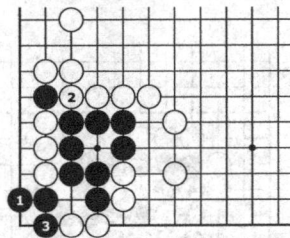

正解图：黑1立是要点，白2打吃，黑3挡，黑净活

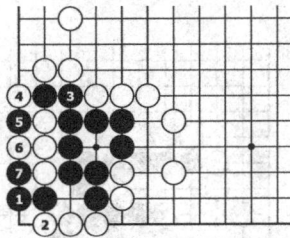

变化图：白2爬，黑3粘，至黑7，黑也是活棋

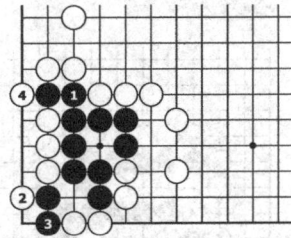

失败图：黑1粘不好，白2扳，黑3挡，至白4，黑净死

答案

第79题

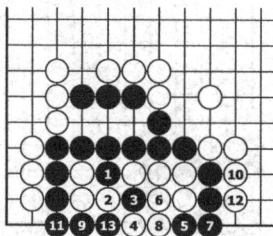

正解图：黑1、黑3冲断是必然的下法，白4打吃，黑5、黑7打吃再粘是好手，至黑13，黑净活

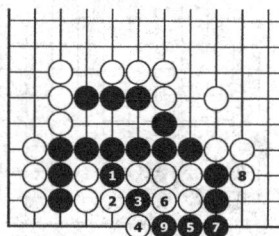

变化图：白8拐，黑9打吃，黑也是活棋

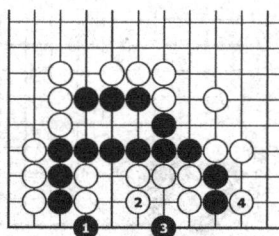

失败图：黑1扳不好，白2弯，黑3点，白4夹，黑净死

第80题

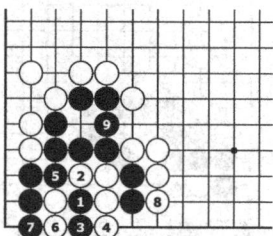

正解图：黑1挖是要点，白2打吃，黑3立，至黑9，黑净活

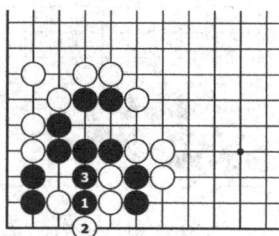

变化图：白2打吃，黑3粘，黑也是活棋

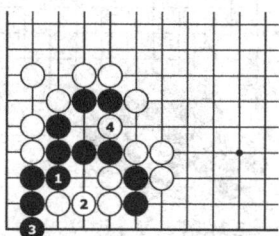

失败图：黑1粘不好，白2粘，黑3立，白4打吃，黑净死

第81题

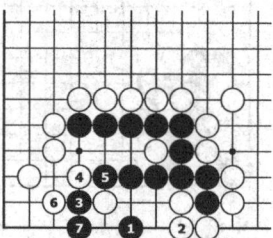

正解图：黑1跳是要点，白2粘，黑3靠，至黑7，黑净活

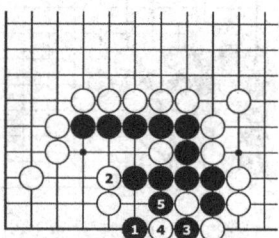

变化图：白2贴，黑3扑，至黑5，黑也是活棋

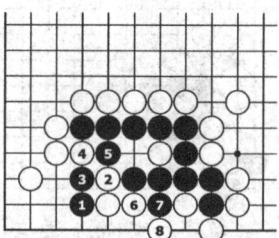

失败图：黑1靠不好，白2长，黑3、黑5冲断，至白8，成劫活

答案

第82题

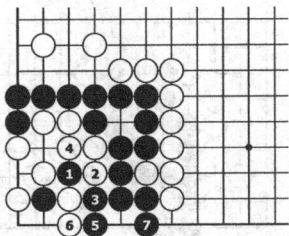

正解图：黑1断是好手，白2打吃，黑3、黑5打吃再立是先手，至黑7，黑净活

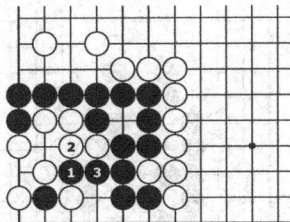

变化图：白2粘，黑3粘，黑也是活棋

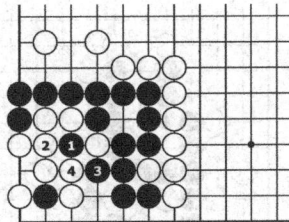

失败图：黑1打吃不好，白2粘，至白4，黑净死

第83题

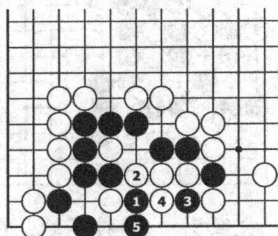

正解图：黑1、黑3扳再断是好手，至黑5，黑净活

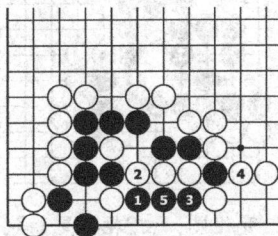

变化图：白4提，黑5粘，黑也是活棋

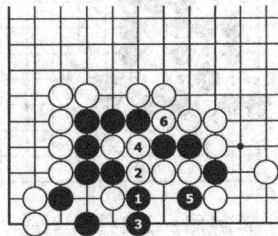

失败图：黑3立不好，白4粘，至白6，黑净死

第84题

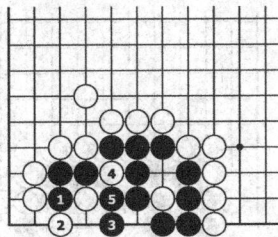

正解图：黑1冲是要点，白2打吃，黑3小尖，至黑5，黑净活

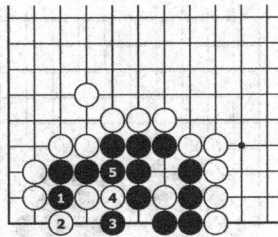

变化图：白4挤，黑5粘，黑也是活棋

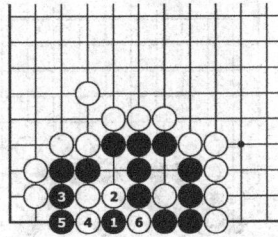

失败图：黑1小尖不好，白2挤，至白6，成劫活

答 案

第85题

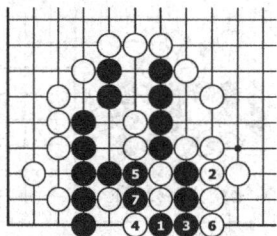

正解图：黑1、黑3扳再粘是好手，白4打吃，至黑7，黑净活

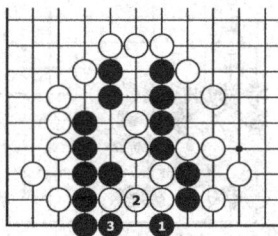

变化图：白2粘，黑3拐，白不行

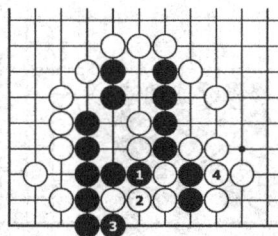

失败图：黑1断不好，白2粘，至白4，黑净死

第86题

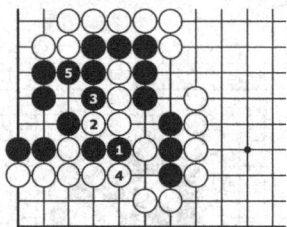

正解图：黑1挤是好手，白2打吃，至黑5，黑净活

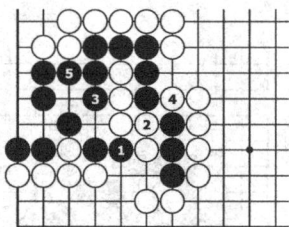

变化图：白2粘，黑3挡，至黑5，黑净活

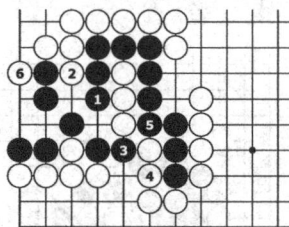

失败图：黑1挡不好，白2冲，黑3挤，至白6，黑净死

第87题

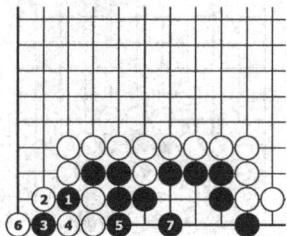

正解图：黑1、黑3断再扳是好手，白4提，至黑7，黑净活

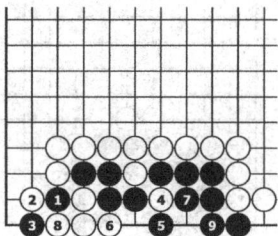

变化图：白4断，黑5打吃，至黑9，黑也是活棋

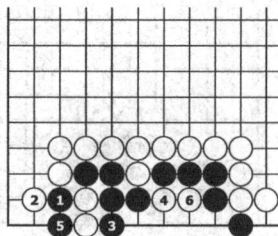

失败图：黑3打吃不好，白4断，至白6，黑净死

答 案

第88题

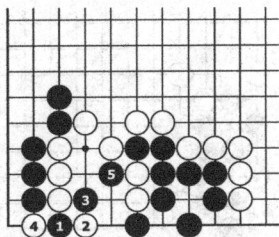

正解图：黑1扳是好手，白2挡，黑3断吃，至黑5，黑净活

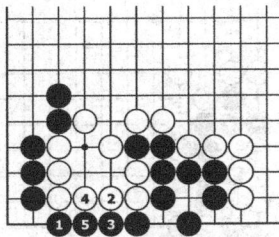

变化图：白2弯，黑3爬，至黑5，黑也是活棋

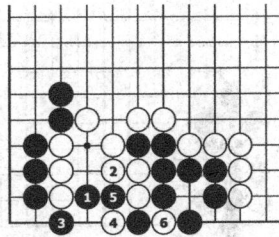

失败图：黑1夹不好，白2粘，至白6，成劫活

第89题

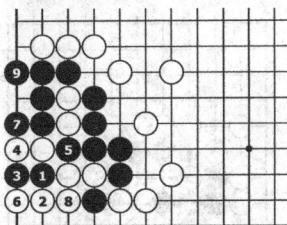

正解图：黑1、黑3挤再立是要点，白4打吃，至黑9，黑净活

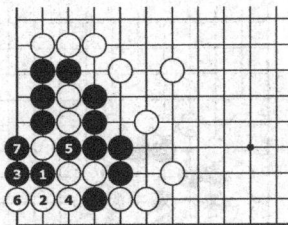

变化图：白4粘，黑5提，至黑7，黑也是活棋

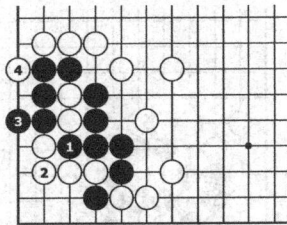

失败图：黑1提不好，白2粘，至白4，黑净死

第90题

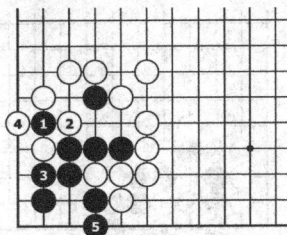

正解图：黑1挖是好手，白2打吃，至黑5，黑净活

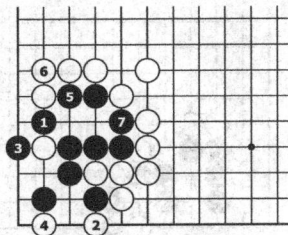

变化图：白2打吃，黑3打吃，至黑7，黑也是活棋

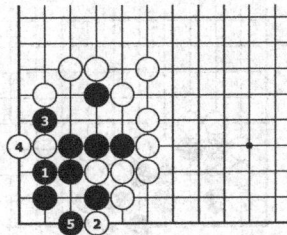

失败图：黑1团不好，白2打吃，黑3打吃，至黑5，成劫活

答案 1.4 打劫的应用

第91题

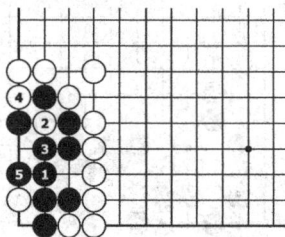

正解图：黑1弯是要点，白2扑，黑3提，至黑5，成劫活

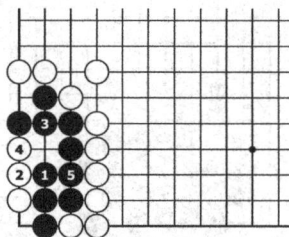

变化图：白2如果爬，黑3粘，至黑5，成双活

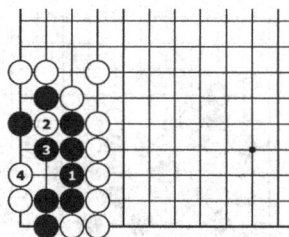

失败图：黑1粘不好，白2扑，至白4，黑净死

第92题

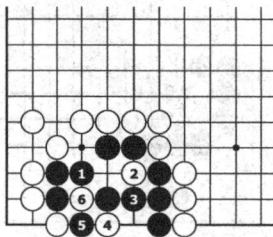

正解图：黑1弯是好手，白2断是最强抵抗，至白6，成劫活

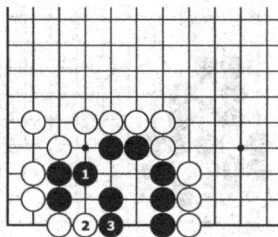

变化图：白2长不好，黑3挡，黑净活

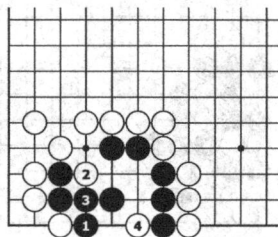

失败图：黑1挡不好，白2打吃，至白4，黑净死

第93题

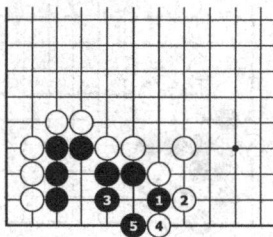

正解图：黑1、黑3扳再弯是好手，白4打吃，至黑5，成劫活

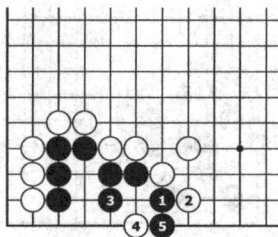

变化图：白4如果点，黑5挡，黑净活

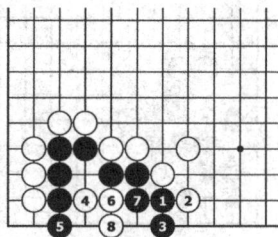

失败图：黑3立不好，白4夹，至白8，黑净死

答案

第94题

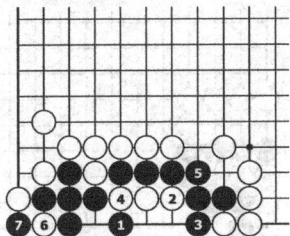

正解图：黑1小尖是要点，白2挤，黑3挡，至黑7，成劫活

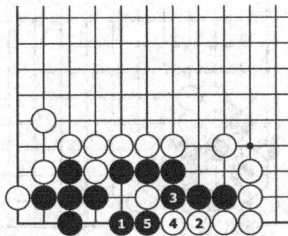

变化图：白2爬不好，黑3团，至黑5，黑净活

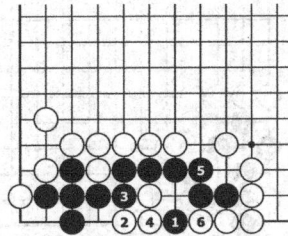

失败图：黑1小尖方向错误，白2尖，至白6，黑净死

第95题

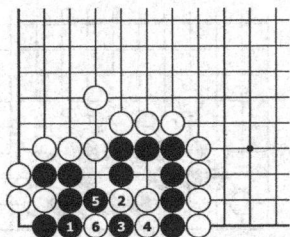

正解图：黑1粘是要点，白2爬，黑3夹，至白6，成劫活

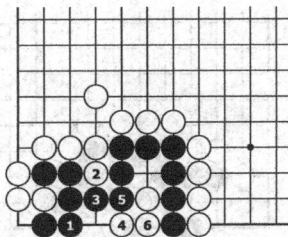

变化图：白2冲，黑3挡，至白6，成双活

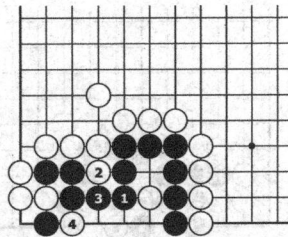

失败图：黑1挡不好，白2冲，至白4，黑净死

第96题

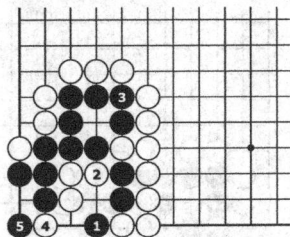

正解图：黑1挡是要点，白2断，黑3做眼，至黑5，成劫活

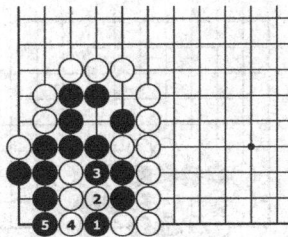

变化图：白2断下边，黑3粘，至黑5，黑净活

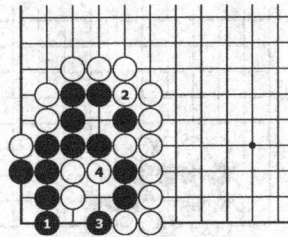

失败图：黑1立不好，白2打吃，至白4，黑净死

答案

第97题

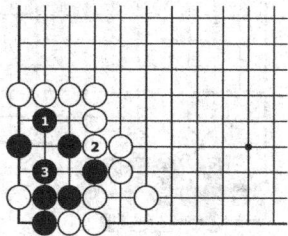

正解图：黑1扩大眼位，白2打吃，黑3做眼，成劫活

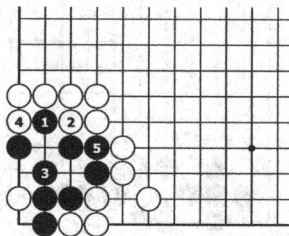

变化图：白2挤，黑3做眼，至黑5，也是劫活

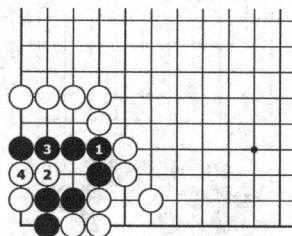

失败图：黑1团不好，白2扳，至白4，黑净死

第98题

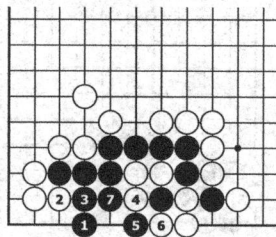

正解图：黑1跳是好手，白2冲，黑3粘，至黑7，成劫活

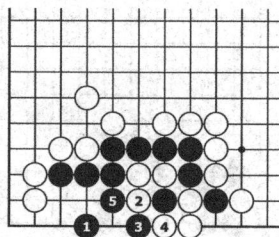

变化图：白2打吃，黑3滚打，至黑5，也是劫活

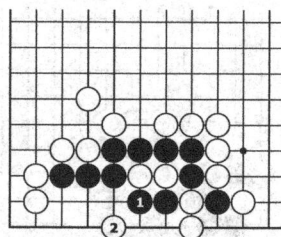

失败图：黑1提不好，白2大飞，黑净死

第99题

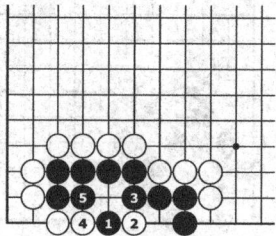

正解图：黑1跳是要点，白2靠，黑3粘，至黑5，成劫活

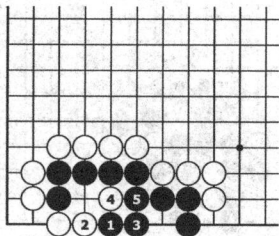

变化图：白2如果顶，黑3做眼，至黑5，黑净活

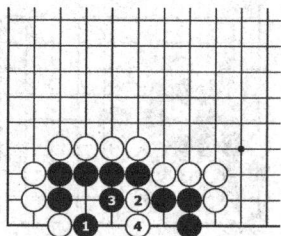

失败图：黑1挡不好，白2断，至白4，黑净死

答案

第100题

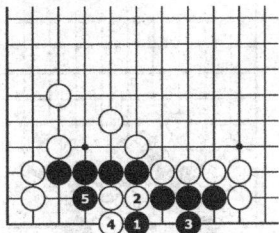

正解图：黑1小尖是要点，白2断，黑3做眼，至黑5，成劫活

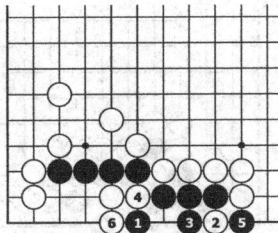

变化图：白2扳，黑3挡，至白6，也是劫活

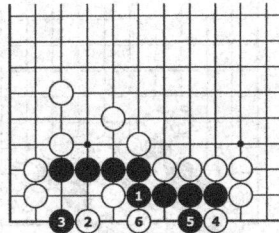

失败图：黑1粘不好，白2小尖，黑3靠，至白6，黑净死

第101题

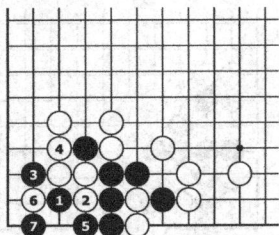

正解图：黑1靠是要点，白2冲，以下至黑7，成劫活

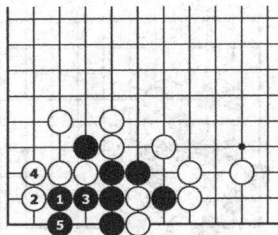

变化图：白2如果扳，黑3粘，至黑5，黑净活

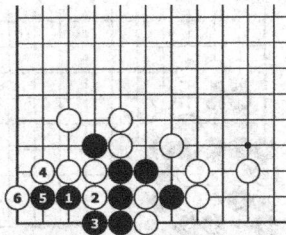

失败图：黑3挡不好，白4立，至白6，黑净死

第102题

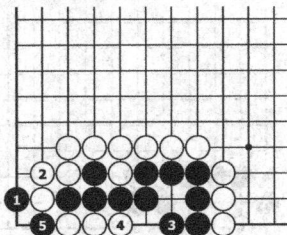

正解图：黑1夹是要点，白2粘，至黑5，成劫活

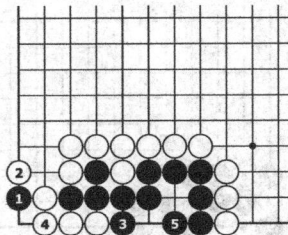

变化图：白2如果打吃，黑3挡，至黑5，黑净活

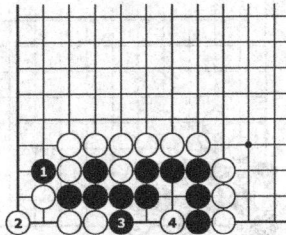

失败图：黑1断不好，白2小尖是好手，至白4，黑净死

答案

第103题

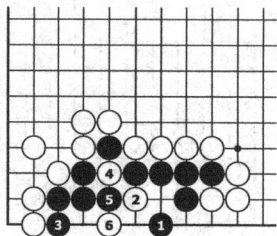

正解图：黑1小尖是要点，白2靠，黑3挡，至白6，成劫活

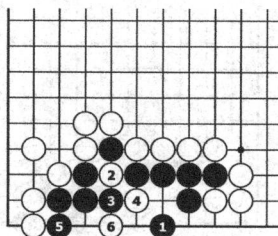

变化图：白2提，黑3挡，至白6，也是劫活

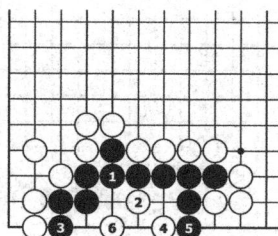

失败图：黑1粘不好，白2靠，黑3挡，至白6，黑净死

第104题

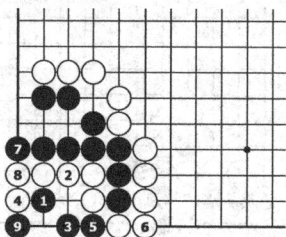

正解图：黑1夹是要点，白2粘，黑3小尖是好手，至黑9，成劫活

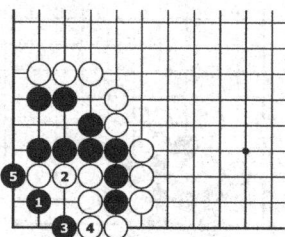

变化图：白4如果粘，黑5渡过，黑净活

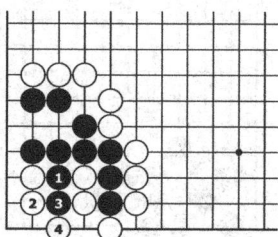

失败图：黑1冲不好，白2退，至白4，黑净死

第105题

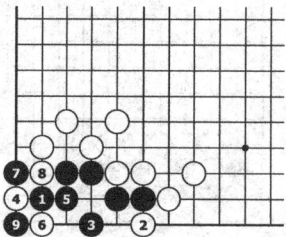

正解图：黑1小尖是要点，白2扳，黑3虎，至黑9，成劫活

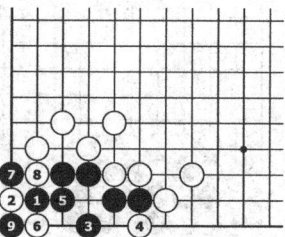

变化图：白2托，黑3虎，白4扳，至黑9，也是劫活

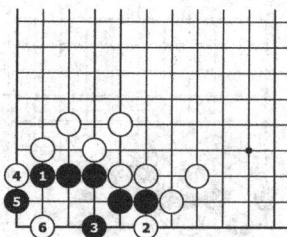

失败图：黑1挡不好，白2扳，至白6，成大猪嘴，黑净死

答案

第106题

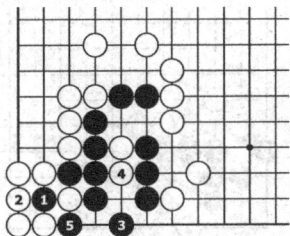

正解图：黑1扑是好次序，白2提，黑3做眼，至黑5，成劫活

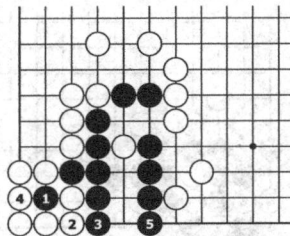

变化图：白2粘，黑3打吃是先手，至黑5，黑净活

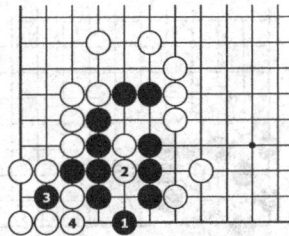

失败图：黑1直接做眼不好，白2冲，至白4，黑净死

第107题

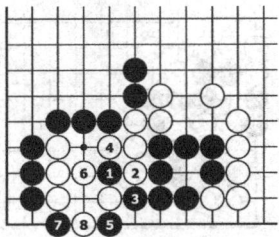

正解图：黑1、黑3跨断是好手，以下至白8，成劫活

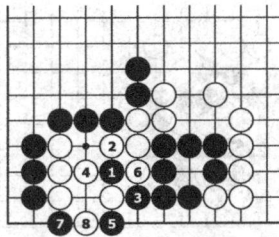

变化图：白2冲，黑3顶，至白8，也是劫活

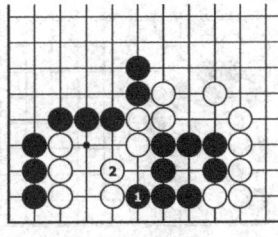

失败图：黑1顶不好，白2退，黑净死

第108题

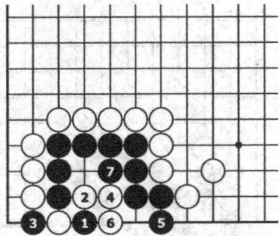

正解图：黑1挡是必然的下法，白2打吃，黑3提，至黑7，成劫活

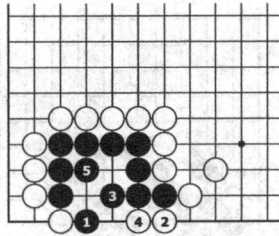

变化图：白2如果扳，黑3弯，至黑5，黑净活

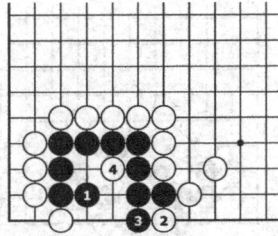

失败图：黑1弯不好，白2扳缩小眼位，至白4，黑净死

答案

第109题

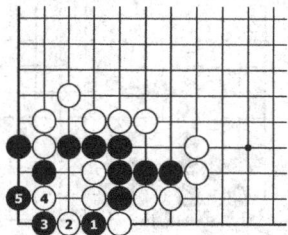

正解图：黑1、黑3扑再靠是好手，至黑5，成劫活

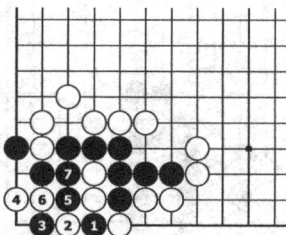

变化图：白4点，黑5打吃，至黑7，白接不归，黑净活

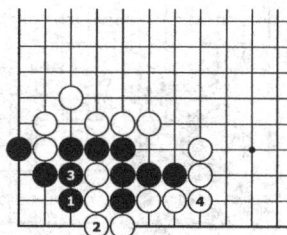

失败图：黑1尖不好，白2粘，至白4，黑净死

第110题

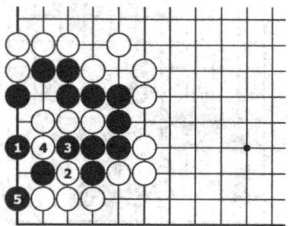

正解图：黑1小尖是要点，白2冲，至黑5，成劫活

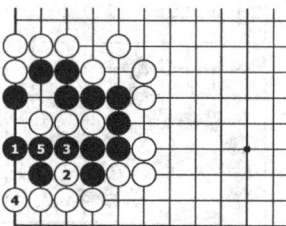

变化图：白4如果立，黑5粘，形成双活

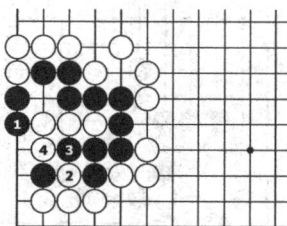

失败图：黑1爬不好，白2、白4冲断，黑净死

第111题

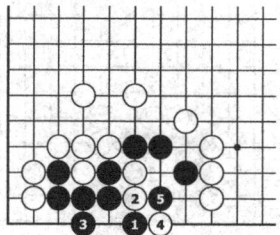

正解图：黑1小尖是好手，白2挤，黑3做眼，至黑5，成劫活

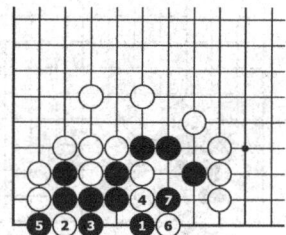

变化图：白2扳，黑3挡，至黑7，也是劫活

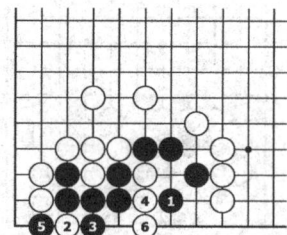

失败图：黑1小尖方向错误，白2扳，黑3挡，至白6，黑净死

答案

第112题

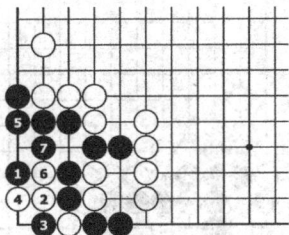

正解图：黑1跳是要点，白2扳，黑3提，至黑7，成劫活

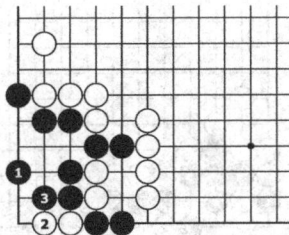

变化图：白2如果长，黑3打吃，黑净活

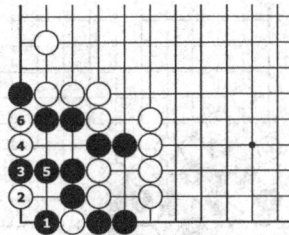

失败图：黑1提不好，白2点，至白6，黑净死

第113题

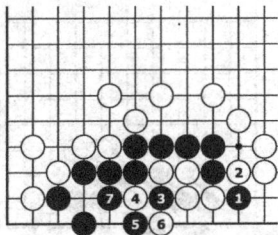

正解图：黑1、黑3扳再挤是好手，白4打吃，至黑7，成劫活

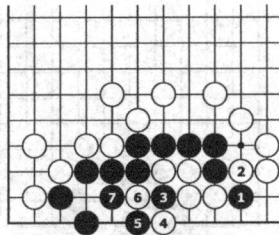

变化图：白4下方打吃，至黑7，也是劫活

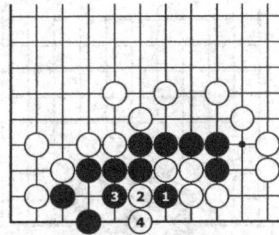

失败图：黑1挤不好，白2打吃，至白4，黑净死

第114题

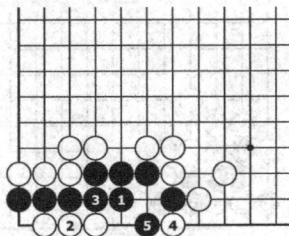

正解图：黑1弯是好手，白2粘，至黑5，成劫活

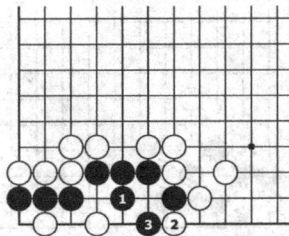

变化图：白2打吃，黑3挡，也是劫活

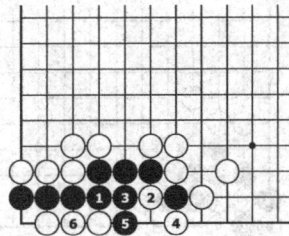

失败图：黑1粘不好，白2打吃，至白6，黑净死

答案

第115题

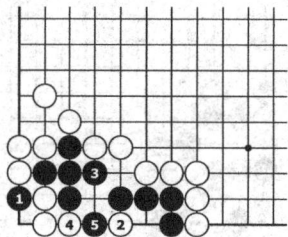

正解图：黑1扑是要点，白2靠，至黑5，成劫活

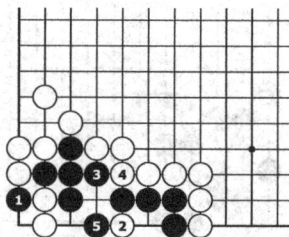

变化图：白4如果挤，黑5打吃，黑净活

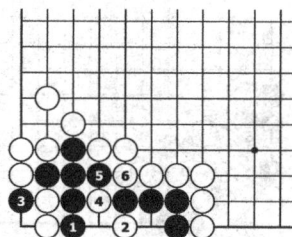

失败图：黑1挡不好，白2靠，至白6，黑净死

第116题

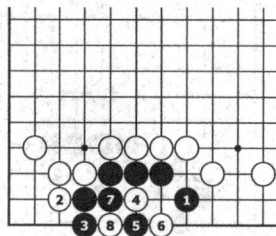

正解图：黑1小尖是要点，白2拐，黑3立，至白8，成劫活

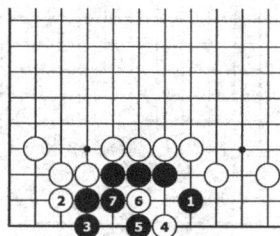

变化图：白4点，黑5靠，至黑7，也是劫活

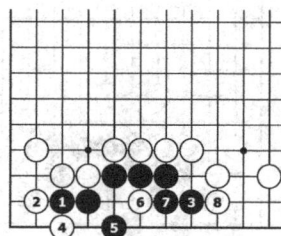

失败图：黑1爬不好，白2挡，黑3小尖，白4扳，至白8，黑净死

第117题

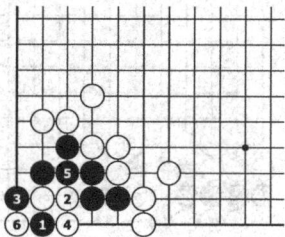

正解图：黑1夹是要点，白2顶，黑3挡，至白6，成劫活

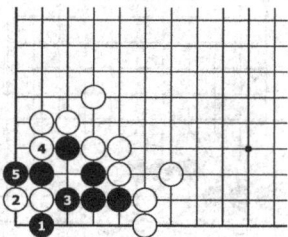

变化图：白2如果立，黑3做眼，至黑5，黑净活

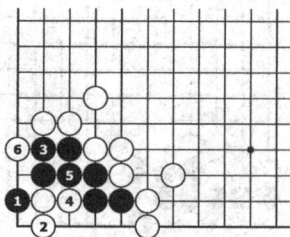

失败图：黑1扳不好，白2立，黑3团，至白6，黑净死

答案

第118题

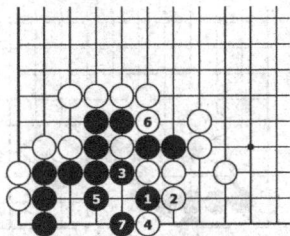

正解图：黑1托是好手，白2挡，黑3提，至黑7，成劫活

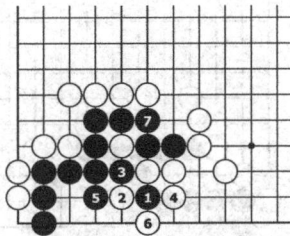

变化图：白2如果扳，黑3断，至黑7，黑净活

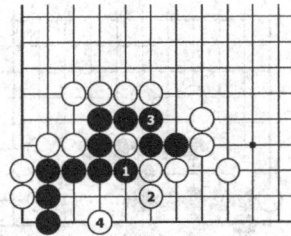

失败图：黑1提不好，白2弯，至白4，黑净死

第119题

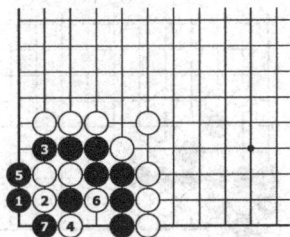

正解图：黑1跳是好手，白2冲，以下至黑7，成劫活

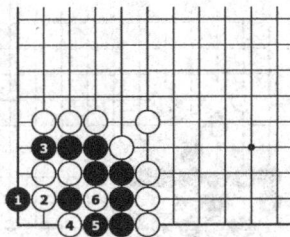

变化图：黑5打吃，至白6，也是劫活

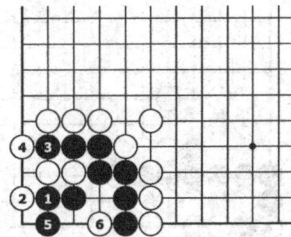

失败图：黑1挡不好，白2扳，至白6，黑净死

第120题

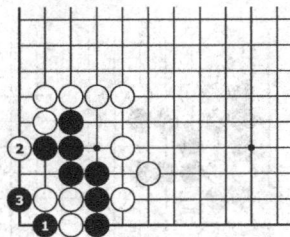

正解图：黑1扑是要点，白2扳，至黑3，成劫活

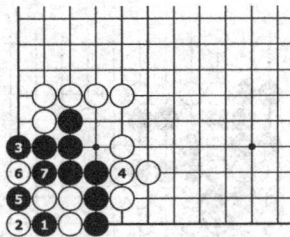

变化图：白2如果提，黑3立，至黑7，成对黑棋有利的缓气劫

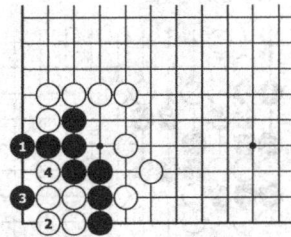

失败图：黑1立不好，白2团，至白4，黑净死

答案 1.5 综合测验

第121题

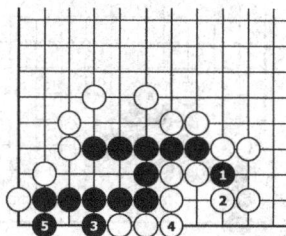

正解图：黑1断是好次序，白2打吃，黑3挡，至黑5，黑净活

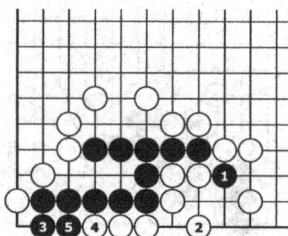

变化图：白2小尖，黑3立，至黑5，黑也是活棋

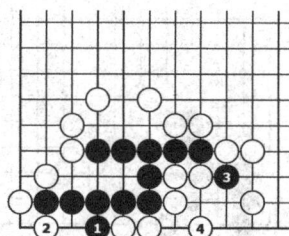

失败图：黑1挡不好，白2扳，黑3断，白4小尖，黑净死

第122题

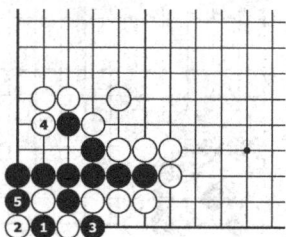

正解图：黑1、黑3扑完再扑是好次序，至黑5，黑净活

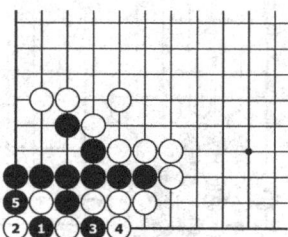

变化图：白4提，黑5打吃，黑也是活棋

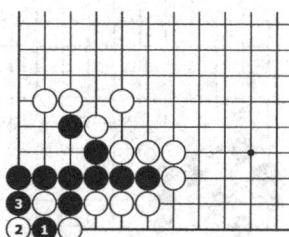

④＝①

失败图：黑3打吃不好，白4粘，黑净死

第123题

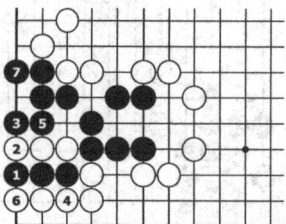

正解图：黑1立是好手，白2挡，黑3小尖，至黑7，黑净活

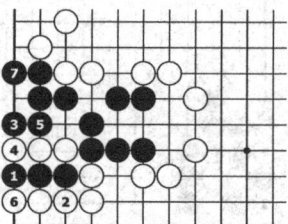

变化图：白2粘，黑3小尖，至黑7，黑也是活棋

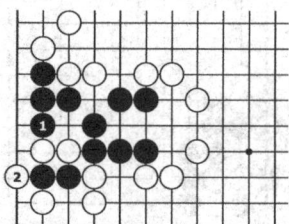

失败图：黑1顶不好，白2打吃，黑净死

答案

第124题

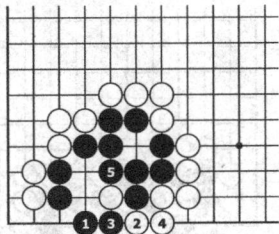

正解图：黑1小尖是要点，白2渡过，黑3断吃，至黑5，黑净活

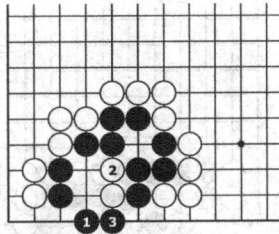

变化图：白2挤，黑3渡过，黑净活

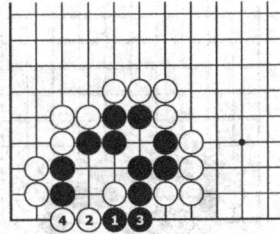

失败图：黑1扳不好，白2打吃，至白4，黑净死

第125题

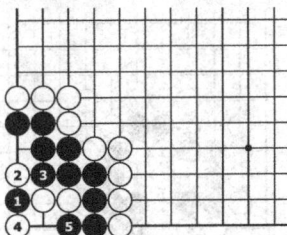

正解图：黑1托是好手，白2打吃，至黑5，黑净活

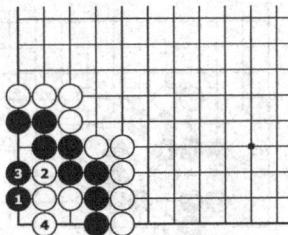

变化图：白2挤，黑3挡，至白4，形成双活

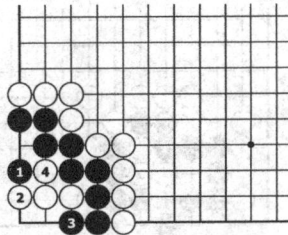

失败图：黑1小尖不好，白2挡，至白4，成劫活

第126题

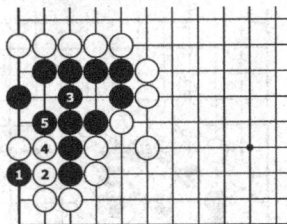

正解图：黑1靠是好次序，白2打吃，黑3做眼，至黑5，黑净活

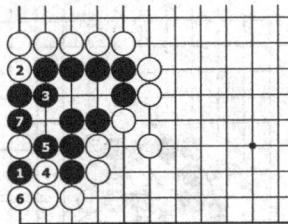

变化图：白2挤，黑3粘，至黑7，黑也是活棋

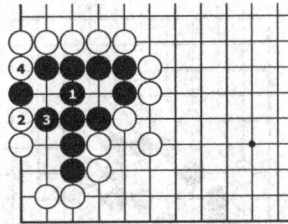

失败图：黑1做眼不好，白2顶，至白4，成劫活

答案

第127题

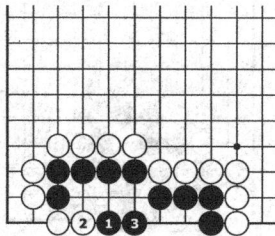

正解图：黑1跳是要点，白2顶，黑3做眼，黑净活

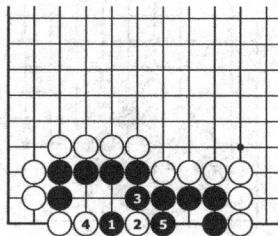

变化图：白2靠，黑3粘，至黑5，黑也是活棋

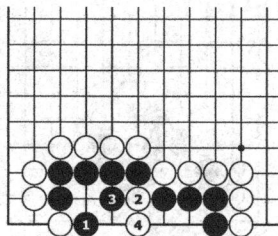

失败图：黑1挡不好，白2断，至白4，黑净死

第128题

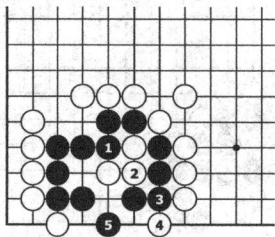

正解图：黑1打吃是好手，白2粘，至黑5，形成双活

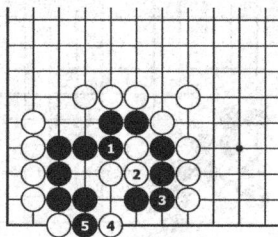

变化图：白4点，黑5断，黑也是活棋

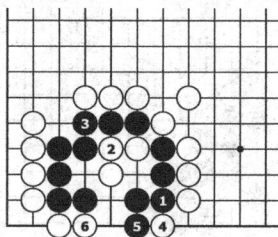

失败图：黑1团不好，白2打吃，黑3粘，至白6，黑净死

第129题

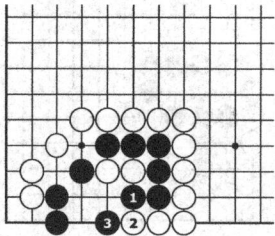

正解图：黑1拐是要点，白2爬，黑3挡，黑净活

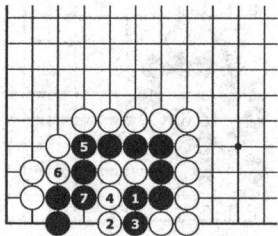

变化图：白2点，黑3分断，至黑7，黑也是活棋

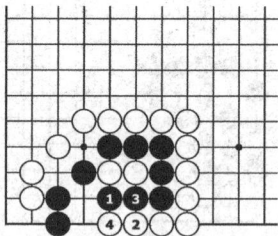

失败图：黑1打吃不好，白2长，至白4，黑净死

答案

第130题

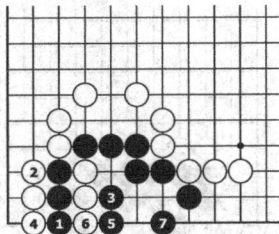

正解图：黑1立是好手，
白2挡，黑3小尖，至黑
7，黑净活

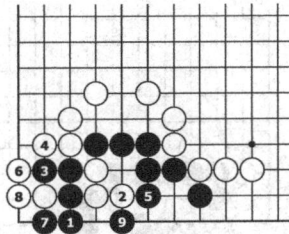

变化图：白2弯，黑3拐，
白4夹，至黑9，白不行

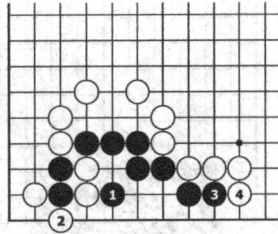

失败图：黑1小尖不好，白
2打吃，至白4，黑净死

第131题

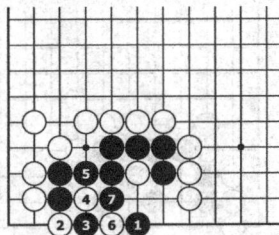

正解图：黑1飞是好手，
白2扳，黑3挡，至黑7，
黑净活

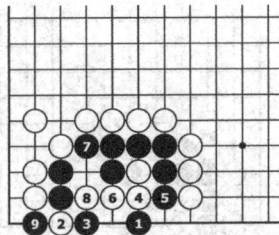

变化图：白4长，黑5冲，
至黑9，黑也是活棋

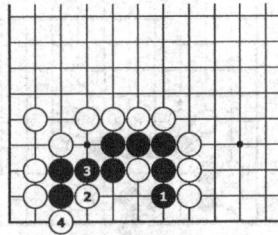

失败图：黑1挡不好，白
2夹，至白4，黑净死

第132题

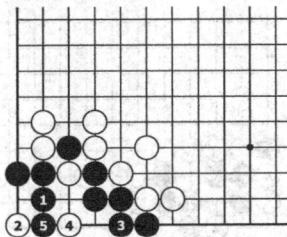

正解图：黑1弯是要点，
白2点，黑3粘，至黑5，
黑净活

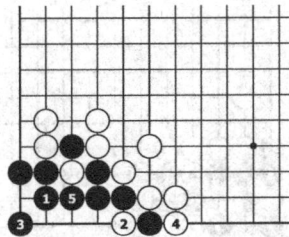

变化图：白2扑，黑3做
眼，至黑5，黑也是活棋

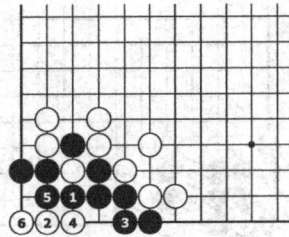

失败图：黑1提不好，
白2点，至白6，黑净死

答案

第133题

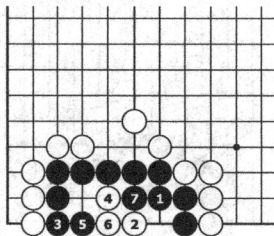

正解图：黑1粘是要点，白2点，黑3挡，至黑7，形成双活

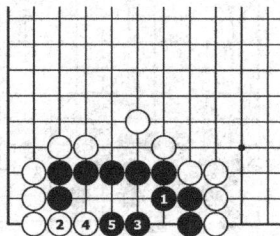

变化图：白2拐，黑3做眼，至黑5，也是活棋

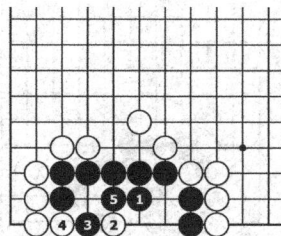

失败图：黑1弯不好，白2点，黑3小尖，至黑5，成劫活

第134题

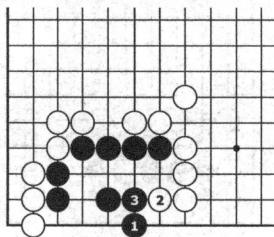

正解图：黑1小尖是要点，白2弯，黑3团，黑净活

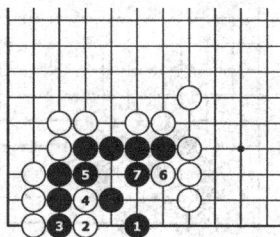

变化图：白2点，黑3断，至黑7，黑也是活棋

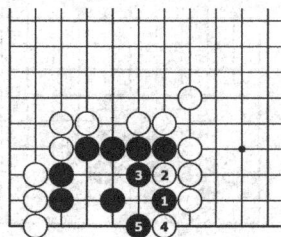

失败图：黑1靠不好，白2冲，至黑5，成劫活

第135题

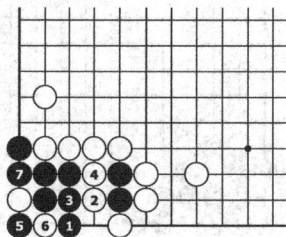

正解图：黑1尖是要点，白2打吃，黑3团，至黑7，黑净活

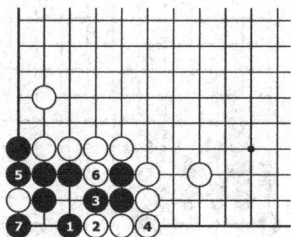

变化图：白2顶，黑3打吃是先手，至黑7，黑也是活棋

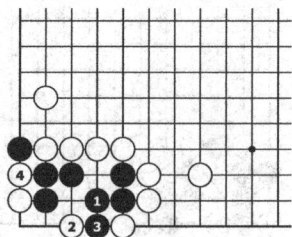

失败图：黑1弯不好，白2点，至白4，黑净死

答案

第136题

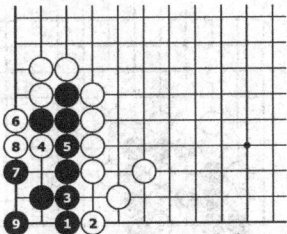

正解图：黑1尖是要点，白2尖，黑3粘，至黑9，黑净活

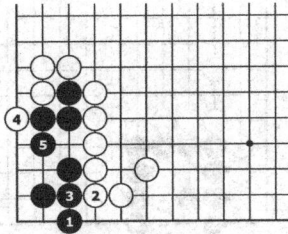

变化图：白4扳，黑5弯，黑也是活棋

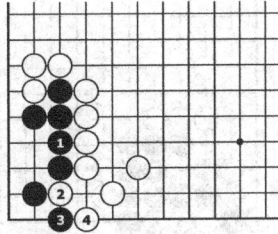

失败图：黑1粘不好，白2挤，至白4，成劫活

第137题

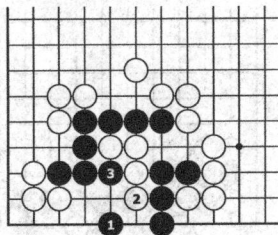

正解图：黑1跳是好手，白2冲，黑3挤，形成双活

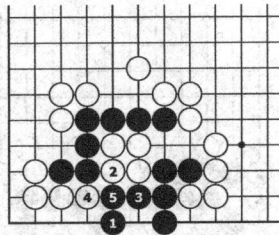

变化图：白2团，白3做眼，至黑5，黑也是活棋

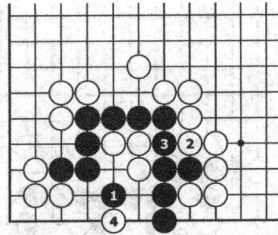

失败图：黑1尖不好，白2团，至白4，黑净死

第138题

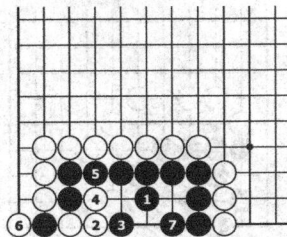

正解图：黑1弯是要点，白2长，黑3打吃，至黑7，黑净活

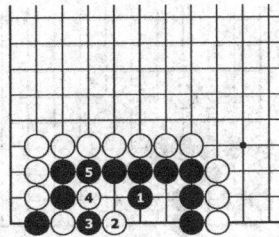

变化图：白2点，黑3提，至黑5，黑也是活棋

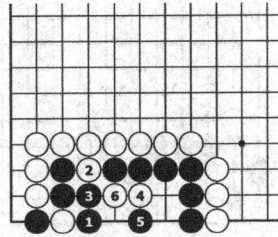

失败图：黑1提不好，白2冲，黑3挡，至白6，黑净死

答案

第139题

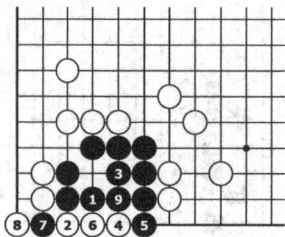

正解图：黑1弯是要点，白2扳，黑3做眼，至黑9，黑净活

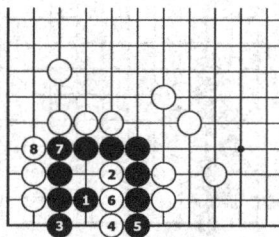

变化图：白2点，黑3立，至白8，黑也是活棋

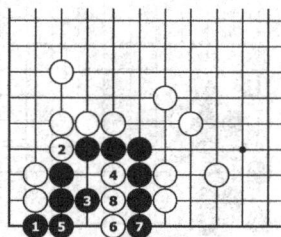

失败图：黑1扳不好，白2挤，以下至白8，黑净死

第140题

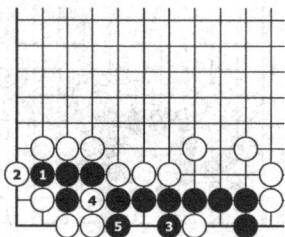

正解图：黑1冲是好次序，白2挡，黑3做眼，至黑5，黑净活

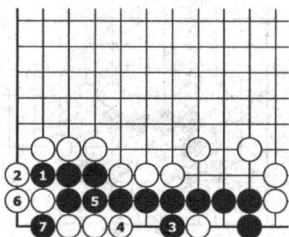

变化图：白4爬，黑5粘，至黑7，黑也是活棋

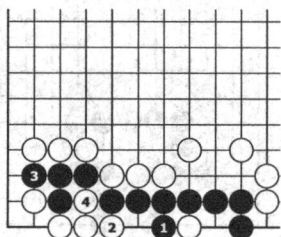

失败图：黑1挡不好，白2爬，至白4，黑净死

第141题

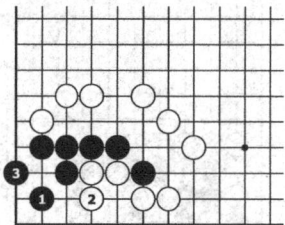

正解图：黑1尖是要点，白2立，黑3做眼，黑净活

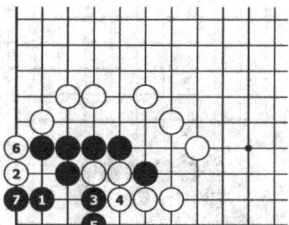

变化图：白2点，黑3、5打吃再立，至黑7，黑净活

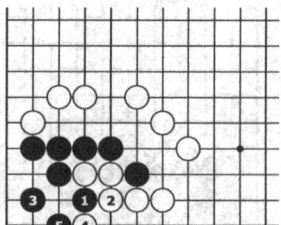

失败图：黑1打吃不好，白2粘，至黑5，成劫活

答案

第142题

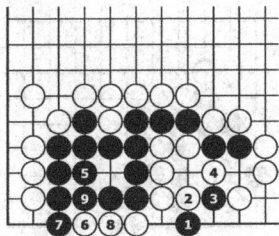

正解图：黑1点是好手，白2挡，黑3挖，至黑9，黑净活

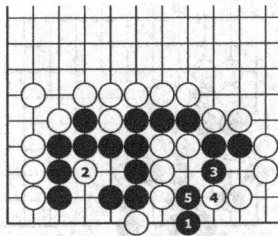

变化图：白2点，黑3弯，至黑5，白不行

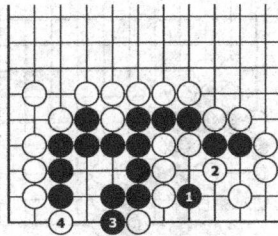

失败图：黑1夹不好，白2打吃，至白4，黑净死

第143题

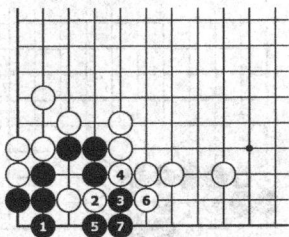

正解图：黑1立是要点，白2爬，至黑7，黑净活

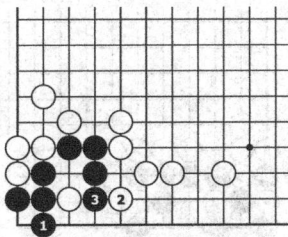

变化图：白2小尖，黑3冲，黑也是活棋

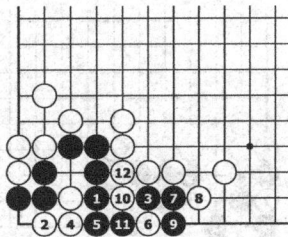

失败图：黑1挡不好，白2扳，黑3托，黑6夹是好手，至白12，黑净死

第144题

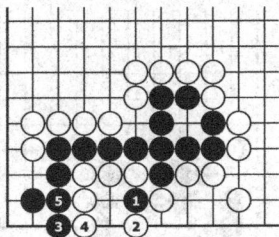

正解图：黑1断是好次序，白2打吃，黑3小尖，至黑5，黑净活

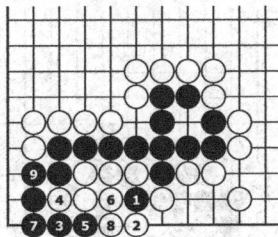

变化图：白4挤，黑5、黑7打吃再粘，至黑9，黑也是活棋

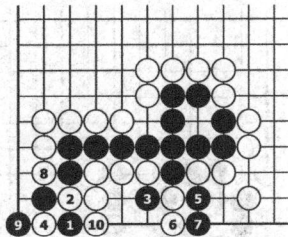

失败图：黑1尖不好，白2挤，黑3断，白4扑是好手，以下至白10，成劫活

答案

第145题

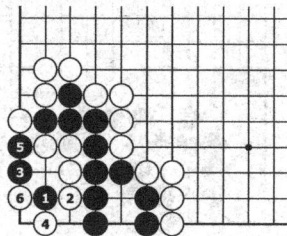

正解图：黑1跳是要点，白2冲，至白6，成劫活

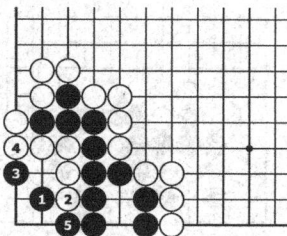

变化图：白4粘，黑5渡过，黑净活

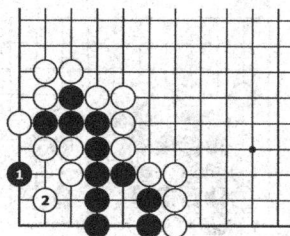

失败图：黑1点不好，白2小尖，黑净死

第146题

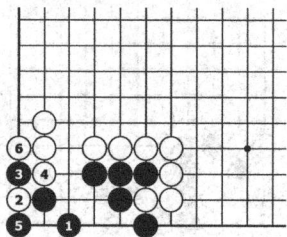

正解图：黑1小尖是要点，白2拖，黑3打吃，至白6，成劫活

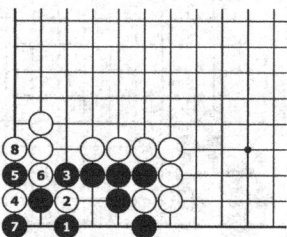

变化图：白2挤，黑3打吃，至白8，也是劫活

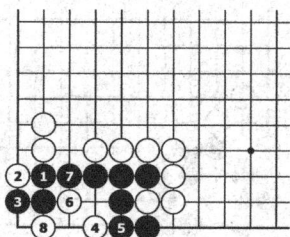

失败图：黑1顶不好，白2扳缩小眼位，至白8，黑净死

第147题

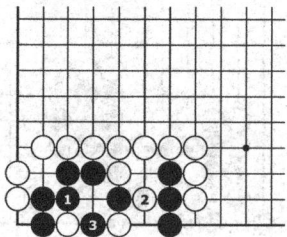

正解图：黑1打吃是好手，白2挖，至黑3，成劫活

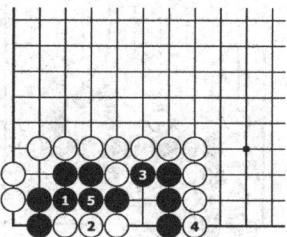

变化图：白2粘，黑3挤，至黑5，黑净活

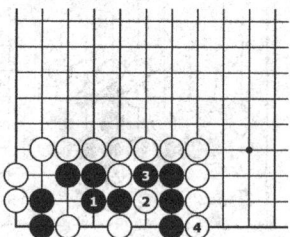

失败图：黑1粘不好，白2挖，至白4，黑净死

答案

第148题

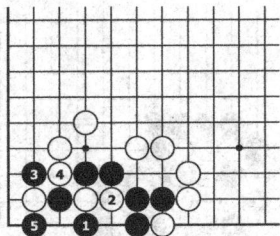

正解图：黑1打吃是要
点，白2长，至黑5，成
劫活

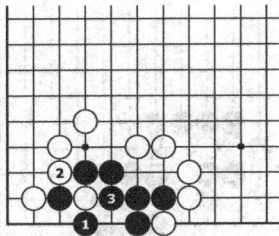

变化图：白2打吃，黑3
提，黑净活

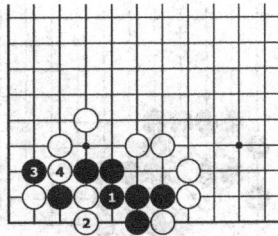

失败图：黑1打吃，方向
错误，至白4，黑净死

第149题

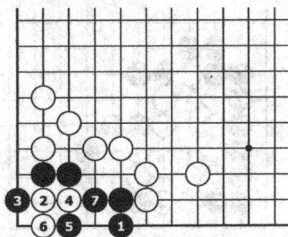

正解图：黑1立是要点，
白2夹，黑3扳，至黑7，
成劫活

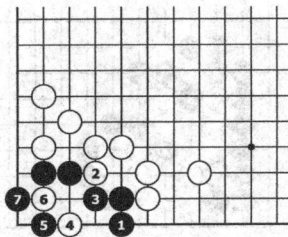

变化图：白2冲，黑3
挡，白4点，至黑7，也
是劫活

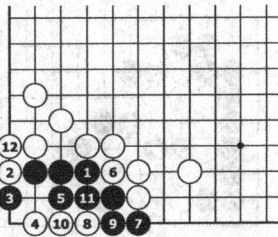

失败图：黑1挡不好，白
2、白4扳再点是好手，
以下至白12，黑净死

第150题

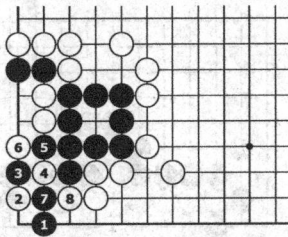

正解图：黑1小飞是好
手，白2大飞破眼，黑3
靠，至白8，成劫活

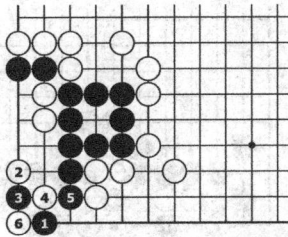

变化图：白2小飞，黑3
尖顶，至白6，也是劫活

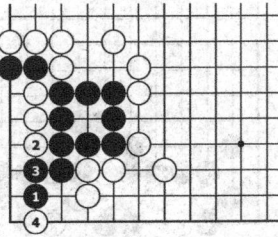

失败图：黑1小尖不好，
白2爬，至白4，黑净死

第二章 杀棋破眼

答案 2.1 缩小眼位

第151题

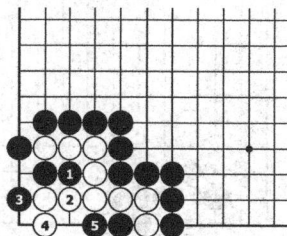

正解图：黑1挤是好手，白2粘，至黑5，白净死

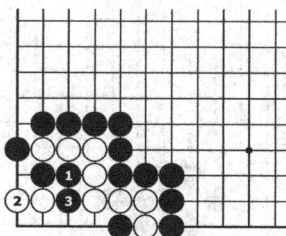

变化图：白2立，黑3冲，白也不行

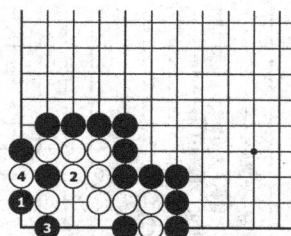

失败图：黑1扳不好，白2打吃，至白4，成劫杀

第152题

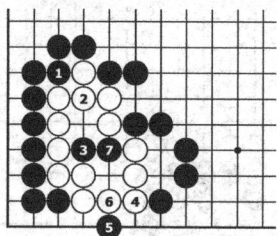

正解图：黑1打吃是缩小眼位的好手，白2粘，黑3点，至黑7，白净死

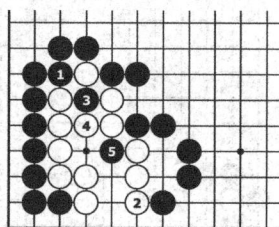

变化图：白2挡，黑3提，至黑5，白也不行

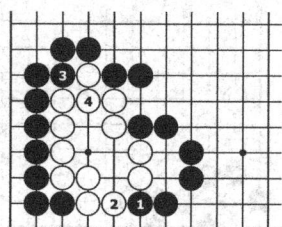

失败图：黑1爬不好，白2顶，至白4，白净活

第153题

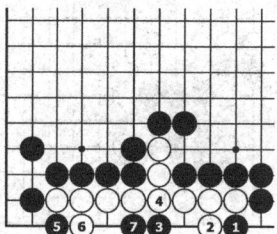

正解图：黑1扳是要点，白2挡，黑3、黑5点再扳，至黑7，白净死

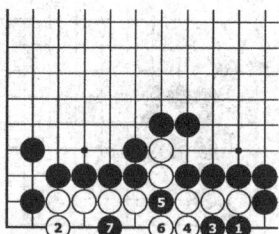

变化图：白2立，黑3爬，至黑7，白也不行

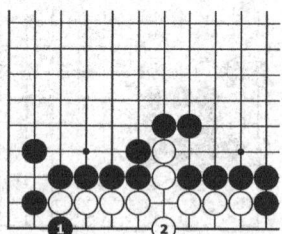

失败图：黑1扳方向错误，白2做眼，白净活

答案

第154题

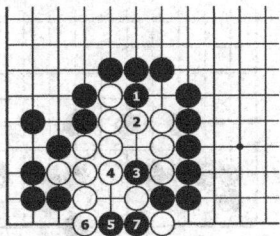

正解图：黑1、黑3冲再断是好次序，白4打吃，至黑7，白净死

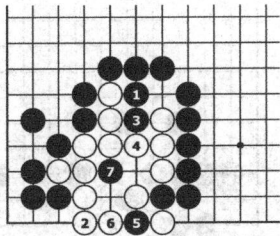

变化图：白2立，黑3冲，至黑7，白也不行

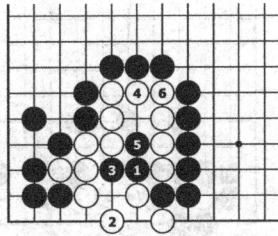

失败图：黑1断不好，白2倒虎，黑3长，至白6，黑无法杀白

第155题

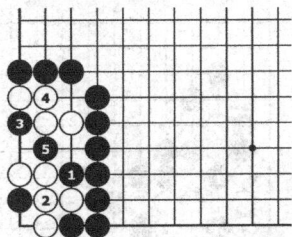

正解图：黑1、黑3打吃再扑是好手，至黑5，白净死

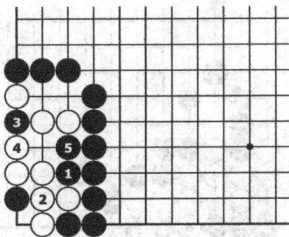

变化图：白4提，黑5破眼，白也不行

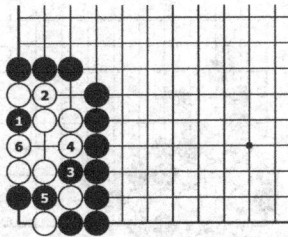

失败图：黑1扑不好，白2粘，黑3打吃，至白6，白净活

第156题

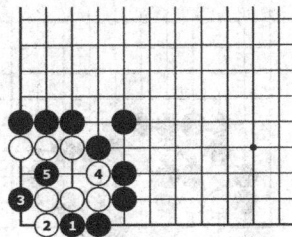

正解图：黑1、黑3爬再靠是好次序，至黑5，白净死

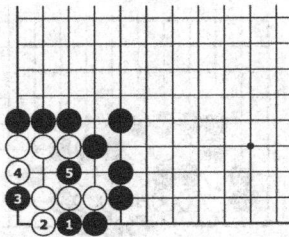

变化图：白4打吃，黑5挖，白也不行

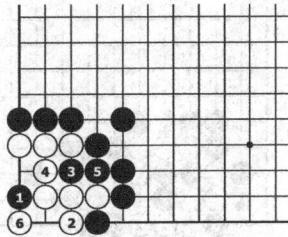

失败图：黑1靠不好，白2挡，至白6，成劫杀

答案

第157题

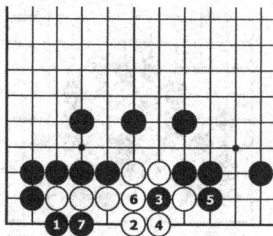

正解图：黑1扳是好手，白2虎，黑3断，至黑7，白净死

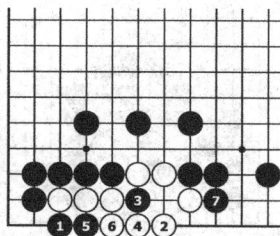

变化图：白2虎另外一边，黑3断，至黑7，白也不行

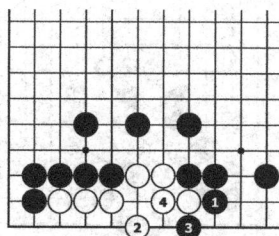

失败图：黑1拐不好，白2虎，至白4，白净活

第158题

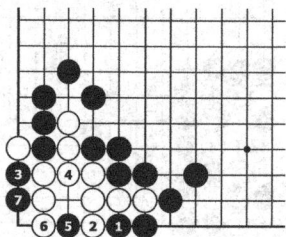

正解图：黑1爬是缩小眼位的好手，白2挡，黑3扑，至黑7，白净死

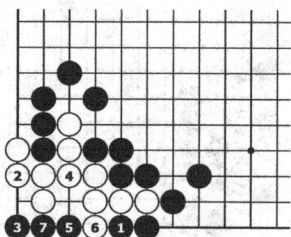

变化图：白2粘，黑3点，至黑7，白也不行

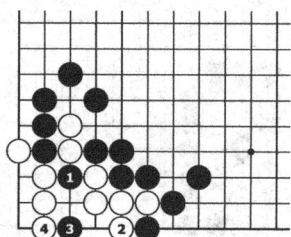

失败图：黑1扑不好，白2挡，至白4，白净活

第159题

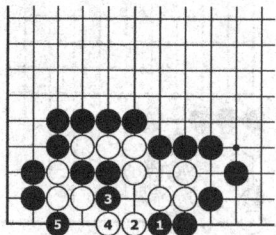

正解图：黑1爬是要点，白2挡，黑3拐，至黑5，白净死

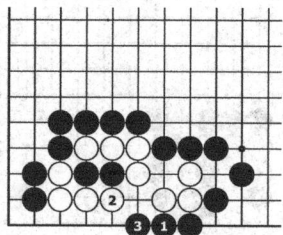

变化图：白2提，黑3长，白也不行

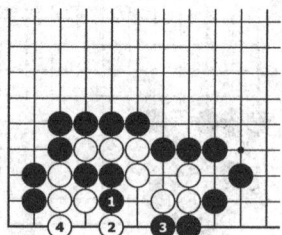

失败图：黑1拐不好，白2打吃，至白4，白净活

答案

第160题

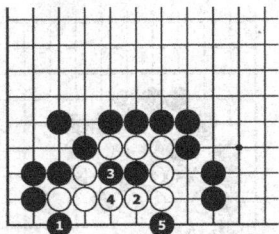

正解图：黑1扳是好手，白2打吃，黑3长，至黑5，白净死

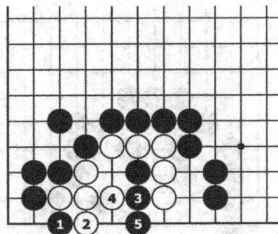

变化图：白2挡，黑3贴，至黑5，白也不行

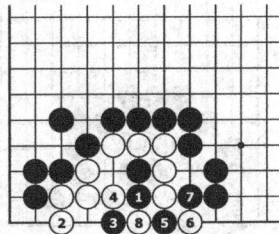

失败图：黑1贴不好，白2立，黑3小尖，至白8，成劫杀

第161题

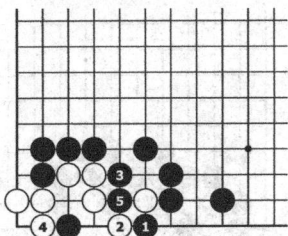

正解图：黑1扳是要点，白2挡，黑3虎，至黑5，白净死

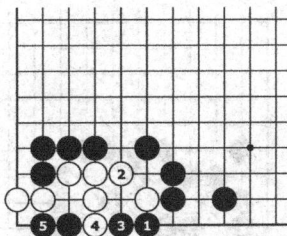

变化图：白2弯，黑3长，至黑5，白也不行

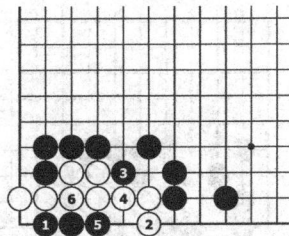

失败图：黑1长不好，白2立，至白6，成双活

第162题

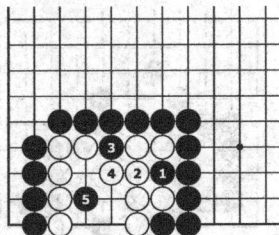

正解图：黑1、黑3冲再冲是好次序，至黑5，白净死

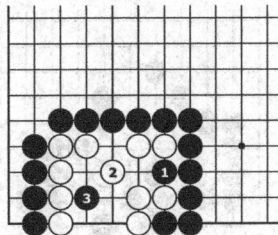

变化图：白2小尖，黑3点，白也不行

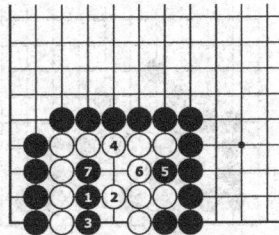

失败图：黑1靠不好，白2顶，至黑7，成双活

答案

第163题

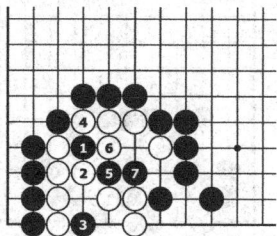

正解图：黑1扳是好手，白2挡，黑3点，至黑7，白净死

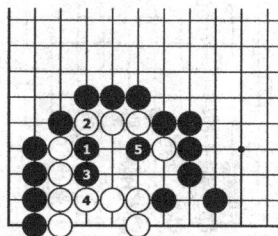

变化图：白2断，黑3冲，至黑5，白也不行

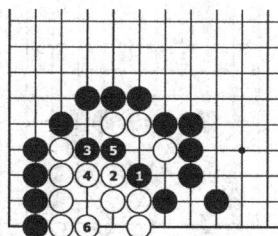

失败图：黑1扳不好，白2拐，至白6，白净活

第164题

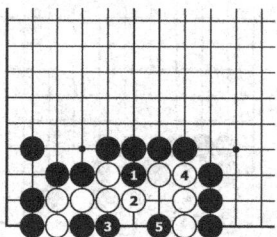

正解图：黑1、黑3冲再爬是好次序，至黑5，白净死

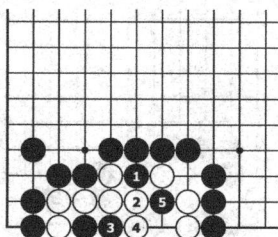

变化图：白4提，黑5扑，白也不行

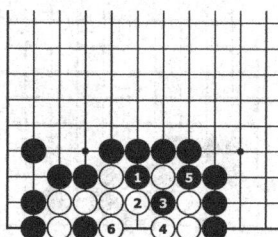

失败图：黑3扑不好，白4提，至白6，成劫杀

第165题

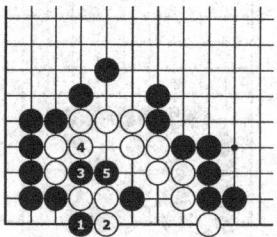

正解图：黑1、黑3扳再断吃是好次序，至黑5，白净死

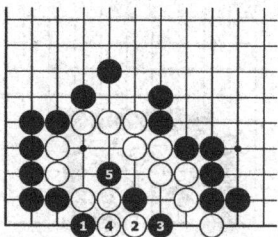

变化图：白2扳，黑3打吃，至黑5，白也不行

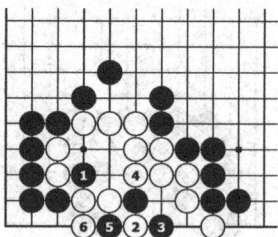

失败图：黑1断吃不好，白2扳，至白6，成劫杀

答案

第166题

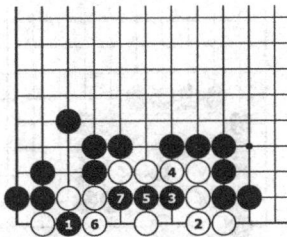

正解图：黑1扑是要点，白2粘，黑3靠，至黑7，白净死

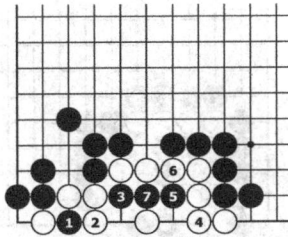

变化图：白2提，黑3断，至黑7，白也不行

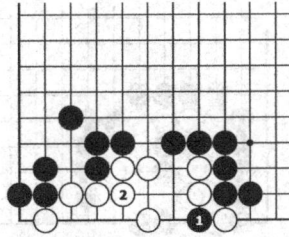

失败图：黑1扑方向错误，白2粘，白净活

第167题

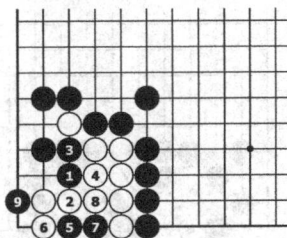

正解图：黑1、黑3尖再断吃是好手，白4团，至黑9，白净死

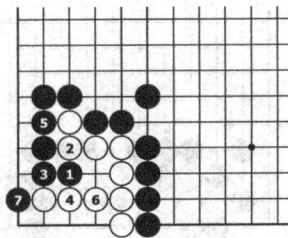

变化图：白2粘，黑3粘，至黑7，白不行

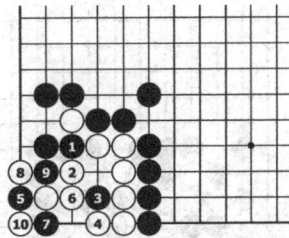

失败图：黑1断不好，白2扳，黑3点，至白10，成劫杀

第168题

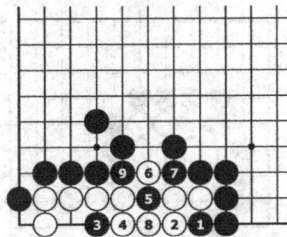

正解图：黑1、黑3拐再点是好次序，白4挡，黑5挖，至黑9，白净死

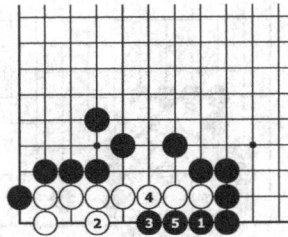

变化图：白2做眼，黑3点，至黑5，白也不行

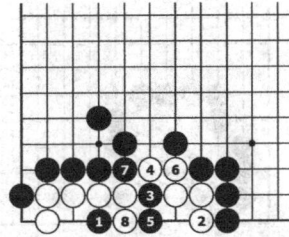

失败图：黑1靠不好，白2挡，黑3挖，至白8，白净活

答案

第169题

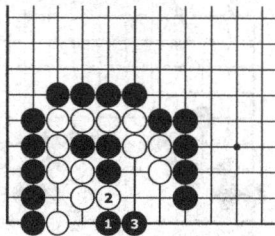

正解图：黑1大飞是要点，至黑3，白净死

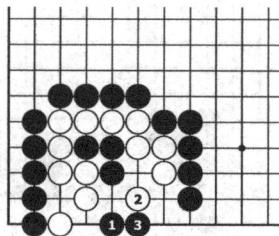

变化图：白2尖，黑3爬，白也不行

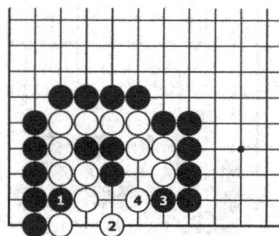

失败图：黑1打吃不好，白2小尖是要点，至白4，白净活

第170题

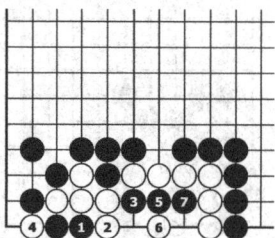

正解图：黑1、黑3爬再断是好手，白4提，至黑7，白净死

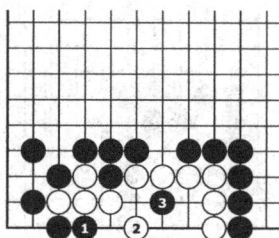

变化图：白2虎，黑3点，白也不行

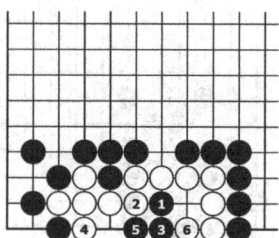

失败图：黑1靠不好，白2粘，至白6，成双活

第171题

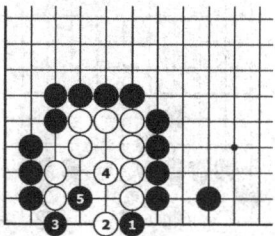

正解图：黑1扳是要点，白2挡，黑3再扳，至黑5，白净死

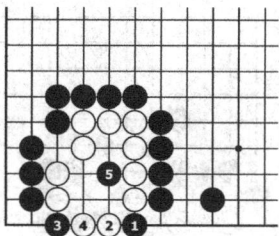

变化图：白4顶，黑5点，白也不行

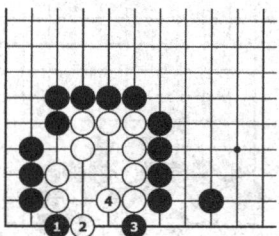

失败图：黑1扳方向错误，白2挡，至白4，白净活

答 案

第172题

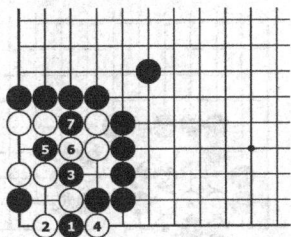

正解图：黑1、黑3扳再打吃是好手，白4提，至黑7，白净死

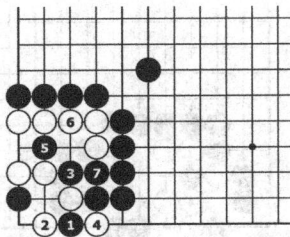

变化图：白6粘，黑7粘，白也不行

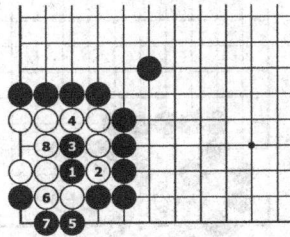

失败图：黑1挤不好，白2断吃，黑3长，至白8，白净活

第173题

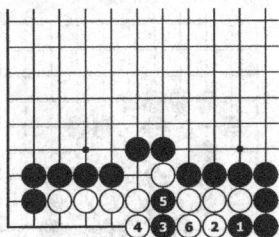

正解图1：黑1拐是要点，白2挡，黑3点，黑5扑，白6提

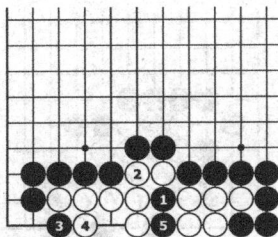

正解图2：接正解图1，黑1扑，白2粘，至黑5，白净死

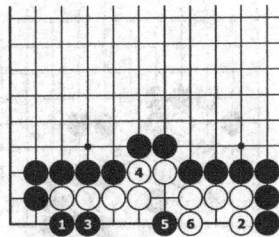

失败图：黑1扳不好，白2挡，黑3爬，至白6，白净活

第174题

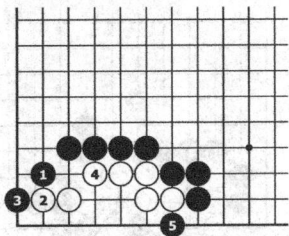

正解图：黑1小尖是要点，白2爬，黑3扳，至黑5，白净死

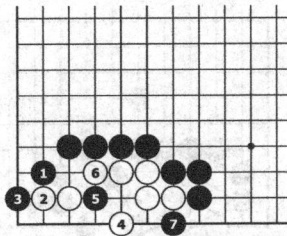

变化图：白4小尖，黑5靠，至黑7，白也不行

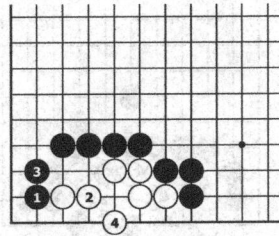

失败图：黑1靠不好，白2退，至白4，白净活

答案

第175题

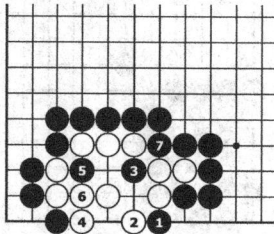

正解图：黑1、黑3扳再点是好手，白4挡，至黑7，白净死

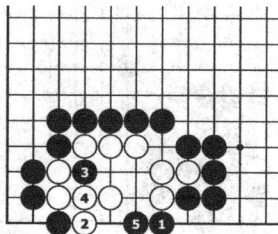

变化图：白2挡另一边，黑3断吃，至黑5，白也不行

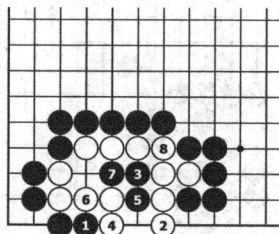

失败图：黑1长不好，白2立，黑3点，至白8，成双活

第176题

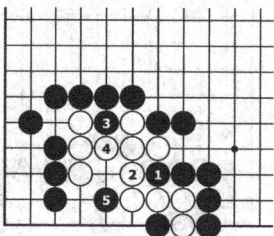

正解图：黑1、黑3冲再冲是好次序，至黑5，白净死

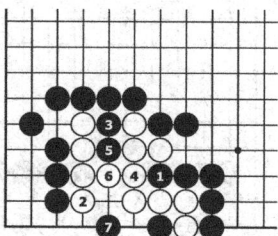

变化图：白2挡，黑3冲，至黑7，白也不行

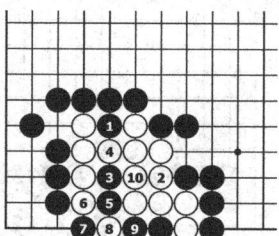

失败图：黑1冲方向错误，白2粘，黑3点，以下至白10，白净活

第177题

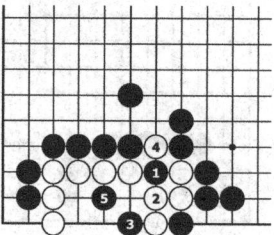

正解图：黑1挖是好手，白2粘，黑3打吃，至黑5，白净死

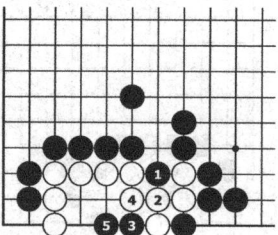

变化图：白4粘，黑5长，白也不行

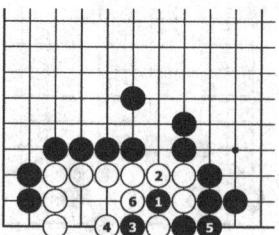

失败图：黑1打吃不好，白2粘，黑3提，至白6，白净活

答案

第178题

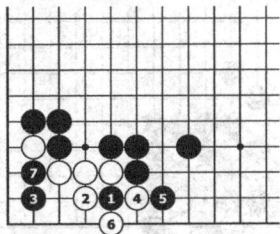

正解图：黑1、黑3扳再点是好次序，白4打吃，至黑7，白净死

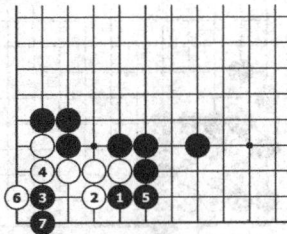

变化图：白4粘，黑5粘，至黑7，白也不行

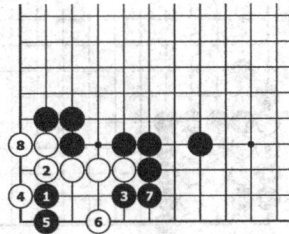

失败图：黑1点不好，白2粘，黑3扳，白6跳是好手，至白8，白净活

第179题

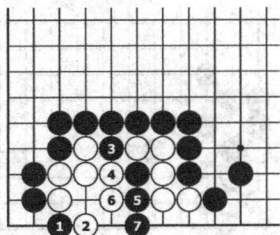

正解图：黑1扳是好次序，白2挡，黑3冲，至黑7，白净死

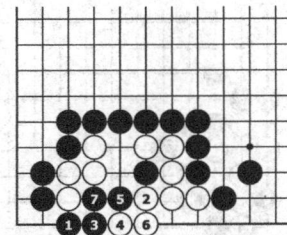

变化图：白2打吃，黑3长，至黑7，白也不行

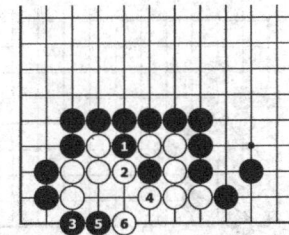

失败图：黑1冲不好，白2断吃，黑3扳，白4提，至白6，白净活

第180题

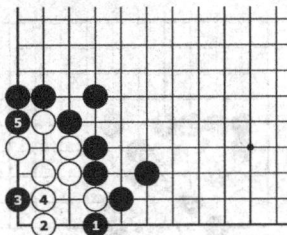

正解图：黑1打吃是要点，白2跳，黑3点，至黑5，白净死

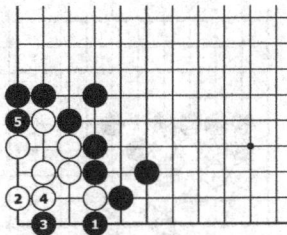

变化图：白2小尖，黑3跳，至黑5，白也不行

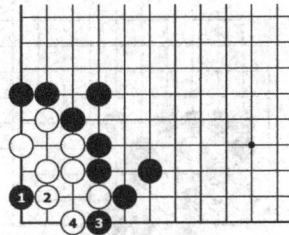

失败图：黑1点不好，白2挡，黑3打吃，白4挡，成劫杀

答案 2.2 占据要点

第181题

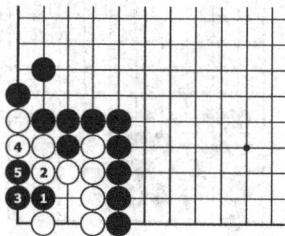

正解图：黑1靠是要点，白2粘，黑3立，至黑5，白净死

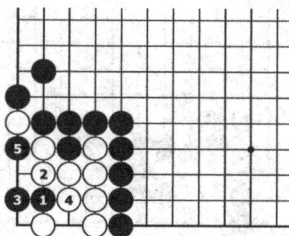

变化图：白4团，黑5提，白也不行

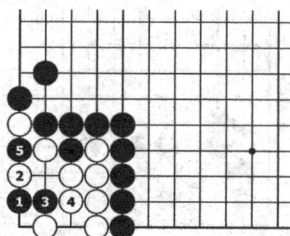

失败图：黑1点不好，白2小尖，黑3冲，至黑5，成劫杀

第182题

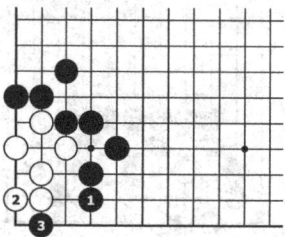

正解图：黑1并是要点，白2做眼，黑3托，白净死

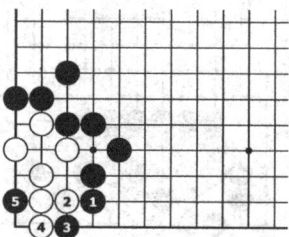

变化图：白2顶，黑3扳，至黑5，白净死

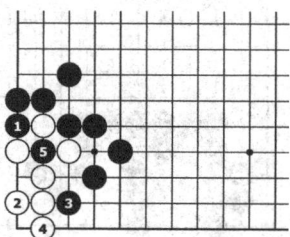

失败图：黑1打吃不好，白2立，至黑5，成劫杀

第183题

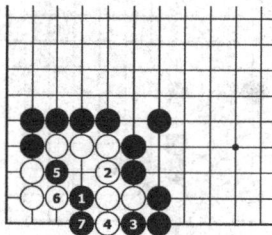

正解图：黑1靠是要点，白2粘，黑3拐，至黑7，白净死

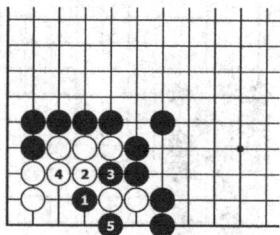

变化图：白2顶，黑3断，至黑5，白也不行

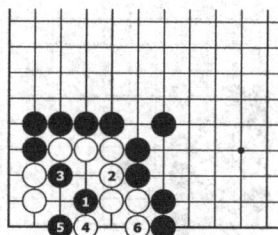

失败图：黑3断不好，白4扳，至白6，成劫杀

答 案

第184题

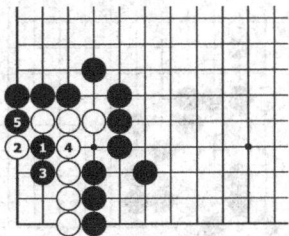

正解图：黑1夹是好手，白2扳，黑3长，至黑5，白净死

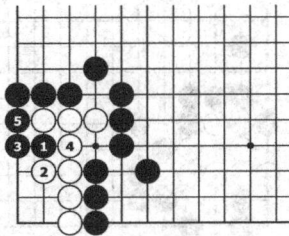

变化图：白2挡，黑3立，至黑5，白也不行

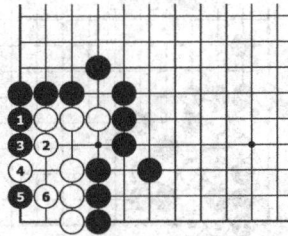

失败图：黑1拐不好，白2弯，黑3爬，至白6，成劫杀

第185题

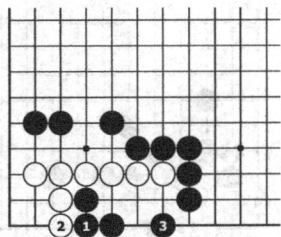

正解图：黑1团是要点，白2挡，黑3小尖，白净死

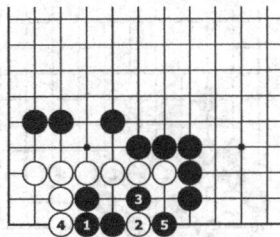

变化图：白2靠，黑3打吃，至黑5，白也不行

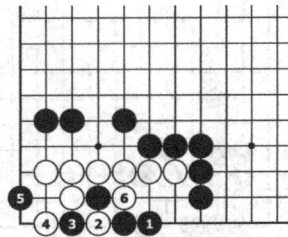

失败图：黑1退不好，白2扑，至白6，成劫杀

第186题

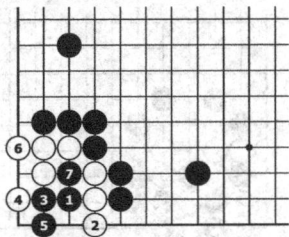

正解图：黑1夹是要点，白2立，黑3爬，至黑7，白净死

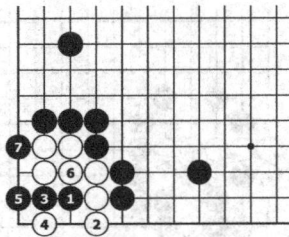

变化图：白4夹，黑5立，至黑7，白也不行

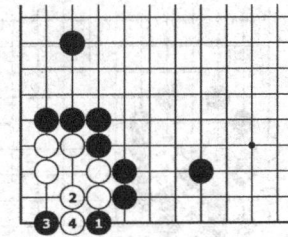

失败图：黑1扳不好，白2做眼，至白4，白净活

答案

第187题

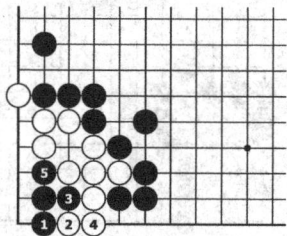

正解图：黑1立是要点，
白2小尖，至黑5，白净死

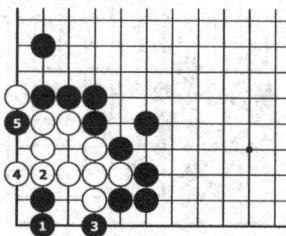

变化图：白2团，黑3扳，
至黑5，白也不行

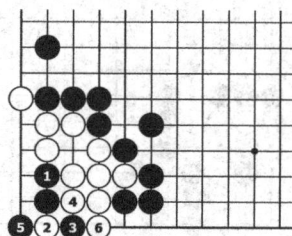

失败图：黑1挤不好，
白2托，至白6，成劫杀

第188题

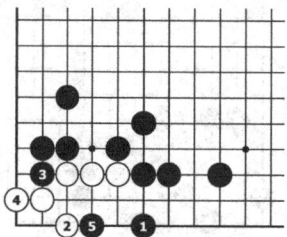

正解图：黑1跳是好手，
白2小尖，黑3挤，至黑
5，白净死

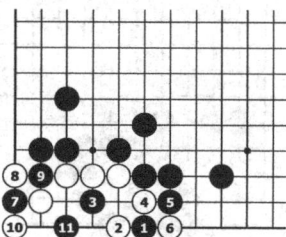

变化图：白2靠，黑3点，
至黑11，白不行

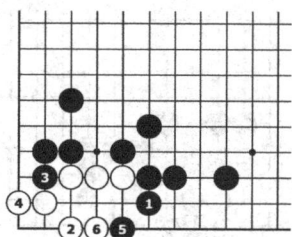

失败图：黑1立不好，白
2倒虎，至白6，白净活

第189题

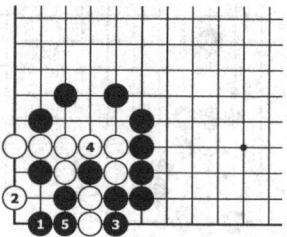

正解图：黑1虎是好手，
白2点，至黑5，白净死

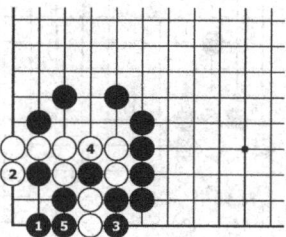

变化图：白2打吃，黑3
挡，至黑5，白不行

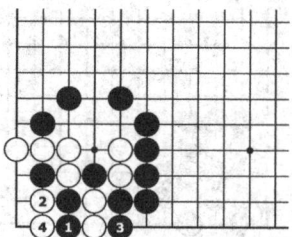

失败图：黑1打吃不好，
白2断吃，至白4，白净活

答案

第190题

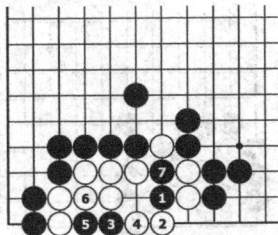

正解图：黑1夹，白2扳，黑3靠，至黑7，白净死

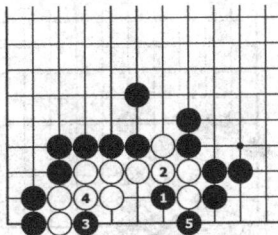

变化图：白2粘，黑3打吃，至黑5，白净死

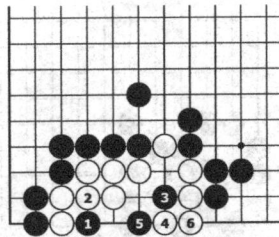

失败图：黑1打吃不好，白2粘，至白6，白净活

第191题

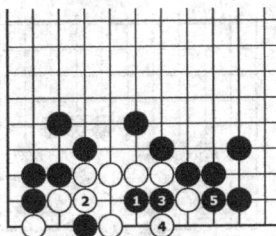

正解图：黑1靠是要点，白2粘，黑3断，至黑5，白净死

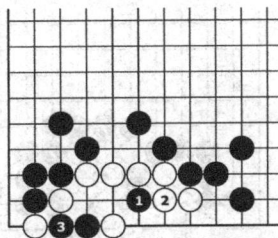

变化图：白2粘，黑3扑，白也不行

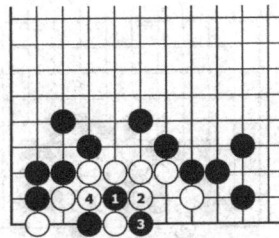

失败图：黑1打吃不好，白2挡，至白4，白净活

第192题

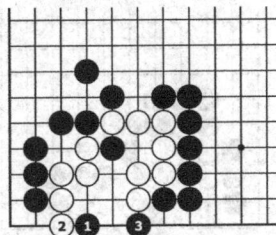

正解图：黑1点，白2挡，至黑3，白净死

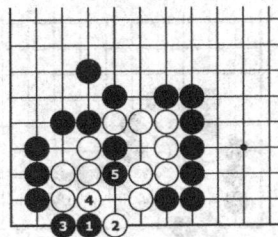

变化图：白2小尖，黑3渡过，至黑5，白也不行

失败图：黑1夹，白2扳，至白6，白净活

答案

第193题

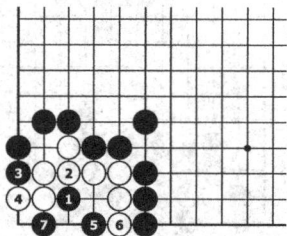

正解图：黑1靠是要点，白2粘，黑3爬，至黑7，白净死

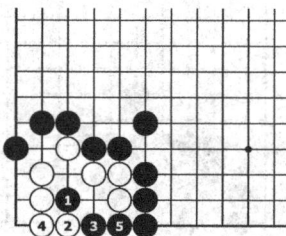

变化图：白2扳，黑3打吃，至黑5，白净死

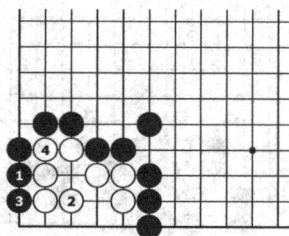

失败图：黑1爬不好，白2做眼，至白4，白净活

第194题

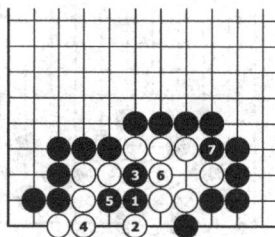

正解图：黑1靠是要点，白2扳，黑3断，至黑7，白净死

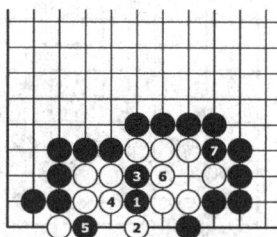

变化图：白2扳，黑3断，至黑7，白也不行

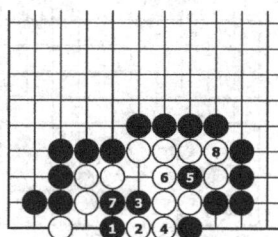

失败图：黑1点不好，白2尖，至白8，白净活

第195题

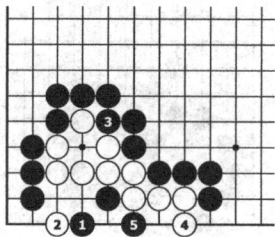

正解图：黑1小尖，白2靠，至黑5，白净死

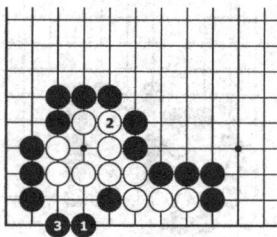

变化图：白2做眼，黑3退，白也不行

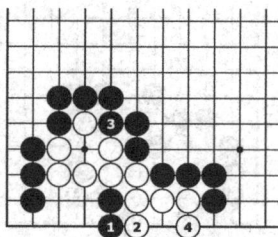

失败图：黑1立不好，白2挡，至白4，白净活

答案

第196题

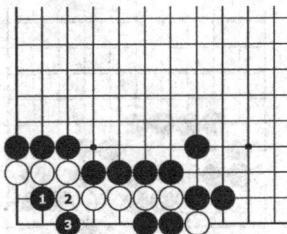

正解图：黑1靠是好手，白2粘，黑3扳，白净死

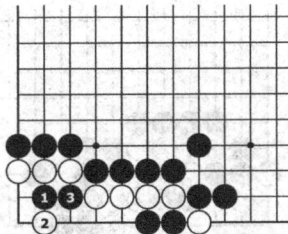

变化图：白2夹，黑3断，白也不行

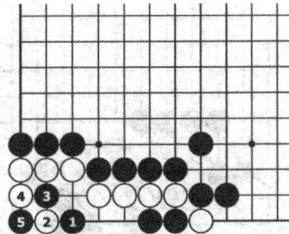

失败图：黑1点不好，白2靠，至黑5，成劫杀

第197题

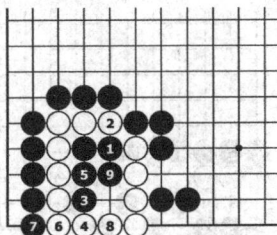

正解图：黑1顶是好手，白2断，黑3夹，至黑9，白净死

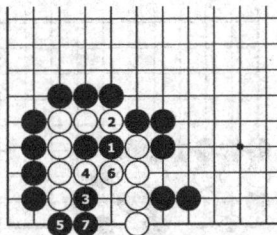

变化图：白4冲，黑5渡过，至黑7，白也不行

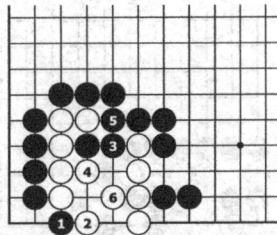

失败图：黑1扳不好，白2挡，白4挡是好手，至白6，白净活

第198题

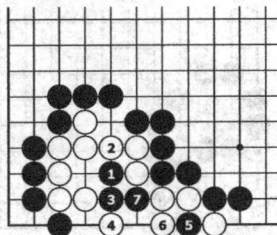

正解图：黑1夹是要点，白2粘，黑3冲，至黑7，白净死

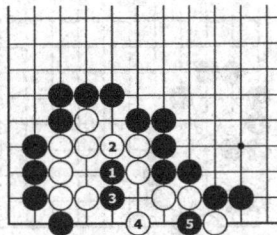

变化图：白4小尖，黑5扑，白也不行

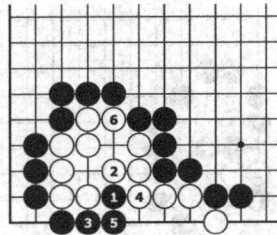

失败图：黑1靠不好，白2挡，至白6，白净活

答案

第199题

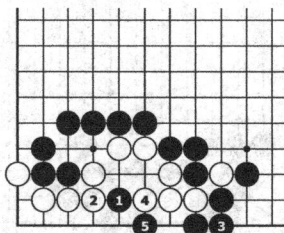

正解图：黑1点是好手，
白2粘，黑3粘是要点，
至黑5，白净死

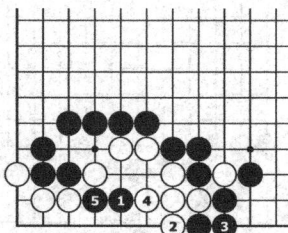

变化图：白2挡，黑3粘，
至黑5，白净死

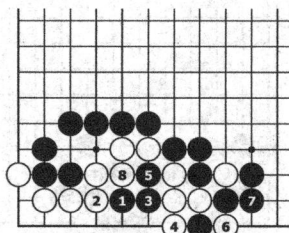

失败图：黑3顶不好，白
4打吃，至白8，白净活

第200题

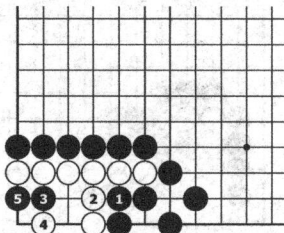

正解图：黑1团是要点，
白2粘，黑3靠，至黑5，
白净死

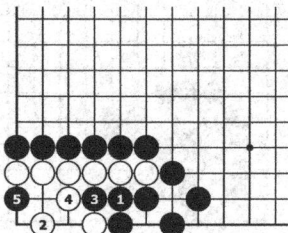

变化图：白2跳，黑3冲，
至黑5，白也不行

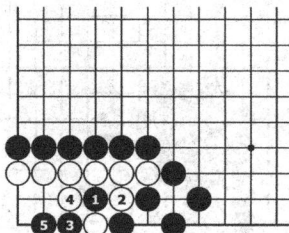

失败图：黑1打吃不好，
白2断，至黑5，成劫杀

第201题

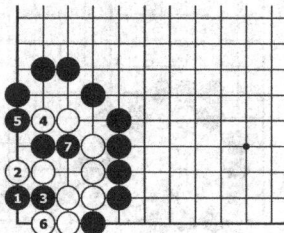

正解图：黑1点，白2挡，
黑3挤，至黑7，白净死

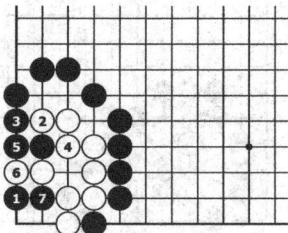

变化图：白2冲，黑3挡，
至黑7，白也不行

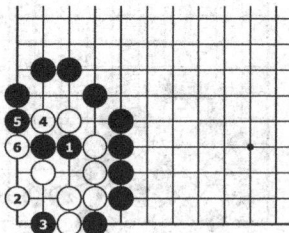

失败图：黑1挤不好，白
2小尖，至白6，成劫杀

答案

第202题

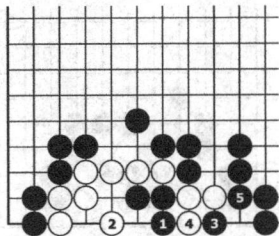

正解图：黑1弯是要点，白2小尖，黑3靠，至黑5，白净死

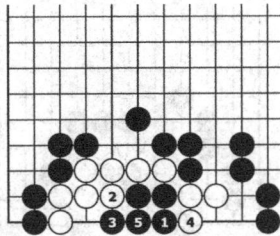

变化图：白2团，黑3扳，至黑5，白也不行

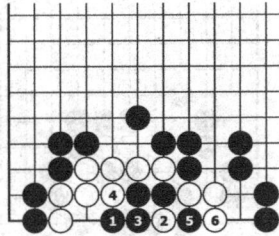

失败图：黑1小尖不好，白2扳，黑3打吃，至白6，成劫杀

第203题

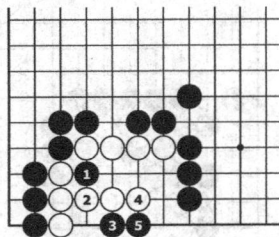

正解图：黑1断不好，白2粘，黑3靠，至黑5，白净死

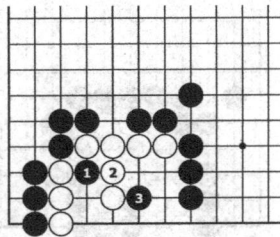

变化图：白2粘，黑3靠，白也不行

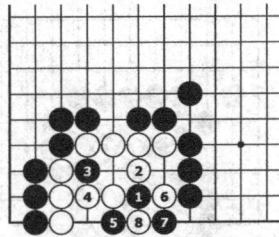

失败图：黑1靠不好，白2顶，黑3断，至白8，成劫杀

第204题

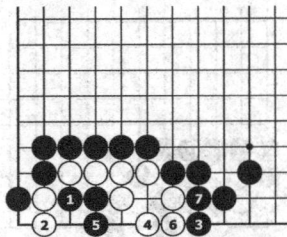

正解图：黑1、黑3断再小尖是好手，白4做眼，黑5立，至黑7，白净死

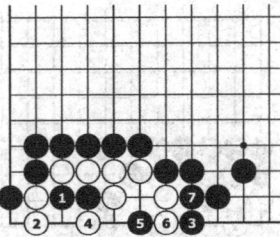

变化图：白4打吃，黑5点，至黑7，白也不行

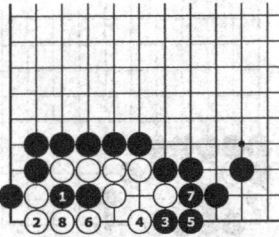

失败图：黑3夹不好，白4打吃，至白8，成劫杀

答案

第205题

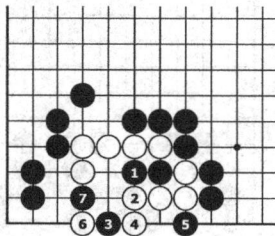

正解图：黑1冲是要点，白2打吃，黑3大飞，至黑7，白净死

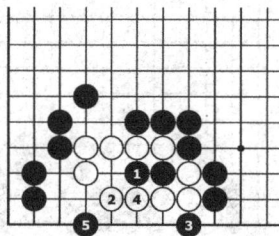

变化图：白2尖，黑3扳，至黑5，白也不行

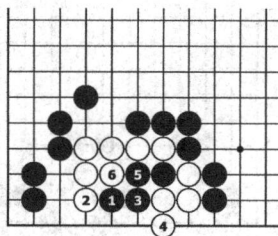

失败图：黑1点不好，白2挡，黑3顶，至白6，白净活

第206题

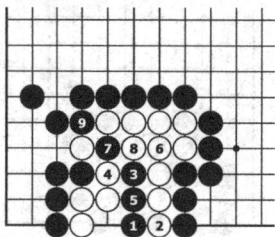

正解图：黑1点是好手，白2断，黑3靠，至黑9，白净死

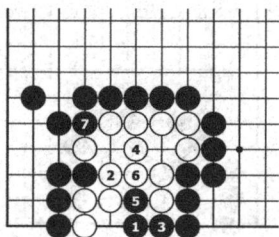

变化图：白2挡，黑3粘，至黑7，白也不行

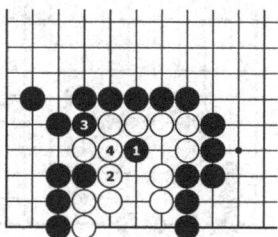

失败图：黑1靠不好，白2挡，至白4，白净活

第207题

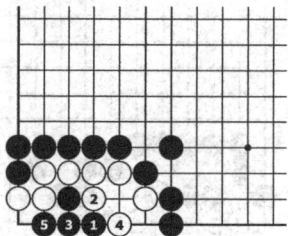

正解图：黑1小尖，白2打吃，至黑5，白净死

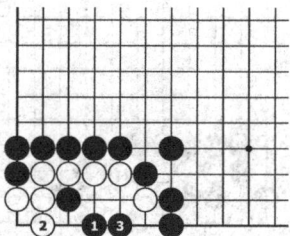

变化图：白2立，黑3并，白也不行

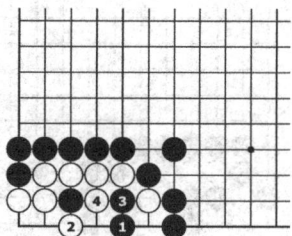

失败图：黑1跳不好，白2打吃，至白4，白净活

答案

第208题

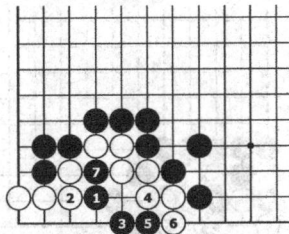

正解图：黑1点，白2粘，黑3小尖，至黑7，白净死

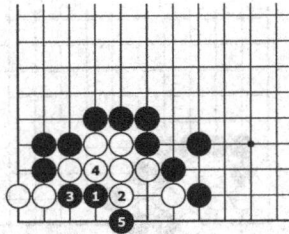

变化图：白2挡，黑3打吃，至黑5，白不行

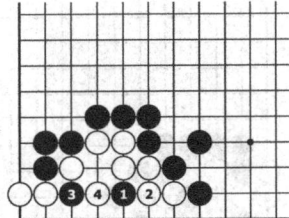

失败图：黑1靠不好，白2粘，黑3打吃，至白4，成劫杀

第209题

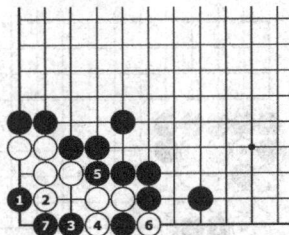

正解图：黑1点是要点，白2挡，黑3点，至黑7，白净死

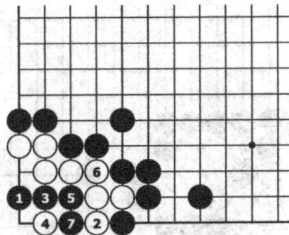

变化图：白2挡，黑3贴，至黑7，白也不行

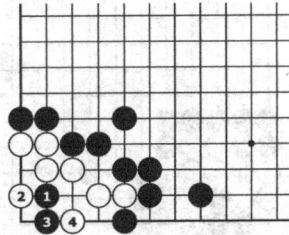

失败图：黑1靠不好，白2扳，至白4，白净活

第210题

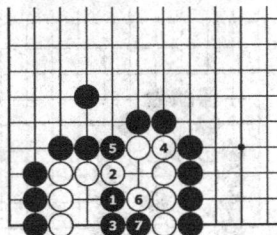

正解图：黑1、黑3点完立是好手，白4团，黑5挤，至黑7，白净死

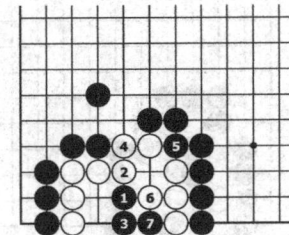

变化图：白4团，黑5挤，至黑7，白也不行

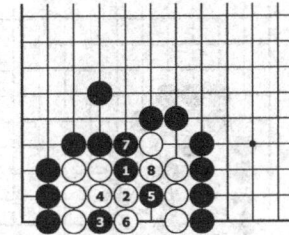

失败图：黑1扳不好，白2挡，以下至白8，白净活

答案 2.3　利用棋形缺陷破眼

第211题

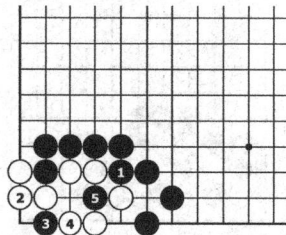

正解图：黑1挤是要点，白2粘，黑3靠，至黑5，白净死

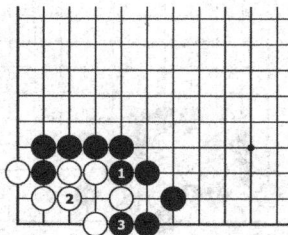

变化图：白2粘，黑3挤，白也不行

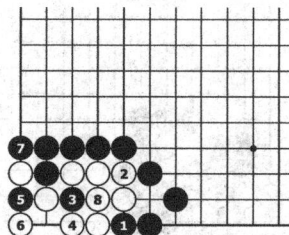

失败图：黑1挤，白2团，黑3断，至白8，成劫杀

第212题

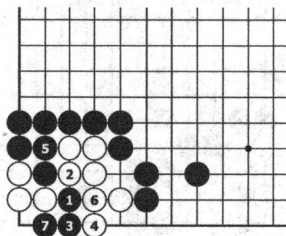

正解图：黑1扳是要点，白2断，黑3立，至黑7，白净死

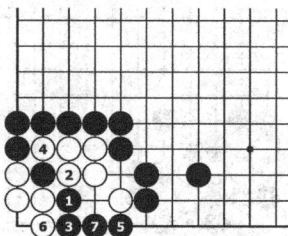

变化图：白4提，黑5扳，至黑7，白不行

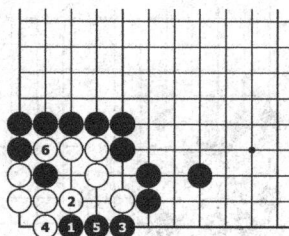

失败图：黑1点不好，白2挡，黑3扳，至白6，白净活

第213题

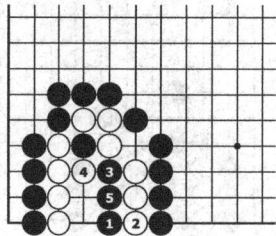

正解图：黑1跳是要点，白2断，黑3打吃，至黑5，白净死

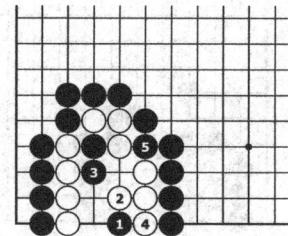

变化图：白2挡，黑3长，至黑5，白也不行

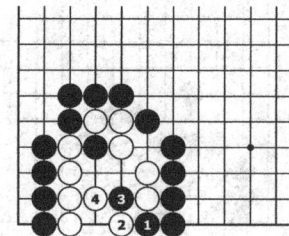

失败图：黑1拐不好，白2挡，至白4，成劫杀

答案

第214题

正解图：黑1、黑3扑再跳是好手，至黑7，白净死

变化图：白2虎，黑3提，至黑7，白也不行

失败图：黑1点不好，白2粘，至白4，白净活

第215题

正解图：黑1靠是好手，白2贴，黑3断，至黑5，白净死

变化图：白2粘，黑3冲，白也不行

失败图：黑1打吃不好，白2并，至白4，白净活

第216题

正解图：黑1断是要点，白2做眼，黑3小尖，至黑5，白净死

变化图：白2打吃，黑3靠，至黑5，白也不行

失败图：黑1打吃不好，白2粘，至白4，白净活

答案

第217题

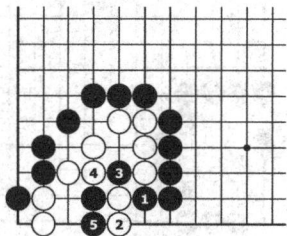

正解图：黑1挤，白2立，至黑5，白净死

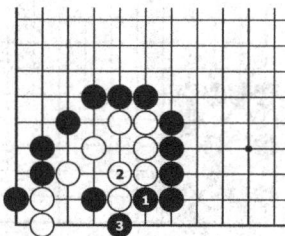

变化图：白2粘，黑3渡过，白也不行

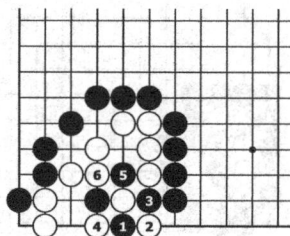

失败图：黑1扳不好，白2打吃，至白6，成劫杀

第218题

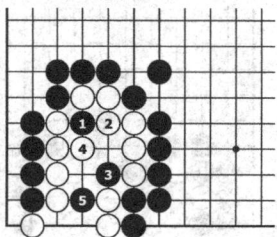

正解图：黑1断吃是好手，白2粘，黑3断，至黑5，白净死

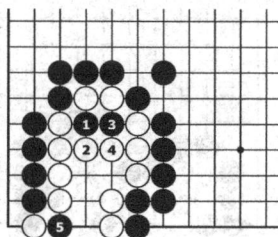

变化图：白2打吃，黑3提，至黑5，白不行

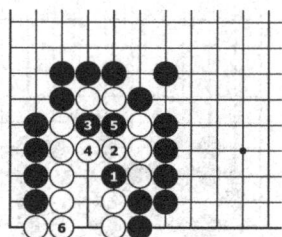

失败图：黑1断不好，白2打吃，至白6，白净活

第219题

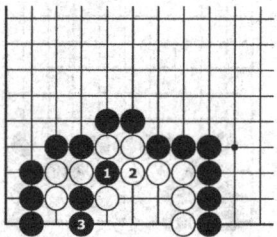

正解图：黑1扑是要点，至黑3，白净死

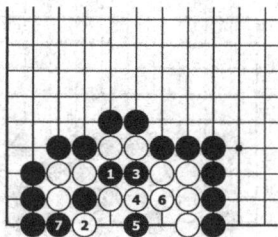

变化图：白2提，黑3提，黑5靠是好手，至黑7，白不行

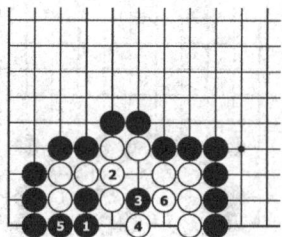

失败图：黑1立不好，白2粘，至白6，白净活

答 案

第220题

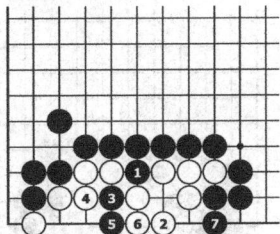

正解图：黑1挤是要点，白2做眼，黑3断，至黑7，白净死

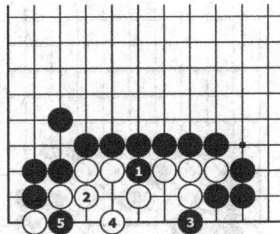

变化图：白2粘，黑3打吃，至黑5，白不行

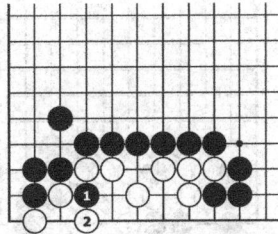

失败图：黑1打吃不好，白2打吃，成劫杀

第221题

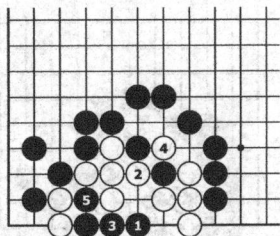

正解图：黑1点是好手，白2打吃，黑3粘，至黑5，白净死

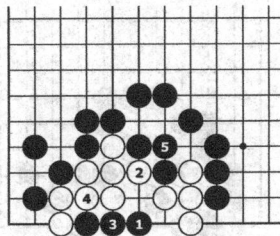

变化图：白4粘，黑5粘，白也不行

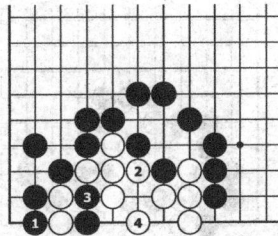

失败图：黑1打吃不好，白2打吃，黑3提，白4做眼，白净活

第222题

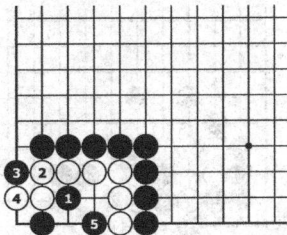

正解图：黑1挤是好手，白2粘，黑3扳，至黑5，白净死

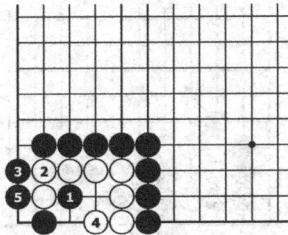

变化图：白4弯，黑5渡过，白也不行

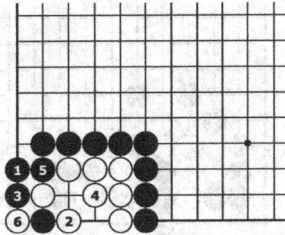

失败图：黑1小尖不好，白2打吃，至白6，成劫杀

答案

第223题

正解图：黑1跳是要点，白2小尖，黑3挤，至黑5，白净死

变化图：黑1点，白2断，黑3打吃，至黑5，白不行

失败图：黑1挤不好，白2做眼，至白6，成劫杀

第224题

正解图：黑1靠是好手，白2打吃，至黑5，白不行

变化图：白2粘，黑3长，至黑5，白也不行

失败图：黑1打吃不好，白2粘，白4扑，至白8，白净活

第225题

正解图：黑1冲是好手，白2挡，黑3挖，白净死

变化图：白2立，黑3挖，至黑5，白也不行

失败图：黑1挖，白2断吃，至白6，成劫杀

答 案

第226题

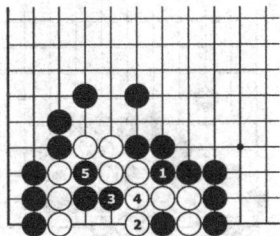

正解图：黑1打吃是要
点，白2提，黑3冲，至黑
5，白净死

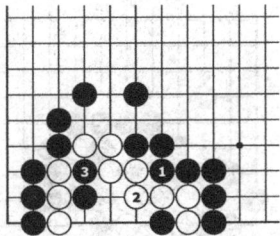

变化图：白2粘，黑3断，
白也不行

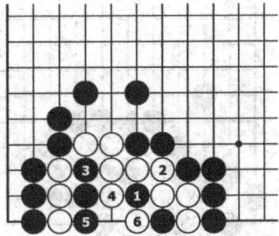

失败图：黑1打吃方向错
误，白2粘，至白6，白
净活

第227题

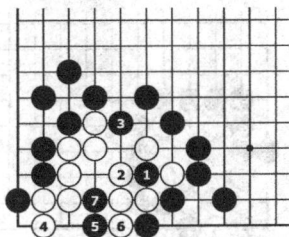

正解图：黑1、黑3扑再
虎是好手，白4立，至
黑7，白净死

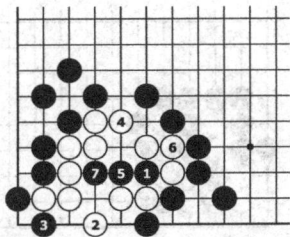

变化图：白2虎，黑3扳，
至黑7，白也不行

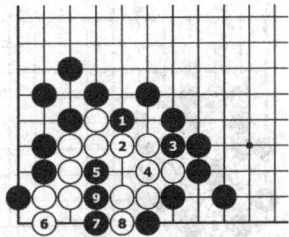

失败图：黑1虎不好，
白2粘，至黑9，白净活

第228题

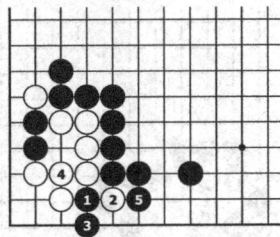

正解图：黑1挤是好手，
白2打吃，至黑5，白净死

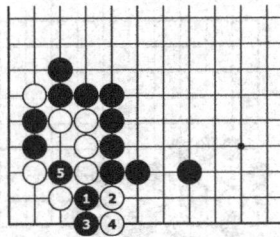

变化图：白4打吃，黑5
扑，白也不行

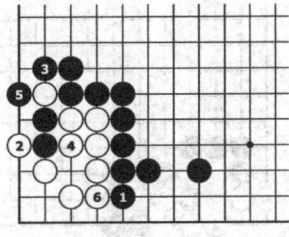

失败图：黑1立不好，白
2扳，至白6，白净活

答案

第229题

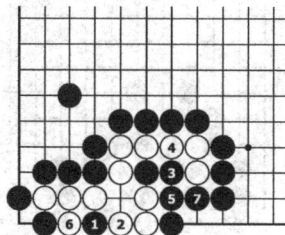

正解图：黑1夹是好手，白2打吃，黑3长，至黑7，白净死

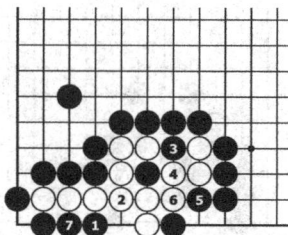

变化图：白2粘，黑3冲，至黑7，白也不行

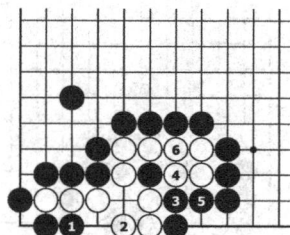

失败图：黑1爬不好，白2做眼，至白6，白净活

第230题

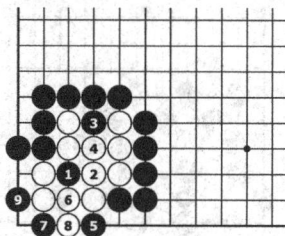

正解图：黑1断是好手，白2粘，黑3冲，至黑9，白不行

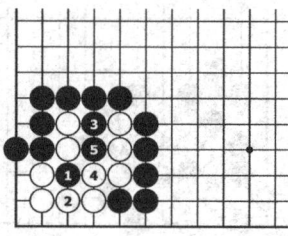

变化图：白2粘，黑3冲，至黑5，白也不行

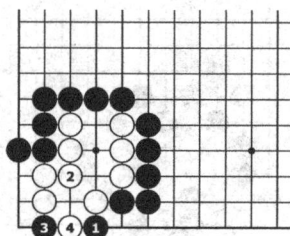

失败图：黑1扳不好，白2粘，黑3托，至白4，成劫杀

第231题

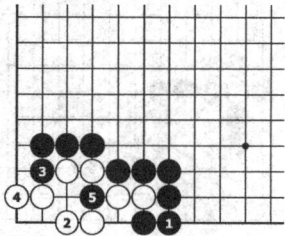

正解图：黑1粘是好手，白2做眼，黑3挤，至黑5，白净死

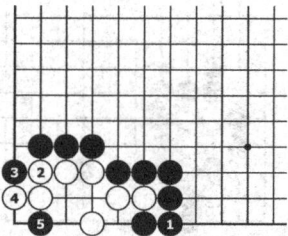

变化图：白2团，黑3扳，至黑5，白也不行

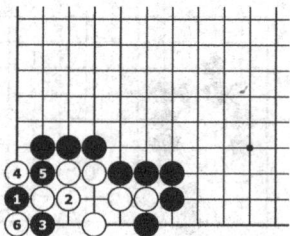

失败图：黑1托不好，白2做眼，至白6，成劫杀

答案

第232题

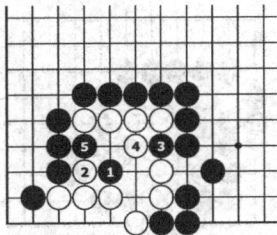

正解图：黑1靠是好手，白2冲，至黑5，白净死

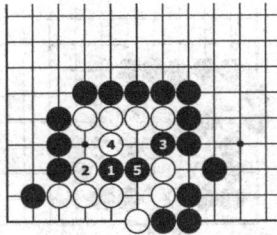

变化图：白4打吃，黑5长，白也不行

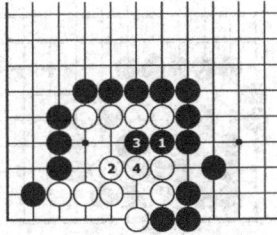

失败图：黑1冲不好，白2并，至白4，白净活

第233题

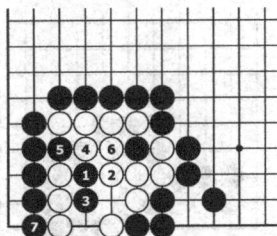

正解图：黑1靠是要点，白2顶，黑3长，至黑7，白净死

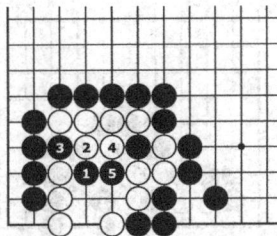

变化图：白2顶，黑3断，至黑5，白也不行

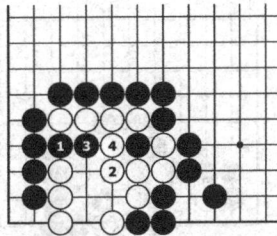

失败图：黑1冲不好，白2做眼，至白4，白净活

第234题

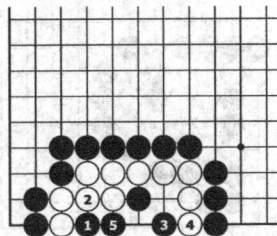

正解图：黑1、黑3打吃再尖是好次序，至黑5，白净死

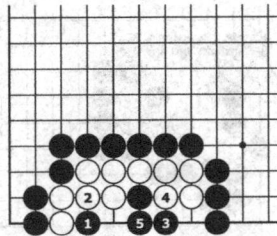

变化图：白4打吃，黑5粘，白也不行

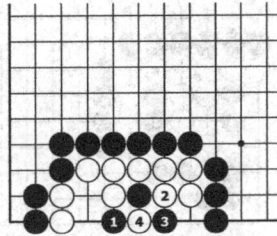

失败图：黑1扳不好，白2打吃，至白4，成劫杀

答案

第235题

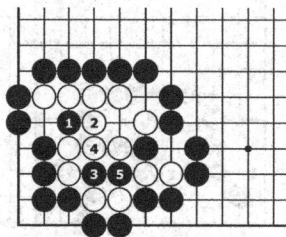

正解图：黑1挖是好手，白2打吃，至黑5，白净死

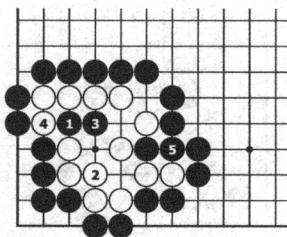

变化图：白2粘，黑3冲，至黑5，白不行

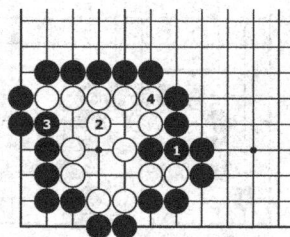

失败图：黑1粘不好，白2做眼，至白4，白净活

第236题

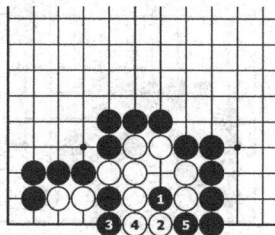

正解图：黑1挖是要点，白2打吃，黑3立，白净死

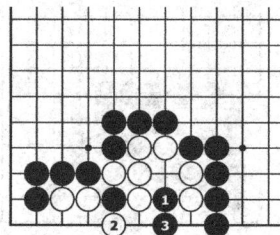

变化图：白2提，黑3立，白不行

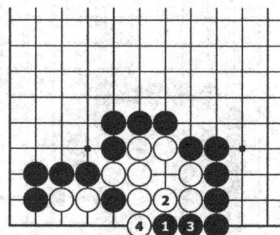

失败图：黑1跳不好，白2粘，至白4，白净活

第237题

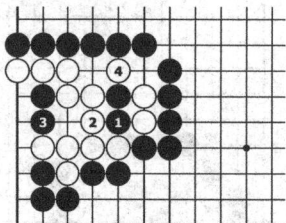

正解图1：黑1扑是好手，白2打吃，黑3顶，白4提

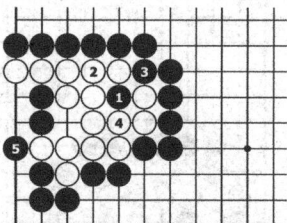

正解图2：接正解图1，黑1扑，白2团，至黑5，白净死

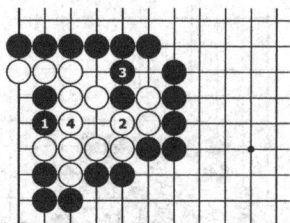

失败图：黑1顶不好，白2粘，至白4，白净活

答案

第238题

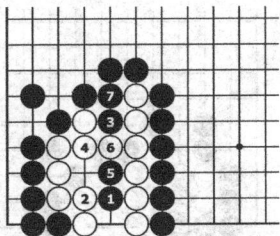

正解图：黑1靠是要点，白2粘，黑3打吃，至黑7，白净死

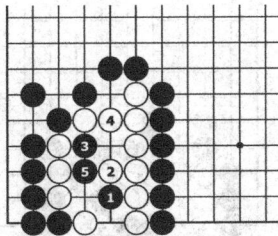

变化图：黑1靠，白2拐，黑3打吃，至黑5，白也不行

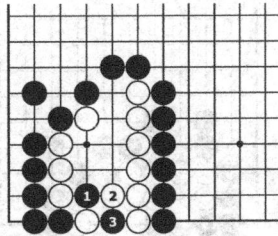

失败图：黑1打吃不好，白2打吃，至黑3，成劫杀

第239题

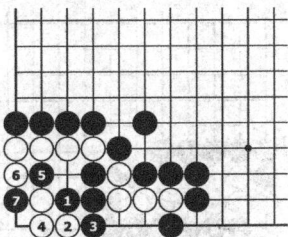

正解图：黑1顶是好手，白2扳，至黑7，白净死

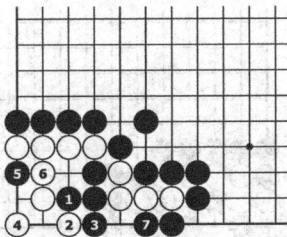

变化图：白4做眼，黑5靠，至黑7，白也不行

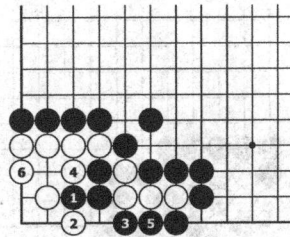

失败图：黑3打吃不好，白4打吃是先手，至白6，白净活

第240题

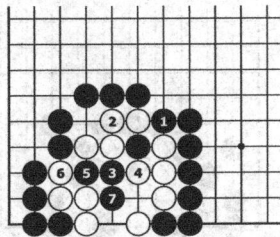

正解图：黑1打吃是要点，白2粘，黑3扳，至黑7，白净死

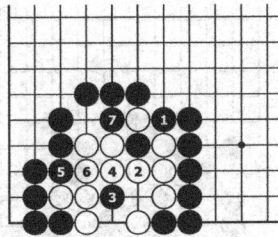

变化图：白2提，黑3靠，至黑7，白也不行

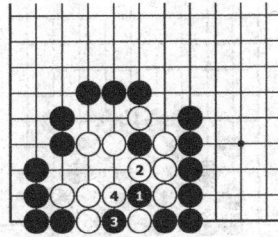

失败图：黑1打吃不好，白2提，至白4，白净活

答案 2.4 打劫的应用

第241题

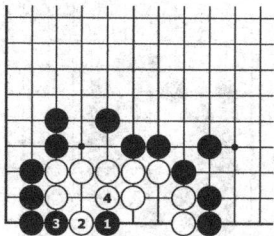

正解图：黑1点是好手，白2小尖，至白4，成劫杀

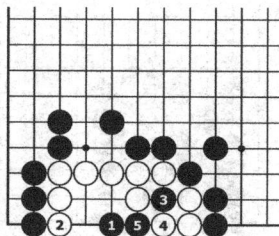

变化图：白2挡不好，黑3扑，至黑5，白净死

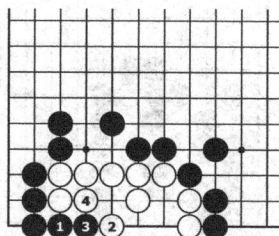

失败图：黑1拐不好，白2尖，至白4，白净活

第242题

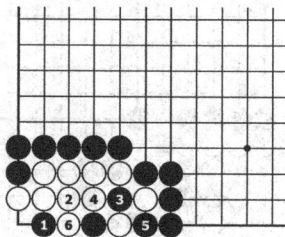

正解图：黑1靠是要点，白2团，黑3扑，至白6，成劫杀

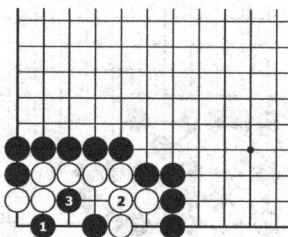

变化图：白2粘不好，黑3挤，白净死

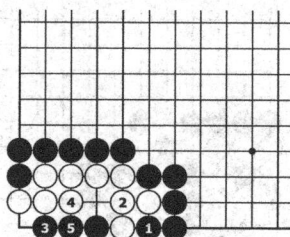

失败图：黑1打吃不好，白2粘，至黑5，形成双活

第243题

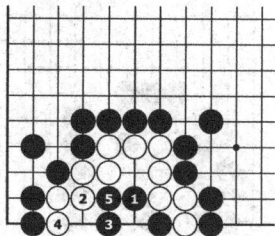

正解图：黑1扳是要点，白2粘，黑3小尖，至黑5，成缓一气劫

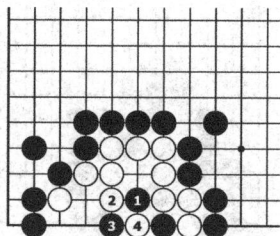

变化图：白2挡，黑3扳，至白4，成劫杀，此图白不如正解图

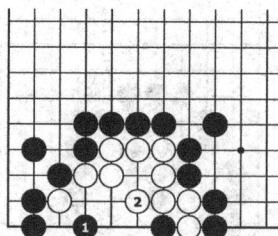

失败图：黑1跳不好，白2做眼，白净活

答案

第244题

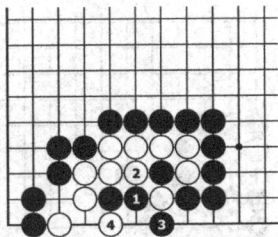

正解图：黑1打吃是必然的下法，白2提，黑3渡过，至白4，成劫杀

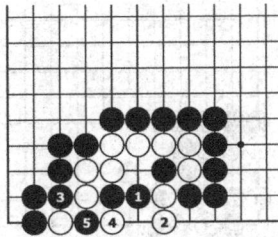

变化图：白2立，黑3打吃，至黑5，也是劫杀

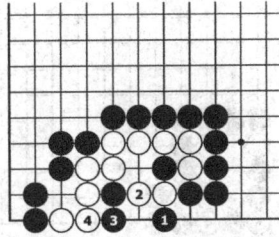

失败图：黑1打吃不好，白2长，至白4，白净活

第245题

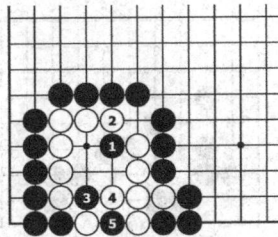

正解图：黑1靠是要点，白2冲，至黑5，成劫杀

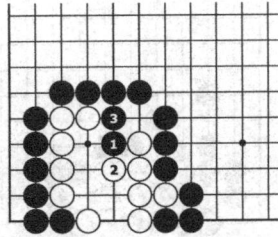

变化图：白2挡不好，黑3粘，白净死

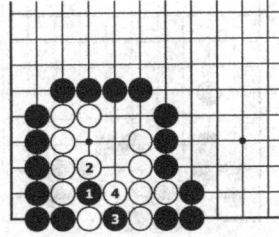

失败图：黑1打吃不好，白2反打，至白4，白净活

第246题

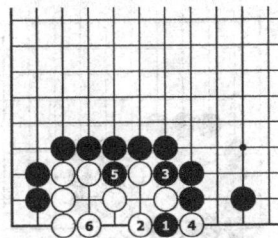

正解图：黑1、黑3扳再打吃是好次序，至白6，成劫杀

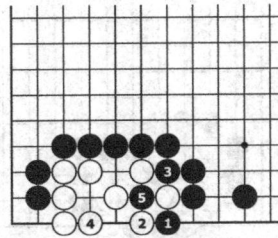

变化图：白4做眼，黑5提，也是劫杀

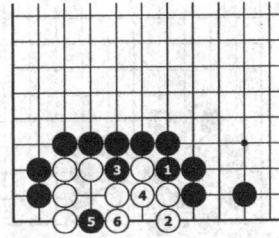

失败图：黑1挤不好，白2立，黑3打吃，至白6，白净活

答案

第247题

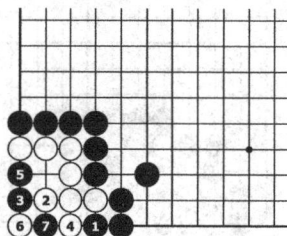

正解图：黑1拐是要点，白2弯，黑3靠，至黑7，成劫杀

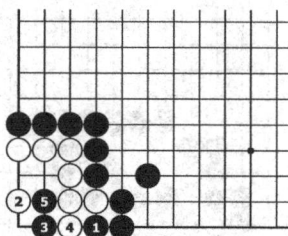

变化图：白2跳不好，黑3点，至黑5，白净死

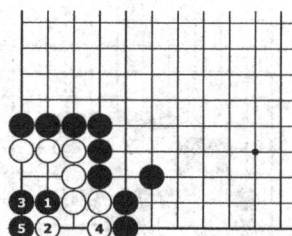

失败图：黑1靠不好，白2扳，至黑5，成万年劫

第248题

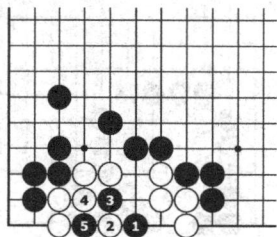

正解图：黑1点是好手，白2靠，至黑5，成劫杀

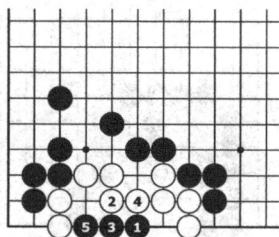

变化图：白2弯不好，黑3爬，至黑5，白净死

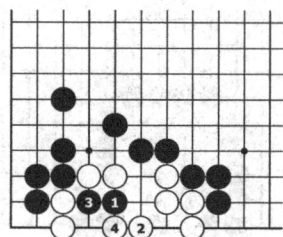

失败图：黑1靠不好，白2小尖，至白4，白净活

第249题

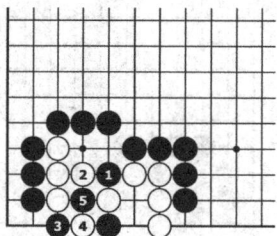

正解图：黑1挤，白2打吃，至黑5，成劫杀

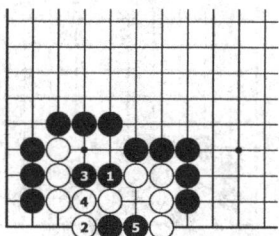

变化图：白2打吃不好，黑3顶，至黑5，白净死

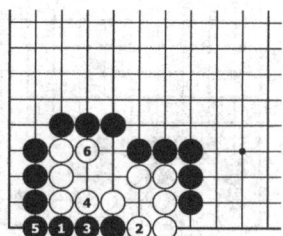

失败图：黑1扳不好，白2打吃，至白6，白净活

答 案

第250题

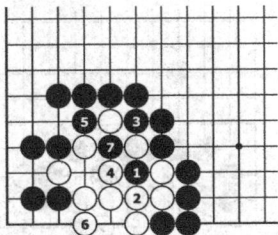

正解图：黑1、黑3打吃
再打是好次序，白4提，
至黑7，成劫杀

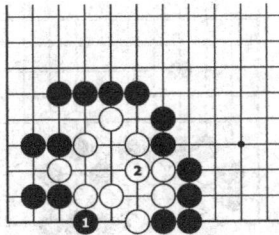

失败图1：黑1扳不好，白
2粘，白净活

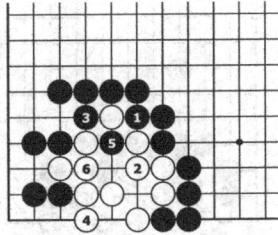

失败图2：黑1挤不好，白
2粘，至白6，白净活

第251题

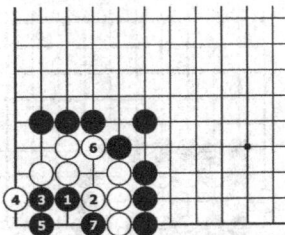

正解图：黑1靠是要点，
白2顶，黑3长，至黑7，
成劫杀

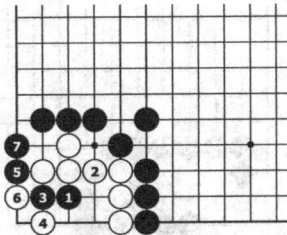

变化图：白2粘，黑3
爬，至黑7，也是劫杀

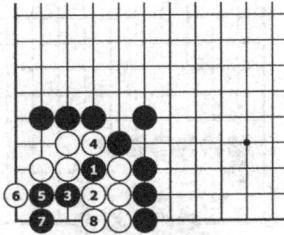

失败图：黑1挖不好，
白2打吃，黑3断，至白
8，白净活

第252题

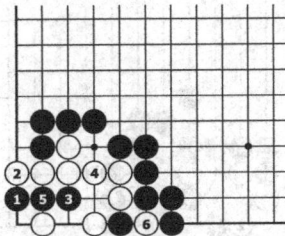

正解图：黑1点是好手，
白2挡，黑3靠，至白6，
成劫杀

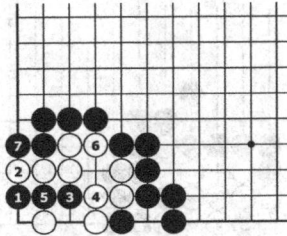

变化图：白4粘不好，
黑5粘，至黑7，白净死

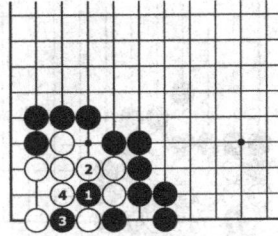

失败图：黑1打吃不好，
白2粘，至白4，白净活

答案

第253题

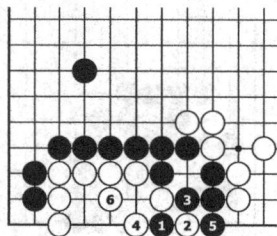

正解图：黑1夹，白2打吃，黑3断，至白6，成劫杀

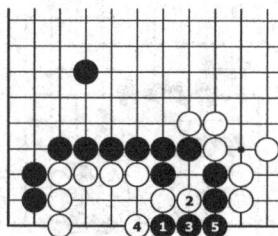

变化图：白2顶，黑3渡过，至黑5，白净死

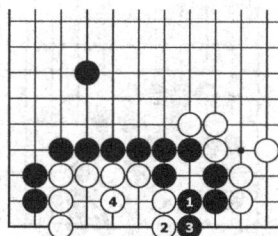

失败图：黑1顶不好，白2立，至白4，白净活

第254题

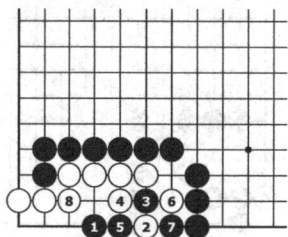

正解图：黑1点是好手，白2跳，黑3挖，至白8，成劫杀

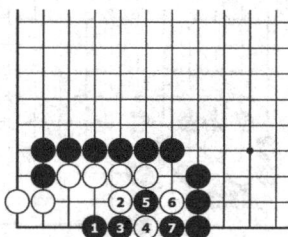

变化图：白2弯，黑3爬，至黑7，也是劫杀

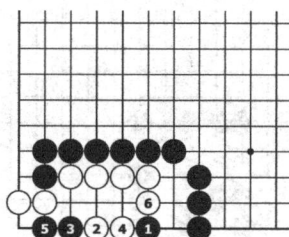

失败图：黑1跳不好，白2跳，黑3靠，至白6，白净活

第255题

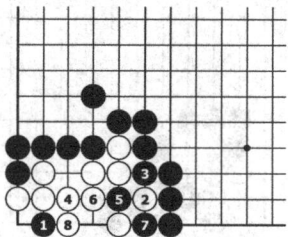

正解图：黑1靠，白2尖，黑3挤，至白8，成劫杀

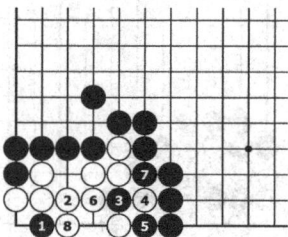

变化图：白2弯，黑3挖，白4打吃，至白8，也是劫杀

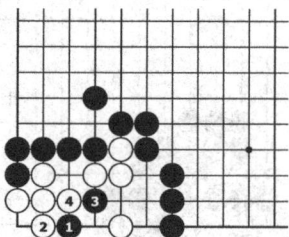

失败图：黑1点不好，白2挡，至白4，白净活

答案

第256题

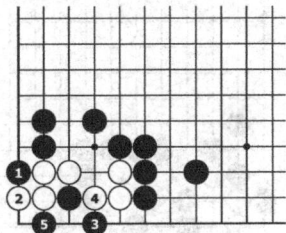

正解图：黑1扳，白2挡，
黑3小尖，至黑5，成劫杀

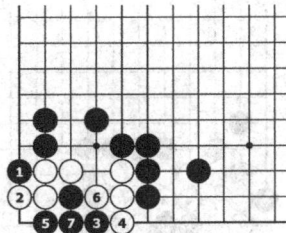

变化图：白4挡不好，
黑5扳，至黑7，白净死

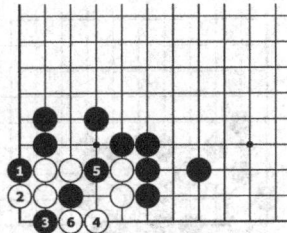

失败图：黑3扳不好，白
4小尖，至白6，白净活

第257题

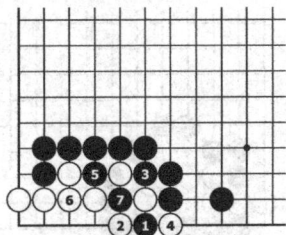

正解图：黑1、黑3扳再
打吃是好次序，白4提，
至黑7，成劫杀

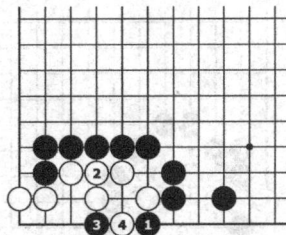

变化图：白2团，黑3靠，
至白4，也是劫杀

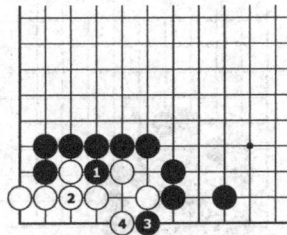

失败图：黑1打吃不好，
白2粘，至白4，白净活

第258题

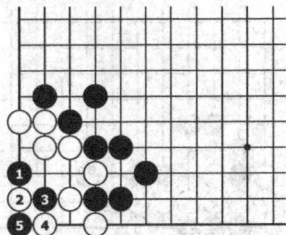

正解图：黑1点是好手，
白2靠，至黑5，成劫杀

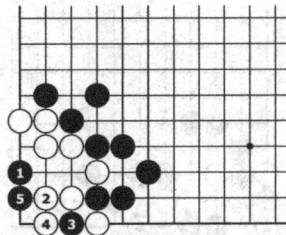

变化图：白2并不好，黑
3扑，至黑5，白净死

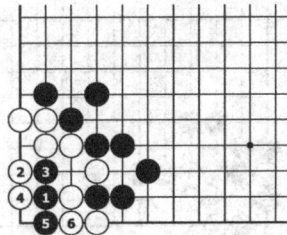

失败图：黑1夹不好，白
2小尖，至白6，白净活

答案

第259题

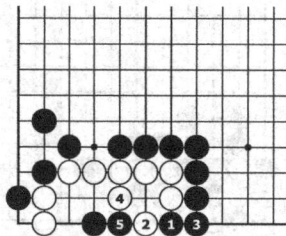

正解图：黑1、黑3扳粘是好手，白4做眼，黑5打吃，成劫杀

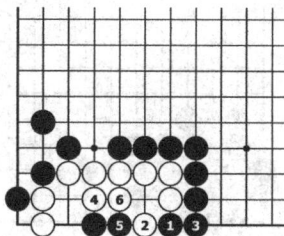

变化图：白4顶，黑5打吃，也是劫杀

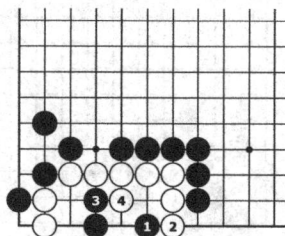

失败图：黑1点不好，白2挡，至白4，白净活

第260题

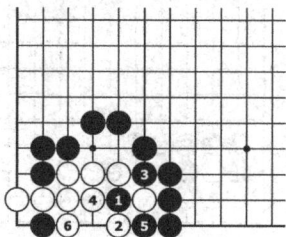

正解图：黑1挤是要点，白2打吃，至白6，成劫杀

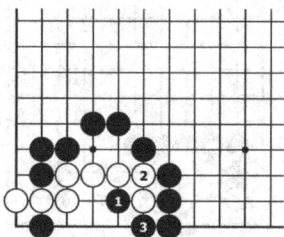

变化图：白2粘不好，黑3渡过，白净死

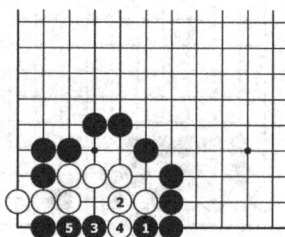

失败图：黑1拐不好，白2团，黑3点，至黑5，成双活

第261题

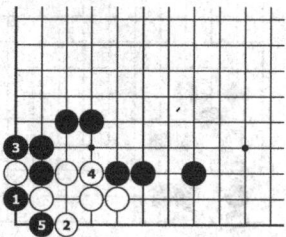

正解图：黑1扑是要点，白2虎，黑3提，至黑5，成劫杀

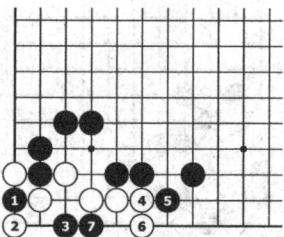

变化图：白2提不好，黑3点，至黑7，白不行

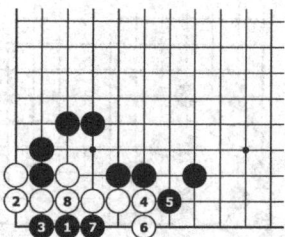

失败图：黑1点不好，白2粘，至白8，成双活

答案

第262题

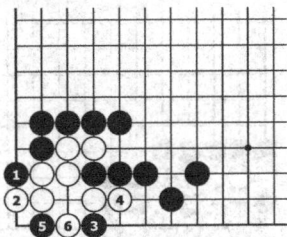

正解图：黑1扳，白2挡，黑3夹，至白6，成劫杀

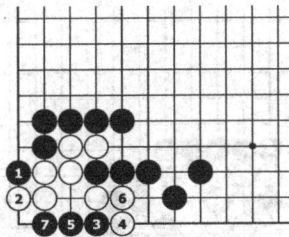

变化图：白4打吃不好，黑5长，至黑7，白净死

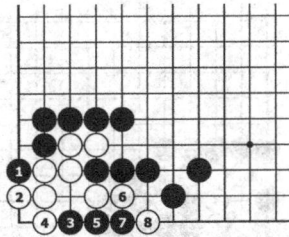

失败图：黑3点不好，白4挡，至白8，白净活

第263题

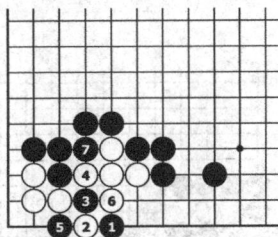

正解图：黑1点是好手，白2小尖，至黑7，成劫杀

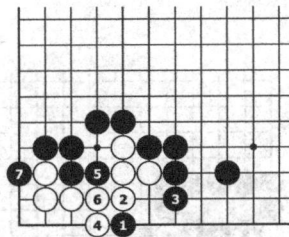

变化图：白2顶不好，黑3立，至黑7，白净死

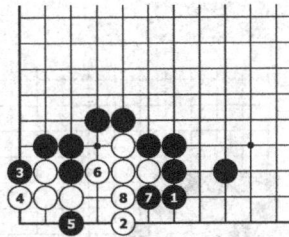

失败图：黑1立不好，白2跳，至白8，白净活

第264题

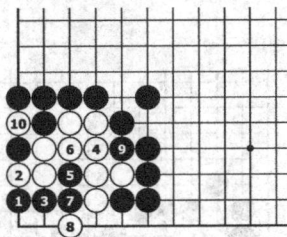

正解图：黑1点是好手，白2断，黑3贴，至白10，成劫杀

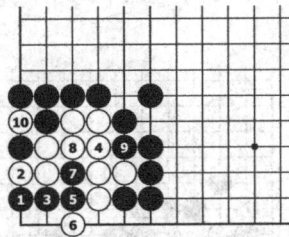

变化图：黑5顶，白6扳，至白10，也是劫杀

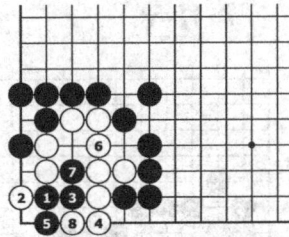

失败图：黑1靠不好，白2扳，黑3顶，至白8，白净活

答案

第265题

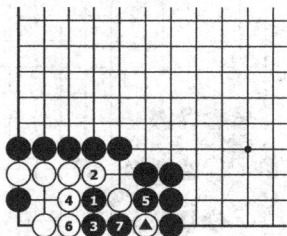

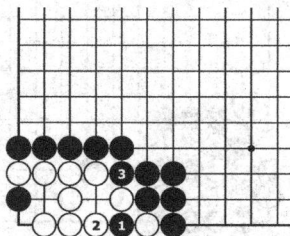

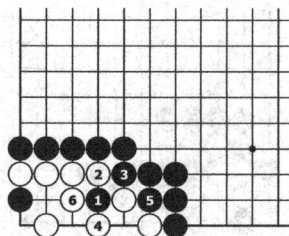

⑧ = ▲

正解图1：黑1、黑3靠
再立是好手，白4挡，
黑5打吃，白6紧气，黑7
提，白8反提

正解图2：接正解图1，
黑1提，白2打吃，至黑
3，成劫杀

失败图：黑3断不好，白
4打吃，至白6，白净活

第266题

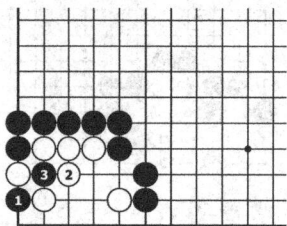

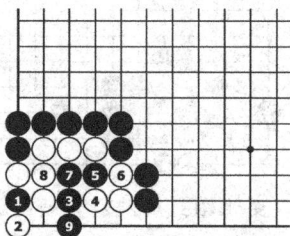

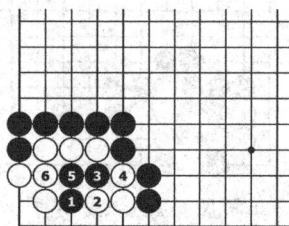

正解图：黑1扑是要点，
白2做眼，至黑3，成
劫杀

变化图：白2提不好，黑
3靠，白4顶，至黑9，
白净死

失败图：黑1靠不好，
白2顶，至白6，白净活

第267题

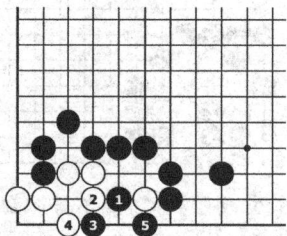

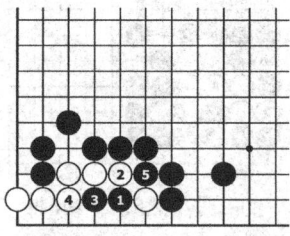

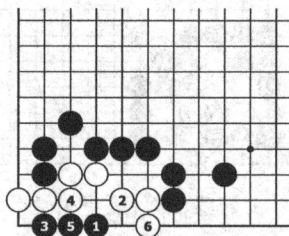

正解图：黑1、黑3夹再扳
是好手，至黑5，成劫杀

变化图：白2冲不好，
黑3爬，至黑5，白净死

失败图：黑1点不好，白
2并，黑3靠，白4粘，至
白6，成双活

答案

第268题

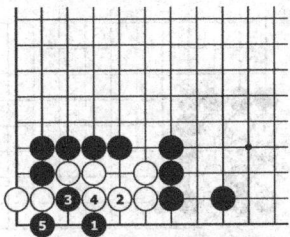

正解图：黑1点是好手，白2弯，黑3断，至黑5，成劫杀

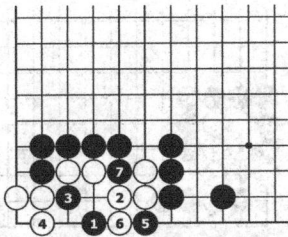

变化图：白4立不好，黑5扳，至黑7，白净死

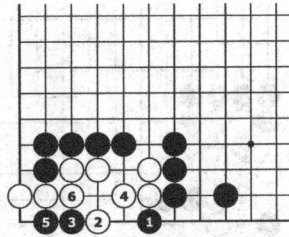

失败图：黑1扳不好，白2跳，黑3靠，至白6，白净活

第269题

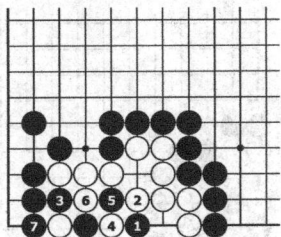

正解图：黑1跳是要点，白2挡，黑3冲，至黑7，成劫杀

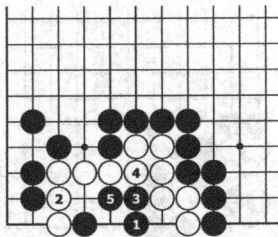

变化图：白2粘不好，黑3冲，至黑5，白净死

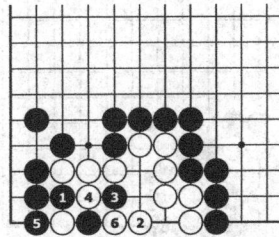

失败图：黑1冲不好，白2小尖，黑3尖，至白6，白净活

第270题

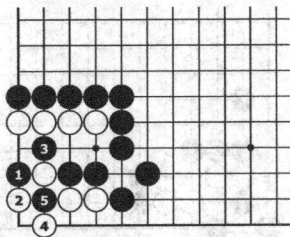

正解图：黑1夹，白2打吃，黑3挖，至黑5，成劫杀

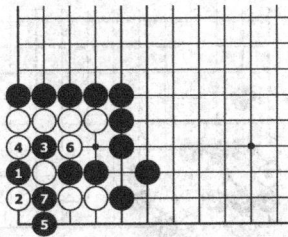

变化图：白4提不好，黑5点，至黑7，白不行

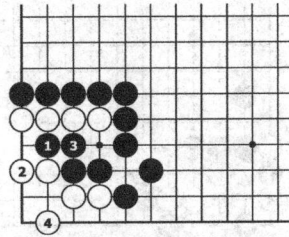

失败图：黑1挖不好，白2立，至白4，白净活

答案 2.5 综合测验

第271题

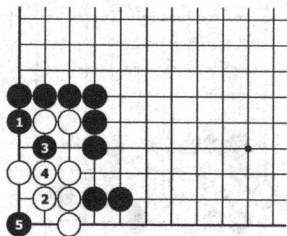

正解图：黑1拐是要点，白2做眼，黑3打吃，至黑5，白净死

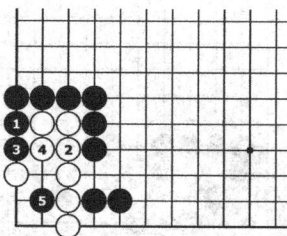

变化图：白2粘，黑3顶，至黑5，白也不行

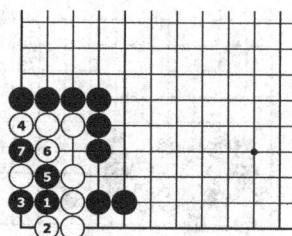

失败图：黑1靠不好，白2拐，至黑7，成劫杀

第272题

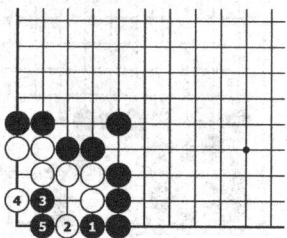

正解图：黑1拐是好手，白2挡，黑3靠，至黑5，白净死

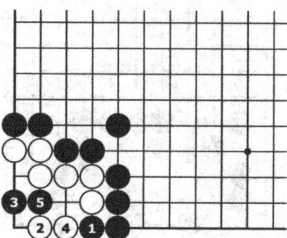

变化图：白2跳，黑3点，白不行

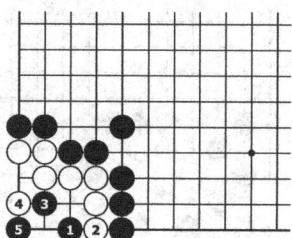

失败图：黑1点不好，白2断，至黑5，成劫杀

第273题

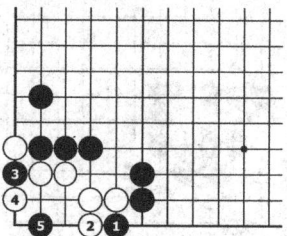

正解图：黑1、黑3扳再扑是好次序，至黑5，白净死

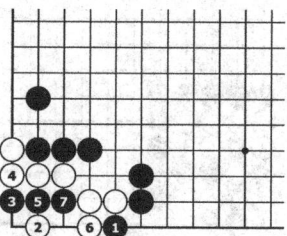

变化图：白2跳，黑3点，至黑7，白也不行

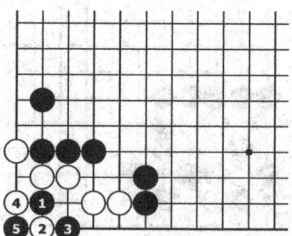

失败图：黑1靠，白2夹，至黑5，成劫杀

答 案

第274题

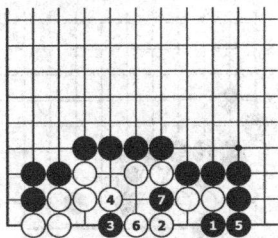

正解图：黑1扳是好手，白2虎，黑3点，至黑7，白净死

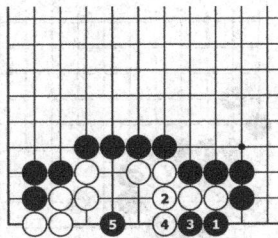

变化图：白2粘，黑3爬，至黑5，白也不行

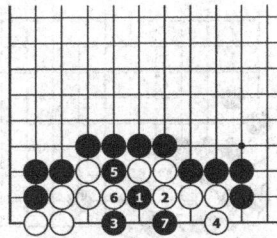

失败图：黑1靠不好，白2粘，黑3小尖，至黑7，成劫杀

第275题

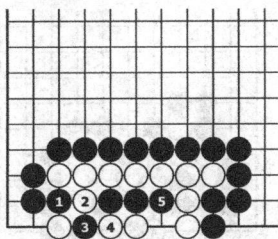

正解图：黑1、黑3冲再扑是好手，至黑5，白净死

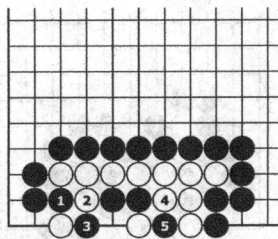

变化图：白4打吃，黑5提，白不行

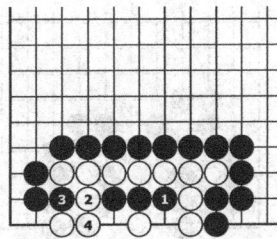

失败图：黑1长不好，白2挡，至白4，成双活

第276题

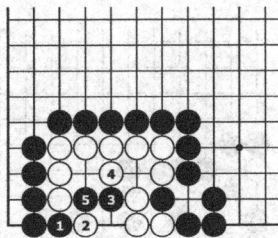

正解图：黑1、黑3拐再靠是好手，至黑5，白净死

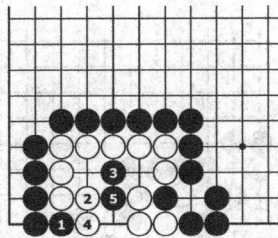

变化图：白4挡，黑5冲，白不行

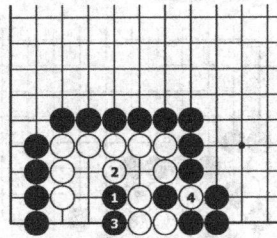

失败图：黑1靠不好，白2顶，至白4，成劫杀

答案

第277题

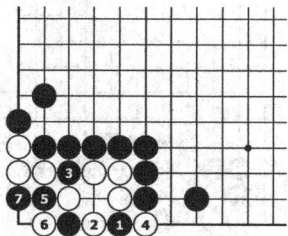

正解图：黑1、黑3扳再打吃是好手，至黑7，白净死

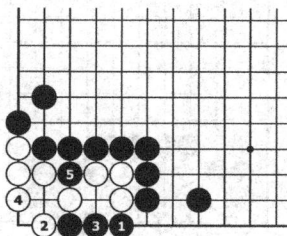

变化图：白2打吃，黑3粘，至黑5，白也不行

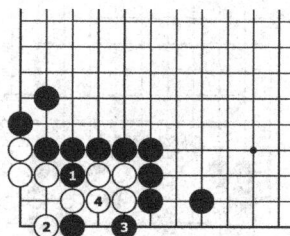

失败图：黑1挤不好，白2打吃，至白4，白净活

第278题

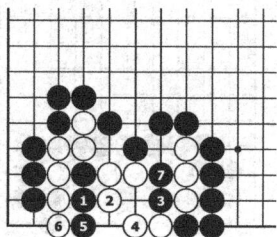

正解图：黑1长是好手，白2打吃，黑3断，至黑7，白净死

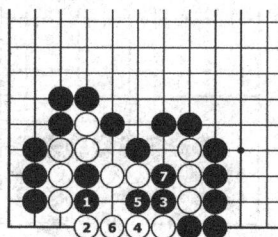

变化图：白2打吃，黑3断，至黑7，白也不行

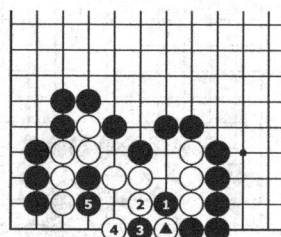

⑥ = ▲

失败图：黑1打吃不好，白2反打，至白6，成劫杀

第279题

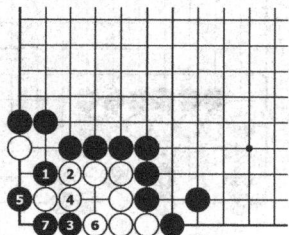

正解图：黑1小尖是好手，白2挤，黑3点，至黑7，白净死

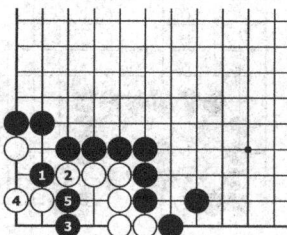

变化图：白4立，黑5断，白不行

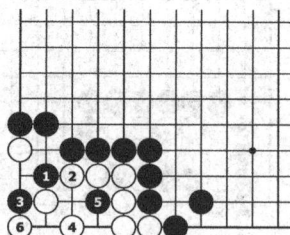

失败图：黑3扳不好，白4虎，至白6，成劫杀

答 案

第280题

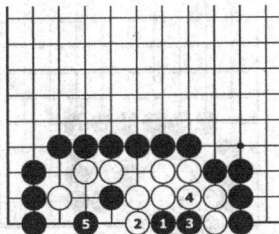

正解图：黑1靠是要点，白2打吃，黑3长，至黑5，白净死

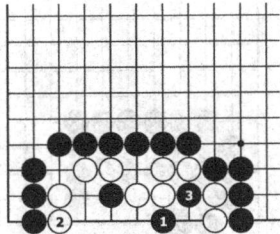

变化图：白2挡，黑3扑，白也不行

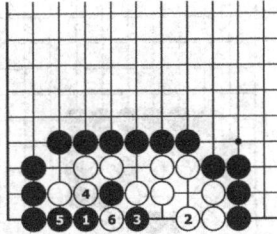

失败图：黑1小尖，白2做眼，至白6，成劫杀

第281题

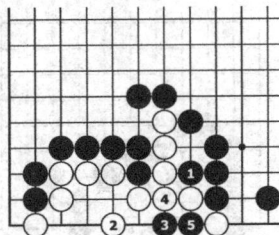

正解图：黑1挤是好手，白2虎，黑3点，至黑5，白净死

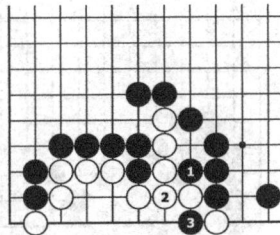

变化图：白2粘，黑3扑，白不行

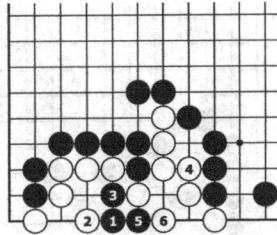

失败图：黑1点不好，白2尖，黑3断，至白6，成劫杀

第282题

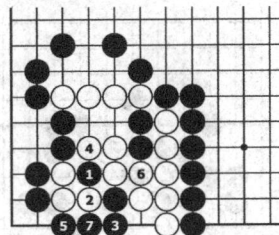

正解图：黑1挖是好手，白2打吃，黑3立，至黑7，白净死

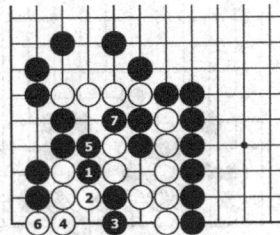

变化图：白4立，黑5粘，至黑7，白不行

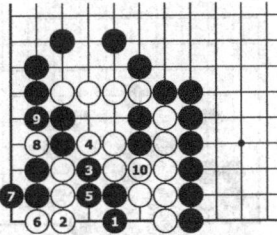

失败图：黑1立不好，白2立，黑3挖，至白10，白净活

答案

第283题

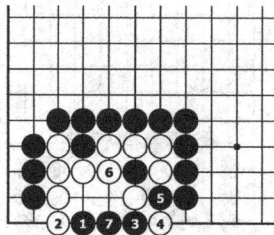

正解图：黑1、黑3点再托是好次序，白4打吃，至黑7，白净死

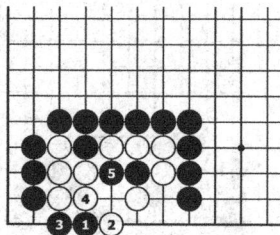

变化图：白2小尖，黑3渡过，至黑5，白也不行

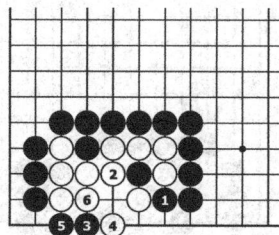

失败图：黑1打吃不好，白2提，黑3点，至白6，白净活

第284题

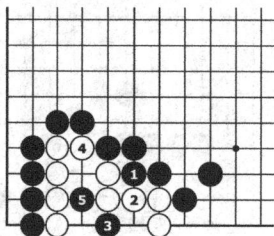

正解图：黑1、黑3团再靠是好手，白4挤，黑5挖，白净死

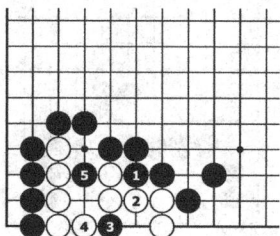

变化图：白4打吃，黑5挖，白不行

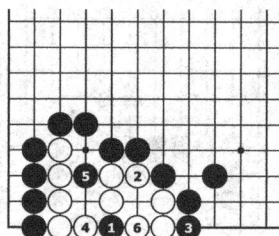

失败图：黑1靠不好，白2挤，黑3挡，至白6，白净活

第285题

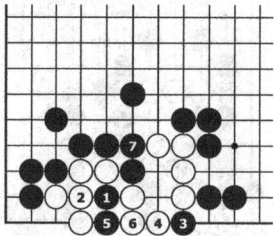

正解图：黑1、黑3打吃扳是好次序，白4挡，至黑7，白净死

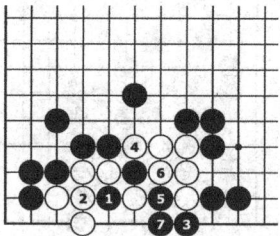

变化图：白4打吃，黑5挖，至黑7，白不行

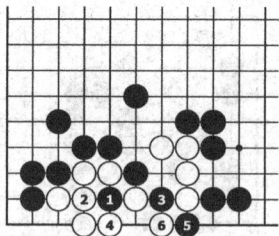

失败图：黑3打吃不好，白4提，至白6，成劫杀

答案

第286题

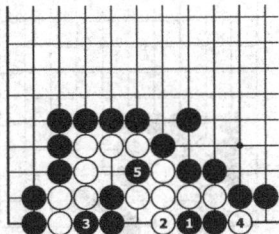

正解图：黑1爬是好手，白2挡，黑3挤，至黑5，白净死

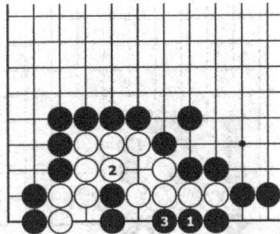

变化图：白2做眼，黑3爬，白也不行

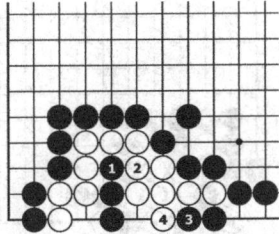

失败图：黑1长不好，白2粘，黑3爬，白4挡，成双活

第287题

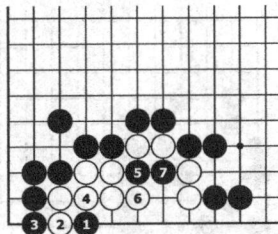

正解图：黑1点是好手，白2挡，黑3打吃，至黑7，白净死

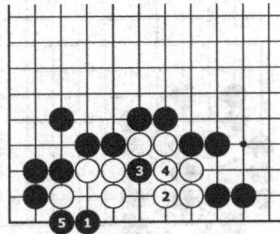

变化图：白2弯，黑3打吃，至黑5，白也不行

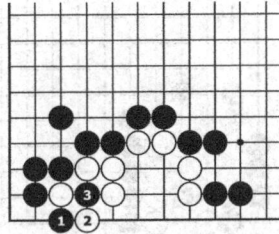

失败图：黑1打吃，白2挡，至黑3，成劫杀

第288题

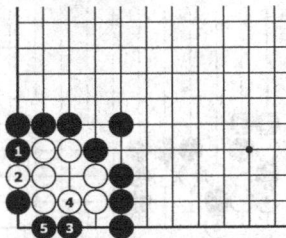

正解图：黑1、黑3冲再点是好次序，至黑5，白净死

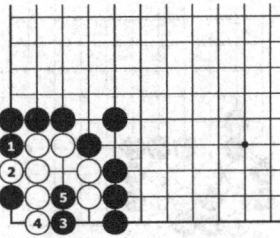

变化图：白4挡，黑5冲，白也不行

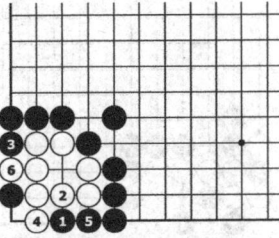

失败图：黑1跳不好，白2粘，黑3拐，至白6，白净活

答案

第289题

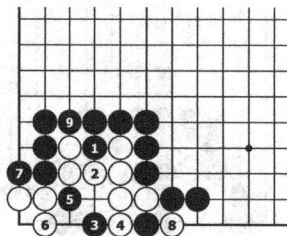

正解图：黑1冲是要点，白2粘，黑3点，至黑9，白净死

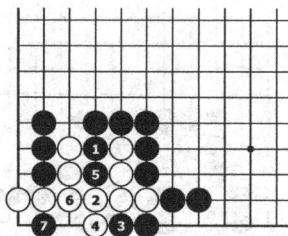

变化图：白2弯，黑3爬，至黑7，白也不行

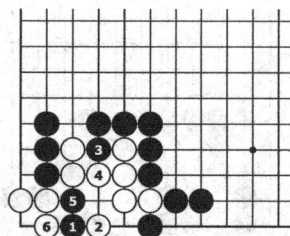

失败图：黑1点，白2小尖，黑3冲，至白6，白净活

第290题

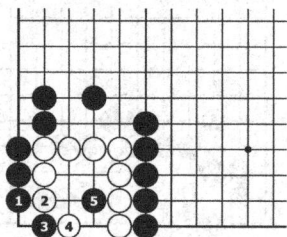

正解图：黑1长是要点，白2挡，黑3扳，至黑5，白不行

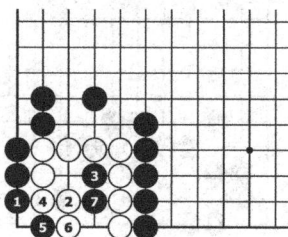

变化图：白2尖，黑3点，至黑7，白也不行

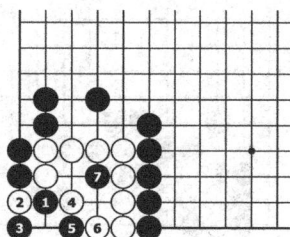

失败图：黑1扳不好，白2扑，黑3提，至黑7，成劫杀

第291题

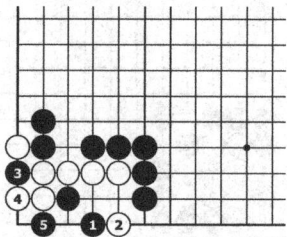

正解图：黑1小尖是要点，白2靠，黑3扑，至黑5，白净死

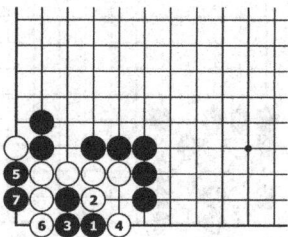

变化图：白2打吃，黑3粘，至黑7，白也不行

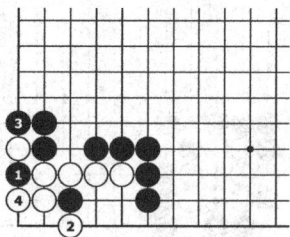

失败图：黑1扑，白2打吃，至白4，白净活

答案

第292题

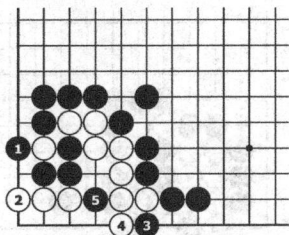

正解图：黑1提是好手，白2立，黑3扳，至黑5，白净死

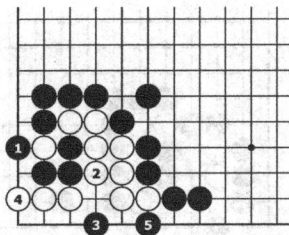

变化图：白2团，黑3点，至黑5，白也不行

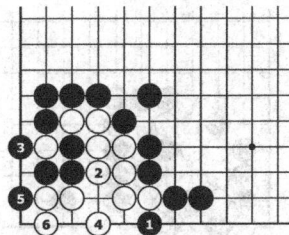

失败图：黑1扳不好，白2打吃，至白6，白净活

第293题

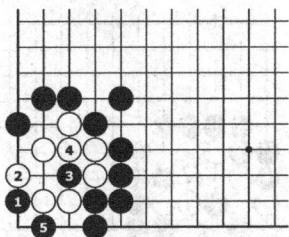

正解图：黑1靠是好手，白2打吃，黑3断，至黑5，白净死

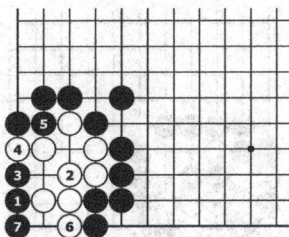

变化图：白2粘，黑3长，白4断，至黑7，白不行

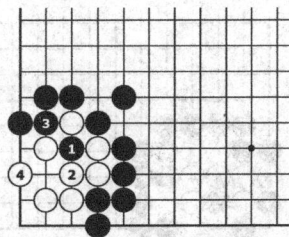

失败图：黑1扑不好，白2提，黑3打吃，白4做眼，白净活

第294题

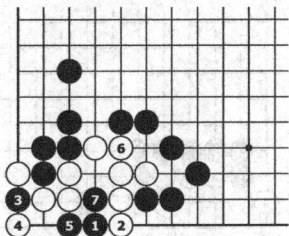

正解图：黑1、黑3点再扑，白4提，至黑7，白净死

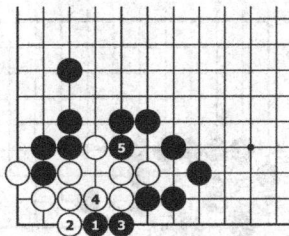

变化图：白2挡，黑3渡过，至黑5，白也不行

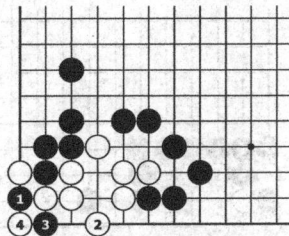

失败图：黑1扑不好，白2做眼，至白4，成劫杀

答案

第295题

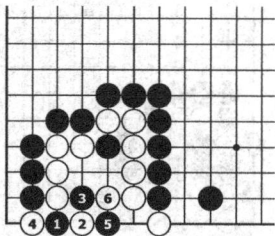

正解图：黑1扳是好手，白2挡，黑3断吃，至白6，成劫杀

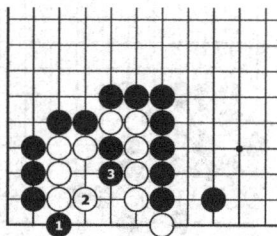

变化图：白2弯不好，黑3冲，白不行

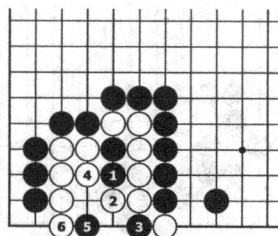

失败图：黑1长不好，白2拐，至白6，白净活

第296题

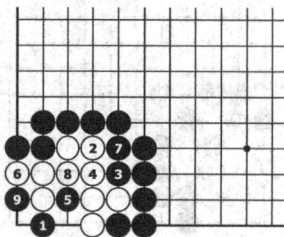

正解图：黑1靠是要点，白2贴，黑3冲，至黑9，成劫杀

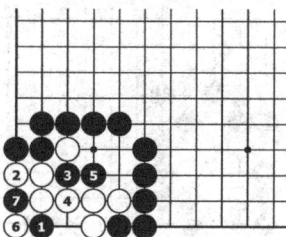

变化图：白2挡，黑3断吃，至黑7，也是劫杀

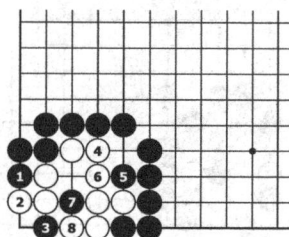

失败图：黑1冲不好，白2挡，黑3靠，至白8，白净活

第297题

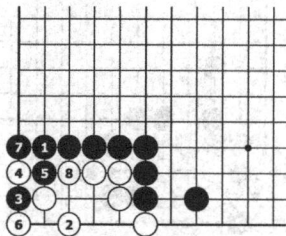

正解图：黑1立是好手，白2小尖，至白8，成劫杀

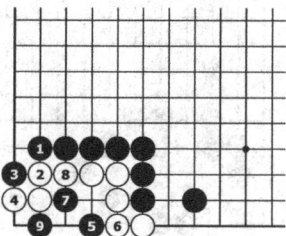

变化图：白2顶不好，黑3扳，至黑9，白净死

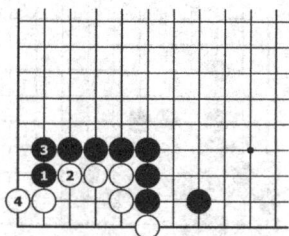

失败图：黑1小尖不好，白2挤，黑3粘，白4立，白净活

答案

第298题

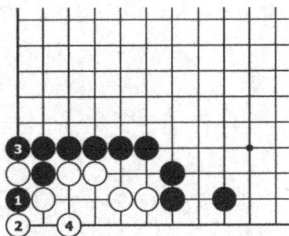

正解图：黑1扑是要点，白2提，至白4，成劫杀

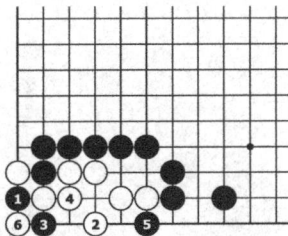

变化图：白2尖，黑3打吃，至白6，也是劫杀

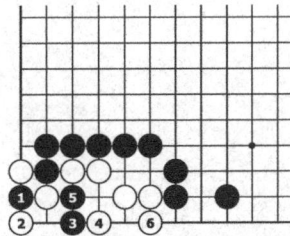

失败图：黑3点不好，白4尖，至白6，白净活

第299题

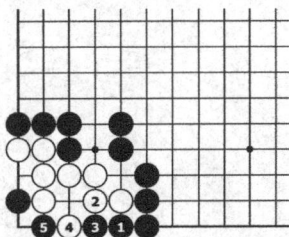

正解图：黑1拐是好手，白2团，至黑5，成劫杀

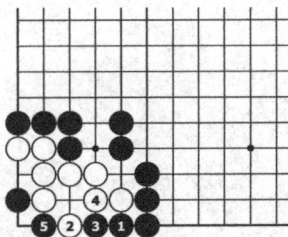

变化图：白2小尖，黑3顶，至黑5，也是劫杀

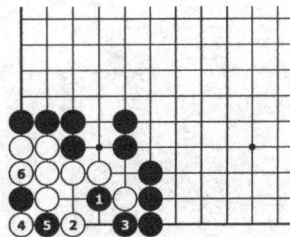

失败图：黑1挤不好，白2小尖，黑3打吃，至白6，白净活

第300题

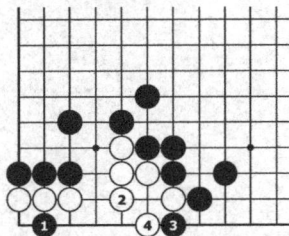

正解图：黑1靠是要点，白2弯，黑3打吃，至白4，成劫杀

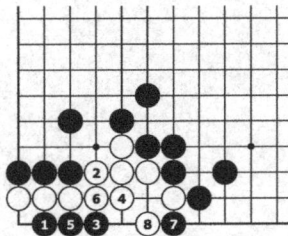

变化图：白2顶，黑3跳，白4弯，至白8，也是劫杀

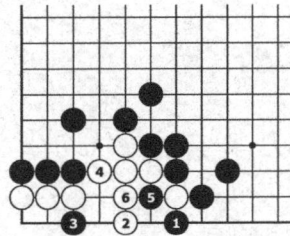

失败图：黑1打吃不好，白2跳，黑3靠，至白6，白净活

下篇

（从4段到5段）

第三章 做活做眼

答案 3.1 扩大眼位

第301题

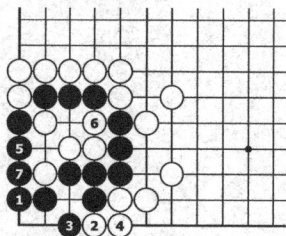

正解图：黑1立是好手，白2、白4扳粘，黑5、黑7成功做活

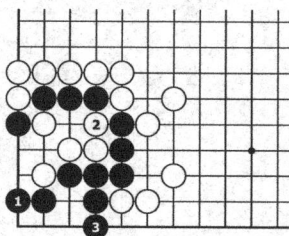

变化图：黑1立时，白2如断，黑3立做眼，黑净活

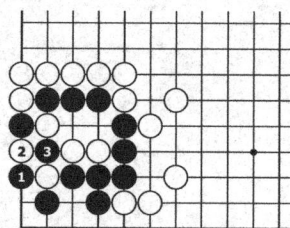

失败图：黑1打吃不好，白2提，成劫活

第302题

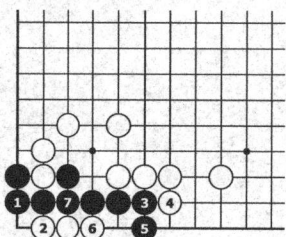

正解图：黑1、黑3扩大眼位，至黑7，形成双活

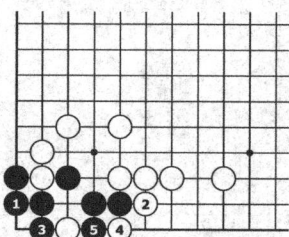

变化图：黑1粘时，白2如挡，则黑3、黑5做眼，黑净活

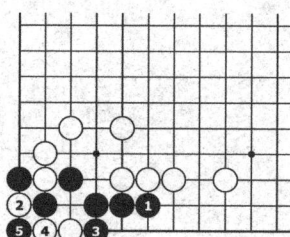

失败图：黑1长不是先手，白2扑，至黑5，成劫杀

第303题

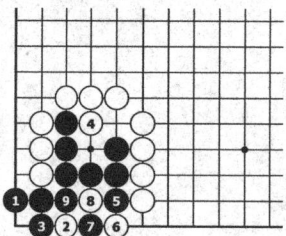

正解图：黑1立是好手，白2大飞，黑3挡，至黑9，黑接不归杀白，黑成功做活

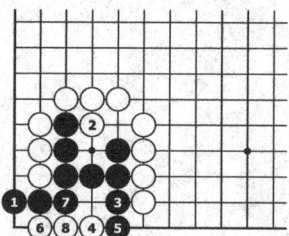

变化图：黑1立时，白2如破眼，黑3挡，至白8，形成双活

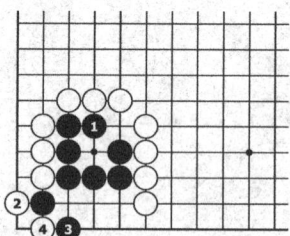

失败图：黑1直接做眼不好，白2扳是要点，至白4，形成劫活

答 案

第304题

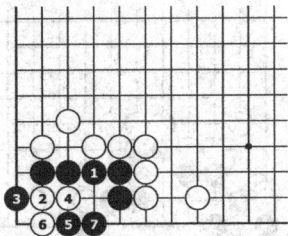

正解图：黑1粘是好手，白2夹，至黑7形成双活

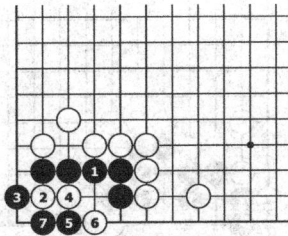

变化图：白6如果反打，黑7长是妙手，黑将来是活棋

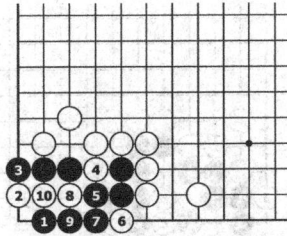

失败图：黑1跳不行，白2点是好手，至白10，黑被杀

第305题

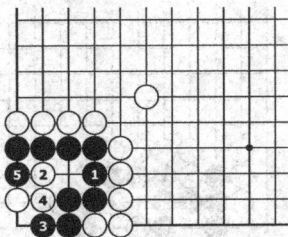

正解图：黑1粘只此一手，白2小尖，至黑5，形成双活

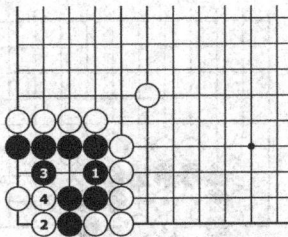

变化图：白2若尖，则黑3做眼，至白4，形成双活

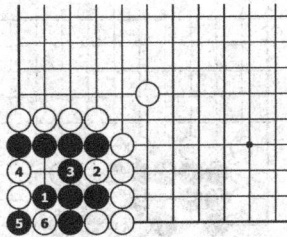

失败图：黑1顶看似是要点，白2冲，黑3粘，至白6，成劫活

第306题

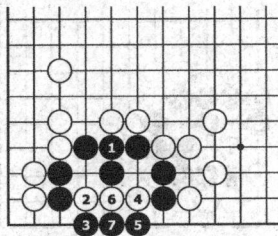

正解图：黑1粘是正确的下法，白2、白4夹，至黑7形成双活

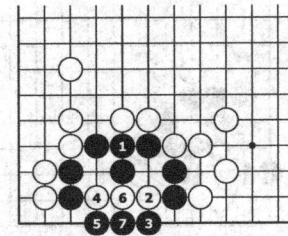

变化图：白2若夹另外一边，结果也是一样，至黑7仍然是双活

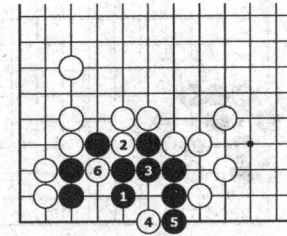

失败图：黑1并是恶手，被白2挤，黑3粘，至白6，黑被杀

答案

第307题

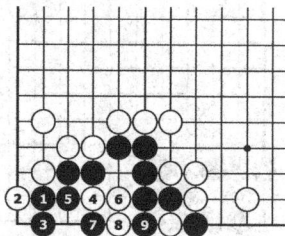

正解图：黑1、黑3扳再立是扩大眼位的好手，至黑9形成胀牯牛，黑活棋

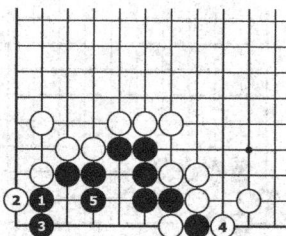

变化图：白4若提，则黑5弯，黑净活

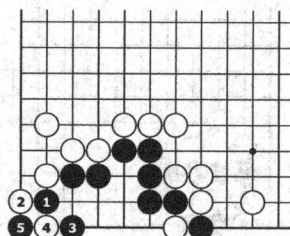

失败图：黑3虎不好，白4有扑的好手，至黑5，成劫活

第308题

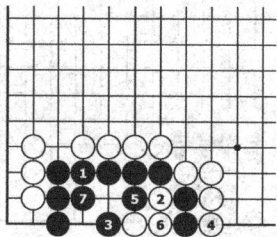

正解图：黑1粘是扩大眼位的好手，白2断，黑3、黑5弃子，至黑7，黑成功做活

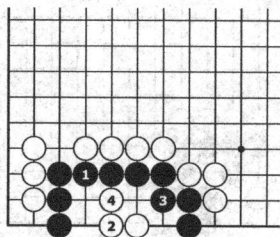

变化图：白2若长，则黑3粘救回黑两子，白4弯，形成双活

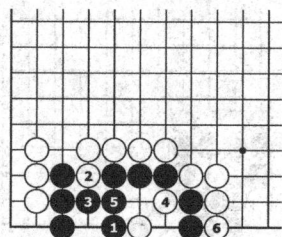

失败图：黑1靠不好，白2冲是先手，至白6，黑被杀

第309题

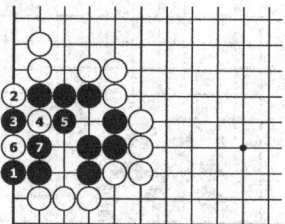

正解图：黑1立是要点，白2扳、黑3挡，至黑7，黑净活

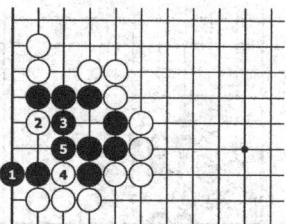

变化图：白2若夹，则黑3做眼，至黑5，黑成功做活

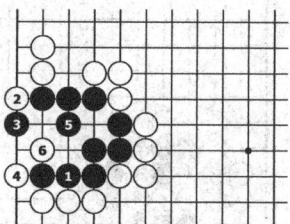

失败图：黑1粘不好，白2、白4扳是经典的缩小眼位手法，至白6，黑被杀

答案

第310题

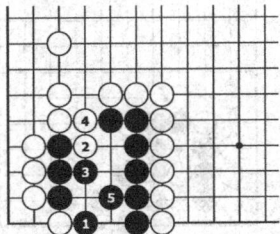

正解图：黑1挡是好手，白2扳，黑3挡，黑5做眼，黑形成活棋

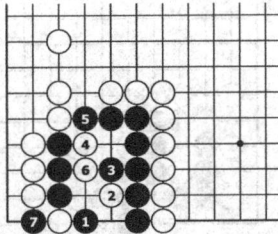

变化图：白2若点，则黑3挡，黑5断是好棋，至黑7，黑成功活棋

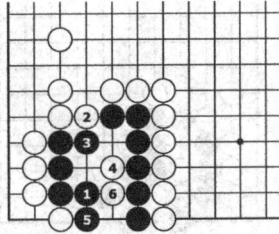

失败图：黑1弯不好，白2先手缩小眼位，至白6，黑被杀

第311题

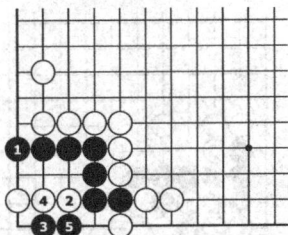

正解图：黑1立扩大眼位，白2靠，黑3点，黑5爬回，形成双活

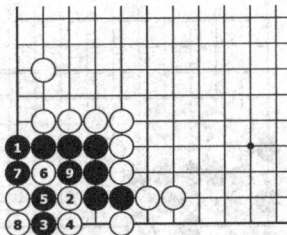

变化图：白4若立，则黑5利用弃子手段，至黑9打吃，黑成功活棋

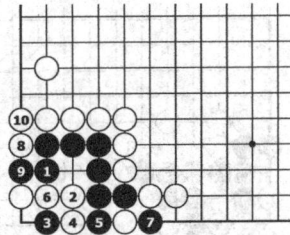

失败图：黑1弯不好，白2跳，黑3点，白8扳成功缩小了黑棋眼位，黑被杀

第312题

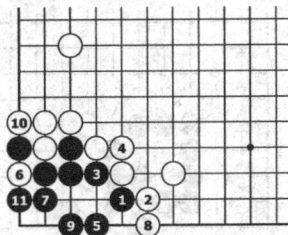

正解图：黑1托是好手，白2挡，黑3挤是先手，以下至黑11，黑净活

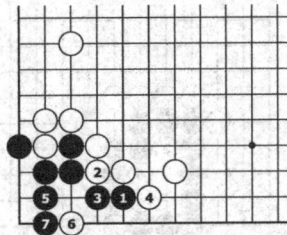

变化图：白2若团，黑3挡，白4虎，黑5弯是做活要点，至黑7，黑净活

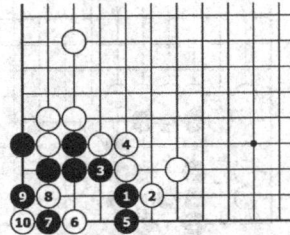

失败图：黑5立不好，白6点是好手，黑7靠，至白10，成劫活

答案

第313题

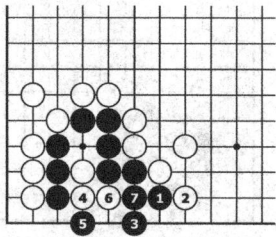

正解图：黑1扳，黑3虎是扩大眼位的好手，至黑7，形成双活

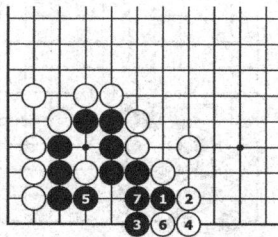

变化图：白4若立，黑5打吃，至黑7，黑成功做活

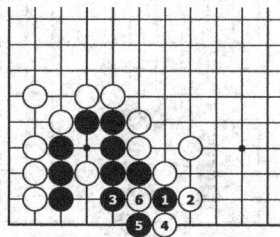

失败图：黑3弯不好，白4打吃形成打劫，黑失败

第314题

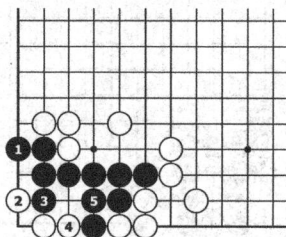

正解图：黑1立只此一手，白2小尖，至黑5，形成双活

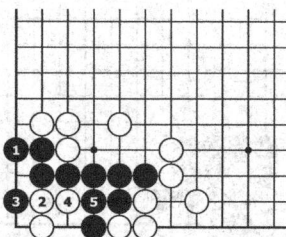

变化图：白2若顶，则黑3扳，至黑5，黑也是活棋

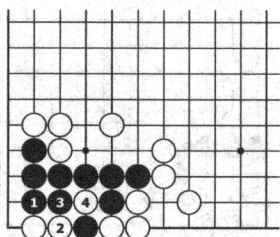

失败图：黑1顶不好，白2打吃，至白4，成劫活

第315题

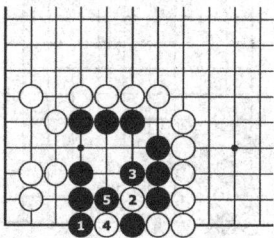

正解图：黑1立是好手，白2打吃，黑3反打，至黑5，黑成功做活

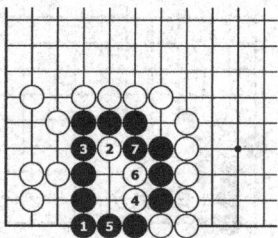

变化图：白2若点，则黑3粘，至黑7，黑也是活棋

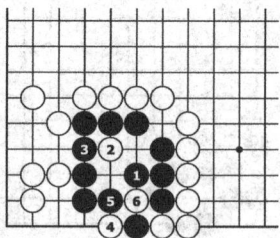

失败图：黑1弯不行，白2先点白4再打吃，形成劫活，黑失败

答案

第316题

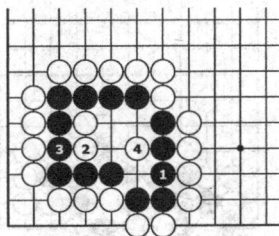

正解图：黑1粘是要点，白2顶，黑3粘，至白4，形成双活

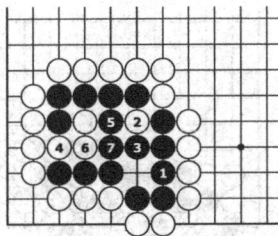

变化图：白2断，黑3打吃，至黑7，黑也是活棋

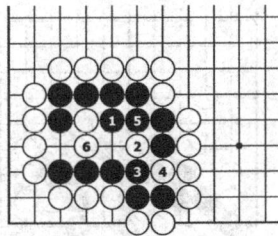

失败图：黑1打吃不好，白2点，至白6，黑净死

第317题

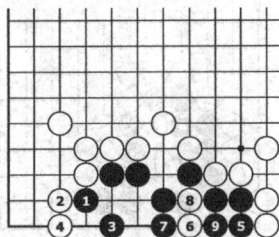

正解图1：黑1、黑3扳虎是好手，白4立，黑5挡，白6、白8点再扑

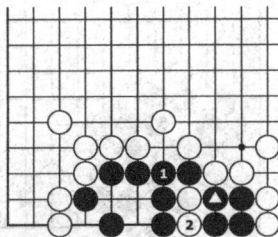

正解图2：接正解图1，黑1粘，至黑3，成倒脱靴，黑净活

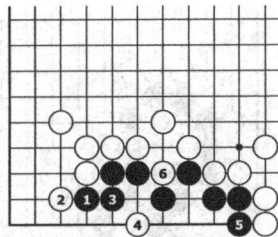

3=**△**

失败图：黑3粘不好，白4点，黑5挡，至白6，成劫活

第318题

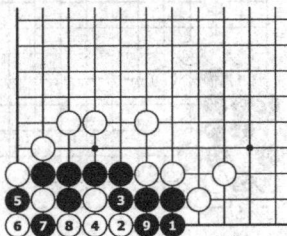

正解图：黑1立是要点，白2小尖，黑5、黑7扑了再扑是好手，至黑9，黑净活

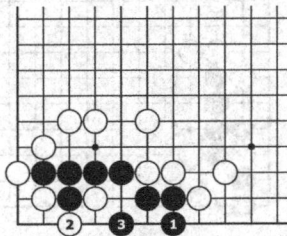

变化图：白2渡过，黑3小尖，黑也是活棋

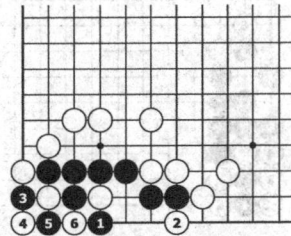

失败图：黑1打吃不好，白2扳，至白6，成劫活

答案

第319题

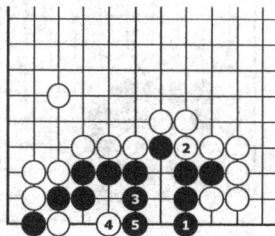

正解图：黑1立是扩大眼的好手，白2打吃，黑3弯，至黑5，黑净活

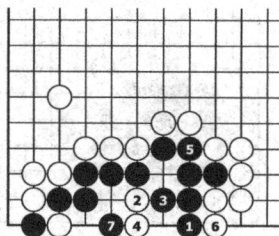

变化图：白2靠，黑3顶，至黑7，黑也是活棋

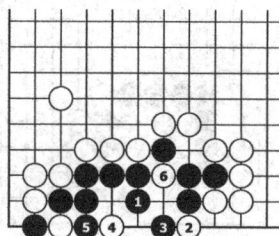

失败图：黑1弯不好，白2扳，至白6，黑净死

第320题

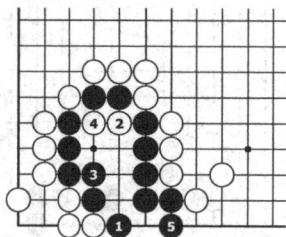

正解图：黑1挡只此一手，白2打吃，黑3粘，至黑5，黑净活

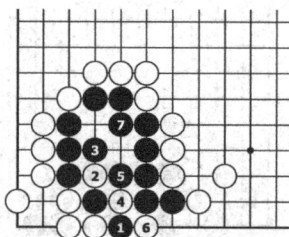

变化图：白2打吃，黑3反打，至黑7，黑也是活棋

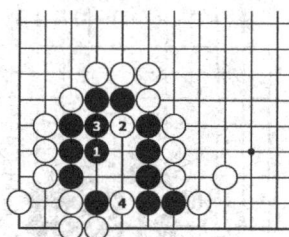

失败图：黑1弯不好，白2打吃，至白4，黑净死

第321题

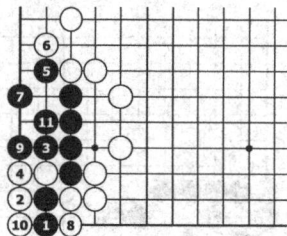

正解图：黑1立是要点，白2扳，黑3打吃，黑5扳扩大眼位，至黑11，黑净活

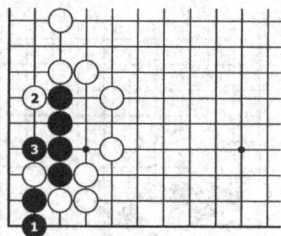

变化图：白2扳，黑3打吃，黑也是活棋

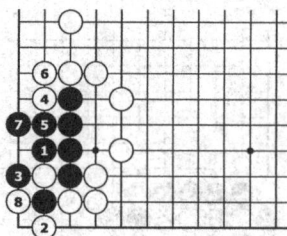

失败图：黑1打吃不好，白2打吃，至白8，成劫活

答 案

第322题

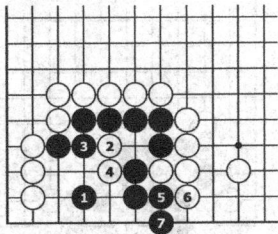

正解图：黑1跳是好手，白2点，黑3粘，至黑7，黑净活

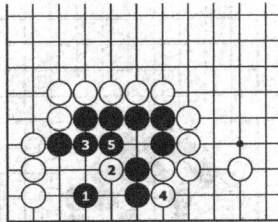

变化图：白2靠，黑3粘，至黑5，黑也是活棋

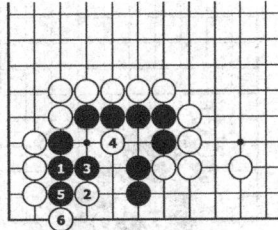

失败图：黑1挡不好，白2跳，至白6，黑净死

第323题

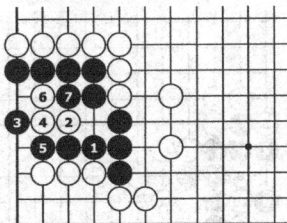

正解图：黑1粘，白2点，至黑7，形成双活

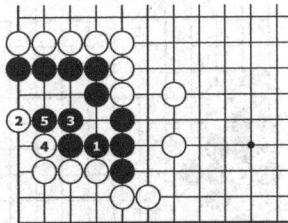

变化图：白2小飞，黑3做眼，至黑5，黑也是活棋

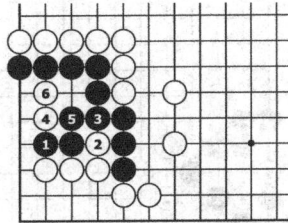

失败图：黑1挡不好，白2冲，至白6，黑净死

第324题

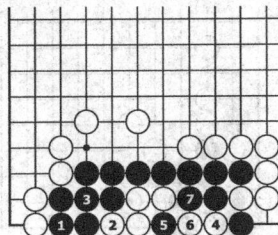

正解图：黑1团扩大眼位，白2打吃，黑3粘，至黑7，黑净活

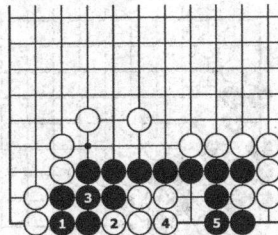

变化图：白4团，黑5粘，形成双活

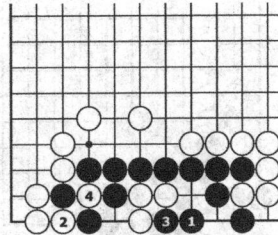

失败图：黑1尖不好，白2打吃，至白4，成劫活

答案

第325题

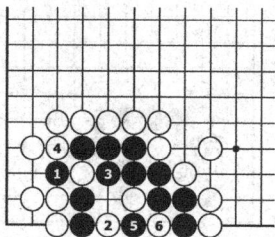

正解图：黑1断打，白2
打吃，黑3提，至白6，
成劫活

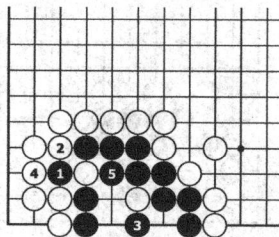

变化图：白2断不好，黑
3打吃，至黑5，黑净活

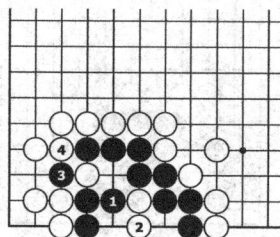

失败图：黑1打吃不好，
白2立，至白4，黑净死

第326题

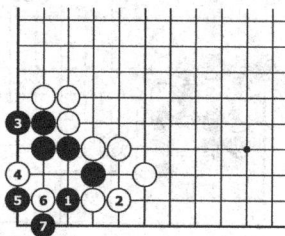

正解图：黑1、黑3挡再
立是好手，白4点，至
黑7，成劫活

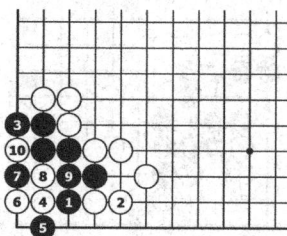

变化图：白4夹，黑5
扳，至白10，也是劫活

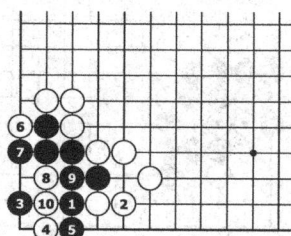

失败图：黑3跳不好，白
4点，至白10，黑净死

第327题

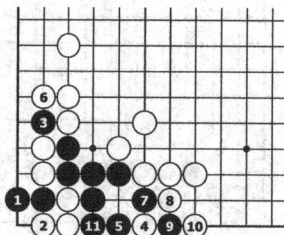

正解图：黑1立是好手，
白2拐，黑3断，白4跳
是最强抵抗，以下至黑
11，成劫活

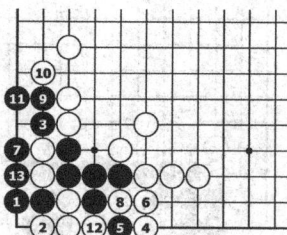

变化图：白6粘不好，黑
7打吃，至黑13，黑净活

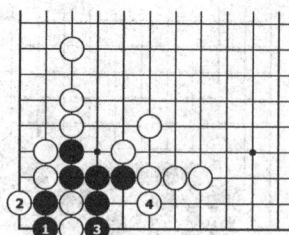

失败图：黑1打吃不好，
白2打吃，至白4，黑净死

114

答案

第328题

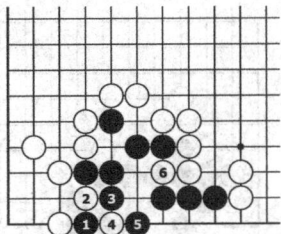

正解图1：黑1靠是要点，白2打吃，黑3挡，白4提

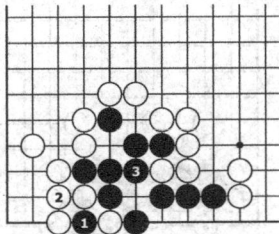

正解图2：接正解图1，黑1提，白2粘，至黑3，成劫活

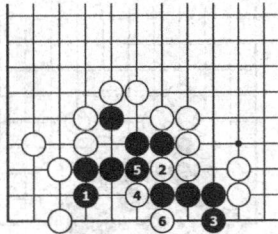

失败图：黑1弯不好，白2冲，至白6，黑净死

第329题

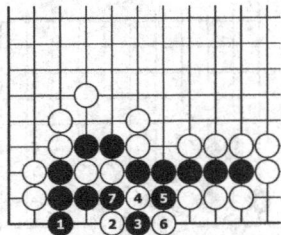

正解图1：黑1立是好手，白2大飞，黑3靠，白4打吃，黑5冲

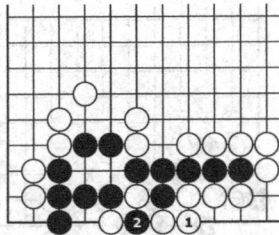

正解图2：接正解图1，白1粘，黑2提，成劫活

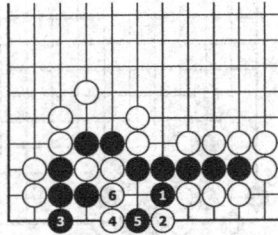

失败图：黑1挡不好，白2扳，黑3立，白4跳，至白6，黑净死

第330题

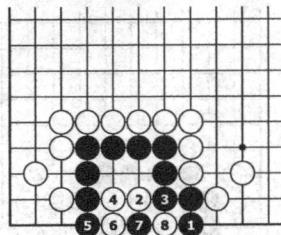

正解图：黑1立是要点，白2点，黑3粘，至白8，成万年劫

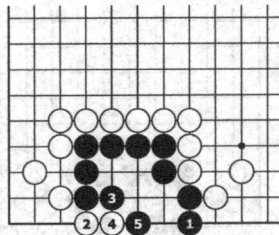

变化图：白2扳不好，黑3弯，至黑5，黑净活

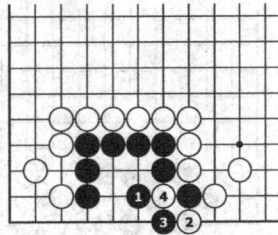

失败图：黑1虎不好，白2打吃，至白4，虽成劫活，此图不如正解图

答案 3.2　占据要点

第331题

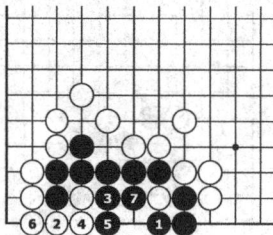

正解图：黑1打吃是要点，白2渡过，黑3打吃，至黑7，黑净活

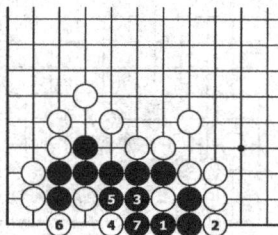

变化图：白2打吃外面，黑3提，至黑7，黑也是活棋

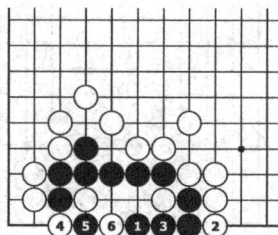

失败图：黑1跳不好，白2打吃，至白6，黑净死

第332题

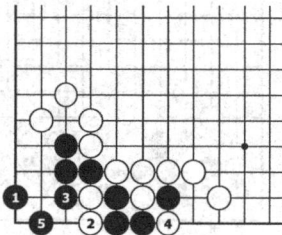

正解图：黑1跳是好手，白2打吃，黑3弃子，至黑5，黑净活

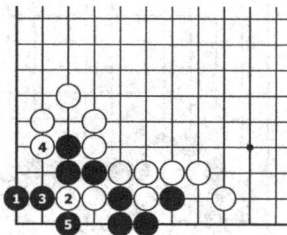

变化图：白2爬，黑3顶，至黑5，黑也是活棋

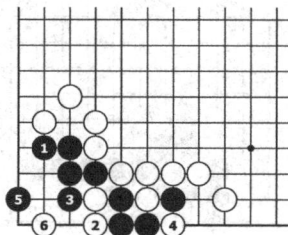

失败图：黑1挡不好，白2打吃，至白6，黑净死

第333题

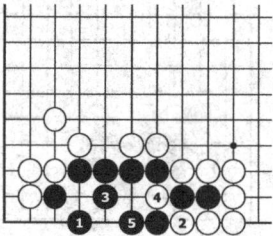

正解图：黑1虎是要点，白2打吃，黑3做眼，至黑5，黑净活

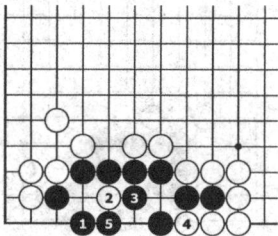

变化图：白2点，黑3挡，至黑5，黑也是活棋

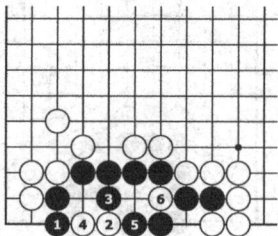

失败图：黑1立不好，白2点，至白6，黑净死

答案

第334题

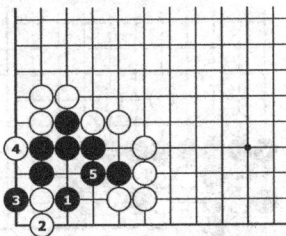

正解图：黑1扳是好手，白2立，黑3扳，至黑5，黑净活

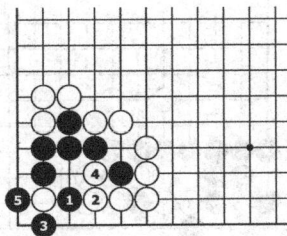

变化图：白2顶，黑3打吃，至黑5，黑也是活棋

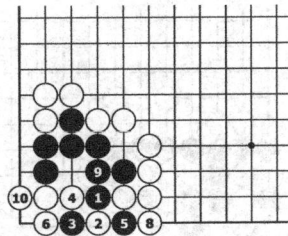

失败图：黑1挡不好，白2扳，黑3打吃，白4断，至白10，黑净死

⑦=②

第335题

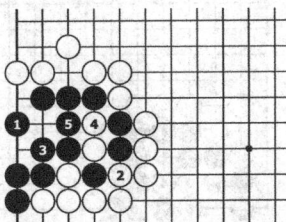

正解图：黑1尖是要点，白2提，黑3做眼，至黑5，黑净活

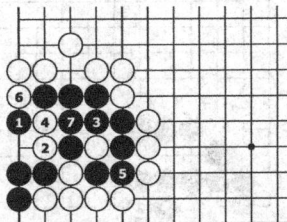

变化图：白2断，黑3提，至黑7，黑也是活棋

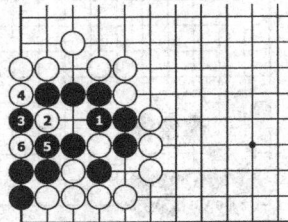

失败图：黑1提不好，白2靠，黑3扳，至白6，成劫活

第336题

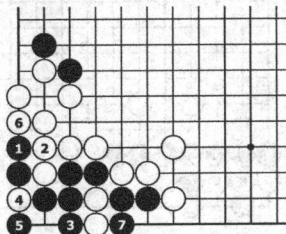

正解图：黑1长是好手，白2粘，黑3打吃，至黑7，黑净活

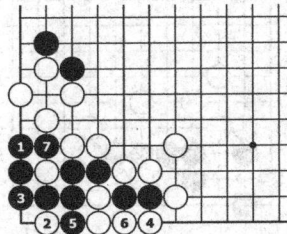

变化图：白2靠，黑3粘，至黑7，黑也是活棋

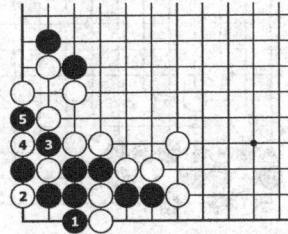

失败图：黑1打吃不好，白2扑是好手，至黑5，成劫活

答案

第337题

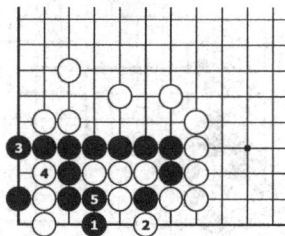

正解图：黑1小尖是要点，白2提，至黑5，成双活

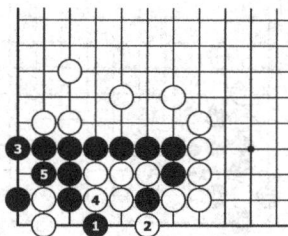

变化图：白4团，黑5做眼，黑也是活棋

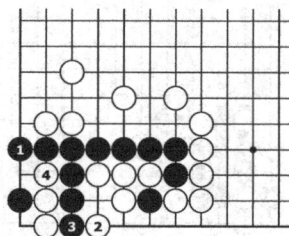

失败图：黑1立不好，白2小尖，黑3断，至白4，黑净死

第338题

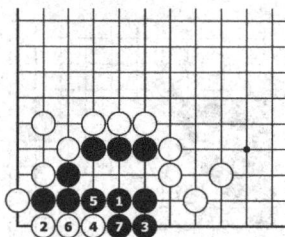

正解图：黑1双是好手，白2扳，黑3立，至黑7，黑净活

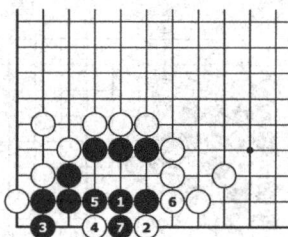

变化图：白2托，黑3立，至黑7，黑也是活棋

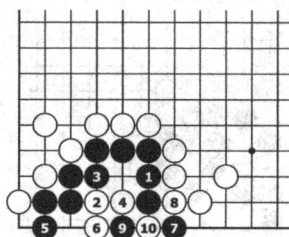

失败图：黑1粘不好，白2靠是要点，至白10，成劫活

第339题

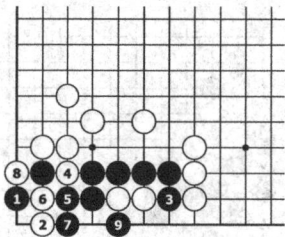

正解图：黑1尖是要点，白2点，黑3冲，至黑9，黑净活

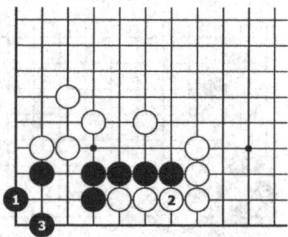

变化图：白2粘，黑3做眼，黑也是活棋

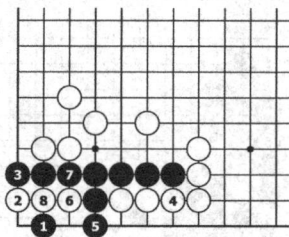

失败图：黑1跳不好，白2点，至白8，黑净死

答 案

第340题

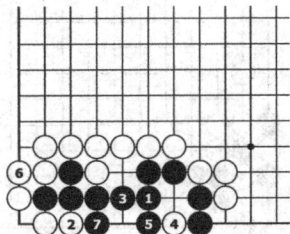

正解图：黑1弯是要点，白2爬，黑3粘，至黑7，黑净活

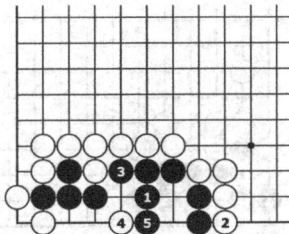

变化图：白2挡，黑3扩大眼位，至黑5，黑也是活棋

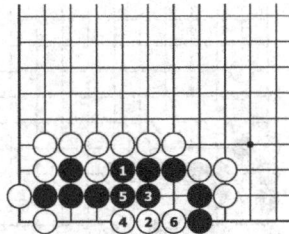

失败图：黑1挤不好，白2点，黑3顶，至白6，黑净死

第341题

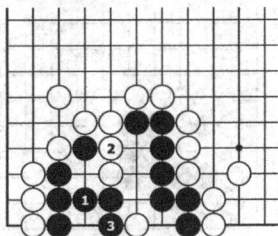

正解图：黑1粘是好手，白2粘，黑3挡，黑净活

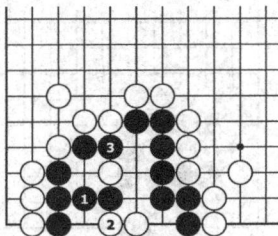

变化图：白2爬，黑3冲，黑也是活棋

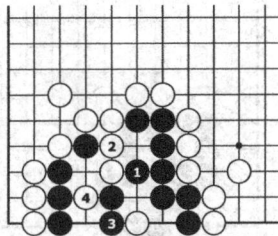

失败图：黑1顶不好，白2粘，至白4，黑净死

第342题

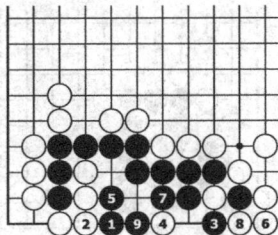

正解图：黑1点是好手，白2粘，黑3提，至黑9，黑净活

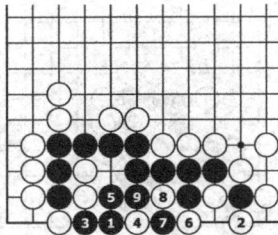

变化图：白2提，黑3断吃，至黑9，黑也是活棋

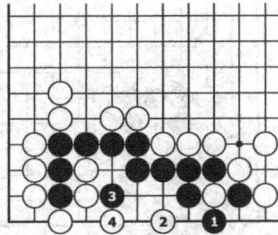

失败图：黑1提不好，白2大飞，至白4，黑净死

答 案

第343题

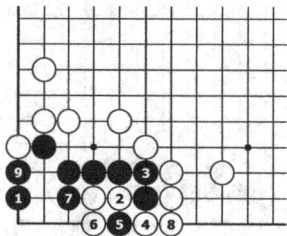

正解图：黑1飞是妙手，白2挤，黑3粘，至黑9，黑净活

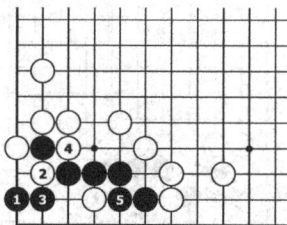

变化图：白2打吃，黑3反打，至黑5，黑也是活棋

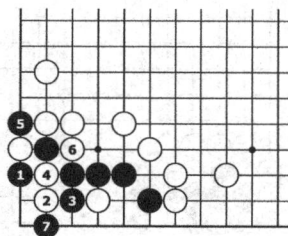

失败图：黑1挡不好，白2点，黑3冲，至黑7，成劫活

第344题

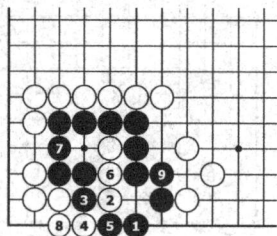

正解图：黑1小尖是要点，白2点，黑3冲，至黑9，成双活

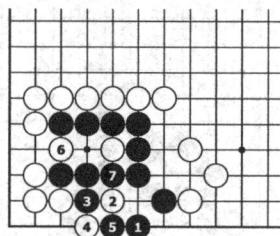

变化图：白6挖，黑7粘，黑也是活棋

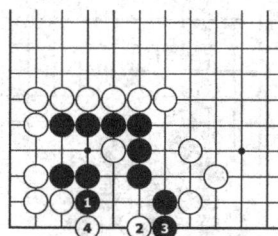

失败图：黑1挡不好，白2点，至白4，黑净死

第345题

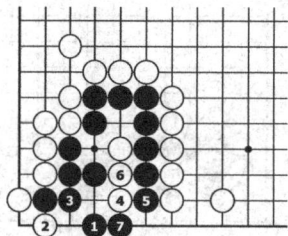

正解图：黑1跳是好手，白2打吃，黑3粘，至黑7，成双活

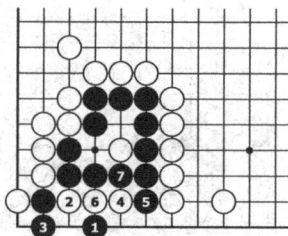

变化图：白2断吃，黑3立，至黑7，黑也是活棋

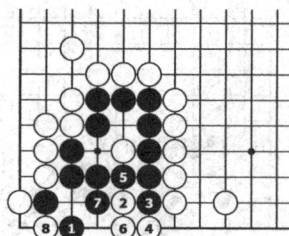

失败图：黑1虎不好，白2跳，至白8，成劫活

答案

第346题

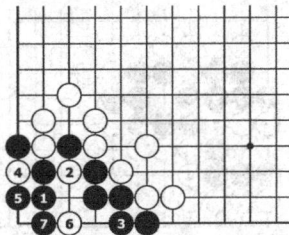

正解图：黑1并是要点，白2扑，黑3粘，至黑7，黑净活

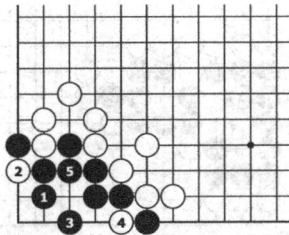

变化图：白2扑上方，黑3做眼，至黑5，黑也是活棋

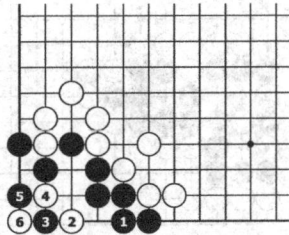

失败图：黑1粘不好，白2点，至白6，成劫活

第347题

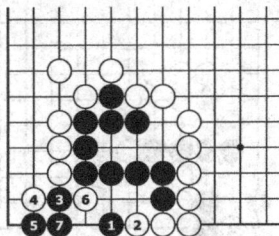

正解图：黑1跳是要点，白2顶，黑3扳，至黑7，黑净活

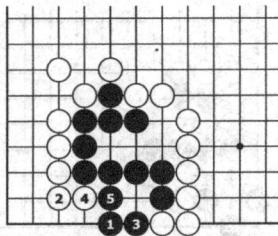

变化图：白2立，黑3顶，至黑5，黑也是活棋

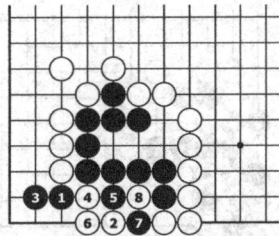

失败图：黑1扳不好，白2跳，黑3长，至白8，成劫活

第348题

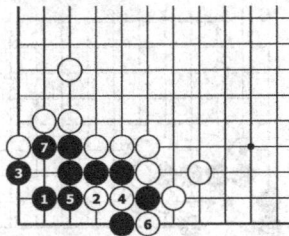

正解图：黑1小尖是好手，白2点，黑3尖，至黑7，黑净活

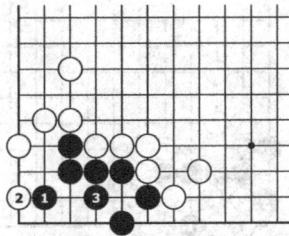

变化图：白2托，黑3做眼，黑也是活棋

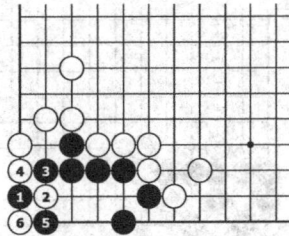

失败图：黑1小飞，白2靠，至白6，成劫活

答案

第349题

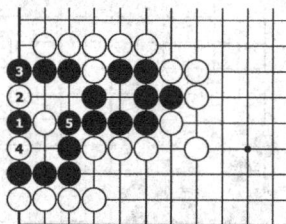

正解图：黑1托是好手，白2打吃，黑3挡，至黑5，黑净活

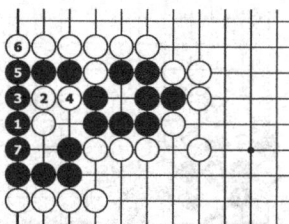

变化图：白2顶，黑3渡过，至黑7，黑也是活棋

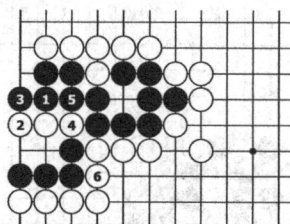

失败图：黑1顶不好，白2立，黑3挡，至白6，黑净死

第350题

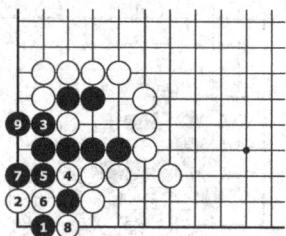

正解图：黑1小尖是要点，白2点，黑3断吃，至黑9，黑净活

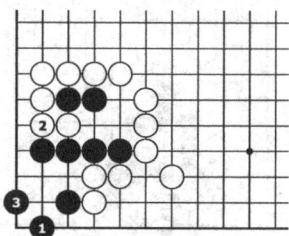

变化图：白2粘，黑3做眼，黑也是活棋

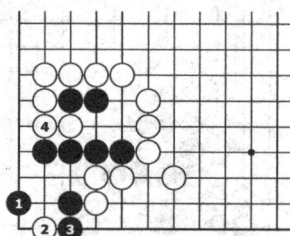

失败图：黑1跳不好，白2点，黑3挡，至白4，黑净死

第351题

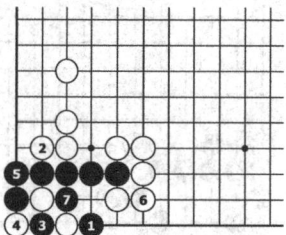

正解图：黑1靠是好手，白2挡，黑3扑，至黑7，黑净活

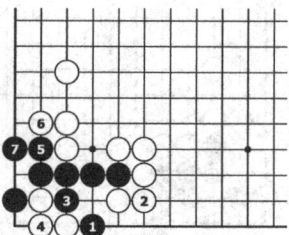

变化图：白2粘，黑3打吃，至黑7，黑也是活棋

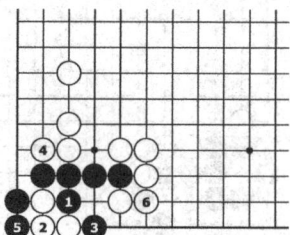

失败图：黑1打吃不好，白2粘，至白6，黑净死

答 案

第352题

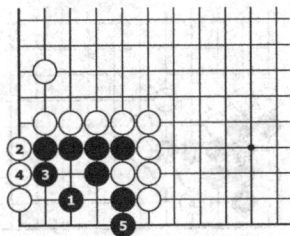

正解图：黑1虎是好手，白2扳，至黑5，黑净活

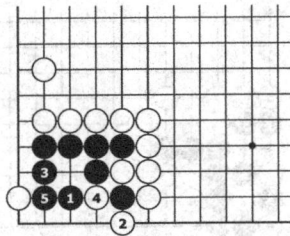

变化图：白2打吃，黑3做眼，至黑5，黑净活

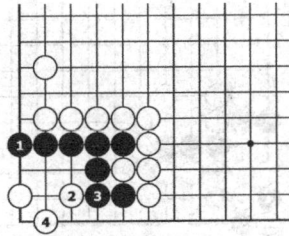

失败图：黑1立不好，白2、白4跳再倒虎，黑净死

第353题

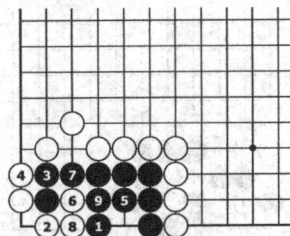

正解图：黑1跳是要点，白2扳，黑3顶，至黑9，黑净活

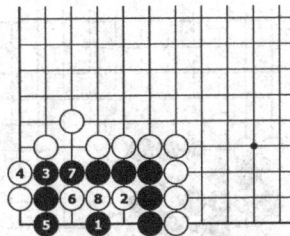

变化图：白2点，黑3顶，至白8，成双活

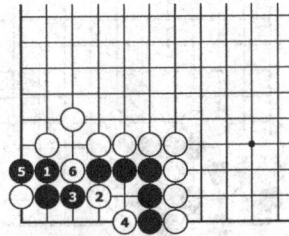

失败图：黑1顶不好，白2靠是好手，至白6，成劫活

第354题

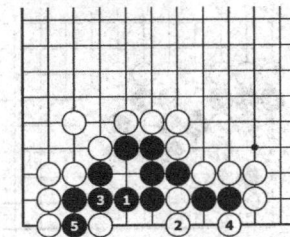

正解图：黑1做眼是好手，白2立，黑3粘，至黑5，黑净活

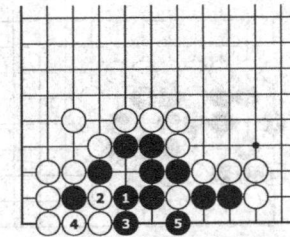

变化图：白2断吃，黑3吃，至黑5，黑也是活棋

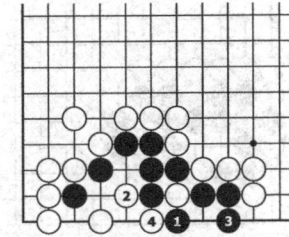

失败图：黑1提不好，白2小尖，至白4，成劫活

答案

第355题

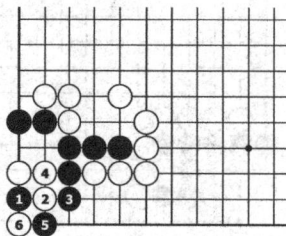

正解图：黑1靠是好手，白2打吃，黑3挡，至白6，成劫活

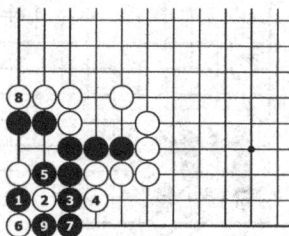

变化图：白4挡不好，黑5断吃，至黑9，黑净活

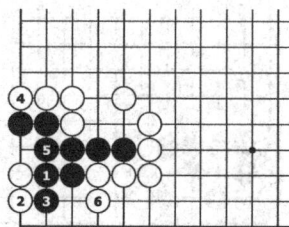

失败图：黑1顶不好，白2长，至白6，黑净死

第356题

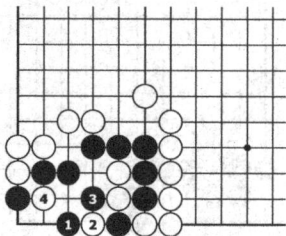

正解图：黑1跳是要点，白2提，黑3打吃，白4断，成劫活

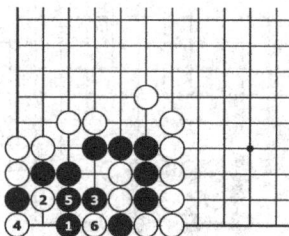

变化图：白2断吃，黑3打吃，至白6，也是劫活

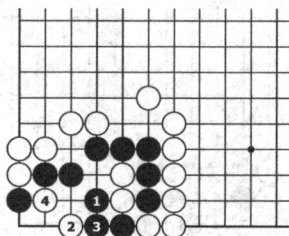

失败图：黑1打吃不好，白2点，至白4，黑净死

第357题

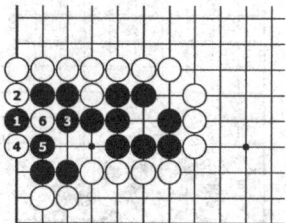

正解图：黑1小尖是要点，白2挤，黑3粘，至白6，成劫活

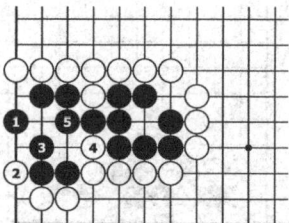

变化图：白2扳，黑3弯，至黑5，黑净活

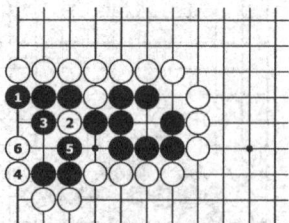

失败图：黑1挡不好，白2断，至白6，黑净死

答案

第358题

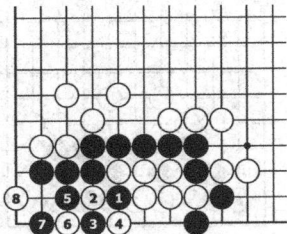

正解图：黑1挤是要点，白2打吃，黑3反打，至白8，成劫活

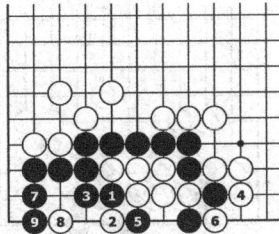

变化图：白2打下面不好，黑3粘，至黑9，黑净活

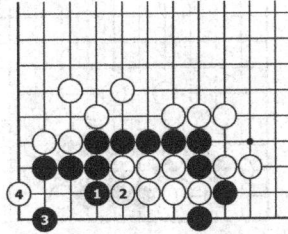

失败图：黑1立不好，白2团，至白4，黑净死

第359题

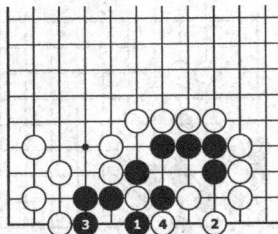

正解图：黑1提只此一手，白2小尖，至白4，成劫活

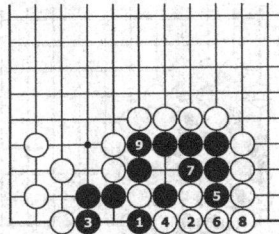

变化图：白2立不好，黑3挡，至黑9，黑净活

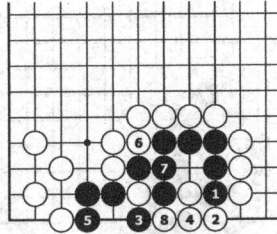

失败图：黑1冲不好，白2挡，黑3提，至白8，黑净死

第360题

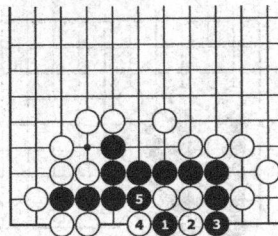

正解图1：黑1夹是要点，白2打吃，黑3挡，白4提，黑5打吃

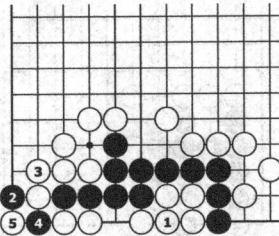

正解图2：接正解图1，白1粘，黑2夹是好手，至白5，成劫活

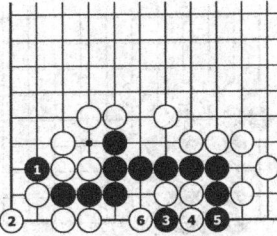

失败图：黑1断不好，白2小尖，至白6，黑净死

答案 3.3 利用棋形缺陷做活

第361题

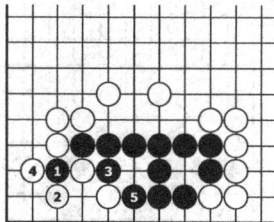

正解图：黑1断是好手，白2打吃，至黑5，黑净活

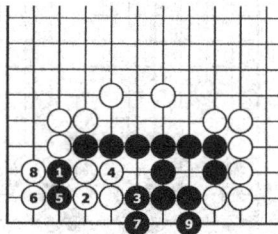

变化图：白2团，黑3顶，以下至黑9，黑也是活棋

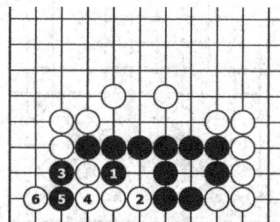

失败图：黑1挤不好，白2顶，至白6，黑净死

第362题

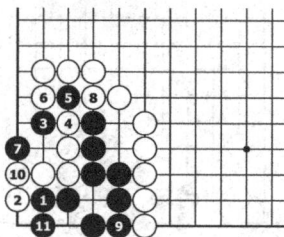

正解图：黑1爬扩大眼位，白2扳，黑3、黑5跳再挖是好手，至黑11，黑净活

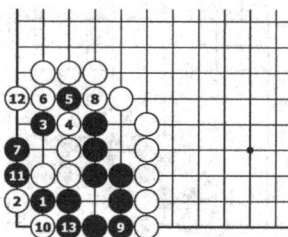

变化图：白10扳，黑11断吃，至黑13，黑也是活棋

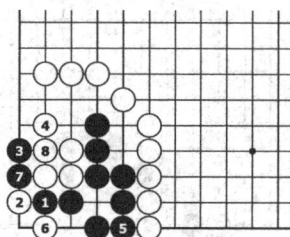

失败图：黑3点不好，白4小尖，至白8，成劫活

第363题

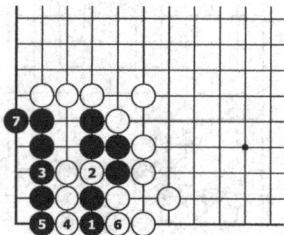

正解图：黑1立弃子，白2断，黑3粘，至黑7，黑净活

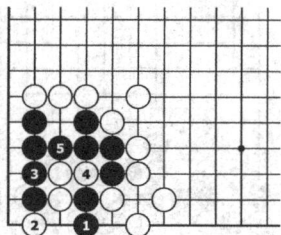

变化图：白2扳，黑3粘，至黑5，黑也是活棋

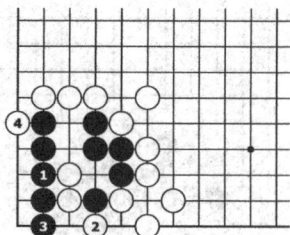

失败图：黑1粘不好，白2打吃，至白4，黑净死

答 案

第364题

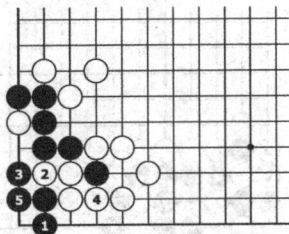

正解图：黑1立是要点，白2冲，黑3挡，至黑5，黑净活

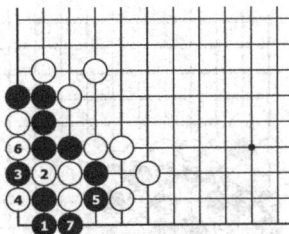

变化图：白4扑，黑5打吃，至黑7，白不行

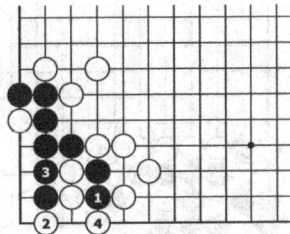

失败图：黑1冲不好，白2扳，至白4，黑净死

第365题

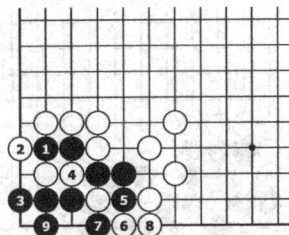

正解图：黑1冲是好次序，白2挡，黑3立，至黑9，黑净活

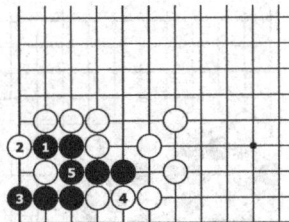

变化图：白4粘，黑5粘，黑也是活棋

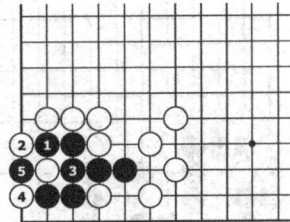

失败图：黑3粘不好，白4扳，至黑5，成劫活

第366题

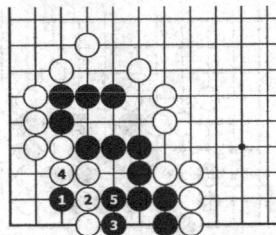

正解图：黑1点是好手，白2粘，黑3小尖，至黑5，黑净活

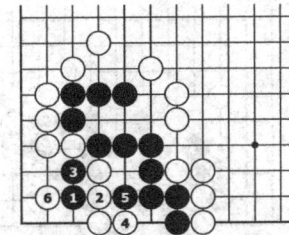

变化图：黑3断不好，白4弯，至白6，黑净死

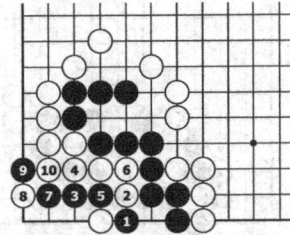

失败图：黑1尖不好，白2打吃，黑3点，至白10，黑净死

答 案

第367题

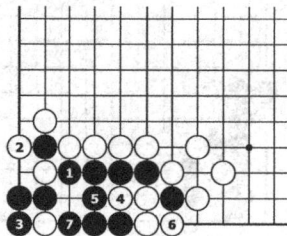

正解图：黑1打吃是必然的下法，白2提，黑3打吃是盲点，至黑7，黑净活

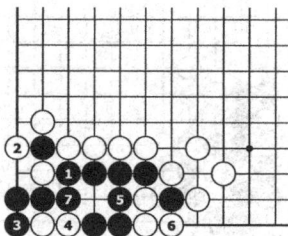

变化图：白4长，黑5粘，至黑7，黑也是活棋

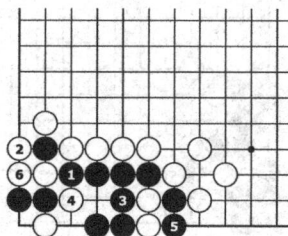

失败图：黑3打吃不好，白4断，至白6，黑净死

第368题

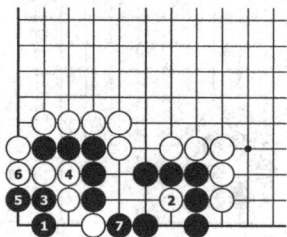

正解图：黑1点是好手，白2点，黑3挤，至黑7，黑净活

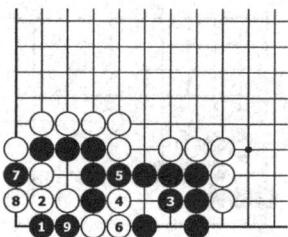

变化图：白2团，黑3做眼，至黑9，黑净活

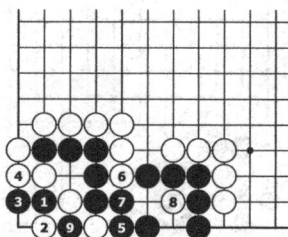

失败图：黑1挤不好，白2打吃，黑3立，至黑9，成劫活

第369题

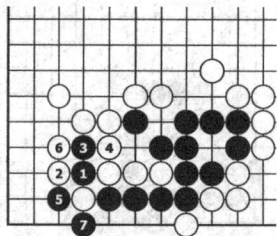

正解图：黑1、黑3断再长是好次序，白4粘，至黑7，黑净活

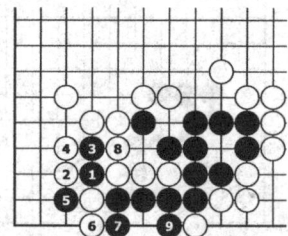

变化图：白6立，黑7打吃，至黑9，黑也是活棋

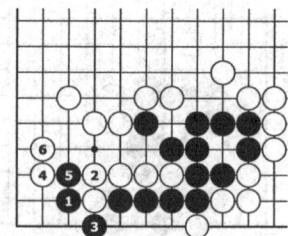

失败图：黑1夹不好，白2粘，黑3渡过，至白6，黑净死

答案

第370题

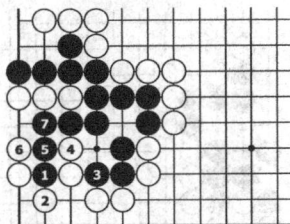

正解图：黑1挖是好手，白2打吃，黑3挤，至黑7，黑净活

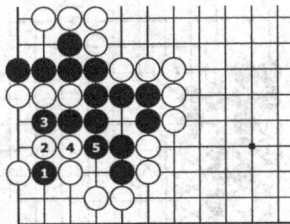

变化图：白2打吃，黑3冲，至黑5，黑也是活棋

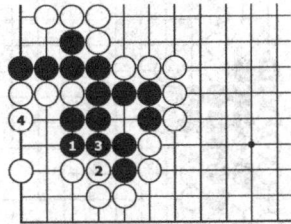

失败图：黑1顶不好，白2团，至白4，黑净死

第371题

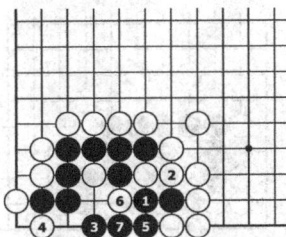

正解图：黑1、黑3打吃再尖是好手，白4扳，至黑7，黑净活

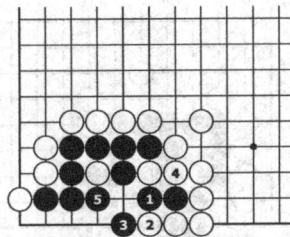

变化图：白2爬，黑3挡，至黑5，黑也是活棋

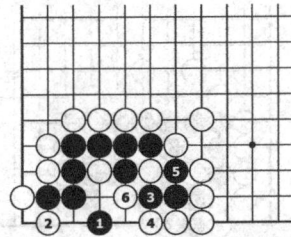

失败图：黑1小尖不好，白2扳，至白6，黑净死

第372题

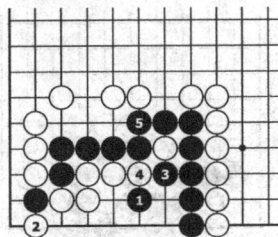

正解图：黑1跳是好手，白2打吃，至黑5，黑净活

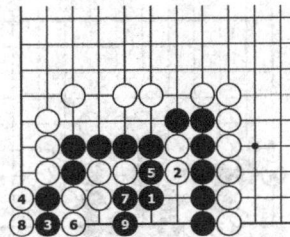

变化图：白2冲，黑3立，至黑9，黑也是活棋

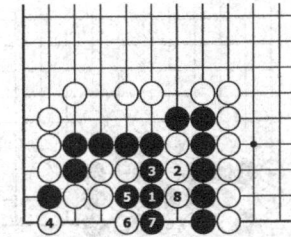

失败图：黑3粘不好，白4打吃，至白8，黑净死

答 案

第373题

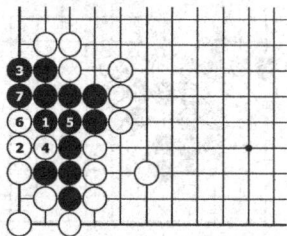

正解图：黑1做眼是好手，白2长，黑3立，至黑7，黑净活

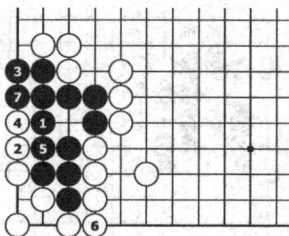

变化图：白4爬，黑5做眼，至黑7，黑也是活棋

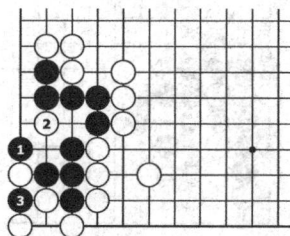

失败图：黑1挡不好，白2点，至黑3，成劫活

第374题

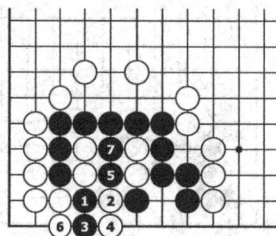

正解图：黑1、黑3断再立是好手，白4打吃，至黑7，黑净活

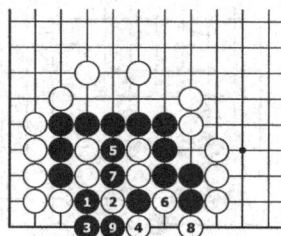

变化图：白4打吃，黑5冲，至黑9，白接不归，黑净活

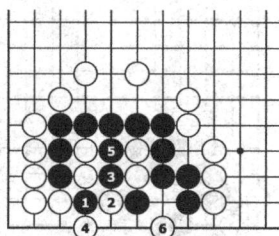

失败图：黑3扑不好，白4提，至白6，黑净死

第375题

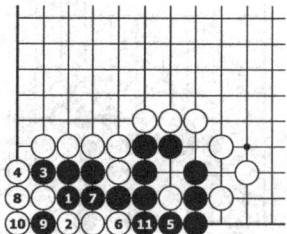

正解图：黑1、黑3冲再冲是好次序，白4挡，黑5打吃，至黑11，黑净活

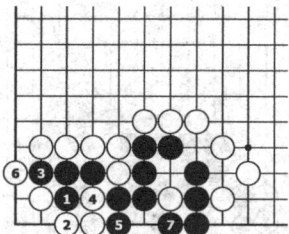

变化图：白4断，黑5打吃，至黑7，黑也是活棋

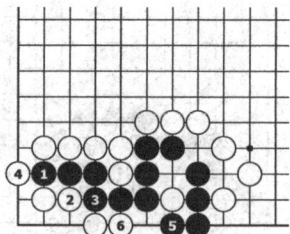

失败图：黑1冲次序错误，白2贴，至白6，黑净死

答案

第376题

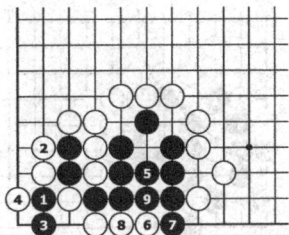

正解图：黑1、黑3打吃立是好手，白4扳，至黑9，黑净活

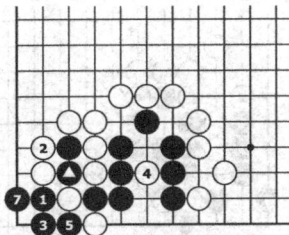

变化图：白4点，黑5打吃，至黑7，黑也是活棋

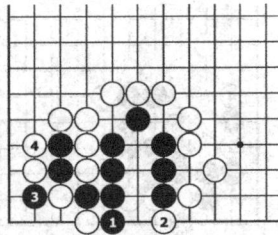

⑥=▲

失败图：黑1打吃不好，白2扳，至白4，黑净死

第377题

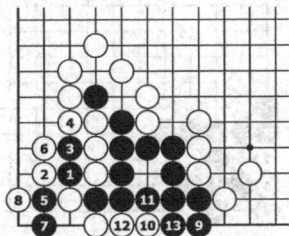

正解图：黑1、3断再长是好次序，黑5、7打吃再立是好手，至黑13，黑净活

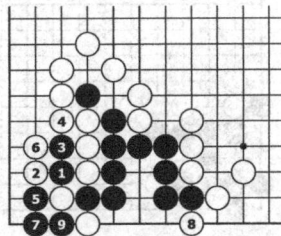

变化图：白8扳，黑9断吃，黑也是活棋

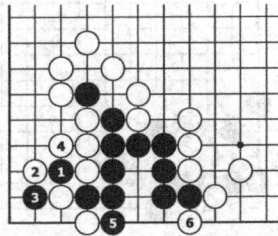

失败图：黑3打吃不好，白4提，至黑6，黑净死

第378题

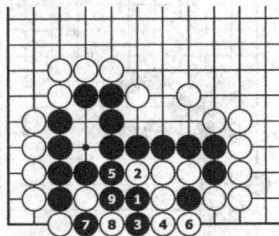

正解图：黑1、黑3夹再立是好手，白4挡，至黑9，黑净活

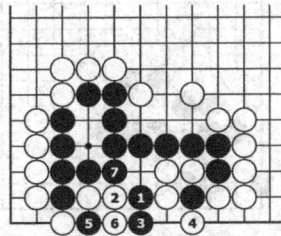

变化图：白2顶，黑3立，至黑7，黑也活棋

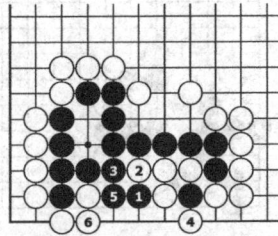

失败图：黑3打吃不好，白4提，至白6，黑净死

答案

第379题

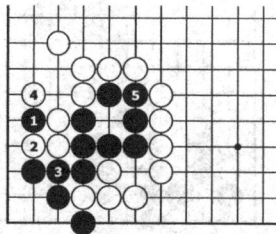

正解图：黑1夹是好手，白2冲，黑3粘，至黑5，黑净活

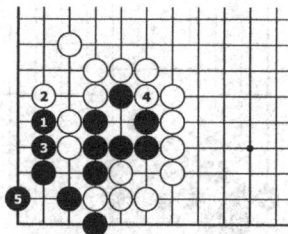

变化图：白4打吃，黑5虎，黑也是活棋

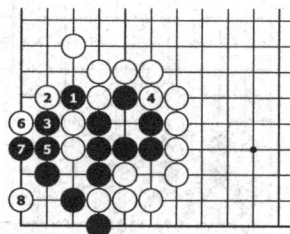

失败图：黑1断不好，白2打吃，黑3断，至白8，黑净死

第380题

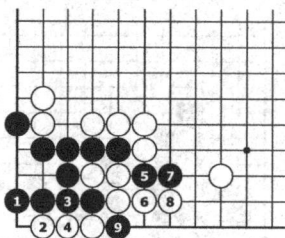

正解图：黑1立是要点，白2靠，黑3粘，至黑9，黑净活

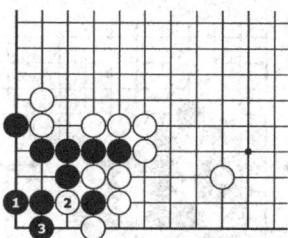

变化图：白2提，黑3立，黑也是活棋

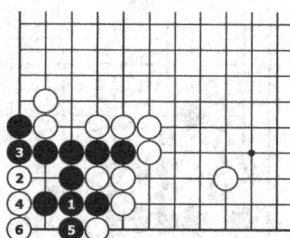

失败图：黑1粘不好，白2点，至白6，黑净死

第381题

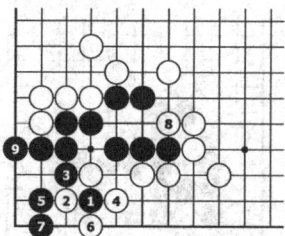

正解图：黑1、黑3靠再断是好手，白4打吃，至黑9，黑净活

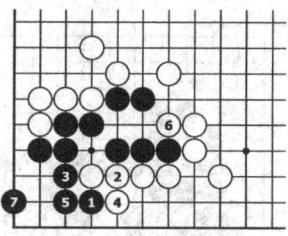

变化图：白2粘，黑3挡，至黑7，黑也是活棋

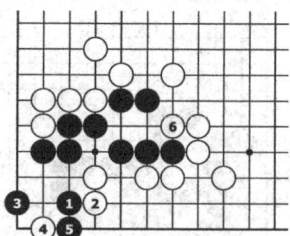

失败图：黑1跳不好，白2挡，至白6，黑净死

答案

第382题

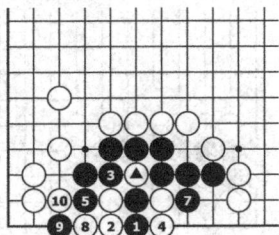 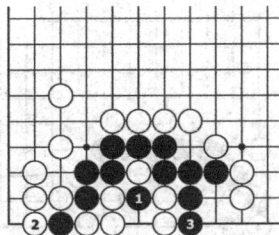 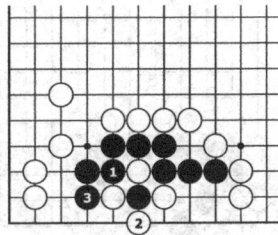

⑥=(▲)

正解图1：黑1立是要点，白2打吃，黑3提，黑7挡是好手

正解图2：接正解图1，黑1提，白2提，黑3打吃，黑净活

失败图：黑1提不好，白2打吃，至黑3，成劫活

第383题

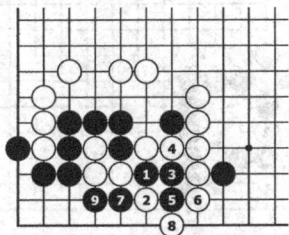 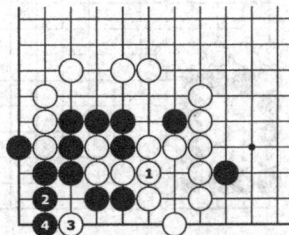 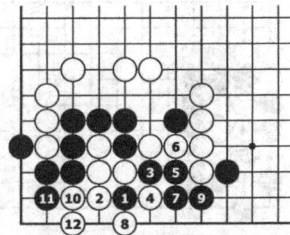

正解图1：黑1、黑3断再长是好手，白4打吃，黑5、黑7长再断打

正解图2：接正解图1，白1粘，黑2弯是好手，至黑4，黑净活

失败图：黑1夹不好，白2拐，黑3断，以下至白12，黑净死

第384题

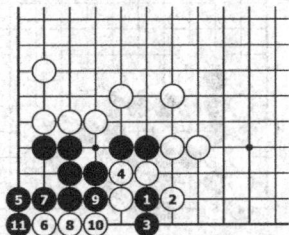 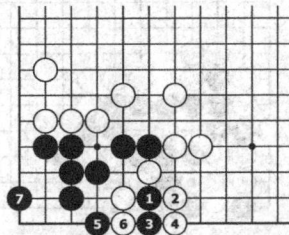 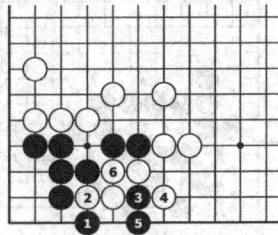

正解图：黑1、黑3挤再立是好手，白4粘，黑5跳是要点，至黑11，黑净活

变化图：白4打吃，黑5小尖，至黑7，黑也是活棋

失败图：黑1尖不好，白2挤，至白6，黑净死

答案

第385题

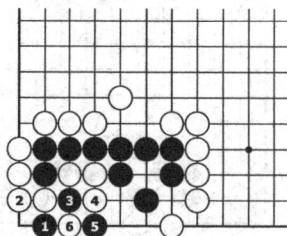

正解图：黑1夹是要点，白2粘，至白6，成劫活

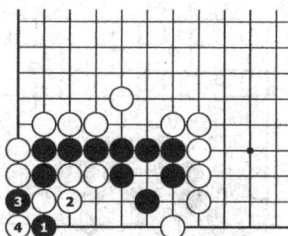

变化图：白2粘，黑3扑，至白4，也是劫活

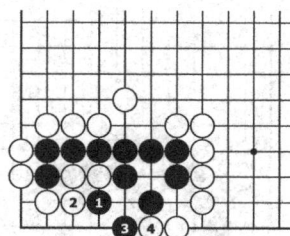

失败图：黑1打吃不好，白2粘，至白4，黑净死

第386题

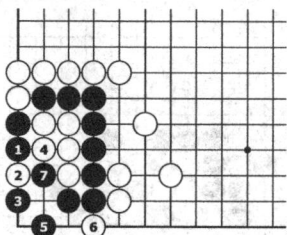

正解图：黑1长是好手，白2打吃，黑3反打，至黑7，成劫活

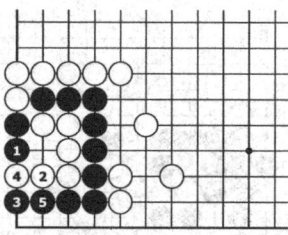

变化图：白2弯不好，黑3跳，至黑5，黑净活

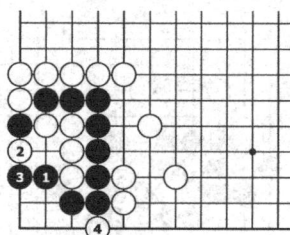

失败图：黑1打吃不好，白2提，至白4，黑净死

第387题

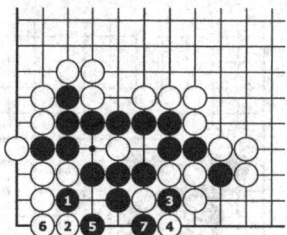

正解图：黑1、黑3挤再扑是好，白4提，至黑7，成劫活

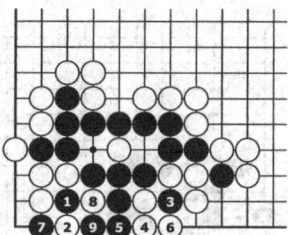

变化图：白4立，黑5打吃，至黑9，也是劫活

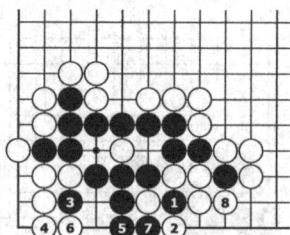

失败图：黑1扑次序错误，白2提，黑3挤，白4立，至白8，黑净死

答 案

第388题

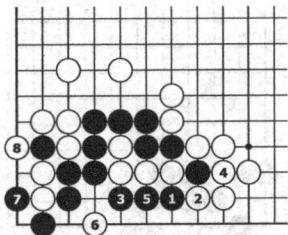

正解图1：黑1扳是好手，白2打吃，黑3滚打包收，白6点，黑7打吃

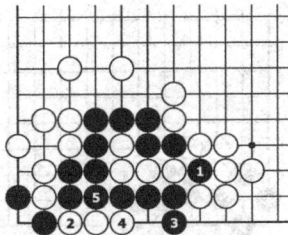

正解图2：接正解图1，黑1提，白2断吃，至黑5，成劫活

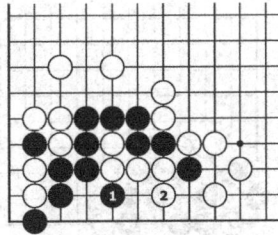

失败图：黑1扳不好，白2立，黑净死

第389题

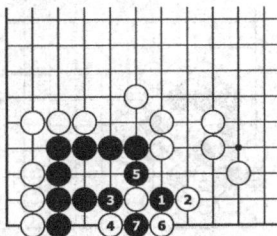

正解图：黑1靠是要点，白2夹，黑3顶，至黑7，成劫活

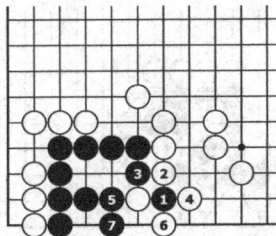

变化图：白2顶不好，黑3断，白4打吃，至黑7，黑净活

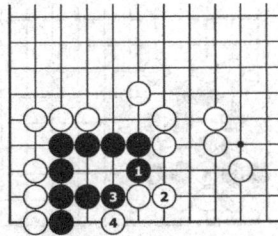

失败图：黑1顶不好，白2退，至白4，黑净死

第390题

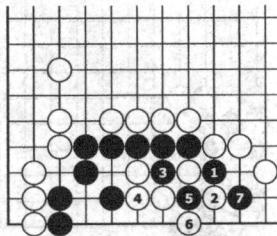

正解图：黑1断是要点，白2打吃，黑3挤，至黑7，成劫活

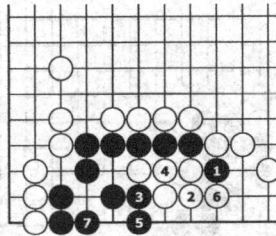

变化图：白2团不好，黑3挤，白4粘，至黑7，黑净活

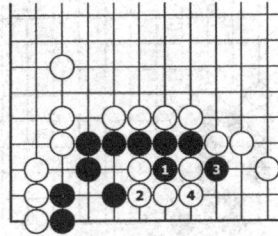

失败图：黑1挤不好，白2粘，至白4，黑净死

答案 3.4 综合测验

第391题

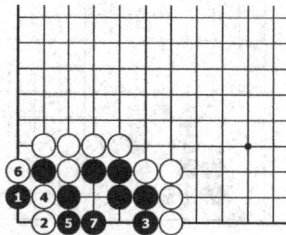

正解图：黑1虎是好手，白2点，黑3挡，至黑7，黑净活

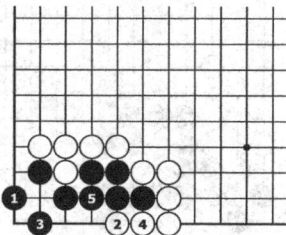

变化图：白2托，黑3做眼，至黑5，黑也是活棋

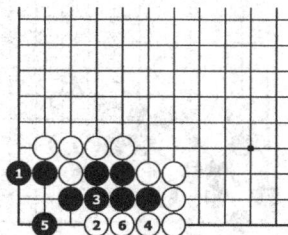

失败图：黑1立不好，白2点，至白6，黑净死

第392题

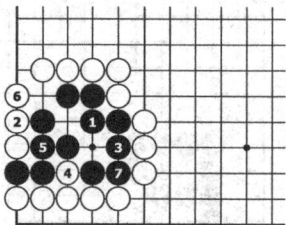

正解图：黑1粘是要点，白2爬，黑3挡，至黑7，黑净活

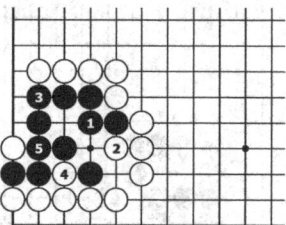

变化图：白2冲，黑3团，至黑5，黑也是活棋

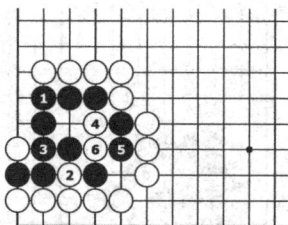

失败图：黑1团不好，白2打吃，至白6，黑净死

第393题

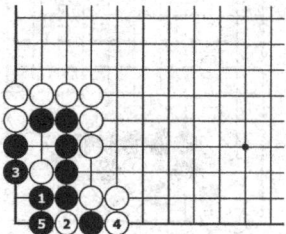

正解图：黑1拐是要点，白2扑，黑3打吃，至黑5，黑净活

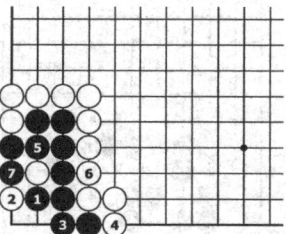

变化图：白2扳，黑3粘，至黑7，黑也是活棋

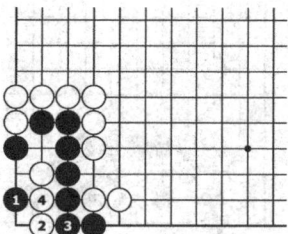

失败图：黑1跳不好，白2点，至白4，黑净死

答 案

第394题

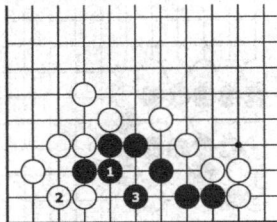

正解图：黑1粘是好手，
白2退，黑3做眼，黑净活

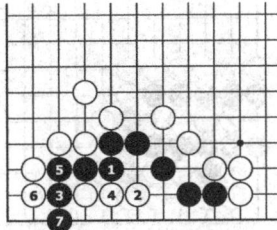

变化图：白2点，黑3扳，
至黑7，黑也是活棋

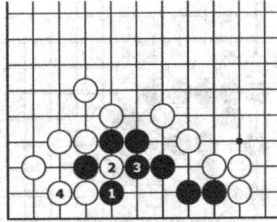

失败图：黑1挡不好，白
2扑，至白4，黑净死

第395题

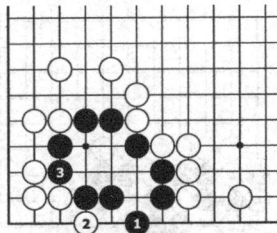

正解图：黑1倒虎是好手，
白2扳，黑3挤，黑净活

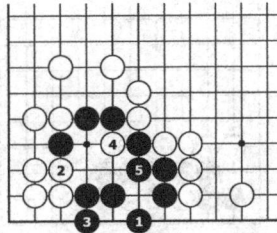

变化图：白2团，黑3做
眼，至黑5，黑也是活棋

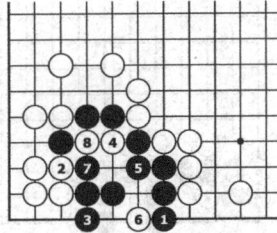

失败图：黑1立不好，白
2团，至白8，黑净死

第396题

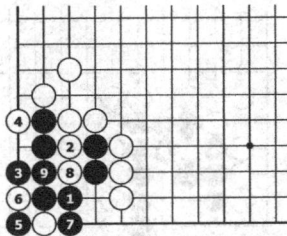

正解图：黑1退是好手，
白2冲，黑3倒虎是要
点，至黑9，黑净活

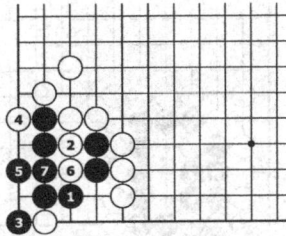

变化图：黑3扑也可以，
白4扳，黑5倒虎，至黑
7，黑也是活棋

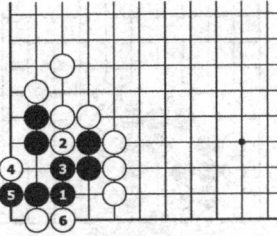

失败图：黑3团不好，白
4点，至白6，黑净死

答案

第397题

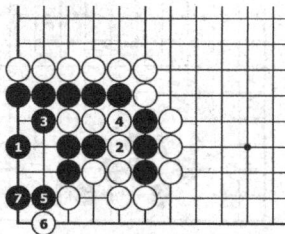

正解图：黑1跳是好手，白2冲，黑3挡，至黑7，黑净活

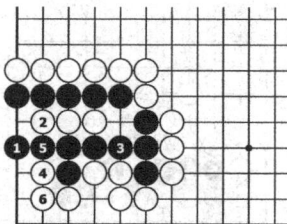

变化图：白2冲，黑3粘，至白6，成双活

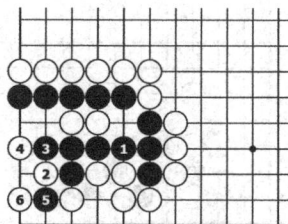

失败图：黑1粘不好，白2、白4扳再连扳是最强抵抗，至白6，成劫活

第398题

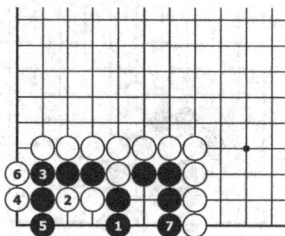

正解图：黑1立是好手，白4夹，黑5立，至黑7，黑净活

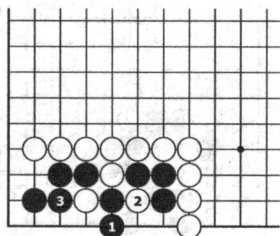

变化图：白2扑，黑3打吃，黑也是活棋

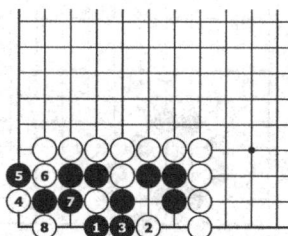

失败图：黑1打吃不好，白2点，黑3团，至白8，成劫活

第399题

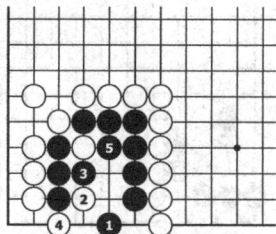

正解图：黑1小尖是好手，白2夹，黑3冲，至黑5，黑净活

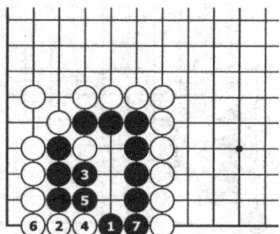

变化图：白2扳，黑3打吃，至黑7，黑也是活棋

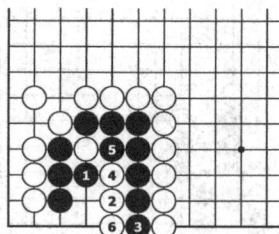

失败图：黑1打吃不好，白2夹，至白6，黑净死

答案

第400题

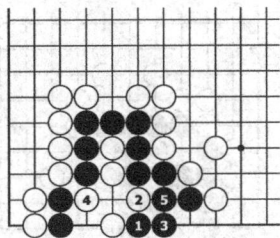

正解图：黑1靠是要点，白2打吃，黑3退，至黑5，黑净活

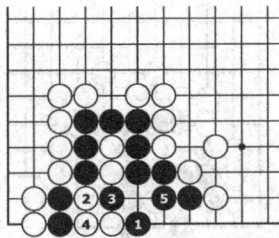

变化图：白2提，黑3提，至黑5，黑也是活棋

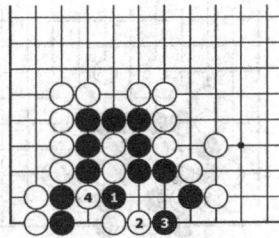

失败图：黑1提不好，白2长，至白4，黑净死

第401题

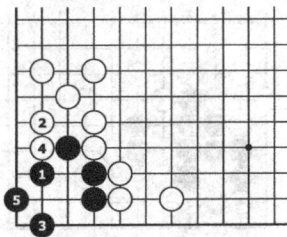

正解图：黑1虎是要点，白2小尖，黑3跳，至黑5，黑净活

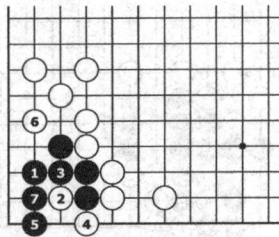

变化图：白2夹，黑3粘，至黑7，黑也是活棋

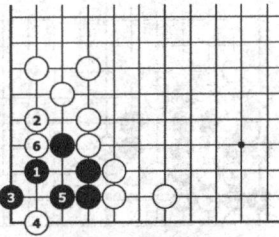

失败图：黑3尖不好，白4点，至白6，黑净死

第402题

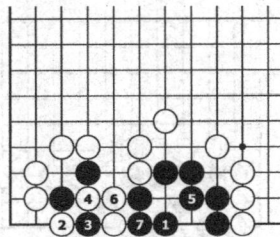

正解图：黑1虎是好手，白2扳，黑3扑是好次序，至黑7，黑净活

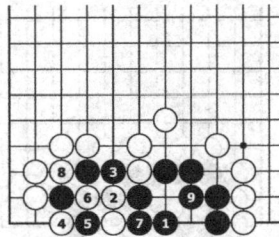

变化图：白2冲，黑3断，至黑9，黑也是活棋

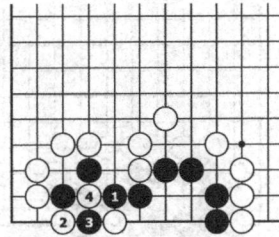

失败图：黑1挡不好，白2扳，至白4，成劫活

答案

第403题

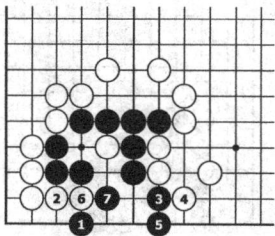

正解图：黑1跳是要点，白2冲，黑3扳，至黑7，黑净活

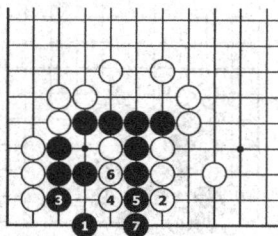

变化图：白2立，黑3挡，至黑7，成双活

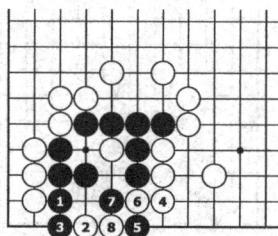

失败图：黑1挡不好，白2点是好手，至白8，黑净死

第404题

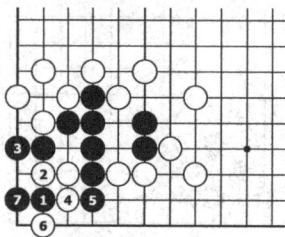

正解图：黑1跳是要点，白2冲，黑3立，至黑7，黑净活

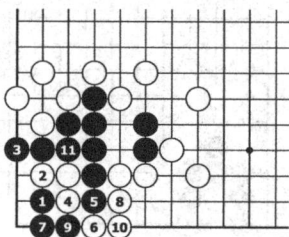

变化图：白6扳，黑7立是好手，至黑11，黑也是活棋

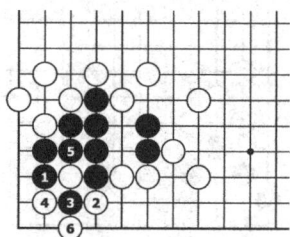

失败图：黑1夹不好，白2挡，黑3打吃，至白6，成劫活

第405题

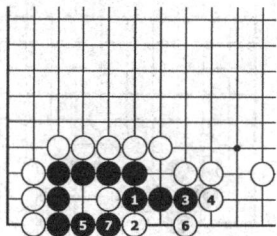

正解图：黑1团是好手，白2扳，黑3爬，至黑7，黑净活

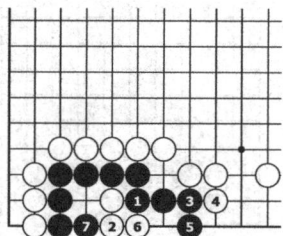

变化图：白2立，黑3爬，至黑7，成双活

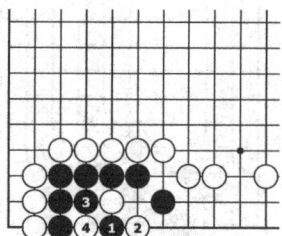

失败图：黑1夹不好，白2打吃，至白4，成劫活

答案

第406题

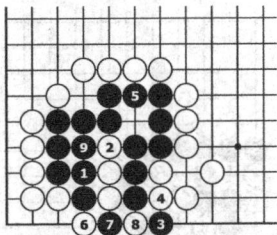

正解图：黑1粘是要点，白2长，黑3小尖，至黑9，黑净活

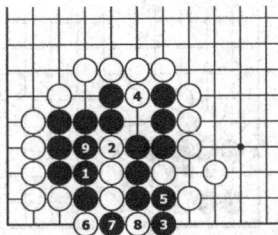

变化图：白4冲，黑5团，至黑9，黑也活棋

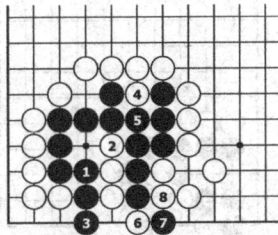

失败图：黑3立不好，白4冲，至白8，黑净死

第407题

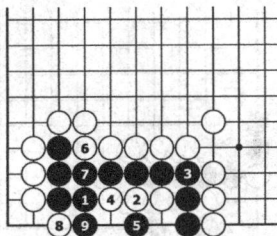

正解图：黑1弯是要点，白2长，黑3粘，至黑9，成双活

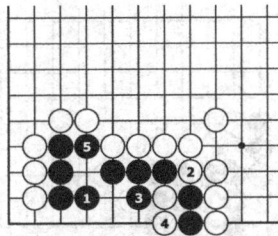

变化图：白2断吃，黑3打吃，至黑5，黑净活

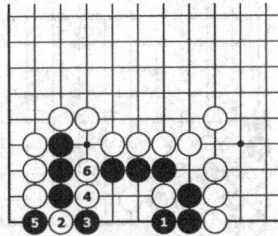

失败图：黑1打吃不好，白2扳是好手，至白6，黑净死

第408题

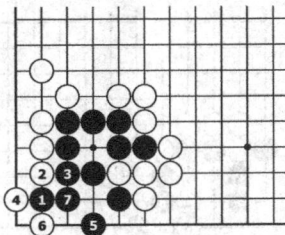

正解图：黑1飞是好手，白2顶，黑3团，至黑7，黑净活

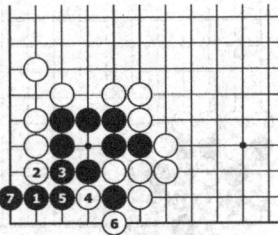

变化图：白4打吃，黑5粘，至黑7，黑也是活棋

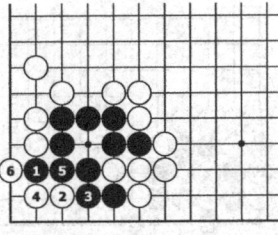

失败图：黑1挡不好，白2点，黑3粘，至白6，黑净死

答案

第409题

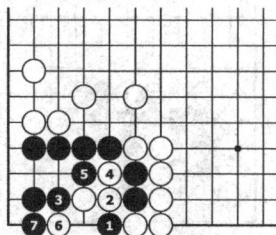

正解图：黑1扳是好手，白2断吃，黑3顶，至黑7，黑净活

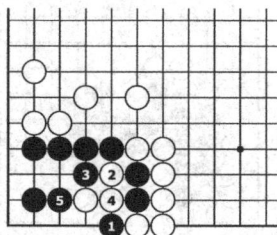

变化图：白2断吃，黑3打吃，至黑5，黑也是活棋

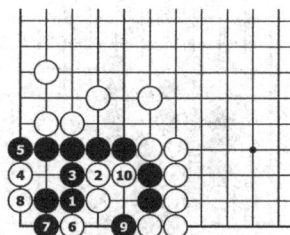

失败图：黑1顶不好，白2长，至白10，黑净死

第410题

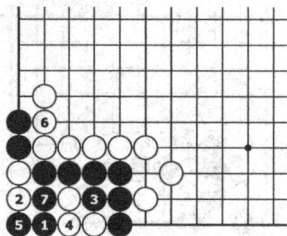

正解图：黑1跳是好手，白2长，黑3打吃，至黑7，黑净活

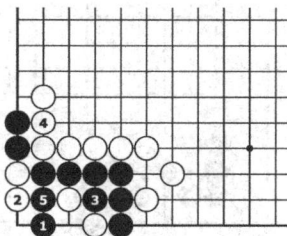

变化图：白4打吃，黑5粘，黑也是活棋

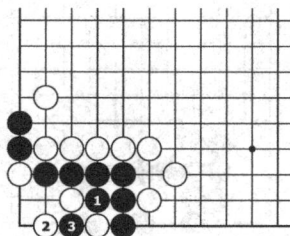

失败图：黑1打吃不好，白2尖是要点，至黑3，成劫活

第411题

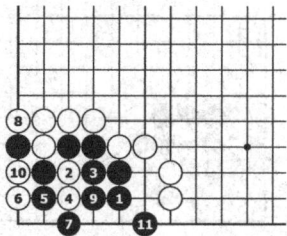

正解图：黑1并是要点，白2断吃，黑3粘，至黑11，黑净活

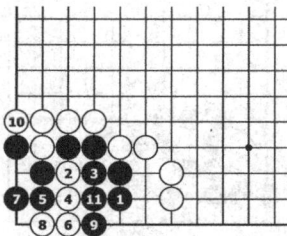

变化图：白6立，黑7弯是好手，至黑11，黑也是活棋

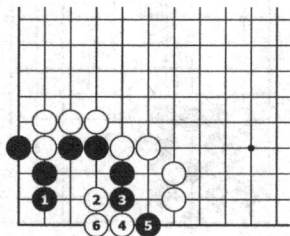

失败图：黑1并方向错误，白2点，至白6，黑净死

答案

第412题

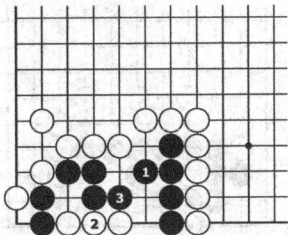

正解图：黑1弯是好手，白2粘，黑3挡，黑净活

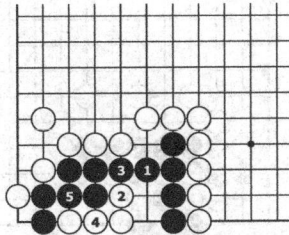

变化图：白2冲，黑3粘，至黑5，黑也是活棋

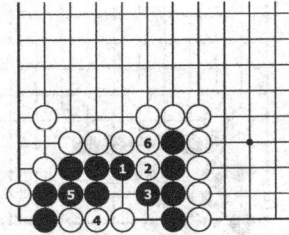

失败图：黑1挡不好，白2、白4挖再粘是好手，至白6，黑净死

第413题

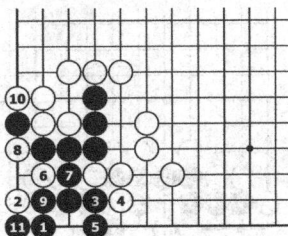

正解图：黑1小尖是要点，白2点，黑3爬，至黑11，黑净活

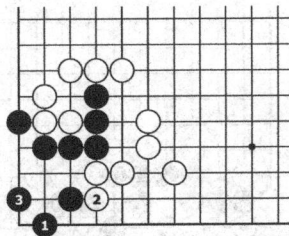

变化图：白2挡，黑3做眼，黑也是活棋

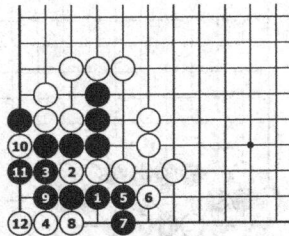

失败图：黑1爬不好，白2、白4冲再点是好手，至白12，黑净死

第414题

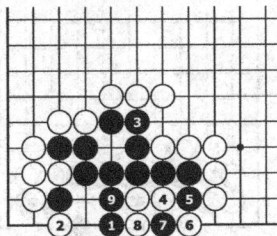

正解图：黑1跳是要点，白2打吃，黑3做眼，至黑9，黑净活

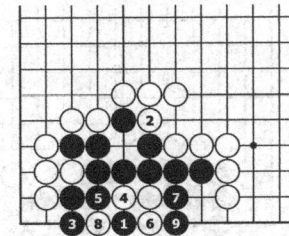

变化图：白2打吃，黑3立，至黑9，黑也是活棋

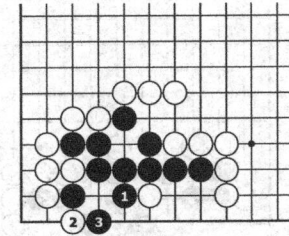

失败图：黑1挡不好，白2打吃，至黑3，成劫活

答案

第415题

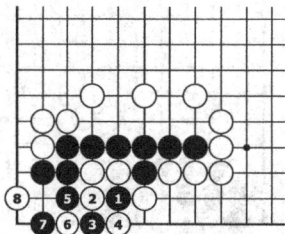

正解图：黑1、黑3断再
打吃是好手，至白8，成
劫活

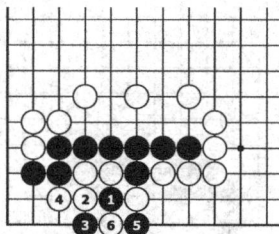

变化图：白4拐，黑5打
吃，至白6，也是劫活

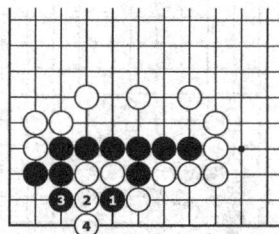

失败图：黑3打吃不好，
白4立，黑净死

第416题

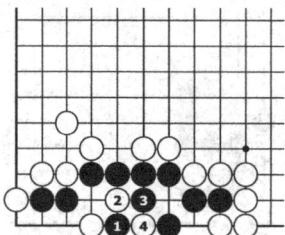

正解图：黑1靠是要点，
白2打吃，至白4，成劫活

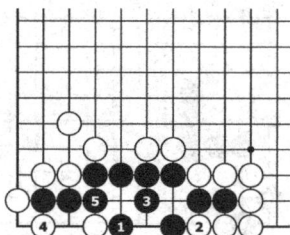

变化图：白2打吃不好，
黑3做眼，至黑5，黑净活

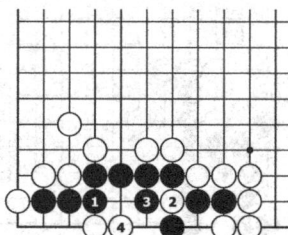

失败图：黑1粘不行，白
2扑，至白4，黑净死

第417题

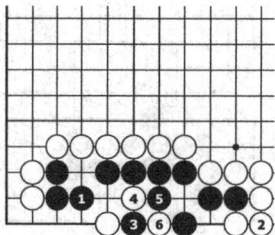

正解图：黑1弯是要点，
白2粘，黑3靠，至白6，
成劫活

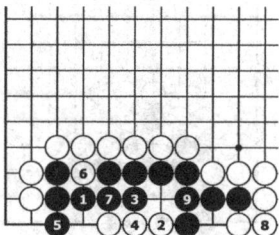

变化图：白2靠不好，黑
3弯，白4粘，至黑9，成
双活

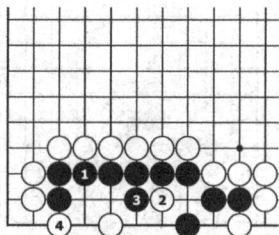

失败图：黑1粘不好，白2
点，至白4，黑净死

答案

第418题

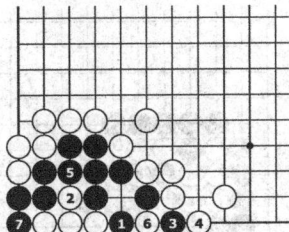

正解图1：黑1挡只此一手，白2冲，黑3扳是最强抵抗，白4挡，黑5粘

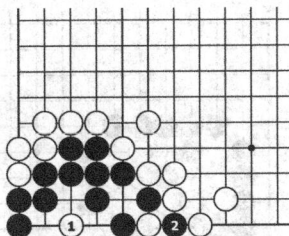

正解图2：接正解图1，白1点，黑2提，成劫活

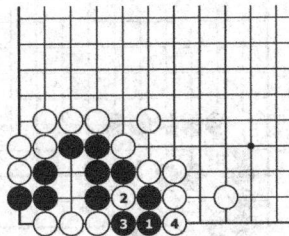

失败图：黑1立不行，白2扑，至白4，黑净死

第419题

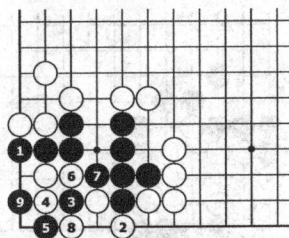

正解图：黑1挡是要点，白2渡过，黑3夹，至黑9，成劫活

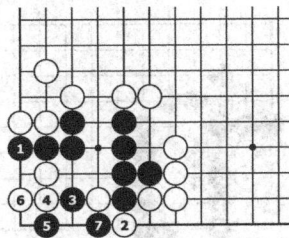

变化图：白6弯，黑7扑，也是劫活

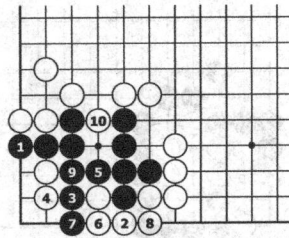

失败图：黑5打吃不行，白6粘，至白10，黑净死

第420题

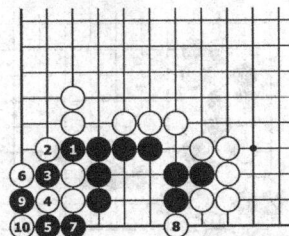

正解图：黑1、黑3冲断是好手，黑5夹是妙手，至白10，成劫活

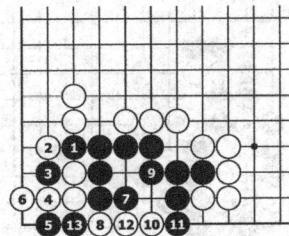

变化图：白6立不好，黑7弯，至黑13，黑净活

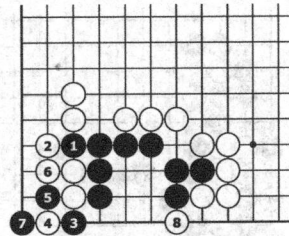

失败图：黑3扳不好，白4打吃，至白8，黑净死

第四章 杀棋破眼

答案 4.1 缩小眼位

第421题

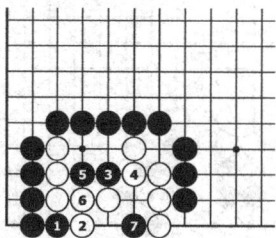

正解图：黑1、黑3拐再靠是要点，至黑7，白净死

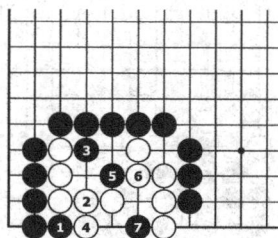

变化图：白2粘，黑3冲，至黑7，白也不行

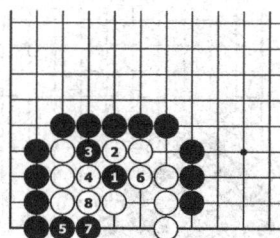

失败图：黑1靠不好，白2冲，黑3冲，至白8，白净活

第422题

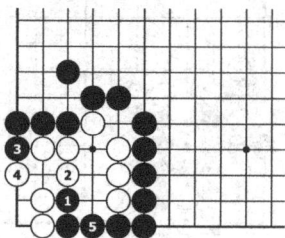

正解图：黑1、黑3贴再冲是好次序，至黑5，白净死

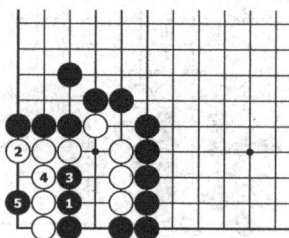

变化图：白2挡，黑3顶，至黑5，白净死

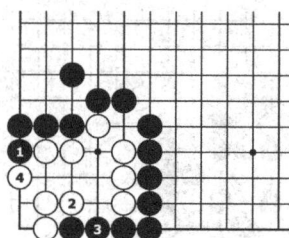

失败图：黑1拐不好，白2打吃，至白4，白净活

第423题

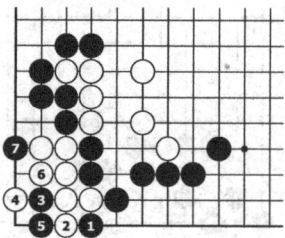

正解图：黑1、黑3扳再靠是好手，至黑7，白净死

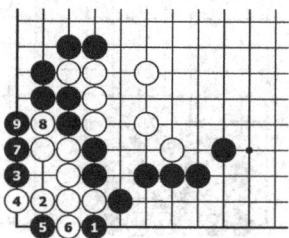

变化图：白2弯，黑3点，黑5靠是好次序，至黑9，白净死

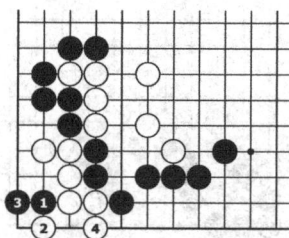

失败图：黑1靠不好，白2扳，至白4，白净活

答案

第424题

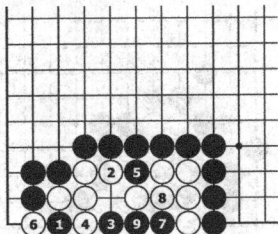

正解图：黑1、黑3扳再点是好手，白4断，至黑9，白净死

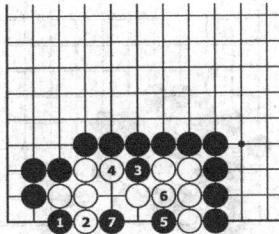

变化图：白2挡，黑3挤是要点，至黑7，白也不行

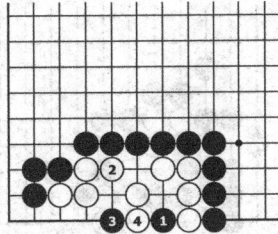

失败图：黑1靠不好，白2挡，至白4，白净活

第425题

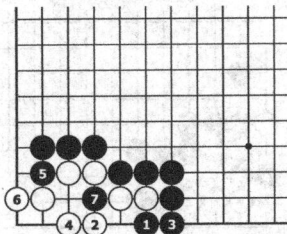

正解图：黑1、黑3扳再粘是好手，至黑7，白净死

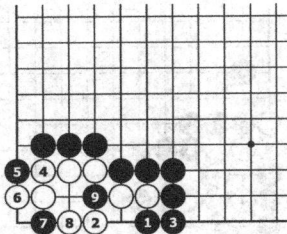

变化图：白4团，黑5、黑7扳再靠，白也不行

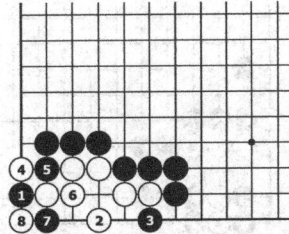

失败图：黑1托不好，白2虎，至白8，成劫杀

第426题

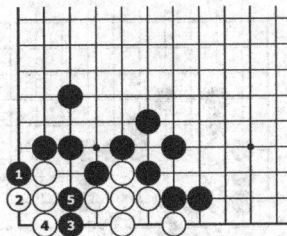

正解图：黑1、黑3扳再点是好手，至黑5，白净死

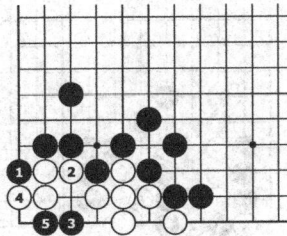

变化图：白2打吃，黑3点，至黑5，白也不行

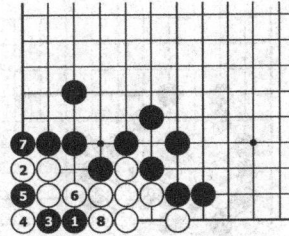

失败图：黑1点不好，白2立是好手，至白8，白净活

答案

第427题

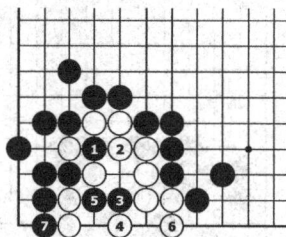

正解图：黑1、黑3扑再靠是好手，白4扳，至黑7，白净死

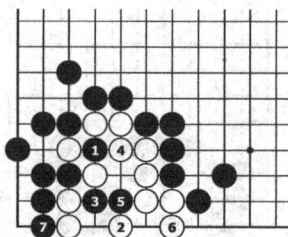

变化图：白2尖，黑3、黑5打吃再长，至黑7，白也不行

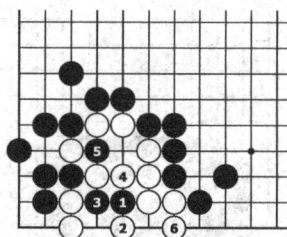

失败图：黑1靠不好，白2扳，黑3断，至白6，白净活

第428题

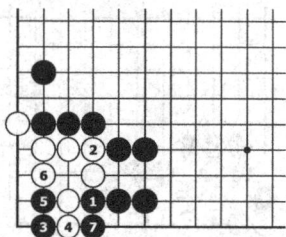

正解图：黑1、黑3挤再点是好手，白4挡，至黑7，白净死

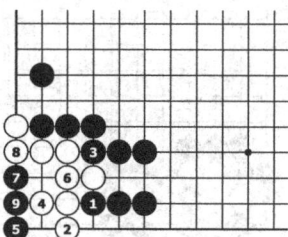

变化图：白2立，黑3挤，至黑9，白也不行

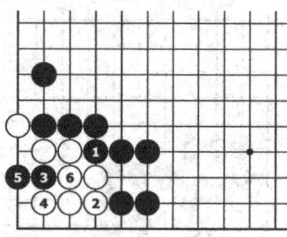

失败图：黑1挤方向错误，白2团，至白6，白净活

第429题

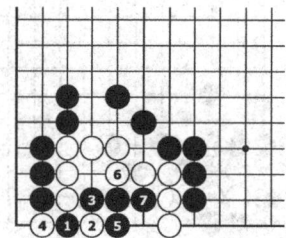

正解图：黑1、黑3扳再断是好手，至黑7，白净死

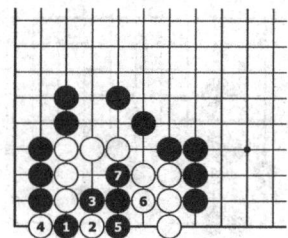

变化图：白6团，黑7挤，白也不行

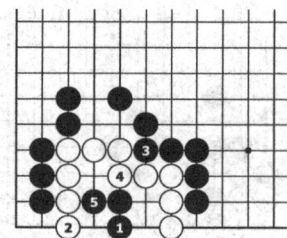

失败图：黑1立不好，白2立，至黑5，成双活

答案

第430题

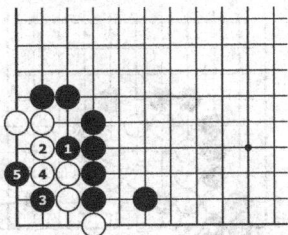

正解图：黑1、黑3冲再夹
是好手，至黑5，白净死

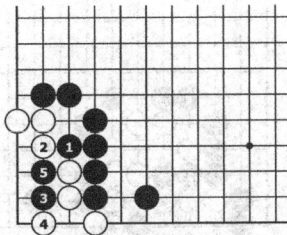

变化图：白4扳，黑5断
吃，白也不行

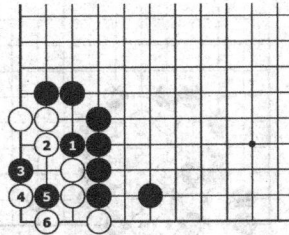

失败图：黑3点不好，白4
靠，至白6，成劫活

第431题

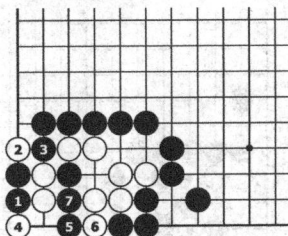

正解图：黑1爬是好手，
白2断，黑3断吃，至黑
7，白净死

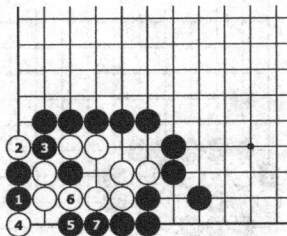

变化图：白6粘，黑7粘，
白也不行

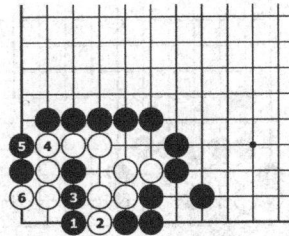

失败图：黑1点不好，白
2断，黑3粘，至白6，白
净活

第432题

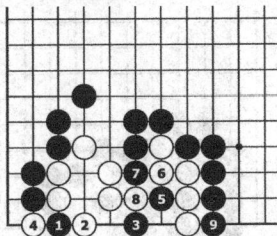

正解图：黑1、黑3扳再
点是好手，至黑9，白
净死

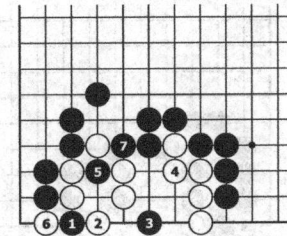

变化图：白4粘，黑5
扑，至黑7，白也不行

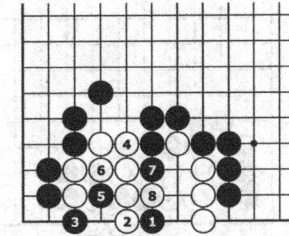

失败图：黑1点不好，白
2挡，黑3扳，至白8，白
净活

答案

第433题

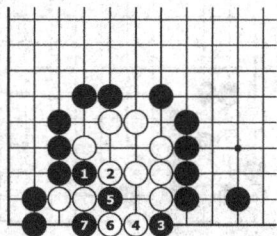

正解图：黑1、黑3冲再扳是好手，白4挡，至黑7，白净死

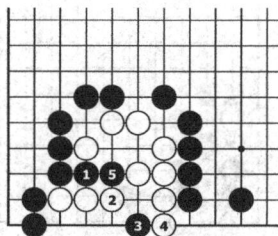

变化图：白2退，黑3点，至黑5，白也不行

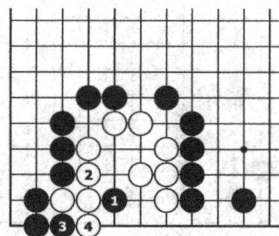

失败图：黑1靠不好，白2粘，至白4，白净活

第434题

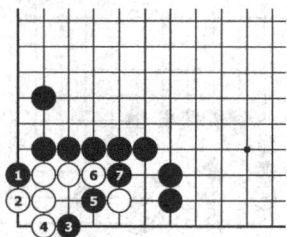

正解图：黑1、黑3扳再点是好手，白4挡，至黑7，白净死

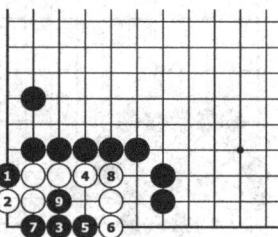

变化图：白4贴，黑5长，至黑9，白也不行

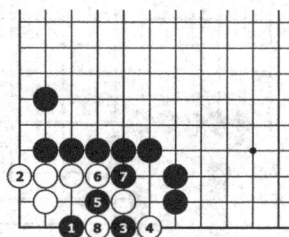

失败图：黑1点不好，白2立，至白8，成劫杀

第435题

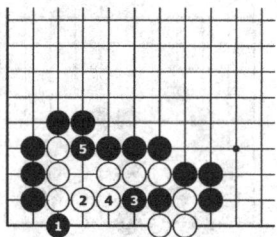

正解图：黑1、黑3扳再长是好手，至黑5，白净死

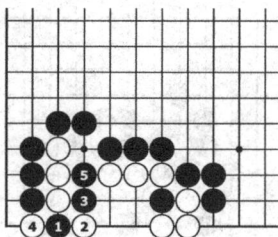

变化图：白2挡，黑3断，至黑5，白也不行

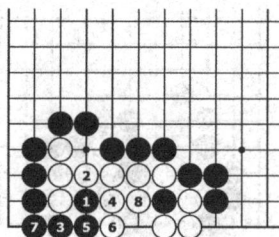

失败图：黑1夹不好，白2粘，至白8，白净活

答 案

第436题

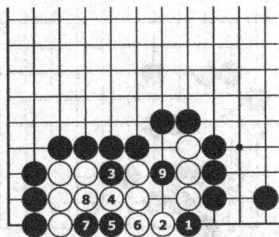

正解图：黑1扳是缩小眼位的好手，白2挡，黑3冲，至黑9，白净死

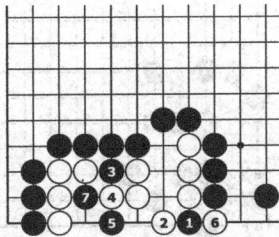

变化图：白6提，黑7扑，白不行

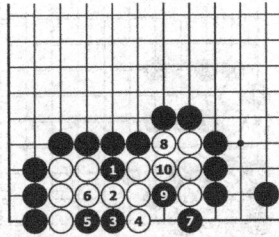

失败图：黑1冲次序错误，白2挡，黑3靠，至白10，白净活

第437题

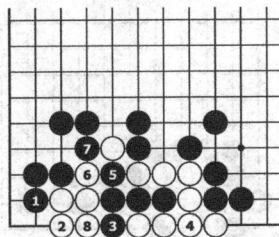

正解图1：黑1拐是要点，白2立，黑3打吃，白4粘，黑5断

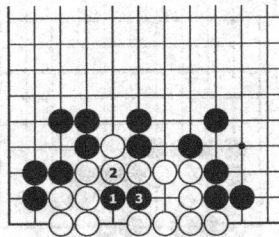

正解图2：接正解图1，黑1点，白2粘，至黑3，白净死

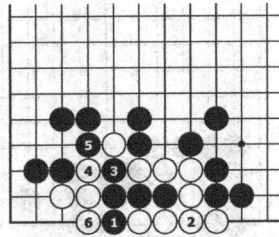

失败图：黑1打吃不好，白2粘，黑3断，至白6，白净活

第438题

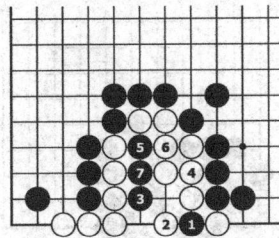

正解图：黑1、黑3扑再点是好手，白4粘，至黑7，白净死

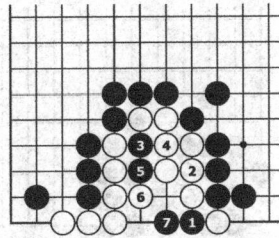

变化图：白2粘，黑3、黑5打吃再冲，至黑7，白不行

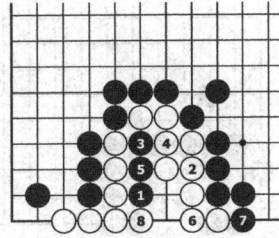

失败图：黑1点不好，白2粘，至白8，白净活

答案

第439题

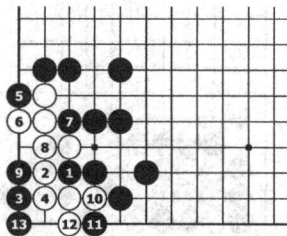

正解图：黑1、黑3冲再点是要点，白4粘，至黑13，白净死

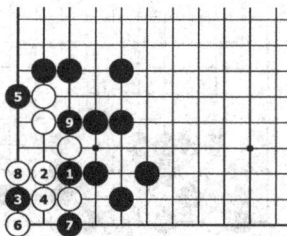

变化图：白6扑，黑7托，至黑9，白也不行

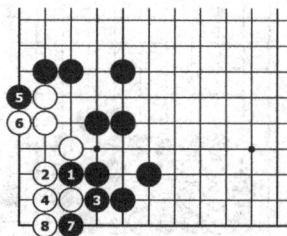

失败图：黑3团不好，白4粘，至白8，白净活

第440题

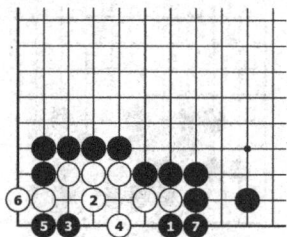

正解图：黑1扳是要点，白2弯，黑3点，至黑7，白净死

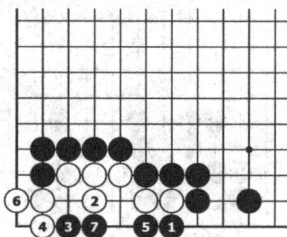

变化图：白4挡，黑5打吃，至黑7，白也不行

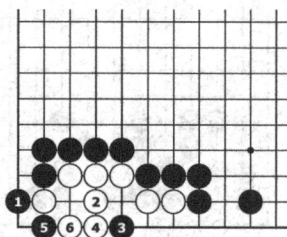

失败图：黑1扳不好，白2弯，至白6，成劫杀

第441题

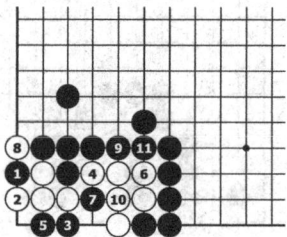

正解图：黑1、黑3扳再点是好手，白4扩大眼位，至黑11，白净死

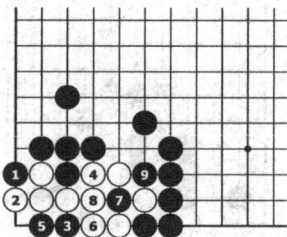

变化图：白6打吃，黑7扑，至黑9，白也不行

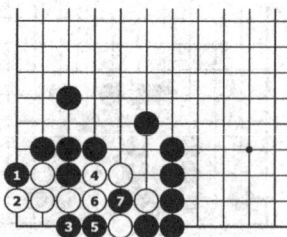

失败图：黑5打吃不好，白6粘，黑7提成劫杀

答案

第442题

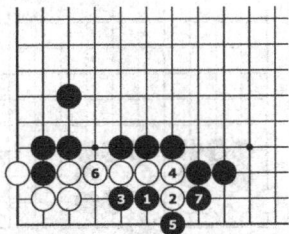

正解图：黑1托是好手，白2扳，黑3爬，至黑7，白净死

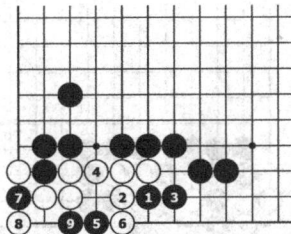

变化图：白2挡，黑3退，至黑9，白也不行

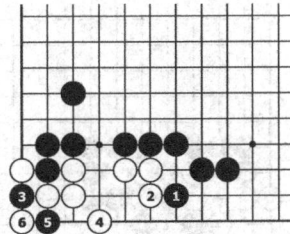

失败图：黑1尖不好，白2挡，黑3扑，至白6，成劫杀

第443题

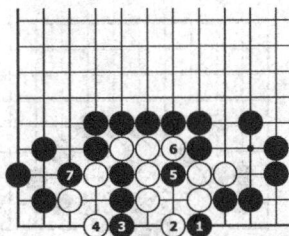

正解图：黑1、黑3扳再立是要点，白4小尖，至黑7，白净死

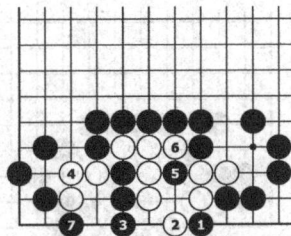

变化图：白4团，黑5挖，至黑7，白也不行

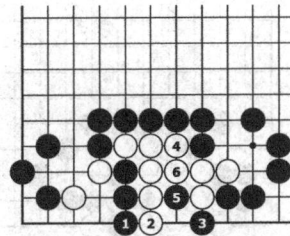

失败图：黑1立不好，白2挡，至白6，白净活

第444题

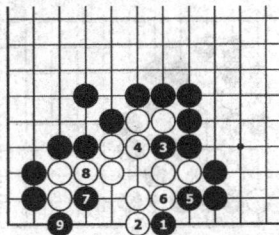

正解图：黑1小飞是好手，白2挡，黑3冲，至黑9，白净死

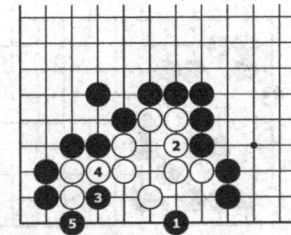

变化图：白2粘，黑3夹，至黑5，白也不行

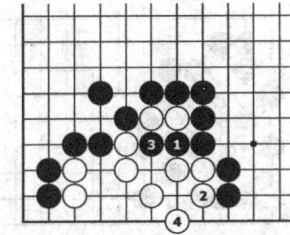

失败图：黑1冲不好，白2挡，至白4，白净活

答案

第445题

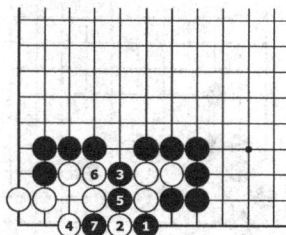

正解图：黑1扳是要点，白2挡，黑3打吃，至黑7，成劫杀

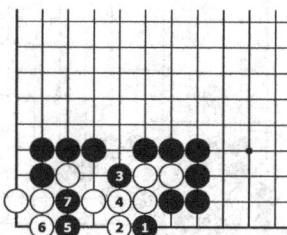

变化图：白4粘不好，黑5点，至黑7，白净死

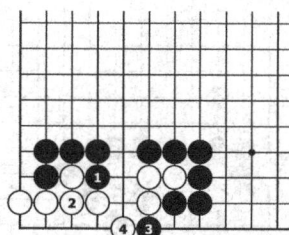

失败图：黑1打吃不好，至白4，白净活

第446题

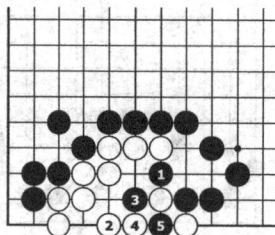

正解图：黑1挖是好手，白2小尖是最强抵抗，至黑5，成劫杀

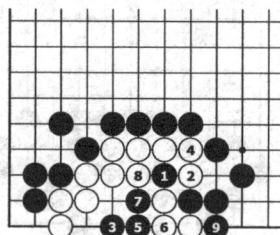

变化图：白2打吃不好，黑3点，白4团，至黑9，白净死

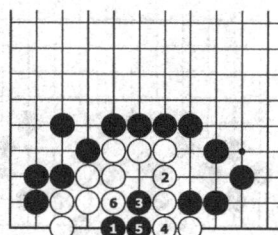

失败图：黑1点不好，白2粘，至白6，成双活

第447题

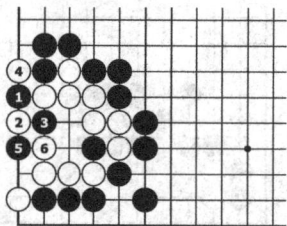

正解图：黑1、黑3扳再断是好手，至白6，成劫杀

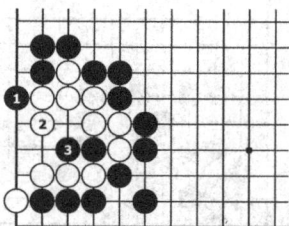

变化图：白2弯不好，黑3长，白净死

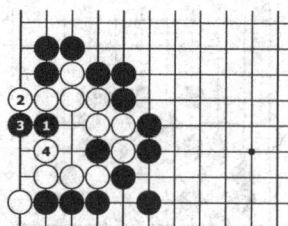

失败图：黑1夹不好，白2立，至白4，白净活

答案

第448题

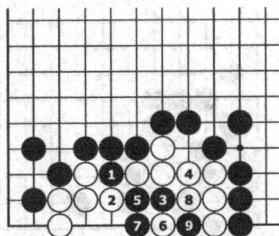

正解图：黑1、黑3冲再靠是要点，白4粘，至黑9，成劫杀

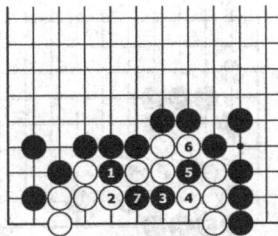

变化图：白4顶不行，黑5扑，至黑7，白净死

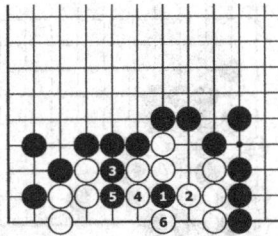

失败图：黑1靠不好，白2顶，至白6，白净活

第449题

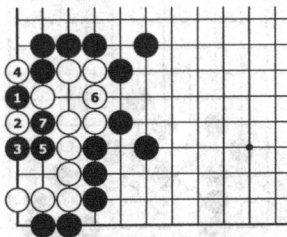

正解图：黑1、黑3扳再打吃是好手，白4提，至黑7，成劫杀

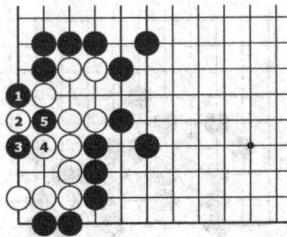

变化图：白4打吃，黑5提，也是劫杀

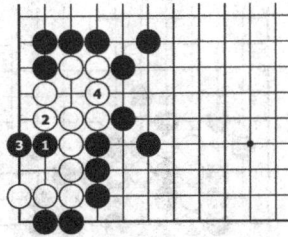

失败图：黑1点不好，白2团，至白4，白净活

第450题

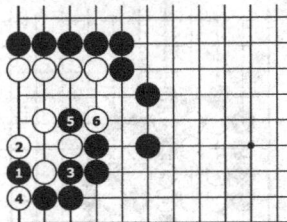

正解图：黑1、黑3扳再打吃是好手，白4提，至白6，成劫杀

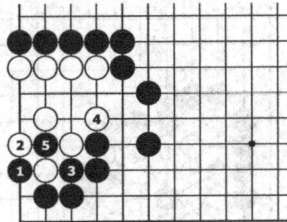

变化图：白4扳，黑5提，也是劫杀

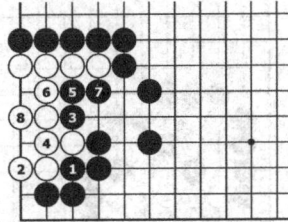

失败图：黑1挤不好，白2立，至白8，白净活

答案 4.2 占据要点

第451题

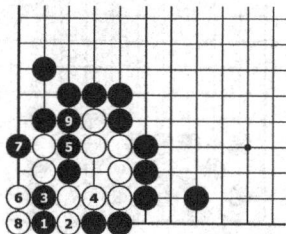

正解图：黑1点是要点，白2断，黑3打吃，至黑9，白净死

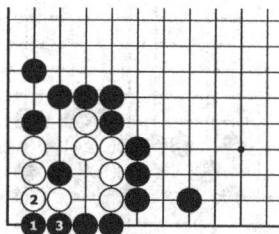

变化图：白2粘，黑3粘，白不行

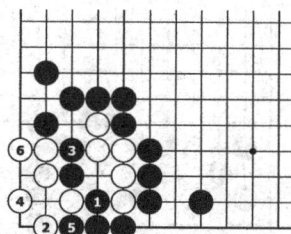

失败图：黑1冲不好，白2虎是要点，至白6，成劫杀

第452题

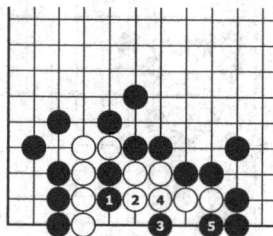

正解图：黑1长是好手，白2打吃，黑3点，至黑5，白净死

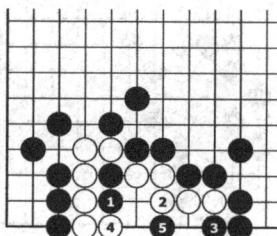

变化图：白2粘，黑3拐，至黑5，白也不行

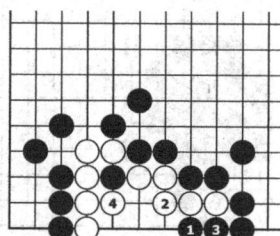

失败图：黑1夹不好，白2粘，至白4，白净活

第453题

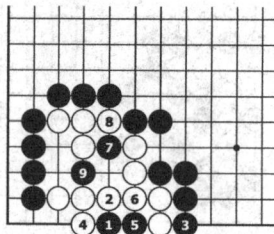

正解图：黑1点是好手，白2挡，至黑9，白净死

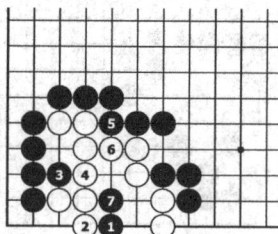

变化图：白2挡，黑3冲，至黑7，白也不行

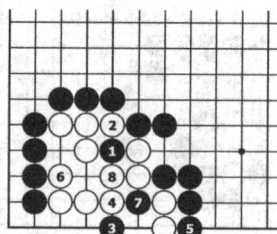

失败图：黑1挖不好，白2打吃，至白8，白净活

答案

第454题

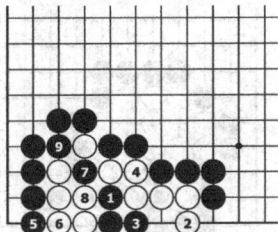

正解图：黑1挤是好手，白2立，黑3拐，至黑9，白净死

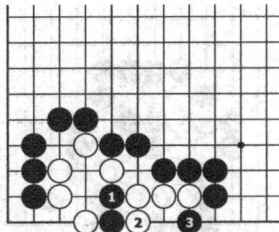

变化图：白2打吃，黑3扳，白也不行

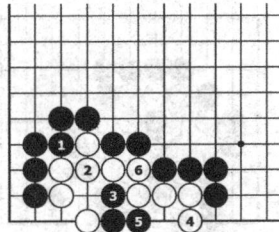

失败图：黑1打吃不好，白2粘，至白6，成双活

第455题

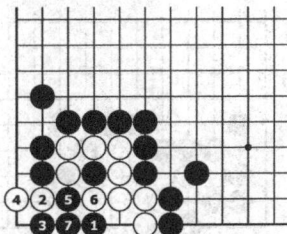

正解图：黑1点是好手，白2扳，黑3夹，至黑7，白净死

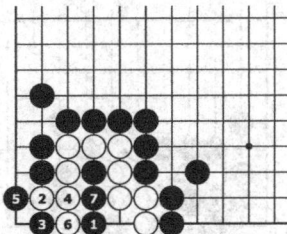

变化图：白4粘，黑5渡过，至黑7，白也不行

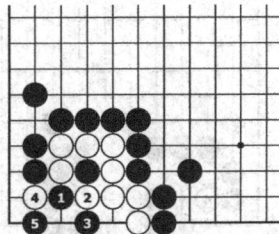

失败图：黑1扳不好，白2提，至黑5，成劫杀

第456题

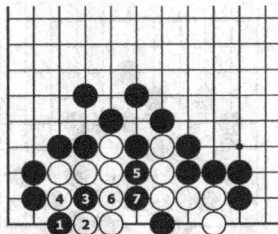

正解图：黑1、黑3小尖再挖是好手，至黑7，白净死

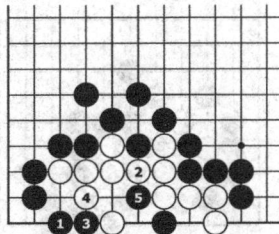

变化图：白2粘，黑3顶，至黑5，白也不行

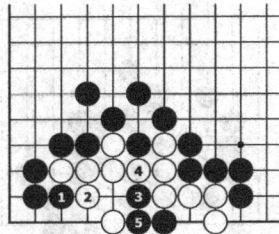

失败图：黑1拐不好，白2挡，至黑5，成双活

答案

第457题

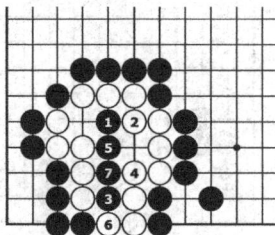

正解图：黑1靠是要点，白2粘，黑3挖，至黑7，白净死

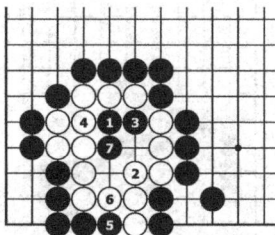

变化图：白2粘，黑3断吃，至黑7，白也不行

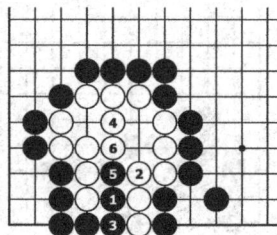

失败图：黑1挖不好，白2粘，至白6，白净活

第458题

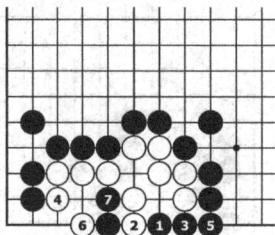

正解图：黑1点是好手，白2断，黑3渡过，至黑7，白净死

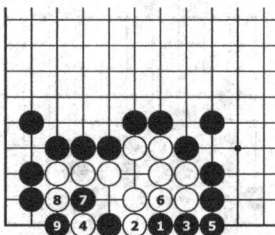

变化图：白4打吃，黑5粘，至黑9，白也不行

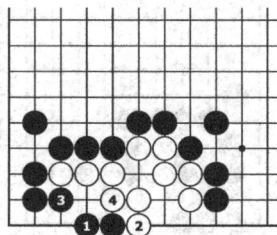

失败图：黑1退不好，白2挡，至白4，白净活

第459题

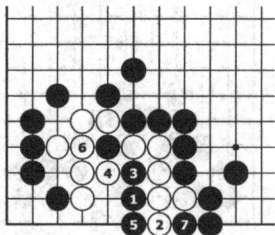

正解图：黑1靠是要点，白2立，黑3挤，至黑7，白净死

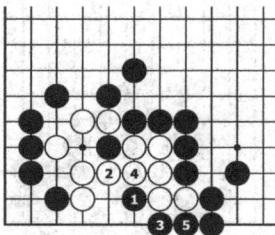

变化图：白2打吃，黑3扳过，至黑5，白不行

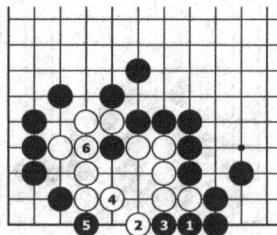

失败图：黑1拐不好，白2小尖，至白6，白净活

答 案

第460题

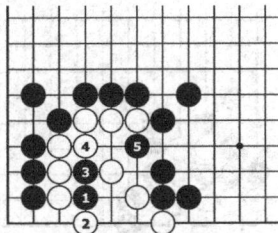

正解图：黑1、黑3夹再冲是好手，白4粘，黑5虎，白净死

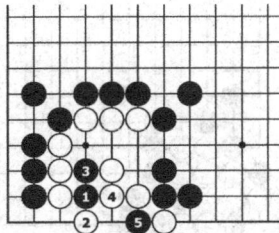

变化图：白4打吃，黑5扑，白也不行

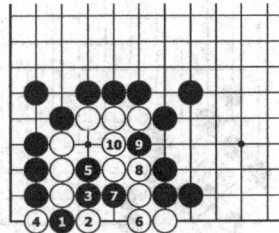

失败图：黑1扳不好，白2挡，黑3断吃，至白10，成双活

第461题

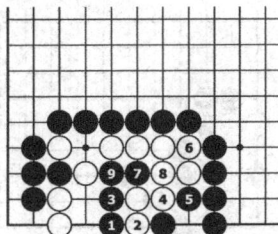

正解图：黑1、黑3点再冲是好手，白4打吃，黑5挤，至黑9，白净死

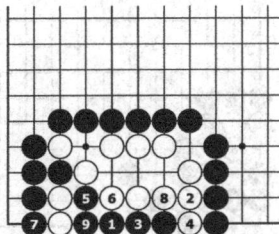

变化图：白2冲，黑3粘，至黑9，白也不行

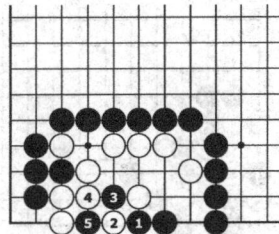

失败图：黑1爬不好，白2挡，至黑5，成劫杀

第462题

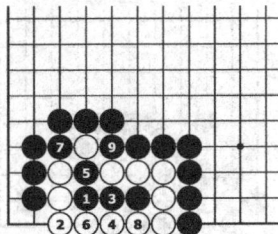

正解图：黑1夹是要点，白2立，黑3粘，至黑9，白净死

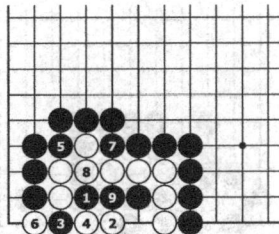

变化图：白2跳，黑3、黑5渡过再粘是好手，至黑9，白也不行

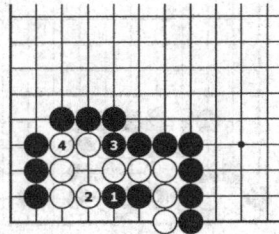

失败图：黑1爬不好，白2顶，至白4，白净活

答 案

第463题

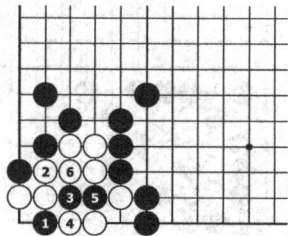

正解图1：黑1靠是要点，白2打吃，黑3扳，白4断，黑5扑

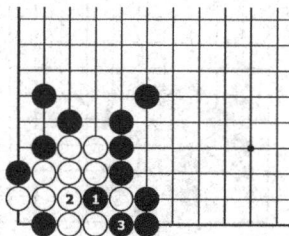

正解图2：黑1扑，白2提，黑3打吃，白净死

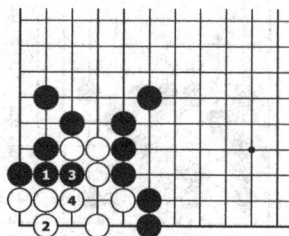

失败图：黑1团不好，白2立，至白4，白净活

第464题

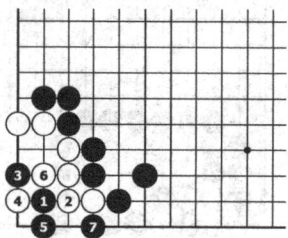

正解图：黑1、黑3点再小尖是好手，白4扑，至黑7，白净死

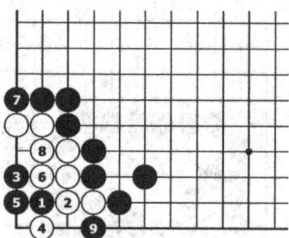

变化图：白4扳，黑5团，至黑9，白也不行

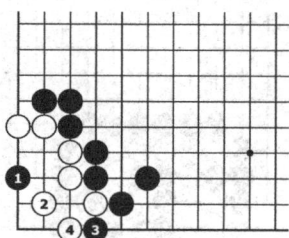

失败图：黑1点不好，白2虎，至白4，成劫杀

第465题

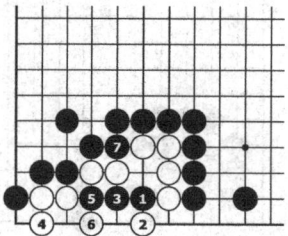

正解图：黑1、黑3夹再冲是好手，白4立，至黑7，白净死

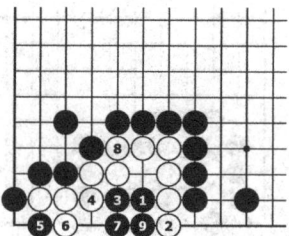

变化图：白4粘，黑5扳，至黑9，白不行

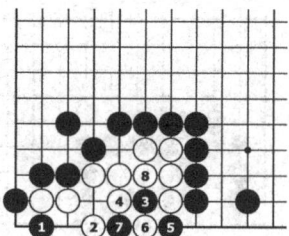

失败图：黑1扳不好，白2虎，至白8，白净活

答案

第466题

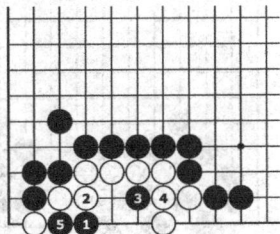

正解图：黑1点是要点，白2粘，黑3点，至黑5，白净死

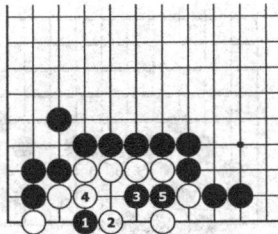

变化图：白2靠，黑3点，至黑5，白也不行

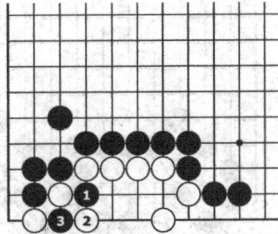

失败图：黑1打吃不好，白2反打，成劫杀

第467题

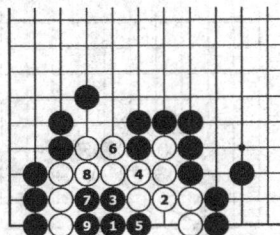

正解图：黑1、黑3点再挤是好手，白4粘，至黑9，白净死

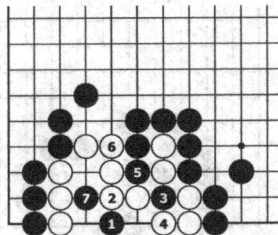

变化图：白2团，黑3扑，至黑7，白也不行

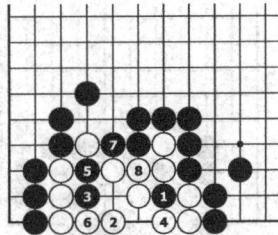

失败图：黑1扑不好，白2尖是要点，至白8，白净活

第468题

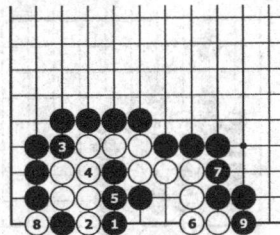

正解图：黑1、黑3小尖再挤是要点，白4粘，至黑9，白净死

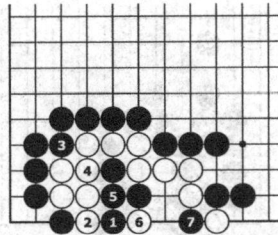

变化图：白6扑，黑7扑，白也不行

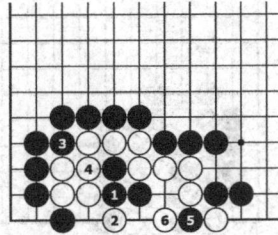

失败图：黑1粘不好，白2扳，至白6，成双活

答案

第469题

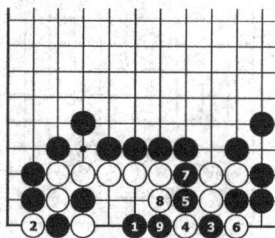

正解图：黑1点是好手，白2提，黑3扳，至黑9，白净死

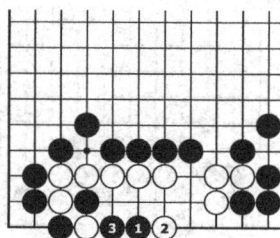

变化图：白2靠，黑3提，白也不行

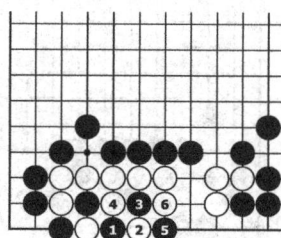

失败图：黑1提不好，白2靠，至白6，黑无法杀白

第470题

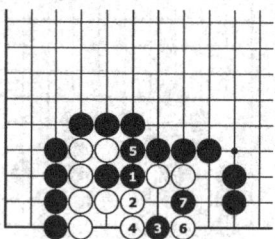

正解图：黑1、黑3长再大飞是好次序，白4挡，至黑7，白净死

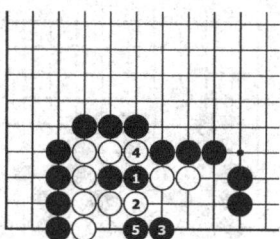

变化图：白4提，黑5长，白不行

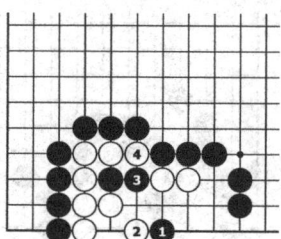

失败图：黑1大飞不好，白2小尖，至白4，白净活

第471题

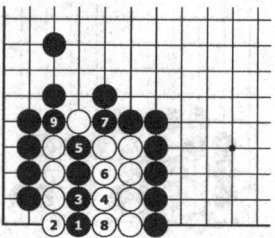

正解图：黑1、黑3点再粘是好手，白4顶，黑5挤，至黑9，白净死

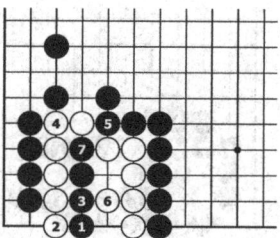

变化图：白4团，黑5挤，至黑7，白也不行

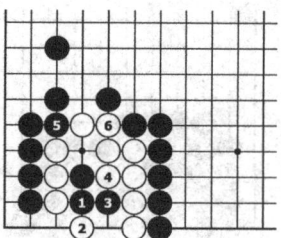

失败图：黑1夹不好，白2扳，至白6，成双活

答案

第472题

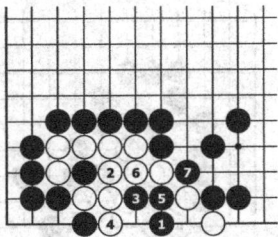

正解图：黑1、黑3点再小尖是好手，白4挡，至黑7，白净死

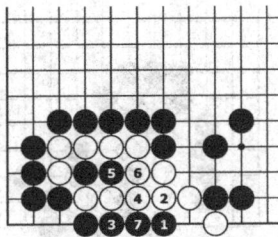

变化图：白2团，黑3爬，至黑7，白也不行

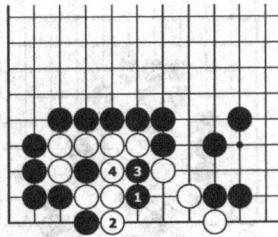

失败图：黑1靠不好，白2打吃，至白4，白净活

第473题

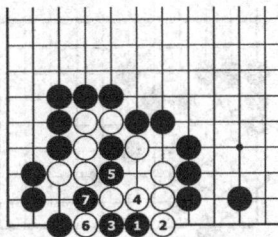

正解图：黑1点是好手，白2挡，黑3爬，至黑7，白净死

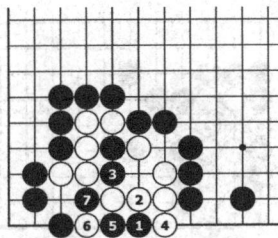

失败图1：白2粘，黑3长至黑7，白不行

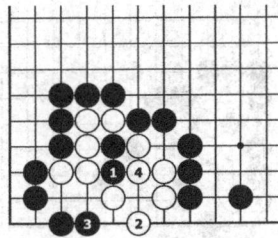

失败图2：黑1长不好，白2小尖，至白4，白净活

第474题

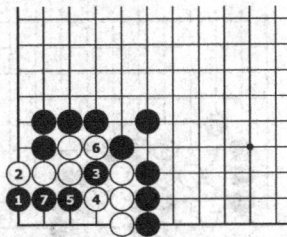

正解图：黑1、黑3点再挖是好次序，白4打吃，至黑7，白净死

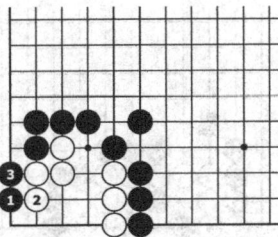

变化图：白2挡，黑3渡过，白不行

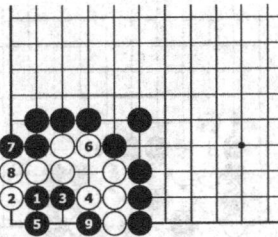

失败图：黑1夹不好，白2扳，黑3长，至黑9，成劫杀

答案

第475题

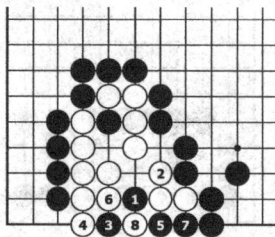

正解图：黑1、黑3靠再小尖是好手，白4挡，至白8，成劫杀

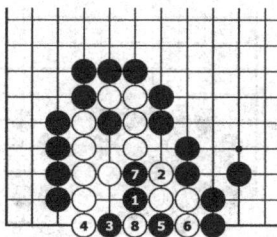

变化图：白6断吃，黑7挤吃，也是打劫杀

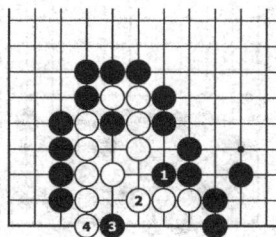

失败图：黑1冲不好，白2退，至白4，白净活

第476题

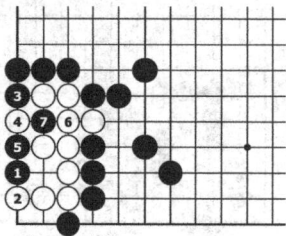

正解图：黑1、黑3点再拐是好次序，白4挡，至黑7，成劫杀

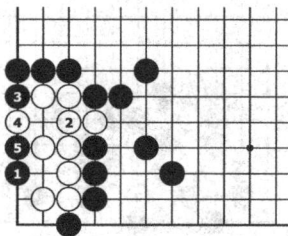

变化图：白2粘，黑3拐，至黑5，也是劫杀

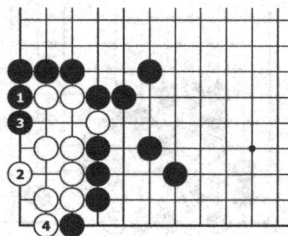

失败图：黑1拐不好，白2做眼，至白4，白净活

第477题

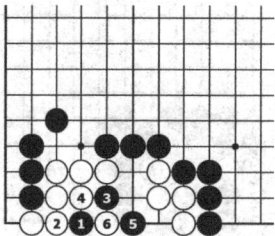

正解图：黑1、黑3点再小尖是好手，至白6，成劫杀

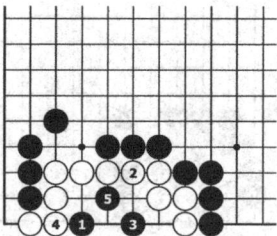

变化图：白2粘不好，黑3跳，至黑5，白净死

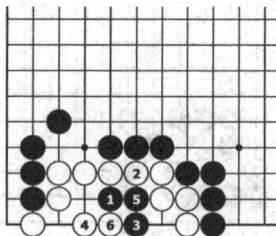

失败图：黑1靠不好，白2粘，至白6，成双活

答案

第478题

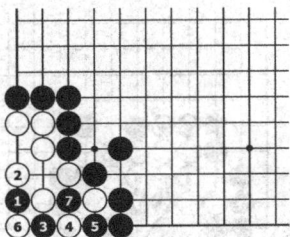

正解图：黑1靠是要点，白2挡，黑3扳，至黑7，成劫杀

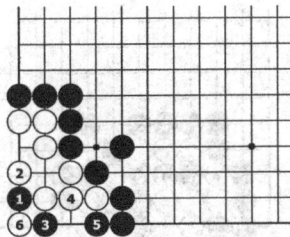

变化图：白4粘，黑5拐，也是劫杀

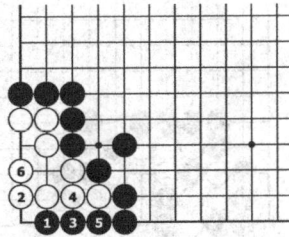

失败图：黑1靠方向错误，白2立，至白6，白净活

第479题

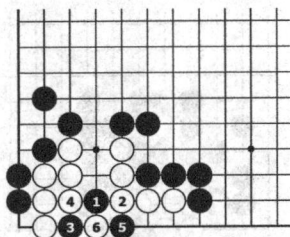

正解图：黑1、黑3点再小尖是好手，白4打吃，至白6，成劫杀

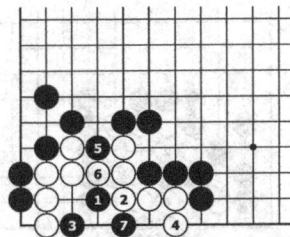

变化图：白4立不好，黑5挖，至黑7，白净死

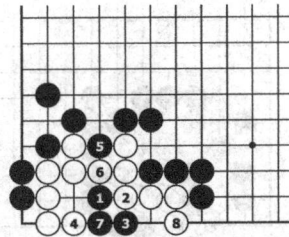

失败图：黑3扳不好，白4弯，至白8，成双活

第480题

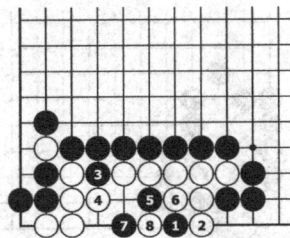

正解图：黑1、黑3点再冲是好手，白4挡，至白8，成劫杀

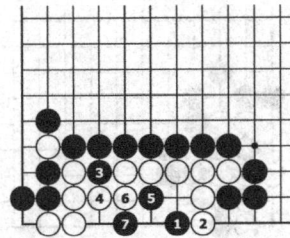

变化图：白6粘不好，黑7扳，白净死

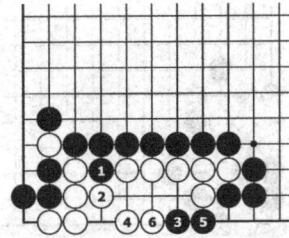

失败图：黑1冲次序错误，白2挡，黑3点，至白6，白净活

答案 4.3　利用棋形缺陷破眼

第481题

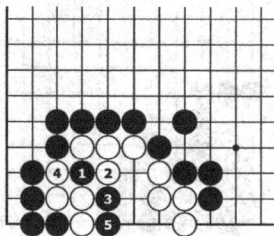

正解图：黑1、黑3挖再断吃是好手，至黑5，白净死

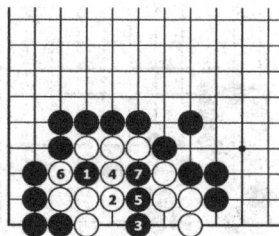

变化图：白2弯，黑3点，至黑7，白也不行

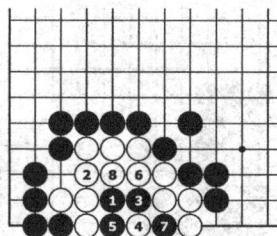

失败图：黑1靠不好，白2粘，黑3顶，至白8，白净活

第482题

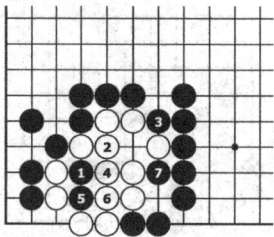

正解图：黑1、黑3打吃再挤是好手，白4打吃，至黑7，白净死

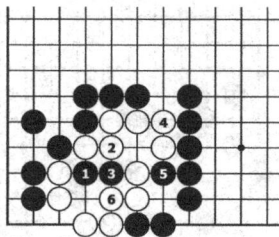

变化图：黑3挤不好，白4团，至白6，白净活

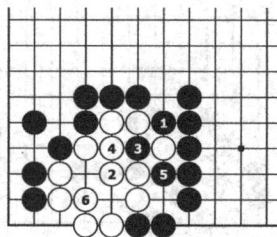

失败图：黑1挤不好，白2弯，至白6，白净活

第483题

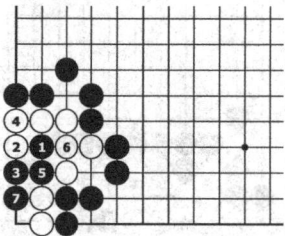

正解图：黑1、黑3靠再打吃是要点，至黑7，白净死

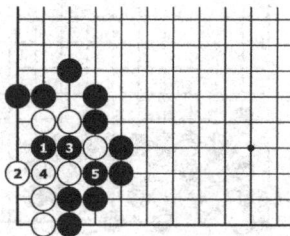

变化图：白2小尖，黑3断吃，至黑5，白不行

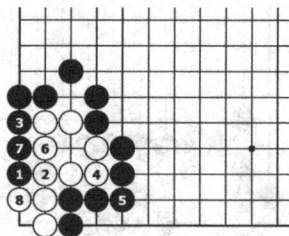

失败图：黑1点不好，白2粘，至白8，白净活

答 案

第484题

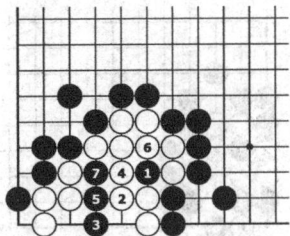

正解图：黑1、黑3断吃再点是好次序，白4粘，至黑7，白净死

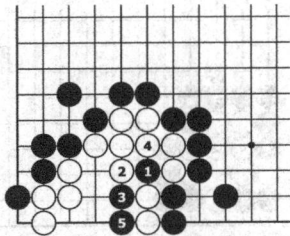

变化图：白2打吃，黑3断吃，至黑5，白不行

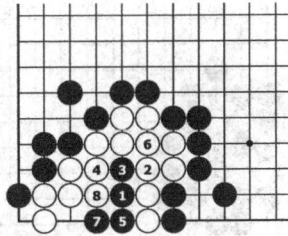

失败图：黑1夹不好，白2粘，黑3挤，至白8，白净活

第485题

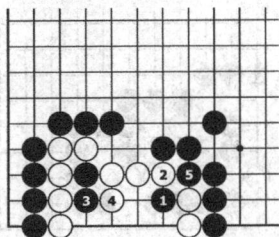

正解图：黑1、黑3夹再冲是好次序，至黑5，白净死

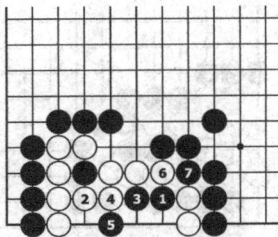

变化图：白2提，黑3爬，至黑7，白也不行

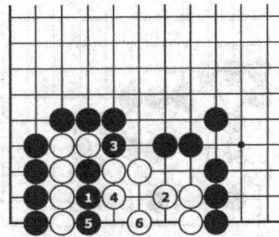

失败图：黑1长不好，白2弯是要点，至白6，白净活

第486题

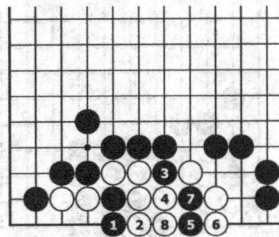

正解图1：黑1立是要点，白2打吃，黑3、黑5冲再点，白6挡

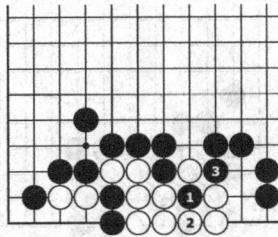

正解图2：接正解图1，黑1扑，白2提，黑3挤，白净死

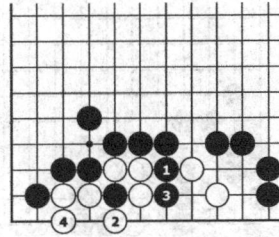

失败图：黑1冲不好，白2提，至白4，白净活

答案

第487题

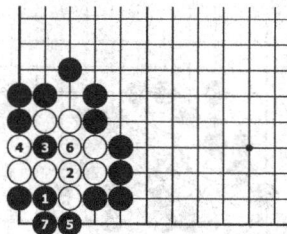

正解图：黑1、黑3挤再挖是好手，白4打吃，至黑7，白净死

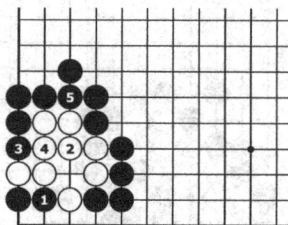

变化图：白2粘，黑3顶，至黑5，白不行

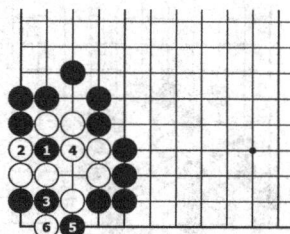

失败图：黑1挖不好，白2打吃，至白6，成劫杀

第488题

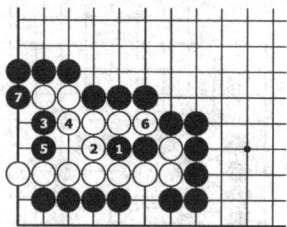

正解图：黑1、黑3冲再夹是好手，白4粘，至黑7，白净死

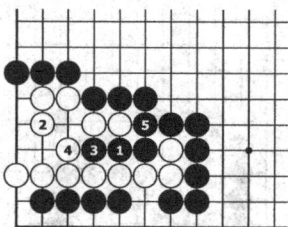

变化图：白2弯，黑3冲，至黑5，白不行

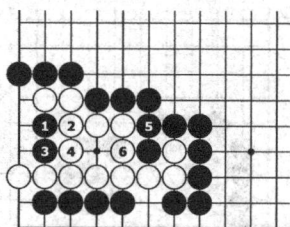

失败图：黑1夹不好，白2粘，黑3长，至白6，白净活

第489题

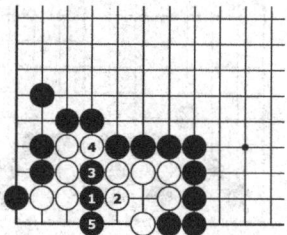

正解图：黑1、黑3靠再冲是好手，至黑5，白净死

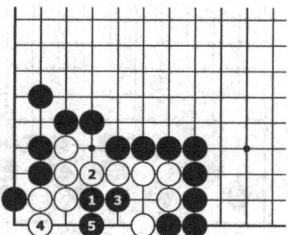

变化图：白2粘，黑3冲，至黑5，白不行

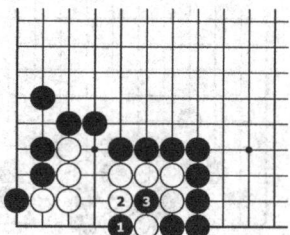

失败图：黑1打吃不好，白2打吃，成劫杀

答案

第490题

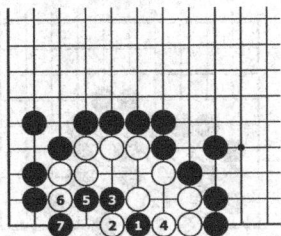

正解图：黑1托是要点，白2打吃，黑3断，至黑7，白净死

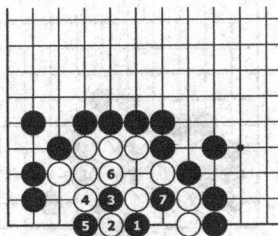

变化图：白4打吃，黑5提，至黑7，白不行

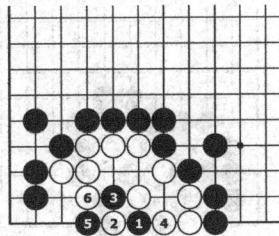

失败图：黑5打吃不好，白6断，成劫杀

第491题

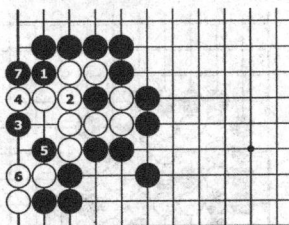

正解图：黑1、黑3打吃再点是好次序，白4挡，至黑7，白净死

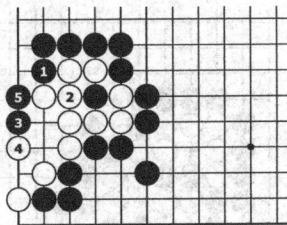

变化图：白4虎，黑5渡过，白也不行

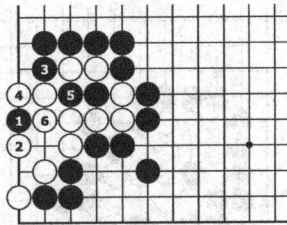

失败图：黑1点不好，白2小尖，至白6，白净活

第492题

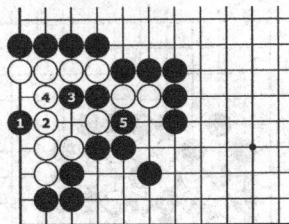

正解图：黑1、黑3点再长是好手，白4粘，黑5断吃，白净死

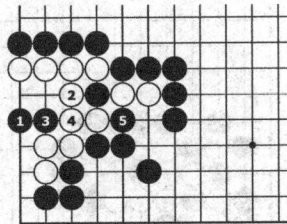

变化图：白2提，黑3冲，至黑5，白也不行

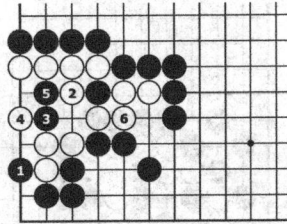

失败图：黑1扳不好，白2提，黑3靠，至白6，白净活

答 案

第493题

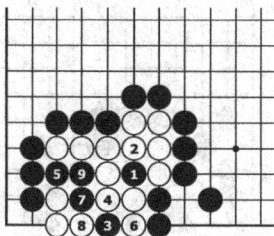

正解图：黑1、黑3扑再点是好手，白4团，黑5冲，至黑9，白净死

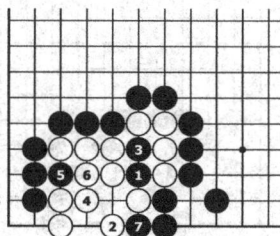

变化图：白2尖，黑3提，至黑7，白也不行

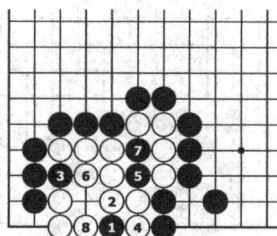

失败图：黑1跳不好，白2团，黑3冲，至白8，白净活

第494题

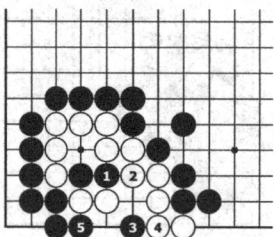

正解图：黑1、黑3冲再点是好手，白4粘，黑5拐，白净死

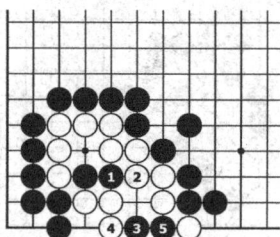

变化图：白4挡，黑5扑，白不行

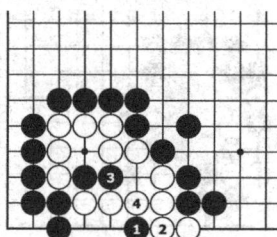

失败图：黑1点不好，白2粘，黑3冲，白4粘，白净活

第495题

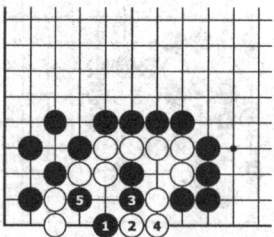

正解图：黑1点是好手，白2小尖，黑3打吃，至黑5，白净死

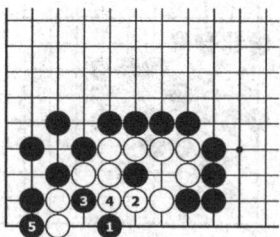

变化图：白2打吃，黑3断，至黑5，白也不行

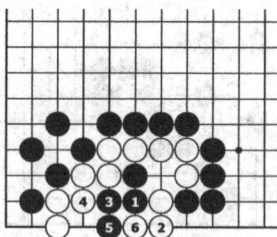

失败图：黑1夹不好，白2立，黑3拐，至白6，白净活

答 案

第496题

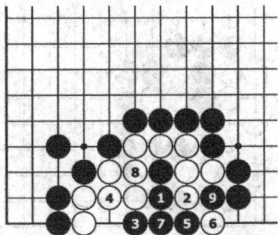

正解图：黑1、黑3长再扳是好手，白4粘，至黑9，白净死

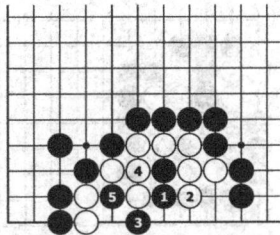

变化图：白4打吃，黑5扑，白也不行

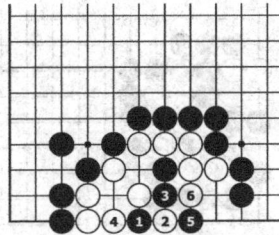

失败图：黑1托不好，白2打吃，至白6，成劫杀

第497题

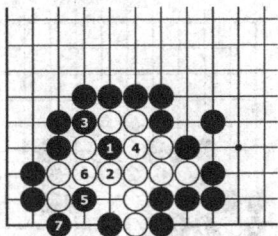

正解图：黑1、黑3挤再打吃是好手，白4提，至黑7，白净死

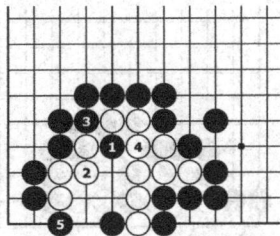

变化图：白2粘，黑3打吃，至黑5，白也不行

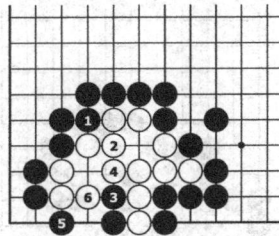

失败图：黑1挤不好，白2粘，黑3贴，至白6，白净活

第498题

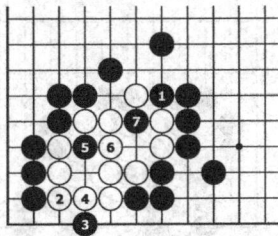

正解图：黑1挤是要点，白2挡，黑3点，至黑7，白净死

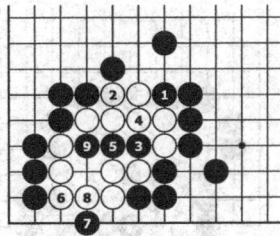

变化图：白2团，黑3、黑5打吃再冲，至黑9，白也不行

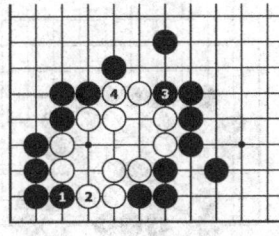

失败图：黑1拐不好，白2顶，至白4，白净活

答案

第499题

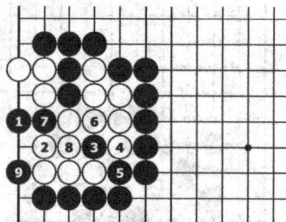

正解图：黑1点是好手，白2弯，黑3靠，至黑9，白净死

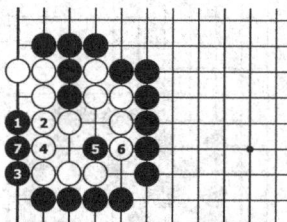

变化图：白2粘，黑3扳过，至黑7，白也不行

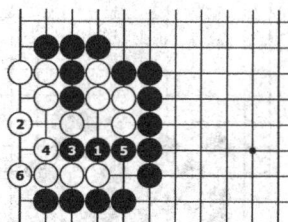

失败图：黑1靠不好，白2虎，至白6，白净活

第500题

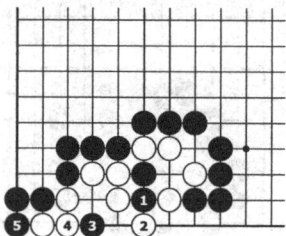

正解图：黑1、黑3冲再点是好手，白4粘，黑5打吃，白净死

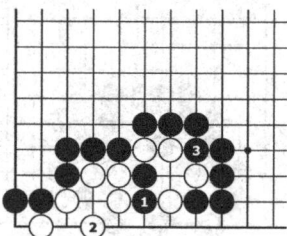

变化图：白2做眼，黑3打吃，白也不行

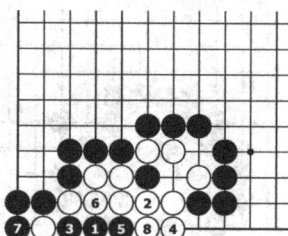

失败图：黑1点不好，白2粘，黑3断，至白8，白净活

第501题

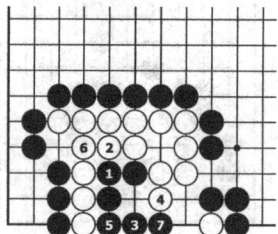

正解图：黑1团是要点，白2团，黑3小尖，至黑7，白净死

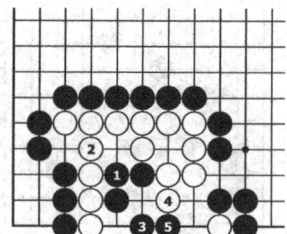

变化图：白2粘，黑3小尖，至黑5，白也不行

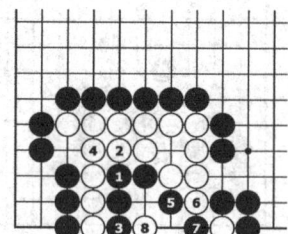

失败图：黑3打吃不好，白4粘，至白8，白净活

答案

第502题

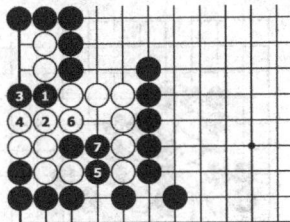

正解图：黑1、黑3断再立是好手，白4打吃，至黑7，白净死

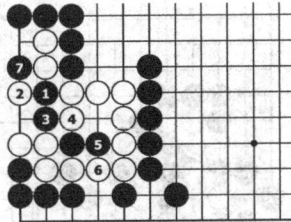

变化图：白2打吃，黑3长，至黑7，白也不行

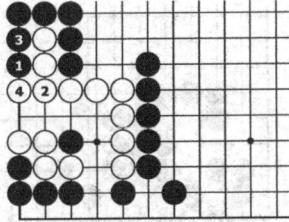

失败图：黑1夹不好，白2粘，至白4，白净活

第503题

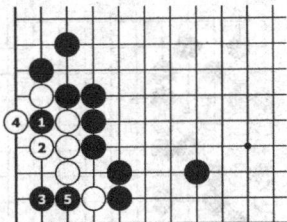

正解图：黑1、黑3打吃再点是好次序，至黑5，白净死

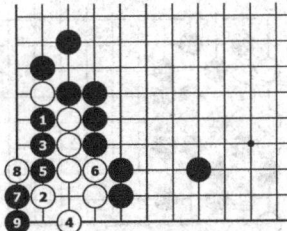

变化图：白2虎，黑3爬，至黑9，白也不行

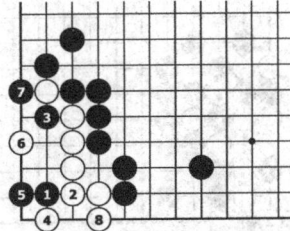

失败图：黑1点不好，白2团，黑3打吃，至白8，白净活

第504题

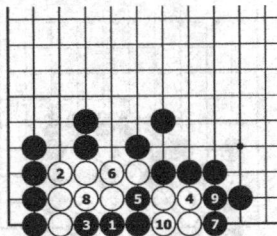

正解图1：黑1爬是要点，白2团，黑3长，白4团，黑5断吃

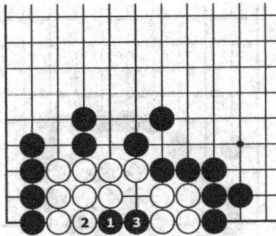

正解图2：接正解图1，黑1靠，白2打吃，黑3长，白净死

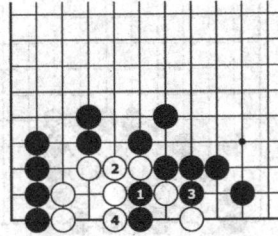

失败图：黑1打吃不好，白2粘，至白4，白净活

答案

第505题

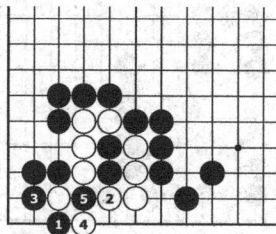

正解图：黑1夹是要点，白2提，黑3打吃，至黑5，成劫杀

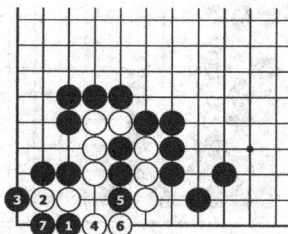

变化图：白2长不好，黑3扳，至黑7，白净死

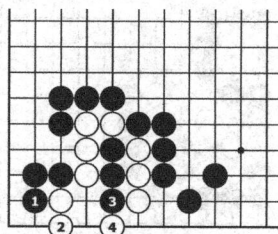

失败图：黑1拐不好，白2立，至白4，白净活

第506题

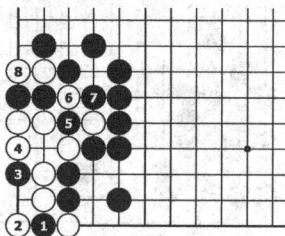

正解图1：黑1、黑3扑再点是好手，白4打吃，黑5扑，白6提，黑7打吃

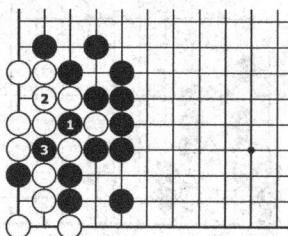

正解图2：接正解图1，黑1提，白2粘，至黑3，成劫杀

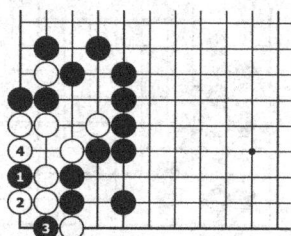

失败图：黑1靠不好，白2打吃，至白4，白净活

第507题

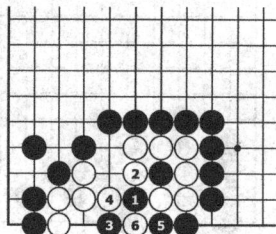

正解图：黑1、黑3扳再小尖是好手，至白6，成劫杀

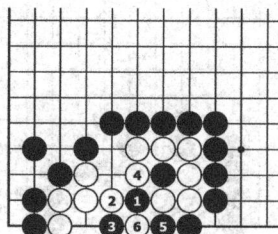

变化图：白2顶，黑3扳，至白6，也是劫杀

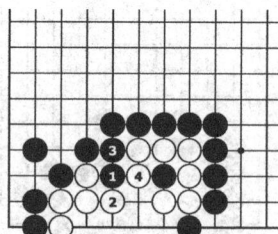

失败图：黑1扳不好，白2拐，至白4，白净活

答案

第508题

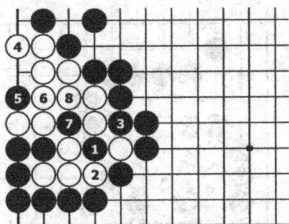
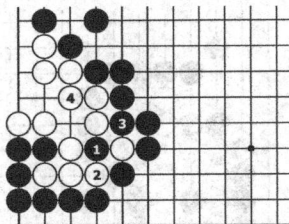
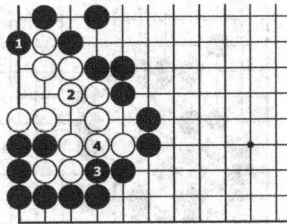

⑨=①

正解图：黑1、黑3扑再打吃是好手，白4立，至黑9，成劫杀

⑤=①

变化图：白4粘，黑5提，也是劫杀

失败图：黑1扳不好，白2粘，至白4，白净活

第509题

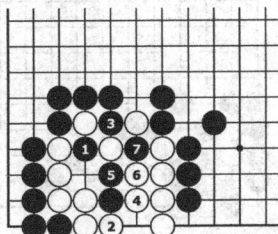
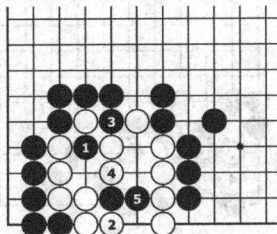
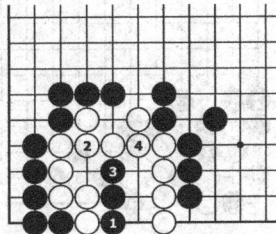

正解图：黑1扑是好手，白2拐，黑3提，至黑7，成劫杀

变化图：白4打吃不好，黑5长，白净死

失败图：黑1挡不好，白2粘，黑3顶，白4粘，白净活

第510题

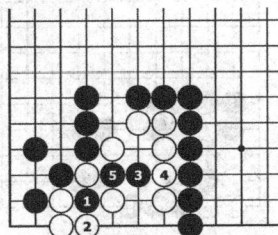
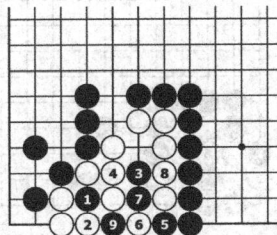
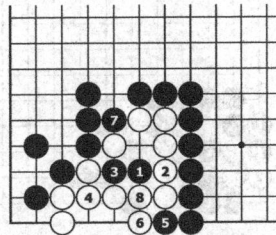

正解图：黑1、黑3扑再点是好手，至黑5，成劫杀

变化图：白4粘，黑5拐，白6挡，至黑9，也是劫杀

失败图：黑1点不好，白2粘，黑3断吃，至白8，白净活

答案 4.4　综合测验

第511题

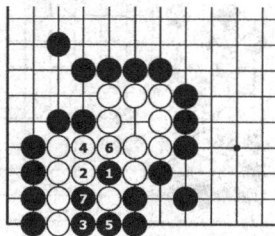

正解图：黑1、黑3断再靠是好手，至黑7，白净死

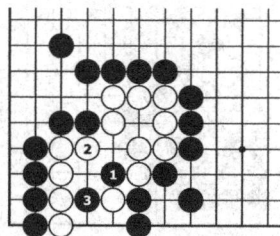

变化图：白2挡，黑3打吃，白也不行

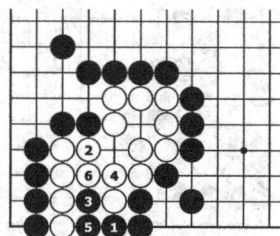

失败图：黑1拐不好，白2挡，至白6，白净活

第512题

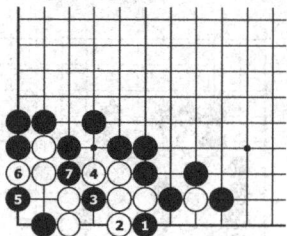

正解图：黑1、黑3扳再挖是好手，白4打吃，至黑7，白净死

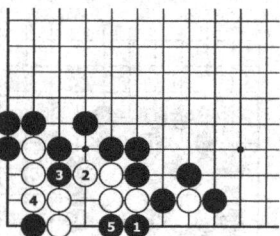

变化图：白2弯，黑3挤，至黑5，白不行

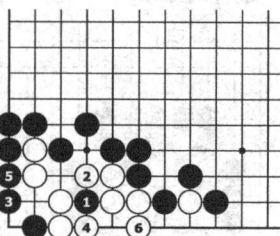

失败图：黑1挖不好，白2打吃，黑3小尖，至白6，白净活

第513题

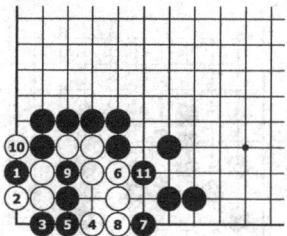

正解图：黑1、黑3扳再扳是缩小眼位的好手，白4小尖，至黑11，白净死

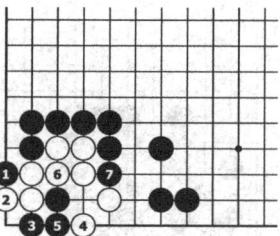

变化图：白6粘，黑7挤，白也不行

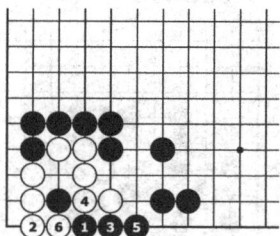

失败图：黑1小尖不好，白2立，至白6，白净活

答案

第514题

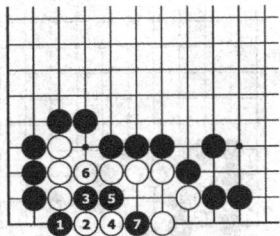

正解图1：黑1、黑3扳再断是好手，白4长，黑5冲

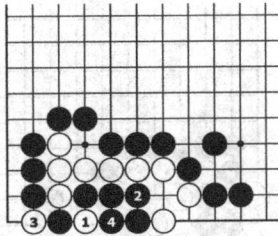

正解图2：接正解图1，白1扑，黑2团，至黑4，白净死

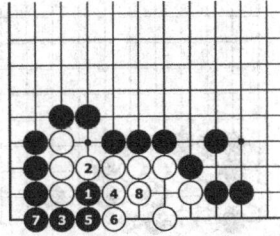

失败图：黑1夹不好，白2粘，黑3渡过，至白8，白净活

第515题

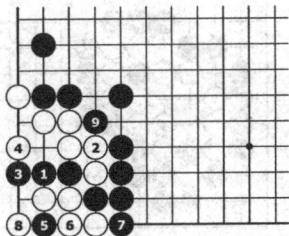

正解图：黑1、黑3长再立是好手，白4小尖，至黑9，白净死

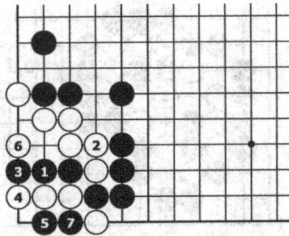

变化图：白4挡，黑5靠，至黑7，白也不行

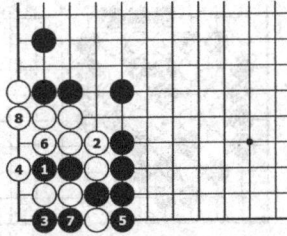

失败图：黑3夹不好，白4打吃，至白8，白净活

第516题

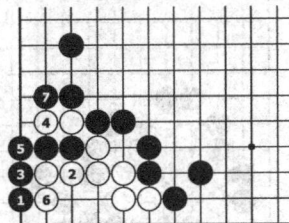

正解图：黑1点是好手，白2粘，黑3渡过，至黑7，白净死

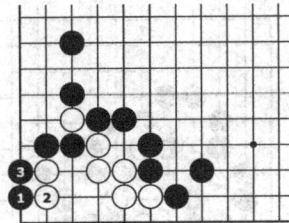

变化图：白2挡，黑3渡过，白也不行

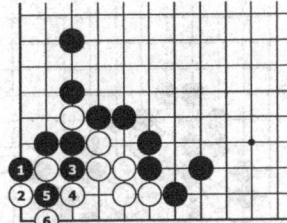

失败图：黑1扳不好，白2打吃，至白6，成劫杀

答案

第517题

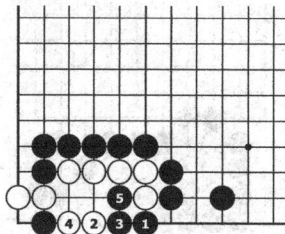

正解图：黑1扳是要点，
白2跳，黑3顶，至黑5，
白净死

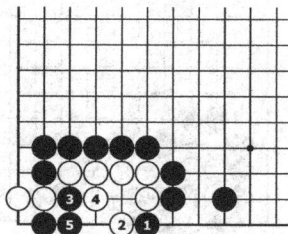

变化图：白2挡，黑3断，
至黑5，白也不行

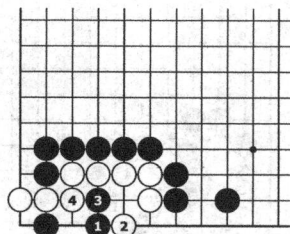

失败图：黑1点不好，白
2小尖，至白4，白净活

第518题

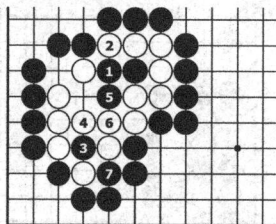

正解图：黑1长是好手，
白2断，黑3扑，至黑7，
白净死

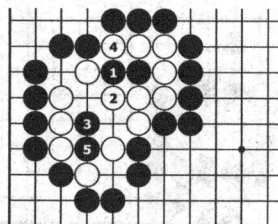

变化图：白2挡，黑3点，
至黑5，白不行

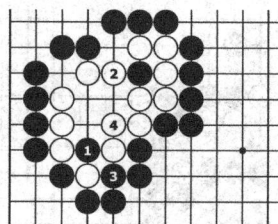

失败图：黑1扑不好，白2
提，至白4，白净活

第519题

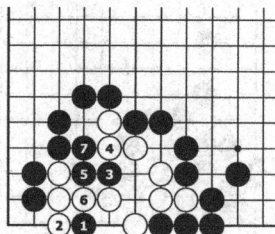

正解图：黑1、黑3点再靠
是好手，白4粘，至黑7，
白净死

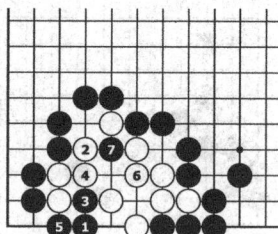

变化图：白2扳，黑3冲，
至黑7，白也不行

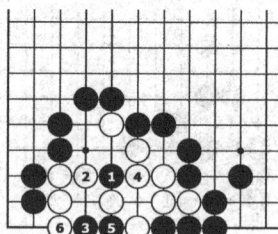

失败图：黑1靠不好，白2
顶，至白6，成劫杀

答案

第520题

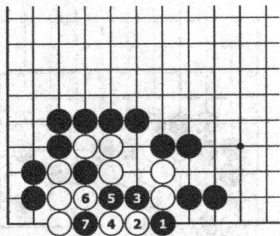

正解图：黑1扳是好手，
白2打吃，黑3断，至黑
7，白净死

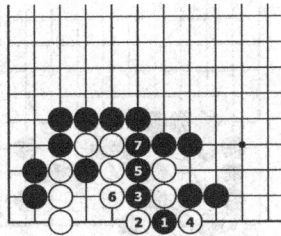

变化图：白4提，黑5冲，
至黑7，白也不行

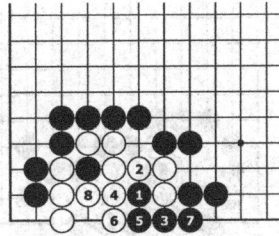

失败图：黑1夹不好，白
2粘，黑3渡过，至白8，
白净活

第521题

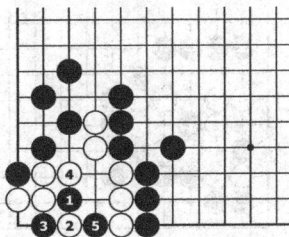

正解图：黑1、黑3靠再扑
是好手，至黑5，白净死

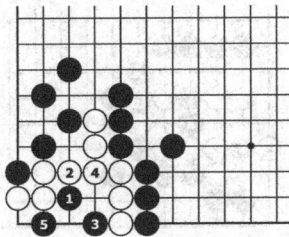

变化图：白2拐，黑3小
尖，至黑5，白不行

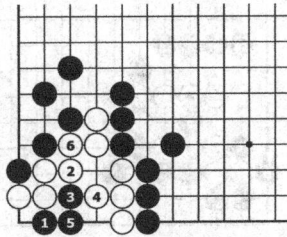

失败图：黑1靠不好，白2
弯，至白6，白净活

第522题

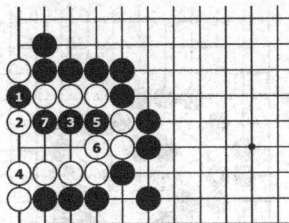

正解图：黑1扑是要点，
白2提，黑3点，至黑7，
白净死

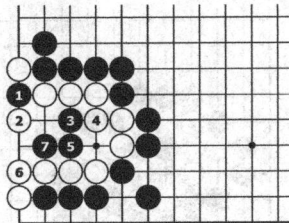

变化图：白4粘，黑5长，
至黑7，白也不行

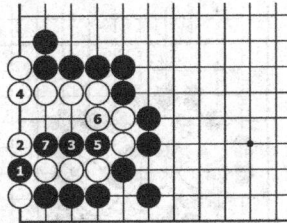

⑧=❶　失败图：黑1扑方向错误，
白2提，黑3靠，至白8，
白净活

答案

第523题

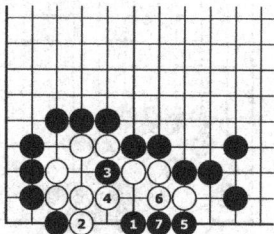

正解图：黑1点是要点，白2打吃，黑3断，至黑7，白净死

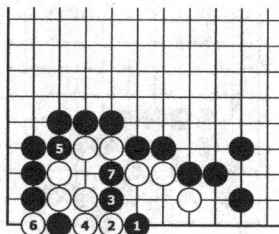

变化图：白2小尖，黑3打吃，至黑7，白也不行

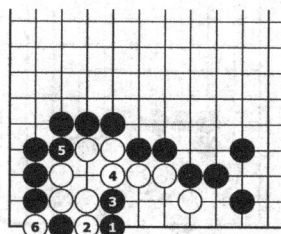

失败图：黑1跳不好，白2断，至白6，白净活

第524题

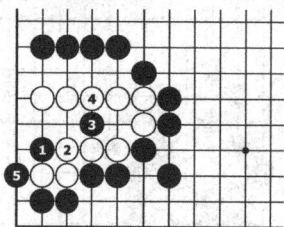

正解图：黑1、黑3夹再点是好手，至黑5，白净死

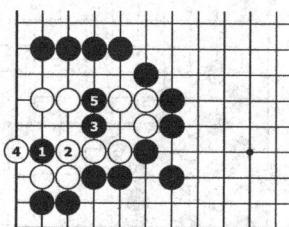

变化图：白4打吃，黑5冲，白不行

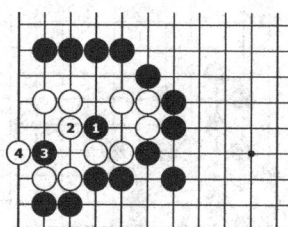

失败图：黑1点不好，白2挡，至白4，白净活

第525题

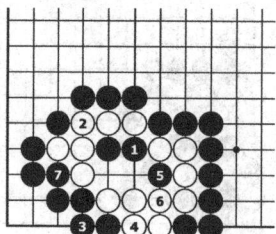

正解图：黑1断吃是要点，白2粘，黑3粘是好手，至黑7，白净死

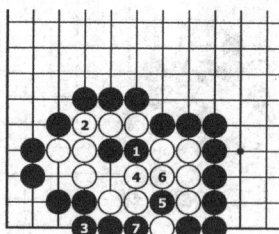

变化图：白4打吃，黑5扑，至黑7，白不行

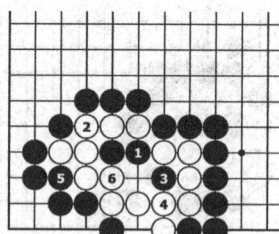

失败图：黑3打吃不好，白4粘，至白6，白净活

答案

第526题

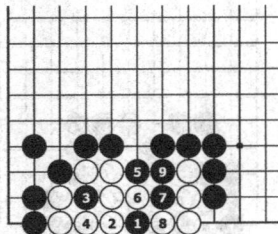

正解图：黑1点是好手，白2挡，黑3扑，至黑9，白净死

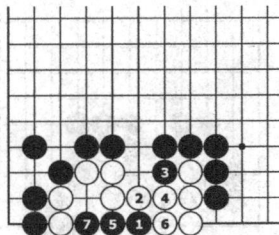

变化图：白2挡，黑3冲，至黑7，白也不行

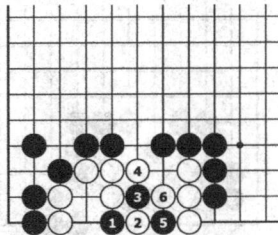

失败图：黑1靠不好，白2打吃，至白6，白净活

第527题

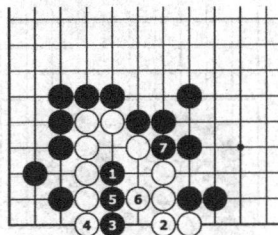

正解图：黑1点是好手，白2粘，黑3点，至黑7，白净死

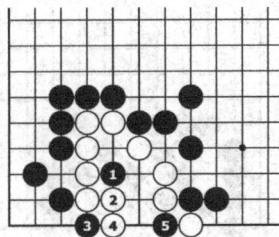

变化图：白2拐，黑3扳，至黑5，白不行

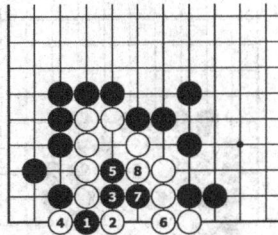

失败图：黑1扳不好，白2挡，至白8，成双活

第528题

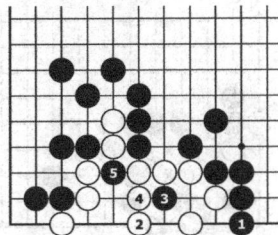

正解图：黑1立是要点，白2跳，黑3点，至黑5，白净死

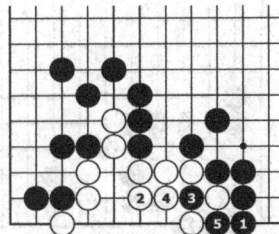

变化图：白2弯，黑3扑，至黑5，白也不行

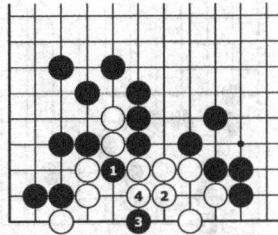

失败图：黑1扑不好，白2做眼，至白4，白净活

答案

第529题

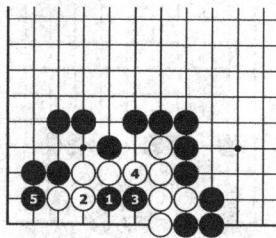

正解图：黑1靠是要点，白2粘，黑3顶，至黑5，白净死

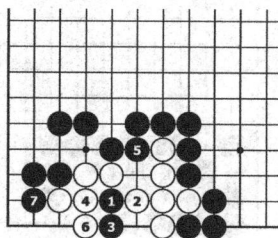

变化图：白2顶，黑3立，至黑7，白也不行

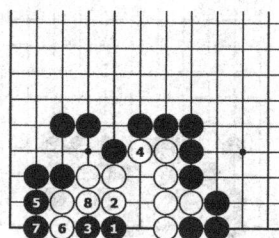

失败图：黑1点不好，白2顶，黑3长，至白8，白净活

第530题

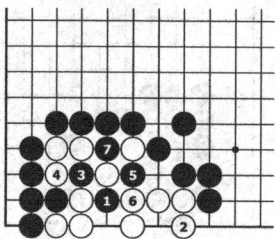

正解图：黑1挤是好手，白2立，黑3扑，至黑7，白净死

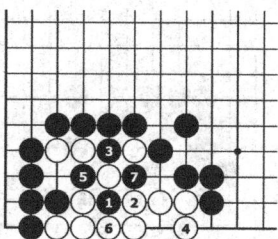

变化图：白2打吃，黑3断，至黑7，白不行

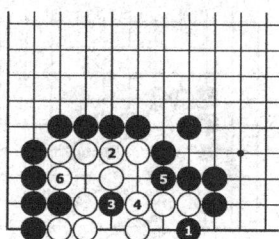

失败图：黑1扳不好，白2粘，至白6，白净活

第531题

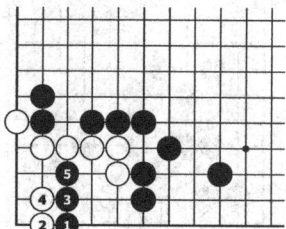

正解图：黑1大飞是要点，白2靠，黑3长，至黑5，白净死

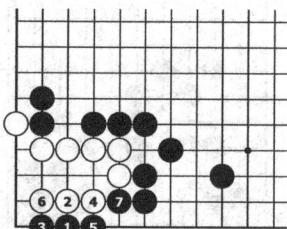

变化图：白2靠，黑3长，至黑7，白不行

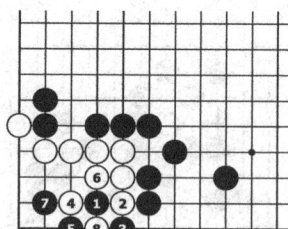

失败图：黑1跳不好，白2、白4冲再夹是好手，至白8，成劫杀

答案

第532题

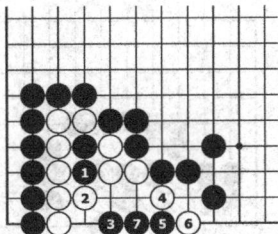

正解图：黑1是好手，白2提，黑3点，至黑7，白净死

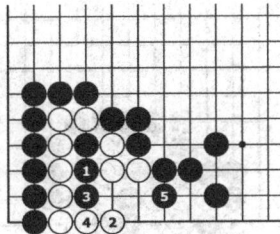

变化图：白2跳，黑3长，至黑5，白也不行

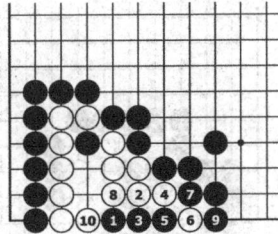

失败图：黑1点不好，白2弯，黑3爬，至白10，白净活

第533题

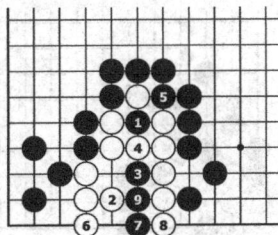

正解图：黑1扑是要点，白2弯，黑3点，至黑9，白净死

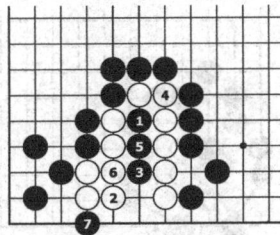

变化图：白4粘，黑5粘，至黑7，白不行

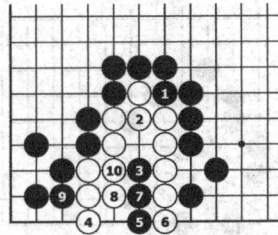

失败图：黑1打吃不好，白2粘，黑3点，至白10，成双活

第534题

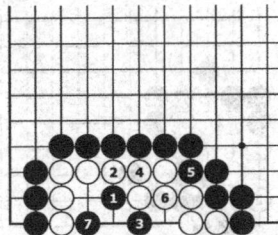

正解图：黑1、黑3靠再扳是好手，白4粘，至黑7，白净死

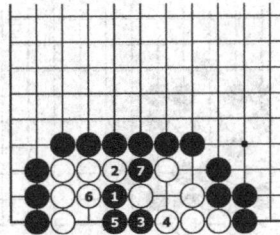

变化图：白4打吃，黑5粘，至黑7，白也不行

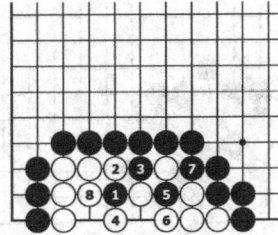

失败图：黑3断不好，白4打吃，至白8，白净活

答 案

第535题

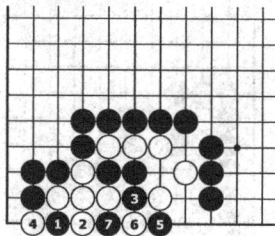

正解图：黑1扳是要点，白2打吃，黑3冲，至黑7，成劫杀

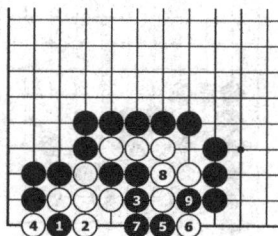

变化图：白6打吃不好，黑7粘，至黑9，白净死

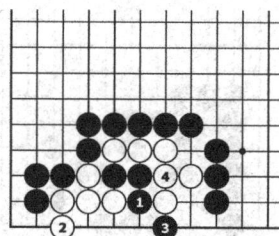

失败图：黑1冲不好，白2立，至白4，白净活

第536题

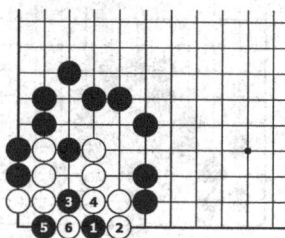

正解图：黑1点是好手，白2挡，黑3小尖，至白6，成劫杀

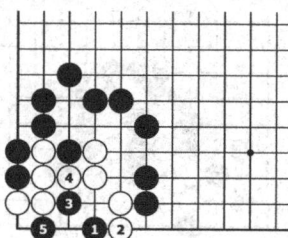

变化图：白4粘不好，黑5扳，白净死

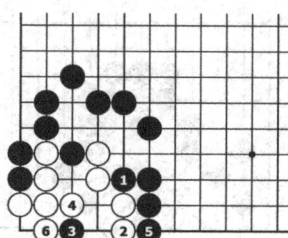

失败图：黑1挤不好，白2立是好手，至白6，白净活

第537题

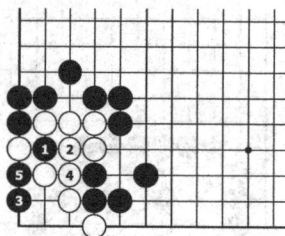

正解图：黑1扑是好手，白2提，黑3点，至黑5，成劫杀

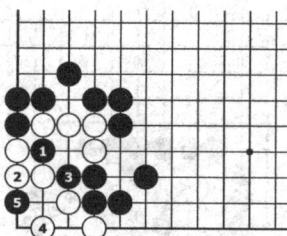

变化图：白2粘不好，黑3挤，至黑5，白净死

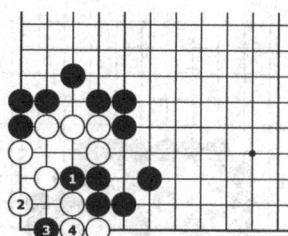

失败图：黑1挤不好，白2虎，至白4，白净活

答案

第538题

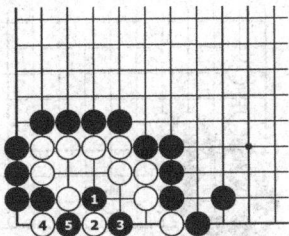

正解图：黑1夹是要点，白2、白4扳再扳是最强抵抗，至黑5，成劫杀

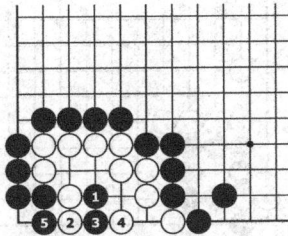

变化图：白2立不好，黑3挡，至黑5，白净死

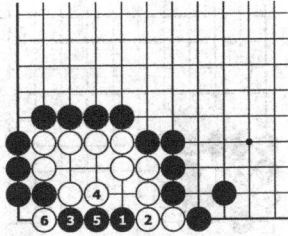

失败图：黑1点不好，白2粘，至白6，白净活

第539题

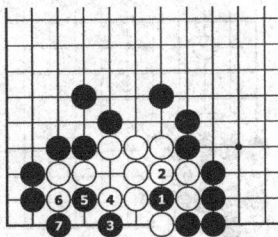

正解图：黑1、黑3扑再大飞是好手，至黑7，成劫杀

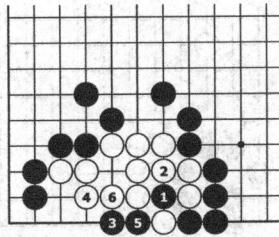

变化图：白4弯，黑5打吃，也是劫杀

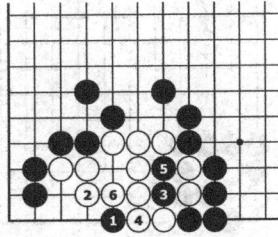

失败图：黑1大飞不好，白2弯，黑3扑，至白6，白净活

第540题

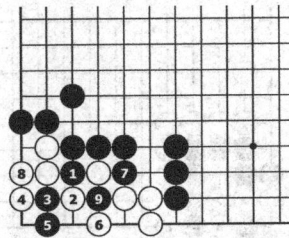

正解图：黑1、黑3冲再断是要点，白4打吃，至黑9，成劫杀

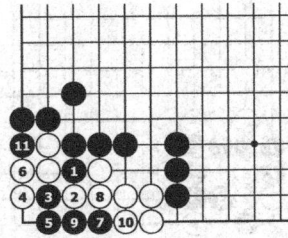

变化图：白6粘不好，黑7点，至黑11，白净死

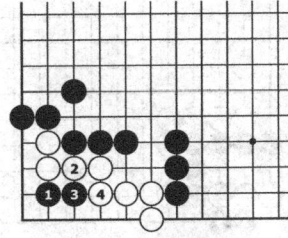

失败图：黑1靠不好，白2粘，黑3爬，至白4，白净活

第五章 经典死活常型

答案 5.1 金柜角

第541题

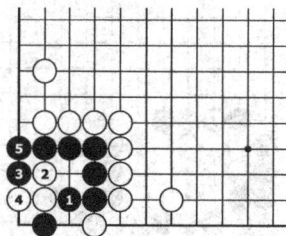

正解图：黑1顶是要点，白2长，至黑5，成双活

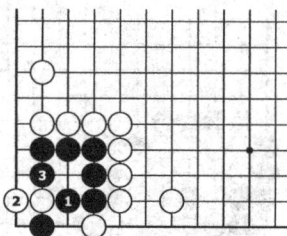

变化图：白2立，黑3顶，黑净活

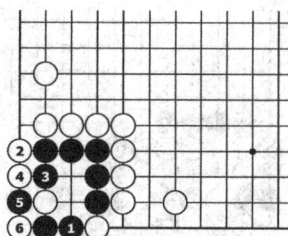

失败图：黑1顶不好，白2扳，至白6，成劫活

第542题

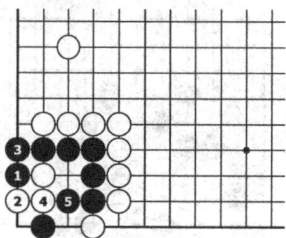

正解图：黑1扳是好手，白2打吃，至黑5，成双活

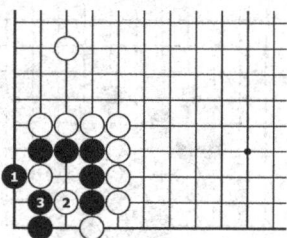

变化图：白2扳，黑3打吃，黑也是活棋

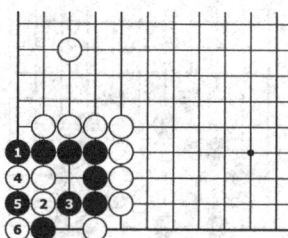

失败图：黑1立不好，白2顶，至白6，成劫活

第543题

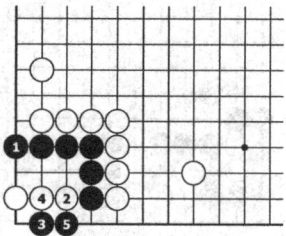

正解图：黑1立是好手，白2夹，黑3点，至黑5，成双活

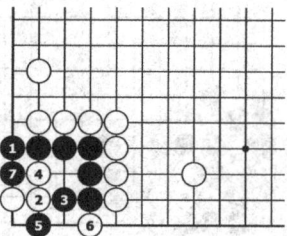

变化图：白2长，黑3顶，至黑7，也是双活

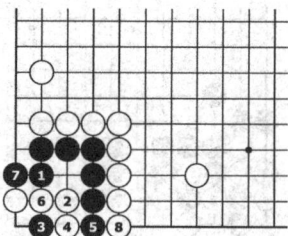

失败图：黑1弯不好，白2夹，至白8，黑净死

答案

第544题

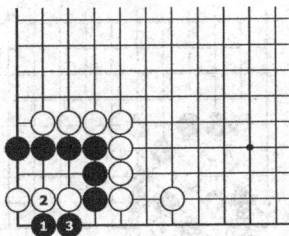

正解图：黑1点是好手，白2粘，至黑3，成双活

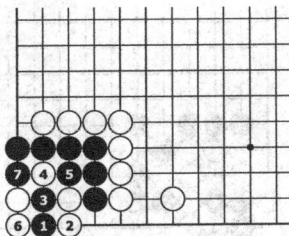

变化图：白2挡，黑3冲，至黑7，黑净活

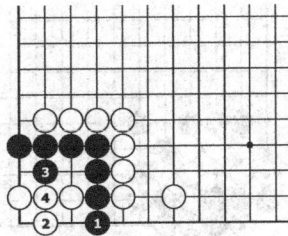

失败图：黑1立不好，白2虎，至白4，黑净死

第545题

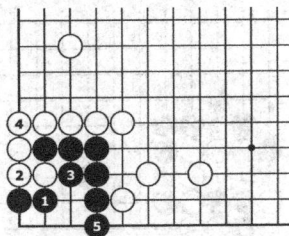

正解图：黑1挡是要点，白2粘，至黑5，黑净活

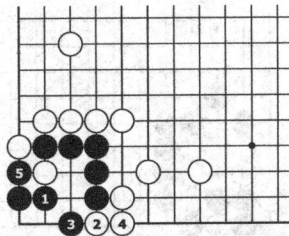

变化图：白2、白4扳再粘，黑5断吃，黑也是活棋

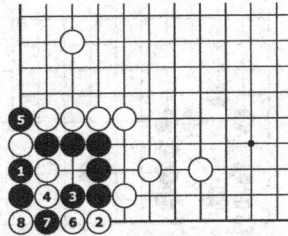

失败图：黑1断不好，白2扳，至白8，成劫活

第546题

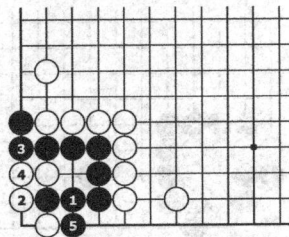

正解图：黑1粘是要点，白2挡，黑3粘，至黑5，黑净活

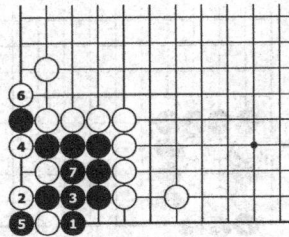

变化图：黑1打吃也可以，白2打吃，黑3粘，至黑7，成连环劫，黑净活

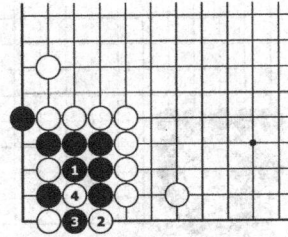

失败图：黑1打吃不好，白2扳，至白4，成劫活

答案

第547题

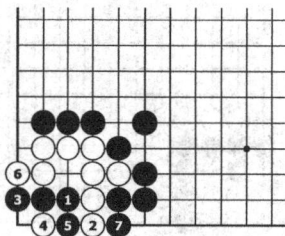

正解图:黑1、黑3顶再立是好手,至黑7,白净死

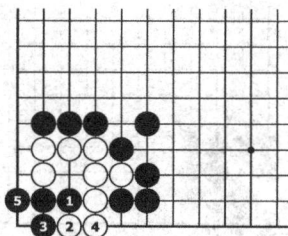

变化图:白2扳,黑3打吃,至黑5,白不行

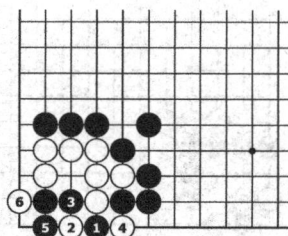

失败图:黑1扳不好,白2打吃,至白6,成劫杀

第548题

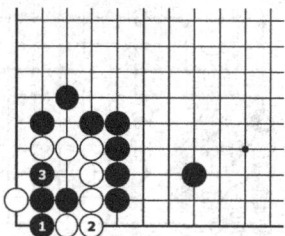

正解图:黑1打吃是好手,白2粘,黑3顶,白净死

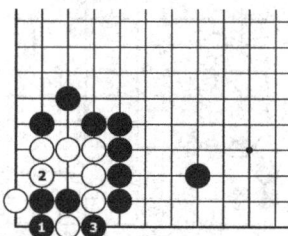

变化图:白2顶,黑3提,白不行

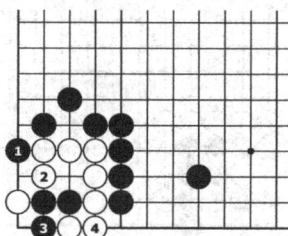

失败图:黑1扳不好,白2顶,至白4,成双活

第549题

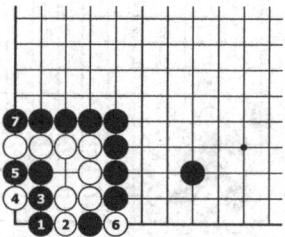

正解图:黑1、黑3点再粘是好手,至黑7,白净死

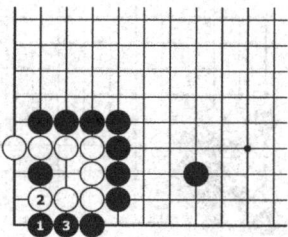

变化图:白2冲,黑3粘,白不行

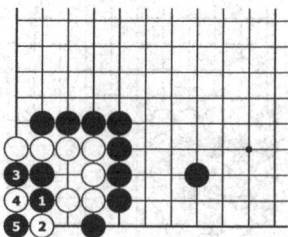

失败图:黑1挡不好,白2扳,至黑5,成劫杀

答案

第550题

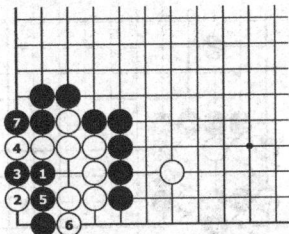

正解图：黑1夹是要点，白2点，黑3挡，至黑7，白净死

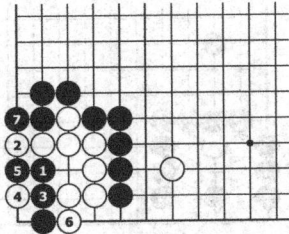

变化图：白2立，黑3粘，至黑7，白也不行

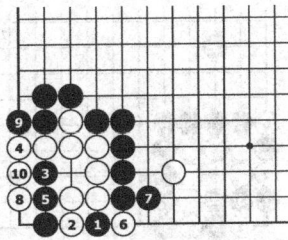

失败图：黑1扳不好，白2打吃，黑3点，至白10，白净活

第551题

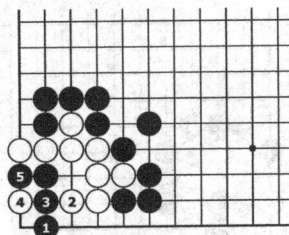

正解图：黑1跳是好手，白2弯，至黑5，白净死

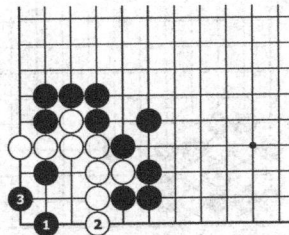

变化图：白2立，黑3虎，白不行

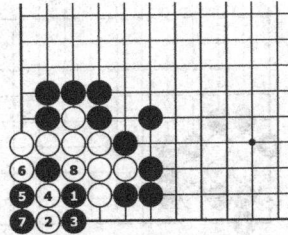

失败图：黑1小尖不好，白2点是好手，至白8，白净活

第552题

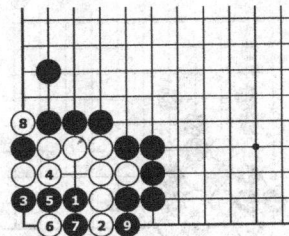

正解图：黑1夹是好手，白2立，黑3打吃，至黑9，白净死

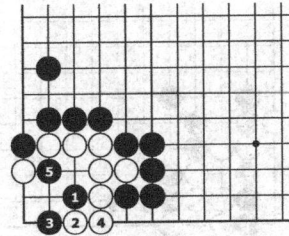

变化图：白2扳，黑3打吃，至黑5，白不行

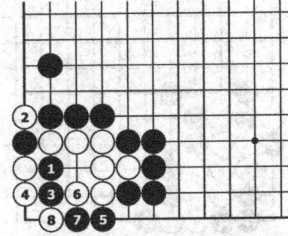

失败图：黑1打吃不好，白2提，黑3长，至白8，成劫杀

答案

第553题

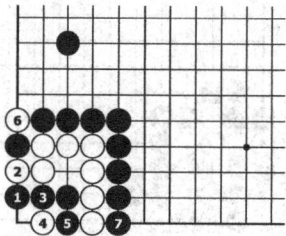

正解图：黑1跳是好手，白2断，至黑7，白净死

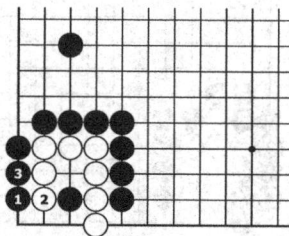

变化图：白2冲，黑3粘，白也不行

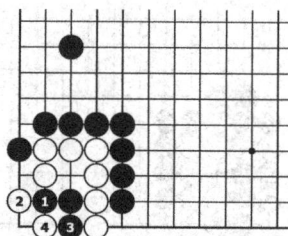

失败图：黑1挡不好，白2扳，至白4，成劫杀

第554题

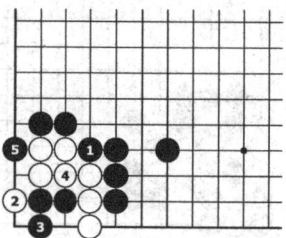

正解图：黑1挤是要点，白2扳，黑3弯，至黑5，白净死

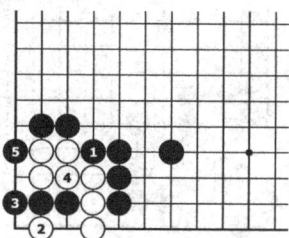

变化图：白2夹，黑3立，至黑5，白也不行

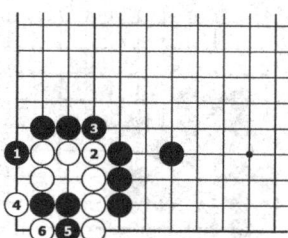

失败图：黑1扳不好，白2团，至白6，成劫杀

第555题

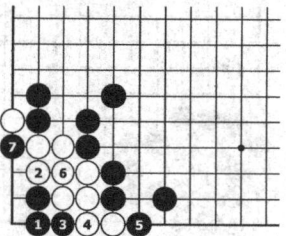

正解图：黑1立是要点，白2顶，黑3拐，至黑7，白净死

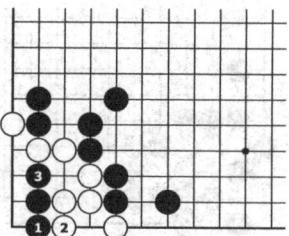

变化图：白2挡，黑3长，白不行

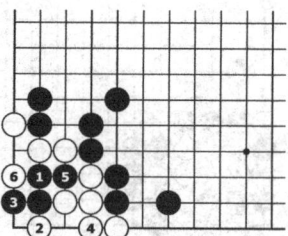

失败图：黑1顶不好，白2扳，黑3弯，至白6，成劫杀

答案

第556题

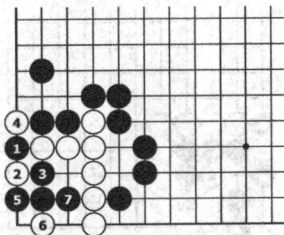

正解图：黑1扳是好手，白2挡，黑3断，至黑7，白净死

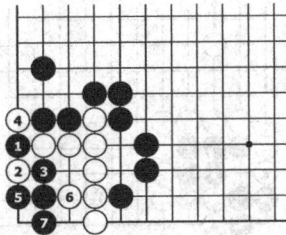

变化图：白6顶，黑7立，白也不行

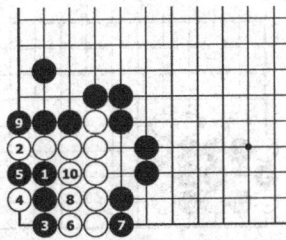

失败图：黑1顶不好，白2立，黑3立，至白10，白净活

第557题

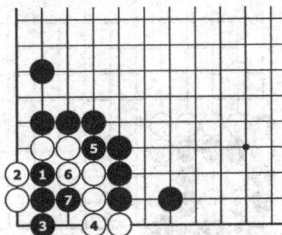

正解图：黑1顶是好手，白2挡，黑3立，至黑7，白净死

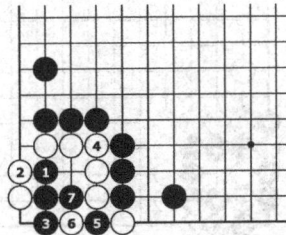

变化图：白4团，黑5扑，至黑7，白也不行

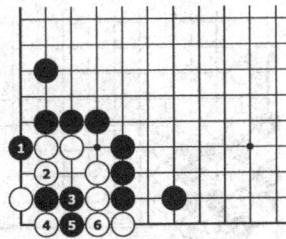

失败图：黑1扳不好，白2顶，黑3长，至白6，成劫杀

第558题

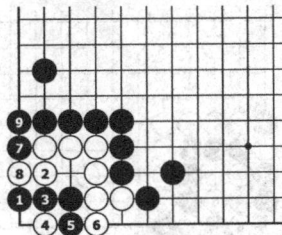

正解图：黑1跳是要点，白2弯，黑3粘，至黑9，白净死

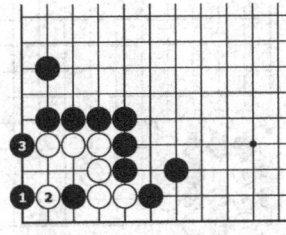

变化图：白2挖，黑3扳，白也不行

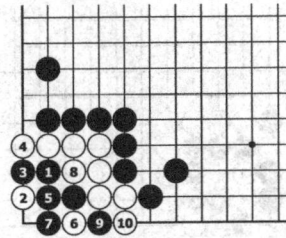

失败图：黑1尖不好，白2点，至白10，成劫杀

答 案

第559题

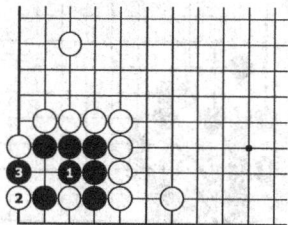

正解图：黑1打吃是好
手，至黑3，成劫活

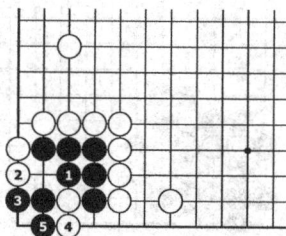

变化图：白2长不好，黑3
挡，至黑5，黑净活

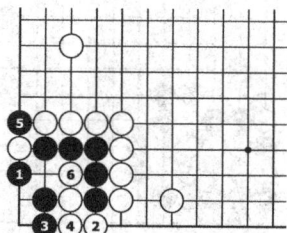

失败图：黑1挡不好，白2
渡过，至白6，黑净死

第560题

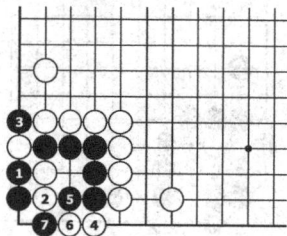

正解图：黑1断吃是要
点，白2打吃，黑3提，至
黑7，成劫活

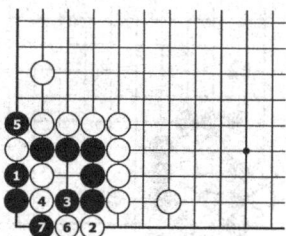

变化图：白2扳，黑3弯，
至黑7，也是劫活

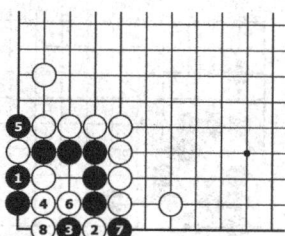

失败图：黑3挡不好，白4
打吃，至白8，黑净死

第561题

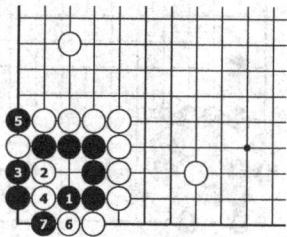

正解图：黑1弯是要点，
白2扳，黑3断，至黑7，
成劫活

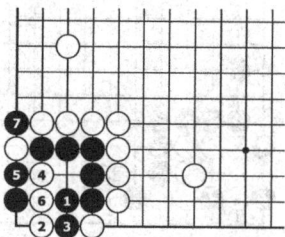

变化图：白2点不好，黑
3断，至黑7，成双活

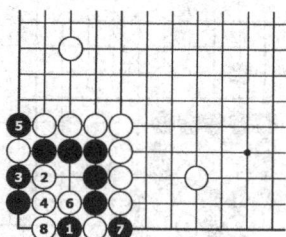

失败图：黑1挡不好，白
2扳，至白8，黑净死

答 案

第562题

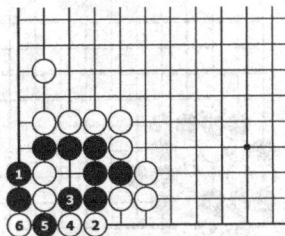

正解图：黑1挡是好手，
白2扳，黑3顶，至白6，
成劫活

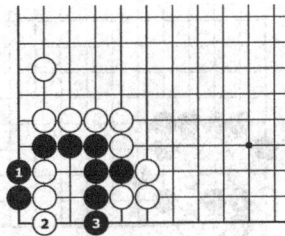

变化图：白2立不好，黑3
立，成双活

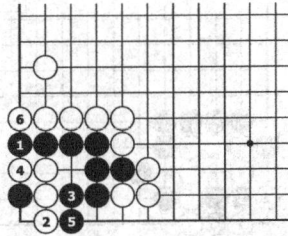

失败图：黑1立不好，白2
立，至白6，黑净死

第563题

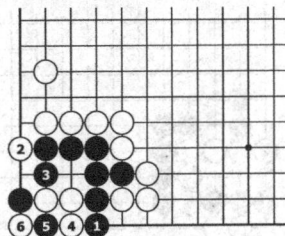

正解图：黑1立是好手，
白2扳，至白6，成劫活

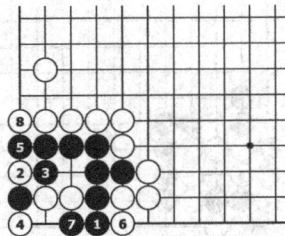

变化图：白2打吃，黑3
断，至白8，成缓一气劫，
此变化白不如正解图

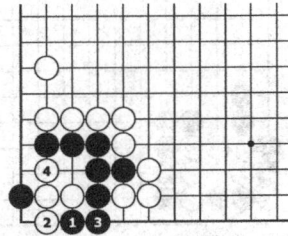

失败图：黑1扳不好，白2
打吃，至白4，黑净死

第564题

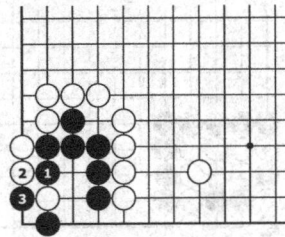

正解图：黑1顶是好手，
白2爬，黑3扑，成劫活

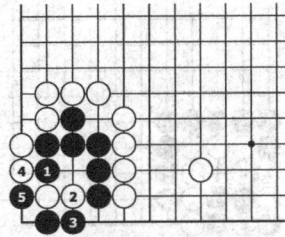

变化图：白2长，黑3挡，
至黑5，也是劫活

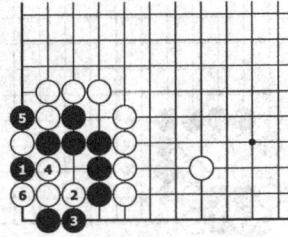

失败图：黑1打吃不好，
白2顶，至白6，黑净死

答案

第565题

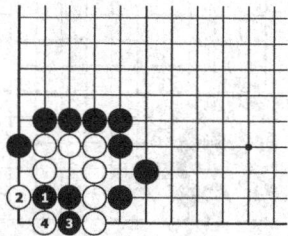

正解图：黑1爬是要点，白2扳，至白4，成劫杀

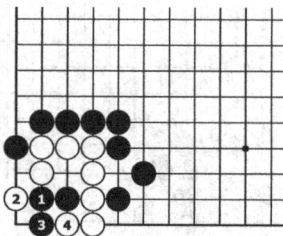

失败图1：黑3立不好，白4挤，成双活

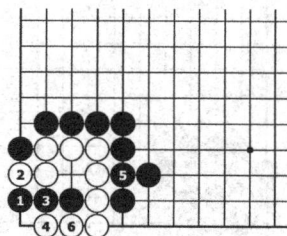

失败图2：黑1跳不好，白2挡，至白6，成双活

第566题

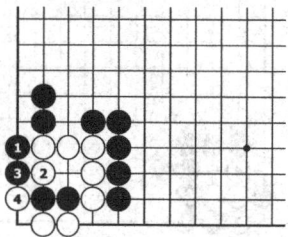

正解图：黑1扳是好手，白2顶，至白4，成劫杀

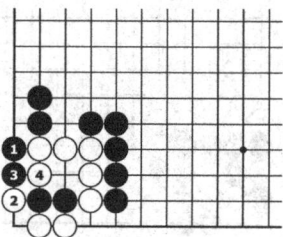

变化图：白2扳，黑3打吃，至白4，也是劫杀

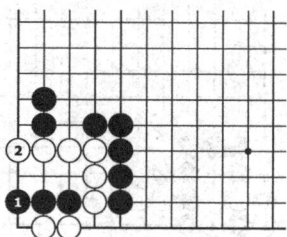

失败图：黑1立不好，白2立，成双活

第567题

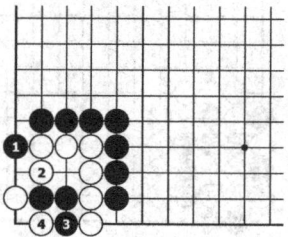

正解图：黑1扳是要点，白2顶，至白4，成劫杀

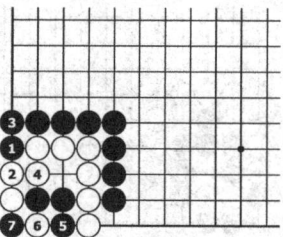

变化图：白2打吃，黑3粘，至黑7，也是劫杀

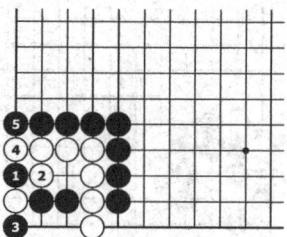

失败图：黑1打吃不好，白2断，至黑5，成缓气劫杀

答案

第568题

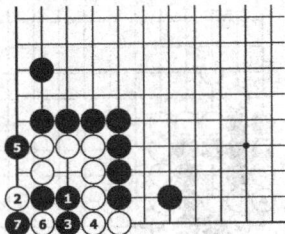

正解图：黑1顶是要点，白2扳，至黑7，成劫杀

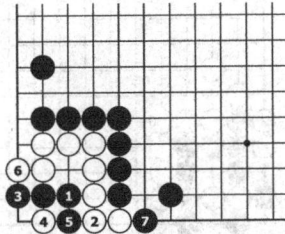

变化图：白2粘不好，黑3立，至黑7，白净死

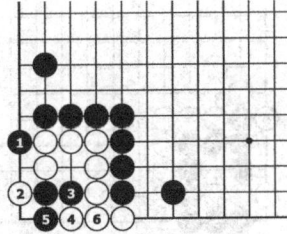

失败图：黑1扳不好，白2扳，至白6，成双活

第569题

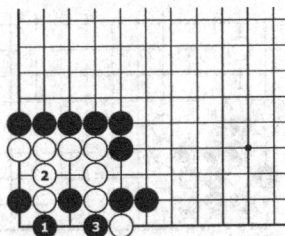

正解图：黑1、黑3打吃再扑是好手，成劫杀

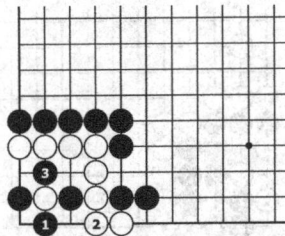

变化图：白2粘不好，黑3提，白净死

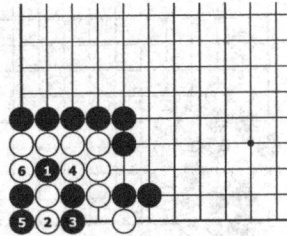

失败图：黑1打吃不好，白2立，黑3打吃，至白6，白净活

第570题

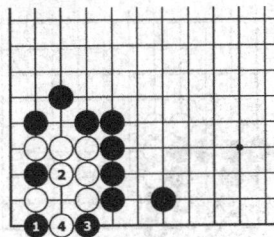

正解图：黑1夹是要点，白2打吃，至白4，成劫杀

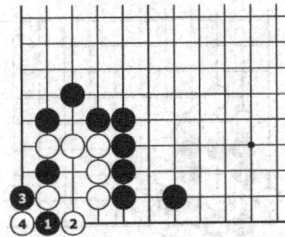

变化图：白2打吃，黑3打吃，至白4，也是打劫

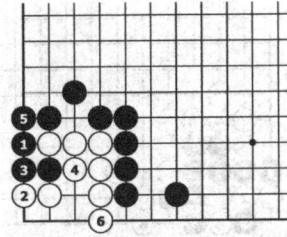

失败图：黑1渡过不好，白2立，至白6，白净活

答案 5.2 金柜角变形

第571题

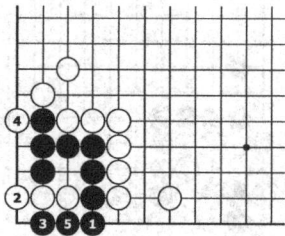

正解图：黑1立是要点，白2立，至黑5，成双活

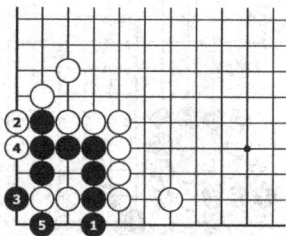

变化图：白2扳，黑3扳，至黑5，黑净活

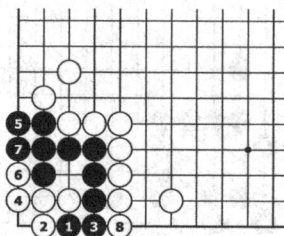

失败图：黑1扳不好，白2打吃，至白8，黑净死

第572题

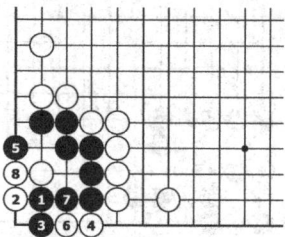

正解图：黑1靠是要点，白2扳，黑3立，至白8，成双活

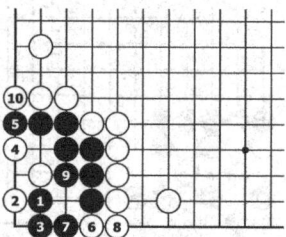

变化图：白4小尖，黑5挡，至白10，也是双活

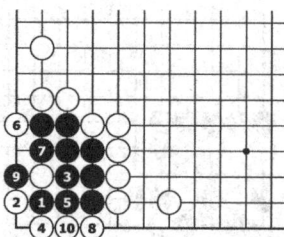

失败图：黑3团不好，白4打吃，至白10，黑净死

第573题

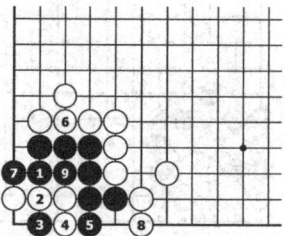

正解图：黑1弯是好手，白2粘，黑3靠，至黑9，黑净活

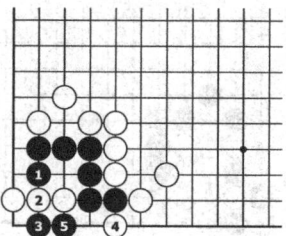

变化图：白4扳，黑5挡，成双活

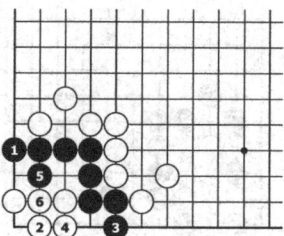

失败图：黑1立不好，白2倒虎，至白6，黑净死

答案

第574题

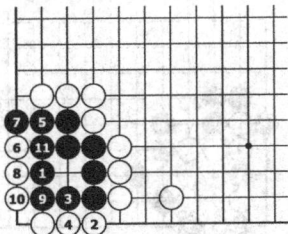

正解图：黑1虎是好手，白2扳，至黑11，黑净活

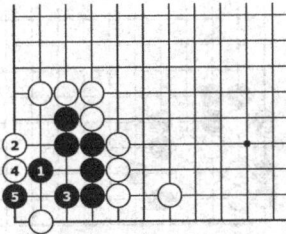

变化图：白2小飞，黑3做眼，至黑5，黑也是活棋

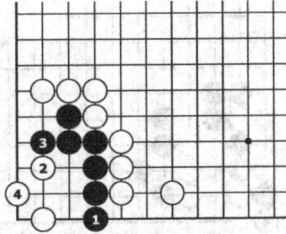

失败图：黑1立不好，白2点，黑3挡，白4倒虎，黑净死

第575题

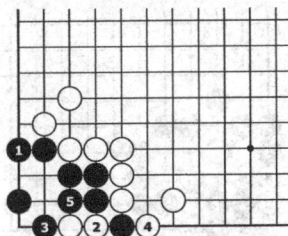

正解图：黑1立是好手，白2断吃，至黑5，黑净活

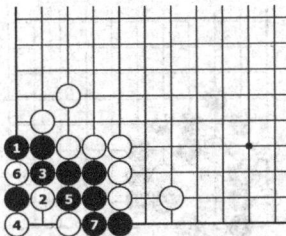

变化图：白2小尖，黑3粘，至黑7，黑也是活棋

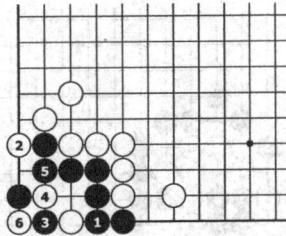

失败图：黑1粘不好，白2打吃，至白6，成劫活

第576题

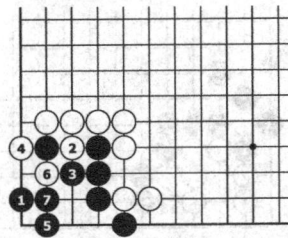

正解图：黑1飞是要点，白2冲，至黑7，黑净活

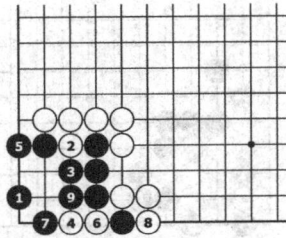

变化图：白4点，黑5立，至黑9，黑也是活棋

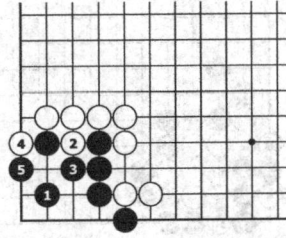

失败图：黑1跳不好，白2、白4冲再打吃，成劫活

答案

第577题

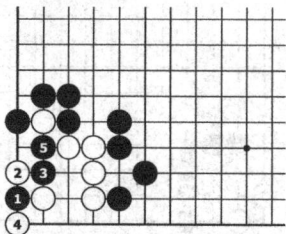

正解图：黑1靠是好手，白2打吃，黑3断，至黑5，白净死

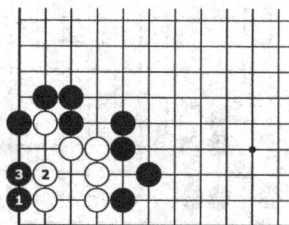

变化图：白2退，黑3爬，白也不行

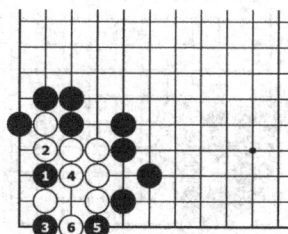

失败图：黑1靠不好，白2粘，至白6，成劫杀

第578题

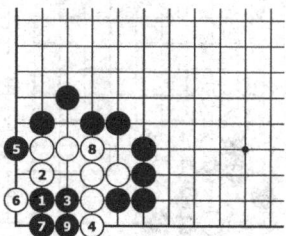

正解图：黑1点是好手，白2顶，黑3长，至黑9，白净死

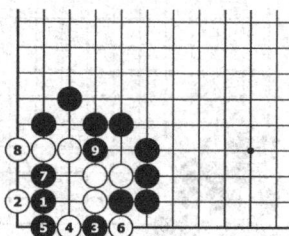

变化图：白2托，黑3扳，至黑9，白也不行

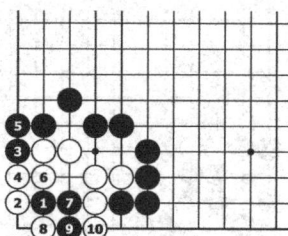

失败图：黑3扳不好，白4打吃，至白10，白净活

第579题

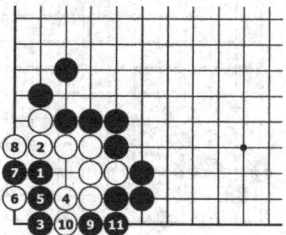

正解图：黑1、黑3点再跳是好手，白4弯，至黑11，白净死

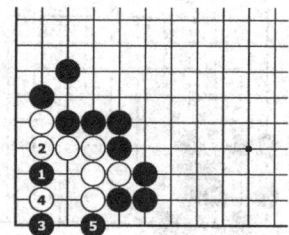

变化图：白4挖，黑5扳，白不行

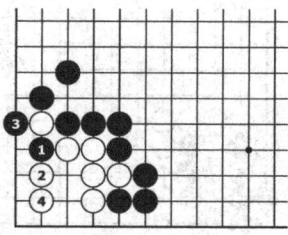

失败图：黑1打吃显然不行，至白4，白净活

答案

第580题

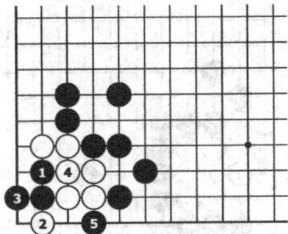

正解图：黑1顶是要点，白2扳，至黑5，白净死

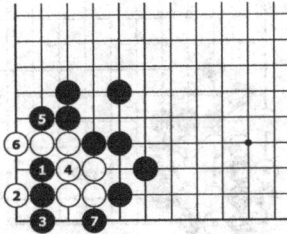

变化图：白2夹，黑3立，至黑7，白也不行

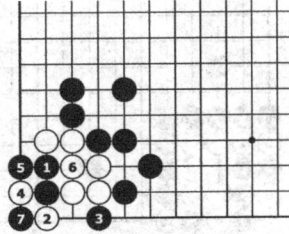

失败图：黑3扳不好，白4扳，至黑7，成劫杀

第581题

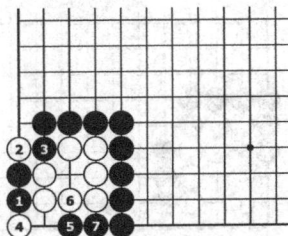

正解图：黑1爬，白2打吃，黑3断，至黑7，白净死

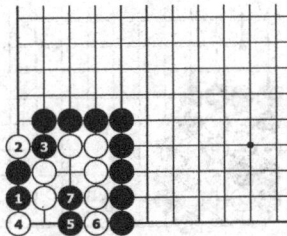

变化图：白6断，黑7冲，白也不行

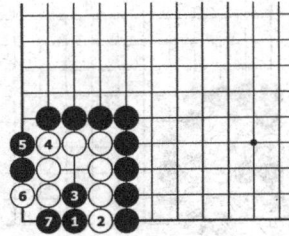

失败图：黑1跳不好，白2断，黑3冲，至黑7，成双活

第582题

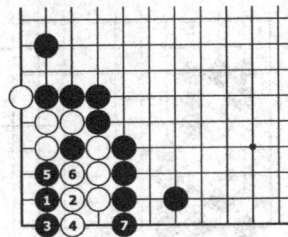

正解图：黑1点是好手，白2顶，黑3立，至黑7，白净死

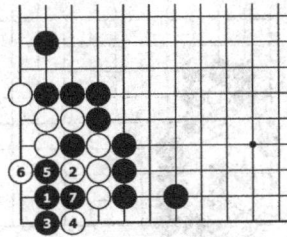

变化图：白2提，黑3立，至黑7，白也不行

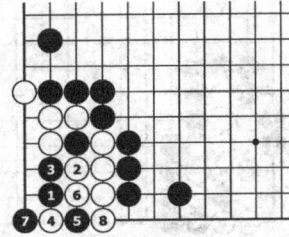

失败图：黑3挤不好，白4托，至白8，成劫杀

答案

第583题

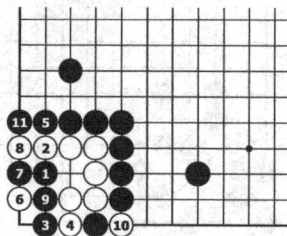

正解图：黑1、黑3点再跳是好手，至黑11，白净死

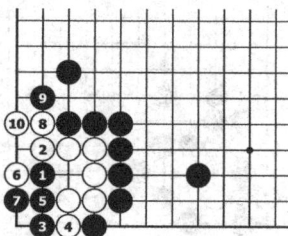

变化图：黑5粘不好，白6、白8扳再拐是好手，至白10，成劫杀

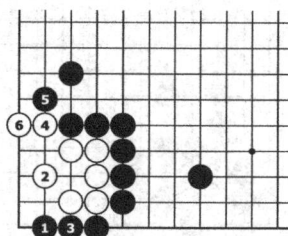

失败图：黑1点不好，白2做眼，至白6，白净活

第584题

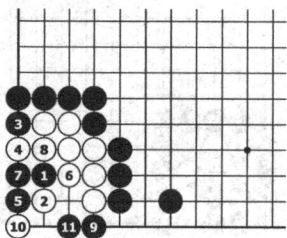

正解图：黑1点是好手，白2靠，黑3拐，至黑11，白净死

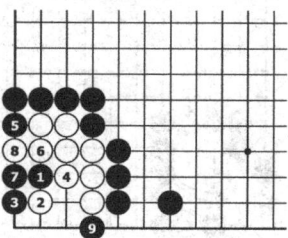

变化图：黑3扳也可以，白4团，至黑9，白也不行

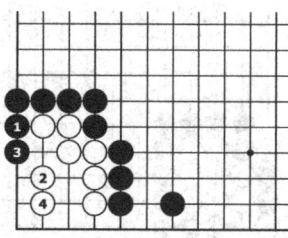

失败图：黑1拐不好，白2虎，至白4，白净活

第585题

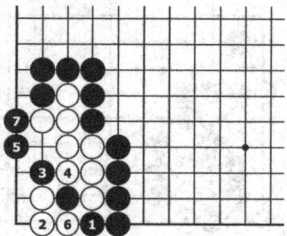

正解图：黑1拐是要点，白2立，黑3扳，至黑7，白净死

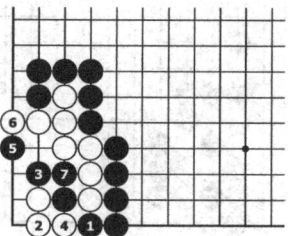

变化图：白6挡，黑7粘，白也不行

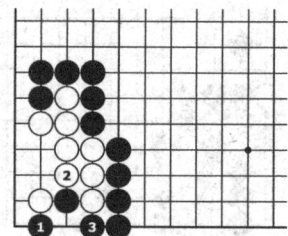

失败图：黑1扳不好，白2打吃，至黑3，成劫杀

答案

第586题

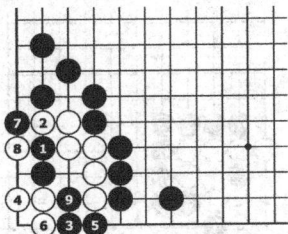

正解图：黑1、黑3爬再点是好手，白4立，至黑9，白净死

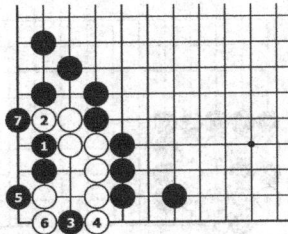

变化图：白4挡，黑5扳，至黑7，白不行

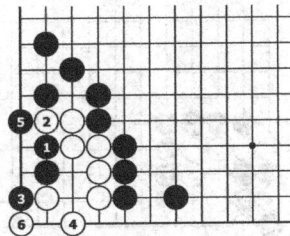

失败图：黑3扳不好，白4倒虎，至白6，成劫杀

第587题

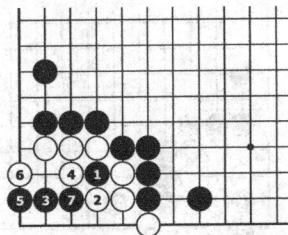

正解图：黑1、黑3断再点是好手，白4提，至黑7，白净死

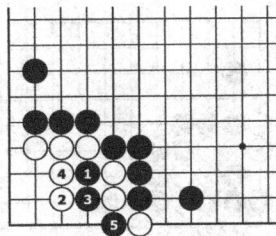

变化图：白2跳，黑3打吃，至黑5，白也不行

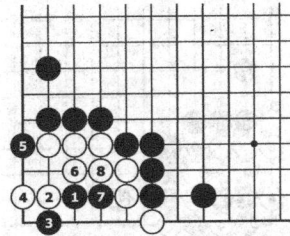

失败图：黑1点不好，白2靠，至白8，白净活

第588题

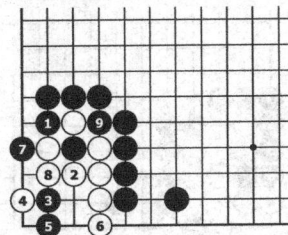

正解图：黑1、黑3打吃再点是好手，白4托，至黑9，白净死

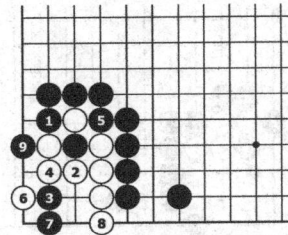

变化图：白4团，黑5打吃，至黑9，白也不行

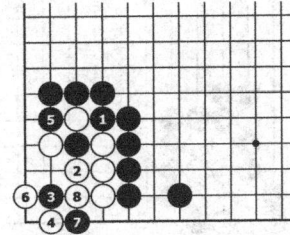

失败图：黑1打吃不好，白2提，黑3点，至白8，成劫杀

答 案

第589题

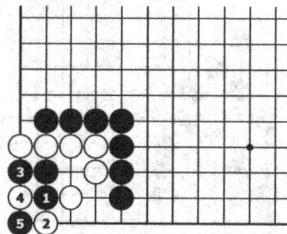

正解图：黑1、黑3爬再挡是好手，至黑5，成劫杀

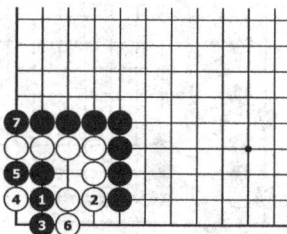

变化图：白2团不好，黑3立，至黑7，白不行

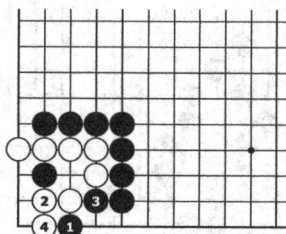

失败图：黑1托不好，白2挡，至白4，白净活

第590题

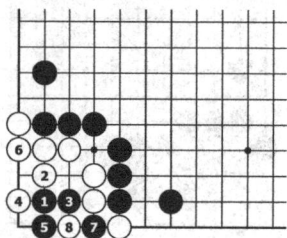

正解图：黑1点是要点，白2顶，黑3长，至白8，成劫杀

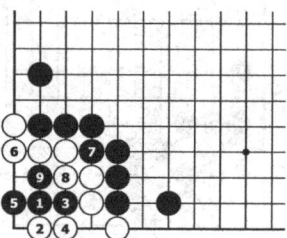

变化图：白2托不好，黑3长，至黑9，白净死

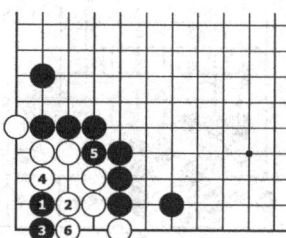

失败图：黑3立不好，白4做眼，至白6，白净活

第591题

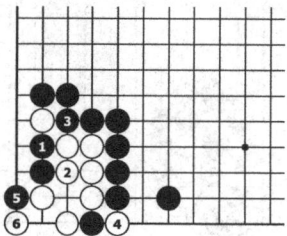

正解图：黑1、黑3挤再断是要点，至白6，成劫杀

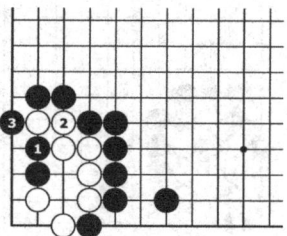

变化图：白2粘不好，黑3渡过，白净死

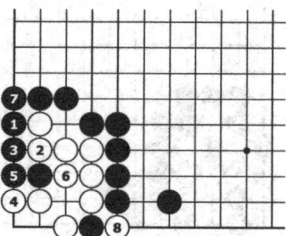

失败图：黑1扳不好，白2团，黑3渡过，至白8，白净活

答案

第592题

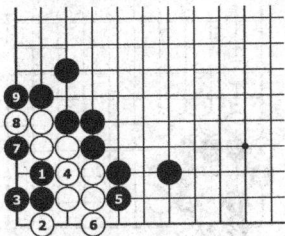

正解图：黑1、黑3顶再立是好手，至黑9，成缓一气劫

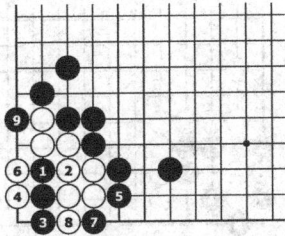

变化图：白2粘不好，黑3立，至黑9，白净死

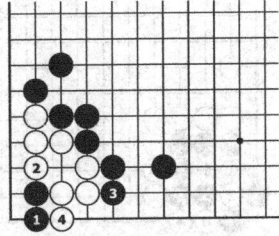

失败图：黑1立不好，白2做眼，至白4，白净活

第593题

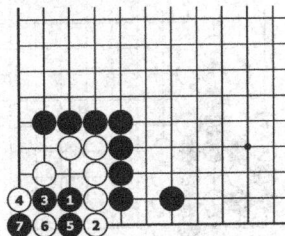

正解图：黑1夹是要点，白2立，黑3爬，至黑7，成劫杀

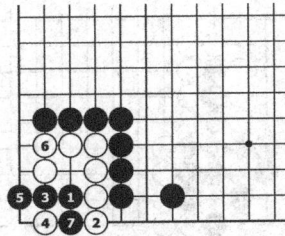

变化图：白4夹不好，黑5立，至黑7，白净死

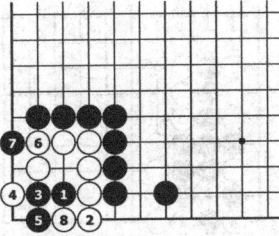

失败图：黑5立不好，白6团，至白8，成双活

第594题

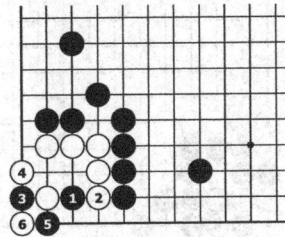

正解图：黑1、黑3靠再夹是好手，至白6，成劫杀

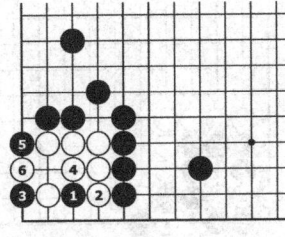

变化图：白4打吃，黑5扳，也是劫杀

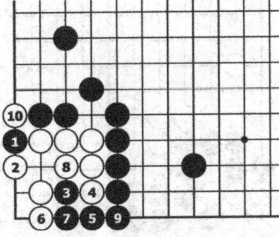

失败图：黑1扳不好，白2挡，黑3靠，至白10，白净活

答案

第595题

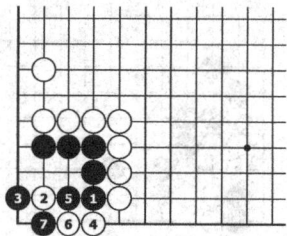

正解图：黑1挡只此一手，白2点，至黑7，成劫活

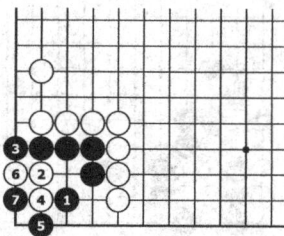

变化图：黑1尖不好，白2夹，至黑7，也是打劫，此图与正解图相比，黑目数稍差

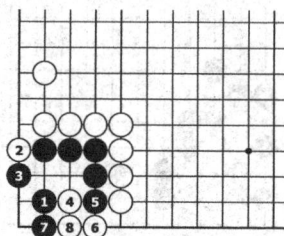

失败图：黑1跳不行，白2扳，至白8，黑净死

第596题

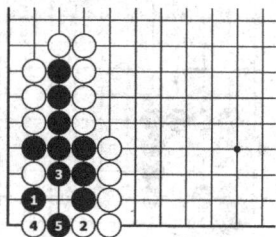

正解图：黑1夹是要点，白2拐，至黑5，成劫活

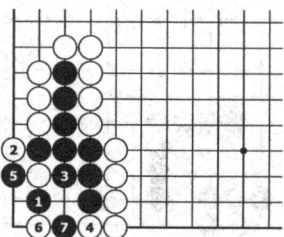

变化图：白2渡过，黑3打吃，至黑7，也是劫活

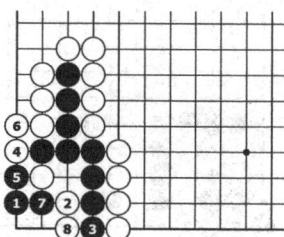

失败图：黑1点不好，白2小尖，黑3挡，至白8，黑净死

第597题

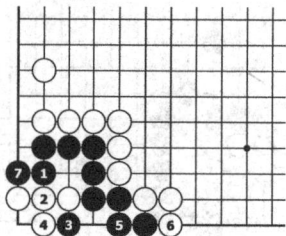

正解图：黑1弯是要点，白2粘，黑3扳，至黑7，成缓一气劫

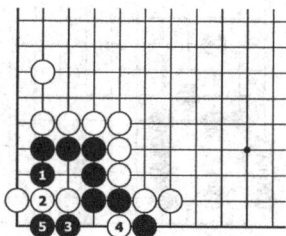

变化图：白4扑不好，黑5爬，成双活

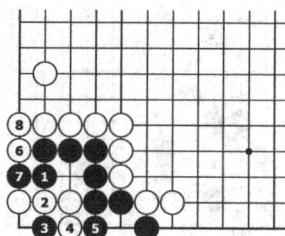

失败图：黑3靠不好，白4打吃，至白8，黑净死

答案

第598题

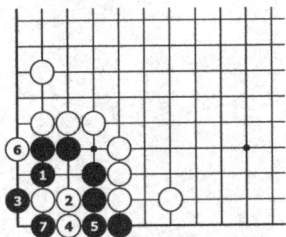

正解图：黑1顶是要点，
白2长，黑3扳，至黑7，
成劫活

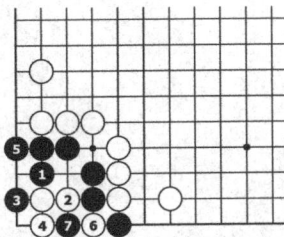

变化图：白4立，黑5立，
至黑7，也是劫活

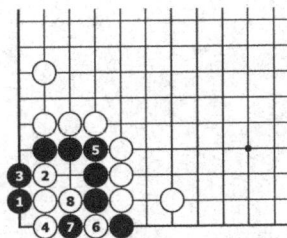

失败图：黑1托不好，白2
顶，至白8，黑净死

第599题

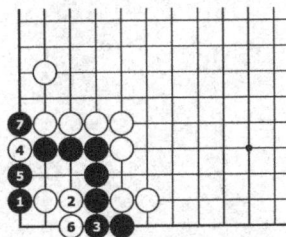

正解图：黑1托是要点，
白2顶，黑3粘，至黑7，
将来成万年劫

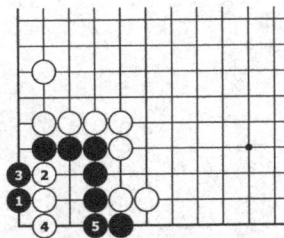

变化图：白2顶不好，黑3
挡，至黑5，成双活

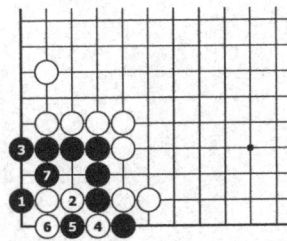

失败图：黑3立不好，白4
扑，至黑7，成紧气劫

第600题

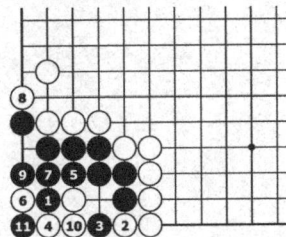

正解图：黑1靠是要点，
白2拐，黑3挡，至黑11，
成劫活

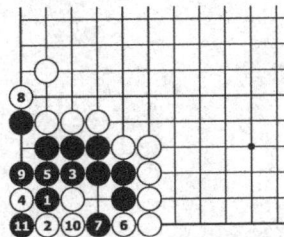

变化图：白2扳，黑3团，
白4打吃，至黑11，也是
劫活

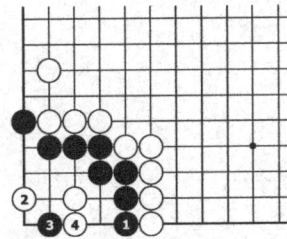

失败图：黑1挡不好，白2
跳，至白4，黑净死